JN439657

Introduction to the

CIVIL LAW

개정판

민법입문

변환철 著

圖書出版 오래

국립중앙도서관 출판시도서목록(CIP)

민법입문 / 저자: 변환철. -- 개정판. -- 서울 : 오래, 20
13
p. ; cm

ISBN 978-89-94707-83-9 93360 : ₩23000

민법[民法]

365-KDC5
346-DDC21 CIP2013008177

개정판에 붙여

어느 날 공자가 제자들과 공부를 하고 있는데, 담 너머로 아이들이 부르는 '어부사'노랫소리가 들려 왔다고 합니다. '창랑의 물이 맑으면 갓끈을 씻고, 창랑의 물이 흐리면 발을 씻는다네.' 공자는 이 노래를 듣고 제자들에게 말했습니다. "물이 맑을 때에는 갓끈을 씻지만 물이 흐리면 발을 씻게 된다. 사람들이 물에 와서 갓끈을 씻느냐, 발을 씻느냐 하는 것은 물 스스로에 달려 있구나." 맹자에 나오는 이야기입니다.

'민법입문'의 초판이 나온 지도 벌써 2년여가 지났습니다. 민법입문서를 낸 취지가, 민법이나 법학을 처음 공부하는 사람들이 본격적인 교과서로 민법공부를 하기에 앞서 디딤돌로 사용하였으면 하는 바람이었습니다. 그러나 민법입문이 갓끈을 씻는 물이 되었는지, 발을 씻는 물이 되었는지는 민법입문 스스로에 달렸는지라, 책을 저술한 이로서는 아직도 두려운 마음뿐입니다.

민법은 2011. 3. 7, 법 개정을 통하여 그동안 비판을 받아오던 무능력자제도를 획기적으로 개선하여 제한능력자제도를 신설하고 2013. 7. 1부터 시행하기로 하였습니다. 이번 개정판에는 민법의 바뀐 제도와 수정된 판례 등을 반영하였습니다. 초판을 저술하면서 입문서의 범위를 벗어나는 내용은 원칙적으로 담지 않으려고 했고, 개정판도 이러한 원칙을 그대로 지켰습니다. 그러나, 좀더 내용이 보충되었으면 좋겠다는 요청도 있으므로 다음의 재 개정판에서는 이를 반영해 보도록 하겠습니다.

‘천 파운드(pound)의 법에 일 온스(ounce)의 사랑도 없다’는 영국속담이 있습니다. 그러나 법이 추구하는 이상이 정의이고, 정의는 사랑의 또 다른 언어라는 점을 고려한다면, 법의 이상도 정의로 대변되는 사랑을 온전하게 이루는 것이라고 생각합니다. 법학의 어느 길을 가든 법의 이상이 그 길을 인도하는 빛이 되시길 바랍니다.

이 책이 출간될 수 있도록 격려해 주시고 늘 세심하게 배려해 주신 ‘오래’ 출판사 황인욱 대표님과 직원 분들, 그리고, 편집을 맡아 주신 이종운 선생님께도 깊은 존경과 감사를 드립니다.

2013.6.3

변 환 철

머 리 말

‘최고의 선은 물과 같다. 물은 만물을 이롭게 하고도 그 공을 다투지 않고 모든 사람이 싫어하는 낮은 곳에 있다. 따라서 도(道)에 가깝다.’ 노자는 도덕경에서 물의 본성을 이렇게 예찬했습니다. 여기에서 상선약수(上善若水)라는 말이 유래되었고, 많은 사람들이 이 말을 자신의 좌우명으로 삼고 있기도 합니다. 법의 본성도 물과 같습니다. 법은 한자로 ‘法’이라고 씁니다. ‘물 수’(水)자와 ‘갈 거’(去)를 합한 것입니다. 그리고 흔히 이 글자의 의미를 ‘물이 자연의 이치에 따라 높은 데서 낮은 데로 흘러가듯 법의 기능은 모든 일이나 분쟁을 이치에 맞게 순리(順理)대로 처리하는 데 있다’는 뜻으로 새깁니다. 법의 또 다른 이름은 ‘정의’(正義)라고 볼 수 있습니다. 법을 뜻하는 라틴어의 ‘jus’, 독일어의 ‘Recht’, 불어의 ‘droit’는 모두 그 원뜻이 ‘바르다’입니다. 이와 같이 법은 그 어원에서 보듯이 바르고 겸손한 본성을 가지고 있습니다.

그러나 일반인이 법에 대하여 느끼는 감정은 그렇지 않은 것 같습니다. 그 단적인 예가 착하고 선량하여 다른 사람에게 해를 끼치지 않는 사람을 가리켜 흔히 ‘법 없이도 살 사람’이라고 하는 데서 나타납니다. 이때 ‘법 없이도 살 사람’이라는 뜻은 법의 강제를 받지 않아도 자신의 할 일을 다하고, 다른 사람에게 해악을 끼치지 않을 사람이라는 뜻이지, 법의 보호를 받지 않아도 되는 사람이라는 뜻은 아닐 것입니다. 따라서 ‘법 없이도 살 사람’이라는 말에는 법은 사람을 강제하는 것, 억지로 무엇을 하도록 시키는 것이라는 부정적인 의미가 강하고, 법이 약자를 보호하고, 지켜주는 것이라는 긍정적인 의미는 담고 있지 않은 듯합니다. 그러나 일반인이 법에 대하여 가지는 이러한 부정적 생각은 그동안 법을 다루어 온 위정자·법률가들이 법을 그 본성에 맞지 않게 적용해 온 탓이라고 생각합니다.

미국의 정치 철학자 마이클 센델의 정의론(正義論)에 대한 강의와 책이 선풍적인 인기를 끌고 있는 요즈음입니다. 우리 사회가 그 만큼 정의에 목말라 하고 있는 것을 보여주는 징표라고 보아도 좋을 것 같습니다. 법의 존재이유와 법학을 공부하는 의미를 다시 한 번 돌아보게 됩니다.

애민(愛民)하는 마음으로 재위를 일관하였던 세종께서는 즉위 13년에 재판을 담당하는 자가 가져야 할 마음가짐에 대하여 교지를 내리셨습니다. 그 중에 '정백허심'(精白虛心)이라는 말씀이 나옵니다. 재판관은 사건을 처리함에 있어 '치밀하고 밝게' 진실을 규명하되, 그 과정에서 '마음을 비워 사심을 가지지 말 것'을 당부하시는 뜻이 담겨 있습니다. 법학을 공부한다고 하여 반드시 재판관의 길을 갈 필요는 없습니다. 그러나 규범으로서의 법은 구체적 분쟁에서 해결에 대한 일반적 기준이 됩니다. 따라서 법학을 공부한다는 것은 잠재적이거나 구체적인 분쟁에서 그 해결의 실마리를 제시하는 기준이나 근거를 공부한다는 것과 크게 다르지 않을 것입니다. 따라서 '정백허심'의 마음은 법학을 공부하는 모든 이가 가져야 할 마음이라고 보아도 크게 틀리는 말은 아니라고 생각합니다.

법조실무가로서의 길을 걷다가 대학으로 자리를 옮겨 '민법'을 강의한 지 6년이 지났습니다. '가르친다는 것'이 결코 쉽지 않음을 깊이 깨달은 6년이었습니다. 이 책은 그 동안 강의자료로 모아두었던 것을 기초로 집필하였습니다. '민법'은 여러 법 중에서도 가장 방대하고, 이론도 매우 정치한 법입니다. 따라서 법학을 처음 공부하는 사람으로서는 가장 넘기 힘든 벽이기도 합니다. 시중에는 민법에 대하여 자세하고, 풍부하게 해설해 놓은 좋은 교과서가 많이 나와 있습니다. 그리고 이 책을 쓰면서 그러한 민법 교과서를 많이 참조하였습니다. 좋은 민법교과서가 많이 있음에도 불구하고, 굳이 이 책을 펴내는 데는 나름의 이유가 있습니다. 기존 민법교과서들의 양이 워낙 방대하여 처음 민법을 공부하는 사람들로서는 어느 부분을 먼저 이해해야 할지, 어느 부분이 기초가 되는지를 아는 데 어려움을 겪을 수 있고 실제로 겪고 있기도 합니다. 따라서 이 책은 민법이나 법학에 입문하는 사람들의 안내역을 하는 것으로 자리매김을 하고자 합니다.

이 책이 나올 수 있도록 격려해 주시고 원고가 많이 지연되었음에도 너그럽게 받아 주신 '오래'출판사 황인욱 대표님과 직원들께 감사드립니다. 그리고 어지러운 글을 잘 정리해 주시고, 깔끔하게 편집해 주신 이종운 선생님께도 감사드립니다. 아울러 작은 책이지만, 이 책 출간의 기쁨을 아내(은아) 그리고 두 아들(민기, 정현)과 함께 나누고자 합니다.

2011.7.10

변 환 철

차 례

1.

법률행위와 계약총론편

제1장 법과 권리관계

제2장 권리의 변동

제3장 권리의 주체와 객체

제4장 소멸시효

제5장 계약과 법률관계

2.
물 권 편

제1장 물권법 서론

제2장 물권의 변동

제3장 기본물권(소유권과점유권)

제4장 용익물권

제5장 담보물권

3.

채 권 편

제1장 총 설

제2장 채권의 목적

4.

계약각론편

제1장 계약각론

제2장 법정채권관계

5.

친족·상속편

제1장 친 족 법

제2장 상 속 법

민법입문

변환철

1.

법률행위와 계약총론편

제1장 법과 권리관계

제2장 권리의 변동

제3장 권리의 주체와 객체

제4장 소멸시효

제5장 계약과 법률관계

제1장 법과 권리관계

제1절 '술 한잔 사겠다'는 말에서 찾아보는 권리·의무관계

이웃에 살던 사람들끼리 한 사람이 다른 사람들에게 '술 한잔 사겠다'고 하여 같이 어울려 술을 마셨다. 그런데 서로 기분이 좋았던지라 평소보다 술을 많이 마시게 되었고, 그 바람에 술값이 상당히 많이 나왔다. 그러자 갑자기 술을 한잔 사겠다고 한 사람이 태도를 바꾸어 술값을 낼 수 없다고 발뺌을 했고, 나머지 사람들은 술을 사겠다고 한 약속을 지키라며 서로 옥신각신 다투다가 결국 그 술값을 누가 부담해야 하는가 하는 재판을 하게 되었다. 여러분이 이 사건을 맡은 담당 판사라면 어떤 판단을 내리겠는가?

우리는 일상생활에서 '술 한잔 사겠다', '밥 한번 살께'라는 말을 참으로 자주 한다. 듣는 사람이나 하는 사람이나 별다른 문제의식이 없다. 언젠가 기회가 되어 사면 좋고, 사지 않더라도 별로 비난을 받지는 않는다. 그런데 앞서와 같은 상황이 발생하면, 과연 그 술값을 누가 부담해야 하는지, 그리고 그 근거는 무엇인지의 여부가 문제가 될 것이다. 바꾸어 말하면, '술 한잔 사겠다'는 말 속에는 권리·의무 측면에서 볼 때 어떤 문제가 담겨 있는가 하는 문제로 환원될 수 있다. 위 사례는 실제로 서울남부지방법원에서 있었던 사건으로 담당판사의 현명한 재판진행과 합리적 결정으로 언론에도 소개된 사건이다. 구체적 경위는 다음과 같다.

30대 중반의 甲은 서울 모 시장에서 꽃 소매상을 경영하고 있으며, 乙도 골목을 마주보며 역시 꽃 소매상을 하고 있다. 甲과 乙은 평소 호형호제를 할 정도로 친밀하게 지내왔는데, 어느 날 甲의 처 A와 乙의 처 B가 사소한 일로

싸우다가 B가 A를 폭행하여 상처를 입혔다. 이에 A가 B를 폭행으로 고소하였고 B가 구속되었다. 그러자 인근의 꽃 소매상들 사이에서 호형호제하던 이웃끼리 고소를 하여 B가 구속까지 되게 한 A의 처사는 지나치다는 분위기가 조성되었다. 甲도 乙의 처인 B가 구속까지 된 것에 미안하게 생각하던 차에, 인근에서 꽃 소매상을 하는 丙이 서로 화해를 할 것을 적극적으로 권유하자 이를 받아들여 乙로부터 치료비 및 위자료조로 200만원짜리 현금보관증을 받고 형사합의를 해 주었고, 피해자와 합의한 정상이 참작되어 乙의 처인 B는 석방되었다.

원만한 합의와 B의 석방에 고무된 丙은 甲에게 '술을 한잔 사라'고 부추겼고, 이에 甲도 '술을 한잔 사겠다' 하여 甲·乙·丙 세 사람은 평소 가끔 가던 인근 단란주점에서 술을 마시게 되었다. 서로 화해가 되어 기분이 좋았던 甲과 乙, 그리고 甲·乙이 합의하는 데 자신의 공이 컸다고 의기 양양한 丙, 이렇게 세 사람은 고무된 마음에 마음껏 술을 마셨고, 그 결과 술값이 예상을 초과하여 90만원이나 나오게 되었다. 예상치 못하게 많이 나온 술값을 쓰린 마음으로 치른 甲이 술을 사게 된 경위를 처인 A에게 이실직고하자 A는 자신이 폭행을 당하였으므로 乙로부터 술을 얻어 먹어도 시원찮을 판에 술까지 사 주었다며 甲을 원망하였다.

이에 甲은 乙과 丙에게 술값의 일부라도 분담해 줄 것을 요청하였으나 乙·丙은 술을 사기로 한 사람은 甲이라는 이유를 들어 거절하였다. 무안만 당한 甲은 乙을 상대로 술값을 돌려달라는 소송을 제기하였는데, 乙은 원래 술을 사기로 한 사람은 甲이었으니 자신은 술값을 낼 수 없다고 답변하였다. 사건을 담당한 판사는 甲·乙·丙의 관계와 술을 마시게 된 경위 등에 관하여 심리를 해 본 후 甲·乙에게 서로 다투지 말고, 화해를 하라고 권하였다. 그러자 甲·乙은 당시 술값 중 각자 분담 몫이라고 생각되는 30만원 정도는 낼 수 있으나, 丙의 몫이라고 생각되는 30만원은 절대 부담할 수 없다고 서로 버티었다.

담당 판사는 사건의 성질이나, 평소 호형호제할 정도로 친밀했던 甲·乙의 관계로 보나, 나아가 술을 먹게 된 경위에 비추어 보더라도 이 사건은 무를 자르듯이 누구는 옳고, 누구는 잘못되었다고 판결로 결론을 내기보다는 甲·乙을 설득하여 적당한 선에서 양 당사자를 화해시키는 것이 좋겠다고 판단하였다. 그래서 甲·乙에게 甲·乙이 법정의 방청객들에게 자신의 입장을 충분히 설명한 후 방청객들이 투표로써 결론을 내리면 그 결론을 따르겠냐고 물었는데, 甲과 乙은 받아들이겠다고 수락하였다.

그리고 담당판사로부터 허락를 받은 甲·乙은 사건의 경위를 자신의 입장에서 방청객들에게 열심히 설명하면서 자신의 의견이 정당하다고 주장하였다. 甲·乙의 설명이 끝난 후, 담당판사는 甲·乙을 잠시 법정 밖으로 나가게 한 후 방청객들로부터 의견을 들어 보았다. 방청객들은 '술을 사겠다고 한 사람이 甲이므로 甲이 술값을 모두 부담하여야 한다', '예상보다 술값이 너무 많이 나왔는데, 乙이 자신의 분담분은 인정하므로 甲이 60만원, 乙이 30만원을 부담하는 것이 좋겠다', '각자 반씩 분담하게 하는 것이 옳다'는 등으로 다양한 견해를 제시하였다.

이에 담당판사는 자신의 견해를 방청객에게 제시하였다. 즉, '애초 甲은 乙과 丙에게 술 한잔을 사겠다고 하였다. 그리고 甲이 의도했던 술 한잔이란 단란주점에서 처음 주문한 양만큼의 술과 안주 정도였을 것이다. 맥주 몇 병과 양주 1병, 과일안주 하나와 마른 안주 하나, 그것이 그들이 처음 주문했던 것이고, 당시 그 술집의 가격으로는 대체로 20만원쯤이 된다. 이것이 원래 甲이 사려고 의도했던 술 한잔이고, 그 후 그들이 추가로 주문한 것은 술을 마시고 기분이 고조된 상태에서 주문한 것으로 애초 그들이 예상하지 못했던 것이기 때문에 甲·乙 누구의 책임으로 돌릴 수 없다. 따라서 처음 주문한 양을 초과한 부분은 중재한 丙의 몫을 포함하여 甲과 乙이 공평하게 분담하는 것이 어떤가' 하는 의견을 내놓고 방청객에게 의견을 물었는데 방청객들은 탁월한 견해라고 적극 지지를 하였다.

이에 판사는 다시 甲·乙을 법정으로 들어오게 한 후 위와 같은 조정안을 제시하였는데, 甲·乙은 이를 받아들이고 그 자리에서 '형님, 미안합니다', '아니야, 내가 미안해' 하며 덥석 손을 잡음으로써 위 사건은 참으로 무난하게 종결되었다.

위 사건의 해결 과정에서 보듯이 위 사건에서는 '술 한잔 사겠다'는 말에 포함된 술 한잔 값이 어느 정도인가가 쟁점이 되었다고 볼 수 있다. 甲이 술을 한잔 사겠다는 말을 지켜 술을 사기는 했으나, 그것이 한 잔 값이었는지, 두 잔 값이었는지, 甲이 실제로 어느 정도의 술을 사야 '술을 한잔 사는' 것이 되겠느냐 하는 문제였던 것이다.

만일, 위 사례에서 甲이 동네 구멍가게에서 소주 한 병에 오징어 한 마리만 사고 술 한잔 산 것으로 했을 때 乙·丙이 '그것이 어떻게 술 한잔 산 것이 되는가? 술 한 잔으로서는 모자라니 더 사든지 아니면 그에 해당하는 술값을 내놓으라'고 소송을 걸어 왔다면 어떤 결론이 내려졌을까 생각해 보는 것도 재미있을 것이다.

그러나 '술 한잔 사겠다'는 말에는 위에서 본 술 한잔 값이 얼마냐라는 문제보다 더 근본적인 문제로서 그 말을 한 사람이 반드시 술을 한잔 사야 할 법률적 의무를 지고, 乙·丙은 甲에게 술을 사라고 요구할 권리를 가지느냐 하는 문제가 들어 있다.

예를 들어 보자. 위 사안에서 만약 甲·乙·丙이 甲이 '한잔 사겠다'고 합의한 당일에는 술을 마시지 않고 그냥 지나갔다가 그 후 우연히 甲·乙·丙이 같이 술자리를 할 기회가 생겼을 때 그때 마신 술값이 위에서 본 한잔 값 정도라면, 그 술값은 반드시 甲이 내야 하는가 하는 문제가 발생할 수 있다.

甲·乙·丙은 같이 술을 마시면서 각자 이렇게 생각할 수도 있을 것이다. 즉, 乙과 丙은 甲이 한잔 산다고 한 후 아직 술을 산 적이 없으니 당연히 오늘저녁 술값은 甲이 낼 것이라고 생각하면서 술을 마시는 반면, 甲은 지난 번에 술을 한잔 사겠다고 했지만 그 말은 그냥 수고했다는 의미의 인사치레로 한 말에 불과하고, 또 굳이 오늘이 아니더라도 살다보면 언젠가 乙·丙에게 술을 살 기회가 올 것이고, 따라서 그때 사면 될 터이니, 오늘저녁 술값은 3명이서 같이 내는 걸로 하자고 생각하면서 술을 마실 수도 있다.

甲·乙·丙이 이렇게 동상이몽(同床異夢)하에서 술을 마셨다면, 문제는 술을 마신 후 당연히 발생하게 된다. 술을 다 마신 후 乙·丙이 甲에게 이전에 술을 한잔 산다고 했으니 오늘 마신 술값을 부담해 줄 것을 요청하였는데, 甲은 '술 한잔 산다고 한 말은 인사치레에 불과했다, 오늘 술값은 공평하게 내자'고 주장하면서 자신의 부담분 이상의 술값을 내지 않겠다고 버틸 것이다. 그 경우 乙과 丙은 甲이 이전에 자신들에게 한잔 사겠다고 한 사실을 들어 그 술값을 내라고 소송을 제기할 수 있을까? 제기했다면 그 사건은 어떻게 처리될까라는 점을 생각해 봐도 흥미롭다.

이러한 모든 문제는 결국 '법률상 권리'란 무엇인가, 그 내용은 무엇이고 어떤 효력을 가지고 있는가 하는 문제로 귀결된다고 볼 수 있다. 그리고 다시 근본적으로는 법이란 무엇이고, 법률관계는 당사자 사이에 어떤 의미를 가지는가 하는 문제로 귀결된다.

인간은 다양한 생활관계를 형성하고 살고 있는데, 이러한 생활관계 중 특히 법률의 규정에 의하여 규율되는 생활관계를 '법률관계'라고 한다. 이러한 법률관계는 국가대 국가, 국가대 사인(私人), 사인과 사인 등 여러 주체들 사이에서 무수히 생겨날 수 있고 이들 법률관계를 규율하기 위하여 수많은 법률이 제정되어 있다. '민법'은 그들 여러 법 중에서 특히 사인간의 제반 법률관계를 규율하고 있는 법이다(국가도 공권력의 주체가 아닌, 사경제의 주체로서, 물건을 산다거나 토지를 임대하는 등의 경우에는 민법의 적용을 받는다). 따라서 사인간에 발생하는 제반 법률관계를 제대로 해결하기 위해서는 민법에 대한 정확한 이해가 반드시 선행되어야 한다.

제2절 인간의 사회성과 법규범의 필요성

인간은 사회적 존재이며 홀로 고립되어서는 살 수 없다. 사람을 뜻하는 한자 '人'자도 사람들이 서로 받쳐주고, 의지하여 살아가는 모습을 문자화한 것이다. 사람들의 이러한 사회성에 착안하여 서양철학자인 키이르케는 '인간의 인간다움은 인간과 인간의 결합에 있다'고 말하고 있다. 우리는 태어나면서부터 한 가정의 자녀이고, 한 사회의 구성원이며, 한 국가의 국민일 뿐 아니라 지구촌의 한 가족으로서 다양한 형태의 공동생활을 영위하게 되며, 이러한 공동생활을 통하여 한 인간으로서 성숙해져 간다.

그런데 이러한 공동생활에는 구성원 상호간에 서로 이해관계의 충돌로 인하여 분쟁이 발생하기 마련이다. 서양철학자인 토마스 홉스는 분쟁으로 얼룩진 인간사회를 '만인(萬人)의 만인(萬人)에 대한 투쟁'이라고까지 극단적으로 표현하였다. 이렇듯 만인의 만인에 대한 투쟁까지는 아니어도, 우리들의 한살이(一生)에는 우리가 결코 원하지 않았던 크고 작은 다툼이 늘 있어 왔고, 또 앞으로 남은 날에도 그러한 다툼을 피해 가기는 어려울 것이다. 그런데 이러한 다툼이나 분쟁이 발생하였을 때, 이를 해결해 줄 아무런 제도가 없어서, 타인의 권리를 침해한 자와 자신의 권리를 침해당한 자들 스스로 그 문제를 해결해야 한다면 인간사회는 그야말로 토마스 홉스가 표현한 것처럼 '모든 인간의 모든 인간에 대한 투쟁상태'에 빠질 것이며, 그 결과 강자는 살아남아 약자를 지배하고, 약자는 인간으로서의 존엄성과 가치를 유린당한 채 굴종의 삶을 살게 되어 인간사회에 정의와 평화는 찾아볼 수 없게 될 것이다.

그리하여 모든 인간사회에는 구성원들의 행위를 통제하고, 그 이해관계를 조정하며 분쟁이 발생하였을 때 이를 해결하여 정의를 구현하고, 사회의 통합을 유지하기 위한 다양한 규칙, 즉 규범들이 마련되어 있는데, 도덕, 종교, 관습, 법 등이 바로 그러한 규범들이다.

그런데 위 여러 규범들은 여러 면에서 차이점이 있지만, 가장 중요한 차이점은 도덕, 종교, 관습 등의 규범은 사회 구성원들이 이를 준수하지 아니하고 어겨도, 그에 대한 도덕적·종교적·사회적 비난만 가해질 뿐 그 규범을 실현하기 위한 강제수단은 사용할 수 없으나, 법규범은 이를 어기는 자에게 즉각 제재를 가하고, 그 실현을 강제할 수 있어 실효성이 있다는 점이고, 바로 이러한 점 때문에 사회 구성원들의 행위를 규율하고, 사회의 통합을 유지하는 데는 법규범이 다른 규범들보다 중요하다고 할 수 있다.

따라서 모든 사회는 그 나름대로 특유한 법규범을 가지고 있다. 괴테는 지옥에도 법이 있다고까지 하였다. 물론 원시사회나 문화가 덜 발달한 사회에는 도덕, 종교, 관습, 법의 경계가 모호하여 그들이 서로 혼연되어 있는 경우가 많다. 그러나 문화가 발달된 사회일수록 이들을 뚜렷이 구별하여 사회질서를 유지하고 사회 구성원들의 공동생활을 안전하게 하는 데 꼭 필요한 최소한도의 것만을 법으로 규정하여 이를 지키도록 강제하고, 그 위반자에게 일정한 불이익을 주고 있다.

이렇듯 '법'(규범)은 강자의 횡포로부터 약자의 권리와 인간으로서의 존엄성을 지켜 인간사회에 정의를 실현하는 유용한 도구임에도 불구하고 우리나라를 비롯한 동양사회에는 예로부터 법을 도리어 사람을 억압하는 도구로 생각하는 경향이 있는 것 같다. 그 단적인 예가 착하고 선량하여 다른 사람에게 해를 끼치지 않는 사람을 가리켜 흔히 '법 없이도 살 사람'이라고 하는 데서 나타난다. 이때 '법 없이도 살 사람'이라는 뜻은 법의 강제를 받지 않아도 자신의 할 일을 다하고, 다른 사람에게 나쁜 짓을 하거나 해악을 끼치지 않을 사람이라는 뜻이지, 법의 보호를 받지 않아도 되는 사람이라는 뜻은 아닐 것이다. 따라서 '법 없이도 살 사람'이라는 말에는 법은 사람을 강제하는 것, 억지로 무엇을 하도록 시키는 것이라는 부정적인 의미가 강하고, 법은 약자를 보호하고, 지켜주는 것이라는 긍정적인 의미는 담고 있지 않은 듯하다.

법에 대한 위와 같은 잘못된 인식은 그동안 법을 다루는 위정자들이 법을 이용하여 자신의 사욕만 채울 뿐 백성을 편안케 하는 데는 소홀히한 경우가 적지 않았기 때문이라고 생각되나, 이는 법을 다루는 사람이 잘못한 것이지 법의 고유한 기능은 아니다.

인간은 법과 이를 구체적으로 실현하는 사법제도가 존재함으로써 타인으로부터 자신의 자유와 권리를 부당하게 침해당하지 않을 수 있을 뿐 아니라, 이를 침해당했을 때에는 즉시 그 회복을 구할 수 있어 자신의 존엄성을 지킬 수 있고, 나아가 타인의 자유와 권리를 침해한 사람도 자기가 저지른 침해행위에 상응하는 불이익만을 당할 뿐 무한으로 보복당하는 것을 방지할 수 있는 것이다.

제3절 '法'(법)이라는 글자에 담긴 뜻

법을 한자로 쓰면 법(法)이다. 물을 뜻하는 삼수 변(氵)과 갈 거(去)를 합한 것이다. 그리고 흔히 이 글자의 의미를 물이 자연의 이치에 따라 높은 데서 낮은 데로 흘러가듯 모든 일이나 분쟁을 이치에 맞게 순리(順理)대로 처리한다는 뜻으로 새긴다.

그런데 이 글자는 한(漢)대 이전의 고문에서는 위에서 본 水+去에 치(廌)를 합하여 썼다고 한다. 이 고문에서 사용하던 법이라는 글자의 의미에 대해서는 '설문해자' 등의 고대 문헌은 다음과 같이 설명하고 있다.

'법은 형(刑)을 뜻하는데, 물이 어떠한 그릇에 담겨도 평평한 것처럼 형은 공평해야 하므로, 먼저 물을 뜻하는 삼수 변(氵)을 취한다. 또 치는 해태와 비슷한 신화 속의 동물로서 뿔이 하나 달렸으며, 겉 모습은 소를 닮기도 하고, 산양이나 사슴을 닮기도 하였는데, 옳고그름과 굽고곧은 것을 판별할 줄 알아 재판을 할 때 이 치가 바르지 않은 자의 몸에 뿔을 닿게 하여 부정을 가려내어 사라지게 했으므로, 법이라는 글자에 치(廌)자와 간다는 뜻의 거(去)자를 합하여 사용하였다. 그 후 후대에 내려오면서 치(廌)자가 빠져 수(水)와 거(去)만이 남게 되었다.'

따라서 고대에서 사용하던 이 법이라는 글자도 그 글자 자체로 형평, 정의의 뜻을 함축하고 있으며, 대저 법이란 것이 위정자나 권세자의 마음대로 이리굽고 저리굽을 수 없다는 평범하지만 간단하지만은 않은 진리를 드러내고 있다고 할 것이다.

제2장 권리의 변동

제1절 총　설

I. 권리변동 일반

권리가 무엇인가 하는 점에 대해서는 그동안 다양한 견해가 제시되어 왔으나, 권리란 '일정한 이익을 향수할 수 있도록 하기 위해 법적으로 부여된 법률상의 힘'이라고 보는 '권리법력설'이 현재의 지배적인 견해이다. 여기서 '일정한 이익'이란 개인의 사회생활에서 필요한 가치가 있는 것으로 경제적 이익뿐만 아니라 인격적 이익 같은 비물질적 이익을 포함한다. '법적으로 부여된 법률상의 힘'이란 법률적으로 그 권리의 실현을 강제할 수 있다는 뜻이다.

한편 의무는 '일정할 행위를 하거나(작위의무), 하지 않아야 할(부작위의무) 법률상의 구속'을 말한다.

'법률상의 구속'이란 의무자가 의무를 이행하지 않으면 법적으로 그 실현을 강제받거나, 불이익을 받게 된다는 뜻이다. 한편 권리의 변동이란 권리의 발생·변경·소멸을 의미한다.

권리변동에 관한 **예를 들어 보자**.

1) 甲이 자신의 소유 A아파트를 乙에게 금 2억원에 매도하고, 乙로부터 금 2억원을 받고 위 아파트에 대한 소유권을 이전해 주었다고 가정하자. 이를 권리의 변동이라는 측면에서 살펴보면, 甲은 A아파트의 소유권을 상실하고, 乙은 A아파트의 소유권을 취득하였으며, 대신 乙은 2억원의 금전에 대한 소유권을 상실하고, 甲은 2억원의 금전에 대한 소유권을 취득하였다.

2) 乙이 A아파트를 소유하던 중 사업자금이 필요하여 丙은행에 위 아파

트를 담보로 제공하고 5,000만원을 대출받은 후 위 아파트에 丙명의로 저당권을 설정해 주었다고 가정하자. 이를 다시 권리변동의 관점에서 보면, 丙은 5,000만원의 돈을 빌려주는 대신 A아파트에 대한 저당권이라는 권리를 취득하였다. 한편 乙은 A아파트의 소유권은 그대로 보유하되, 소유권상에 저당권이라는 제한적 권리를 설정해 주었다. 즉 乙의 소유권의 내용에 변경이 생긴 것이다. 만약 乙이 변제기에 대여금을 갚지 못하게 되면 丙은 저당권을 실행하여 위 아파트를 경매절차에 넘길 수 있다. 乙이 위 아파트에 대한 소유권자라고 하더라도 丙의 저당권실행을 막을 수 없다. 소유권의 권능이 저당권에 의하여 제한을 받기 때문이다. 원래 소유권은 그 본질상 목적물에 대하여 사용수익권능과 처분권능을 가지는 완전한 권리이다. 그러나 저당권을 설정해 주면, 소유권의 위 두 권능 중 사용수익권능은 그대로 보유하되, 처분권능은 저당권에 의하여 제한을 받게 된다. 위의 예에서도 丙의 저당권설정으로 인하여 乙의 소유권의 일부 권능에 변동이 생긴 것이다.

이러한 권리의 변동(법률관계의 변동이라고도 한다)은 아무런 원인도 없이 생기는 것은 아니다. 당연히 일정한 원인이 있는 경우에 그 결과로서 발생한다. 앞의 예에서 '매매'로 인하여 아파트의 소유권에 대하여 변동이 생겼다. '저당권설정합의'에 의하여 乙의 소유권의 일부 권능에 변동이 생겼다. 이와 같이 권리변동의 원인이 되는 것을 '법률요건'(앞의 예에서 매매, 저당권설정합의 등이 법률요건이 된다)이라고 하고, 그 결과로서 생기는 권리변동을 '법률효과'라고 한다.

Ⅱ. 권리변동(법률효과)의 모습

권리변동에는 권리의 발생·변경·소멸의 세 가지가 있다. 이들 중 권리의 발생·소멸은 권리가 귀속하는 자(권리의 주체)의 입장에서 보면 권리의 취득·상실에 해당한다.

1. 권리의 발생(취득)

권리의 발생은 권리의 주체의 입장에서 보면 권리의 취득인데, 권리의 취득에는 원시취득과 승계취득이 있다.

가. 원시취득(절대적 발생)

타인의 권리에 기초하지 않고, 원시적으로 권리를 취득하는 것(즉, 그 이전에는 그러한 권리를 취득한 사람이 없었다는 의미)을 '원시취득'이라고 한다. **예를 들면** 甲이 자신의 소유토지 위에 가옥을 건축하였다면, 甲은 그 가옥의 소유권을 취득하는데, 그 가옥은 이전에 다른 사람의 소유였던 적이 없다. 乙이 등산을 하다가 야생의 동물(예를 들면, 토끼나 꿩 등)을 잡았다면 乙은 그 야생동물에 대한 소유권을 원시적으로 취득한다. 야생하는 동물은 주인이 없는 무주물(無主物)이고 무주물에 대해서는 이를 선점하는 사람이 소유권을 취득하기 때문이다(무주물 선점. 제252조 참조). 이와 같이 타인의 권리를 바탕으로 하지 않고 세상에 없던 권리를 처음으로 취득하는 것을 '원시취득'이라고 한다.

나. 승계취득(상대적 발생)

타인의 권리를 바탕으로 하여 권리를 취득하는 것을 '승계취득'이라고 한다. **앞의 예**에서 보듯이 乙이 甲의 소유인 A아파트를 매수한 결과 乙은 甲으로부터 위 아파트에 대한 소유권을 이전받게 된 경우가 그렇다. 승계취득은 다시 이전적 승계와 설정적 승계로 나누어진다.

이전적 승계는 구 권리자의 권리가 동일성을 가지면서 신 권리자에게 이전되는 경우이다. 이것이 본래의 의미의 승계취득이다. **앞의 예에서** 乙이 甲으로부터 취득한 소유권이 승계취득의 예이다. 이전적 승계에는 각각의 권리가 각각의 취득원인에 의하여 승계되는 '특정승계'와 하나의 취득원인에 의하여 여러 개의 권리가 한꺼번에 승계되는 '포괄승계'로 다시 나뉜다. 甲·乙간에 매매라는 개별적 원인을 통하여 소유권의 승계가 이루어진 **앞의 예**가 특정승계의 예에 해당한다. 한편 **예를 들어** 丁이 사망하고, 상속인으로 戊가 있다면, 戊는 丁의 재산(토지, 아파트, 자동차 등)을 모두 상속하게 된다. 이러한 예가 포괄승계에 해당한다. 회사가 합병된 경우도 같다.

설정적 승계는 구 권리자의 권리는 그대로 있으면서 신 권리자가 그 권리 위에 제한적인 내용의 권리를 새로이 취득하는 것이다. 乙이 자신 소유의 아파트에 대하여 丙은행에 저당권을 설정해 준 **앞의 예**에서, 乙의 소유권은 그대로 있는데, 丙이 乙의 소유권에 바탕하여 저당권이라는 새로운 권리를 취득한 경우가 그에 해당한다.

2. 권리의 소멸(상실)

권리의 소멸은 권리의 주체의 입장에서 보면 권리를 상실하는 것이다.

권리의 소멸에는 절대적 소멸(상실)과 상대적 소멸(상실)이 있다. 절대적 소멸은 권리 자체가 세상에서 없어져 버리는 것이다. 예를 들면 건물에 화재가 발생하여 소실됨으로써 건물에 대한 소유권이 소멸하는 것, 채무가 변제되어 채권이 소멸하는 것이 그 경우에 해당한다. 반면 상대적 소멸은 권리 자체가 없어지는 것이 아니고 권리의 주체가 변경되는 경우이다. 엄밀히 말하면 권리가 소멸하는 것은 아니나, 권리주체의 면에서 보면 자신의 권리가 소멸하는 것이므로 이를 상대적 소멸이라고 보는 것이다. 다른 면에서 보면 승계취득 중 이전적 승계이다.

3. 권리의 변경

권리의 변경은 권리가 동일성은 그대로 유지하면서 주체·내용 또는 작용(효력)에 있어서 변화가 있는 것이다. 예를 들면 물건의 인도를 목적으로 하는 채권이 채무불이행으로 인하여 금전손해배상채권으로 변하는 것(제390조 참조), 소유권에 저당권과 같은 제한물권이 설정되는 경우가 그 예에 해당된다.

Ⅲ. 권리변동의 원인

1. 법률요건

일반적으로 어떤 상태가 변화를 가져오기 위해서는 먼저 그 변화를 일으키기 위한 조건들이 충족되어야 한다. 예를 들면 물이 수증기로 변하기 위해서는 일정한 열이 공급되어야 한다. 원인이 없는 결과는 존재하지 않는다고 봐도 좋다. 이는 법률관계에서도 마찬가지이다. 법률관계의 변동이 있기 위해서는 그 변동을 오게 한 일정한 원인이 있어야만 한다. 민법도 이러한 취지에서 'A 사실'(원인)이 있으면, 'B 효과'(결과)가 발생한다는 가언적(假言的) 판단의 형태를 취하고 있다.

예를 들어 甲이 자기 소유의 자동차를 乙에게 금 1,000만원에 매도하는 매매계약을 체결하였다고 가정하자. 위 매매계약의 결과 甲은 乙에게 1,000만원의 매매대금지급청구권을 가지게 되었고, 乙은 甲에게 위 자동차에 대한 소유권이전 및 인도청구권을 가지게 되었다(제568조 참조). 즉 매매계약이라는 원인이 있고 그 원인으로 인하여 甲·乙이 서로에게 일정한 청구권을 가지게 된 결과가 발생하였다. 이처럼 매매라는 요건이 구비되면 대금지급청구권이나 물건에 대한 소유권이전청구권발생이라는 효과가 생기는데, 이러한 결과를 '법률효과'라고 하고, 법률효과를 가져오게 되는 원인을 '법률요건'이라고 한다. 법률효과를 권리의 관점에서 보면 권리의 변동으로 나타난다. 이처럼 권리변동이 생기기 위해서는 먼저 법률요건이 충족(존재)되어야 하고, 법률요건이 충족되면 법률효과가 발생한다.

법률효과의 발생을 가져오는 법률요건으로는 법률행위, 준법률행위, 불법행위, 부당이득, 사무관리 등 여러가지가 있는데, 법률행위가 가장 중요한 법률요건이 된다.

2. 법률사실

법률요건을 완성하기 위하여 구성되는 개개의 사실을 '법률사실'이라고 한다. 이러한 법률사실은 그 단독으로 또는 다른 법률사실(들)과 합해져서 법률요건을 이루게 된다.

법률사실은 사람의 정신작용에 의한 사실과 그렇지 않은 사실로 나눌 수 있다.

먼저 사람의 정신작용에 의하지 않은 것을 '사건'이라고 한다. 예를 들면 사람의 출생과 사망, 건물의 멸실, 시간의 경과 등이 그것이다. 이러한 '사건'이 있으면, 그 결과로 법률효과가 발생한다. 즉 사람이 사망하면 '상속'이라는 법률효과가 발생하고 건물이 멸실하면 소유권의 소멸이라는 법률효과가 발생하는 것이 그것이다.

사람의 정신작용에 의한 법률사실은 적법행위와 위법행위로 나눌 수 있다.

위법행위는 법질서에 반하는 것으로 채무불이행과 불법행위가 있다. 위법행위(법률사실)가 있으면, 그 결과로서 법이 규정하고 있는 일정한 제재(즉, 제재의 내용을 가진 법률효과, 예를 들면 손해배상채무 등)를 받게 된다.

적법행위는 법질서에 부합하는 행위로서 다시 '의사표시'라는 법률사실을 필수적 요소로 하느냐에 따라 다시 법률행위와 준법률행위(準法律行爲)로 나뉜다.

법률행위는 그 안에 반드시 의사표시를 내포하고 있는데, 하나의 의사표시로 성립하는 '단독행위'(유언, 취소, 해제 등)와 2개 이상의 교차적 의사표시의 합치에 의하여 성립하는 '계약'(매매, 임대차, 고용 등)의 둘로 나누어진다. 따라서 단독행위는 의사표시라는 하나의 법률사실이 곧바로 법률요건으로 된 것이고, 매매, 임대차, 고용 등의 계약은 청약이라는 의사표시와 승낙이라는 의사표시(두 개의 법률사실)가 결합하여 하나의 법률요건으로 된 것이다.

준법률행위는 적법행위 중 법률행위를 제외한 그 밖의 모든 법률요건을 포괄하는 추상적 개념이다.

사실, 법률사실과 법률사실에 대한 이러한 분류들은 입문단계에서는 너무 어렵고, 법률 전반에 대한 이해를 전제로 하지 않고서는 그 개념조차 납득하는 것이 쉽지 않다. 굳이 외우려 하지 말고, 이해되는 부분만 이해하고, 진도를 나갔다가 민법 전반에 대하여 어느 정도 이해를 얻은 후 다시 돌아와서 공부하는 것도 좋은 방법이다. 이렇게 하여도 민법을 이해하는 데는 큰 어려움이 없다. 예를 들면 '사람의 사망'이 '법률요건' 중 '사건'에 해당하고, 이는 '사람의 정신작용에 의한 것이 아니다'는 개념을 몰라도 사람의 사망으로 상속관계가 발생하고 따라서 법률관계(권리관계)의 변동이 발생하게 된다는 것만 알면 입문단계의 민법공부를 하는 데 아무런 지장이 없다는 것이다.

3. 법률행위

법률요건에 여러가지가 있지만 그 중에 가장 중요한 것이 법률행위이다. 그 이유는 당사자가 원하는 대로 법률효과가 발생하는 법률요건은 오직 법률행위밖에 없기 때문이다. 법률행위가 아닌 법률요건의 경우에는 당사자의 의사와는 관계없이 법질서에 의하여 일정한 법률효과가 주어진다. 법률행위의 개념은 상당히 중요하므로 항을 바꾸어 설명하기로 하고, 여기서는 법률행위에서 생기는 법률효과와 다른 법률요건에서 생기는 법률효과가 어떤 점에서 차이가 있는지 보기로 하자.

예를 들면 甲·乙 사이에 甲의 강아지를 乙이 10만원에 사기로 하는 계약이 성립하였다면(매매라는 법률행위), 甲·乙이 원하는 대로 甲은 乙에 대하여 10만원의 지급청구권을 취득하고 乙은 甲에 대하여 강아지의 소유권이전청구권을 취득하게 된다. 그에 비하여 丙이 丁을 때려 다치게 하여 丁이 치료비를 포함하여 500만원의 손해를 입었다면, 丙이 손해배상으로 100만원만 지급하고 싶다고 하여도 다른 특별한 사정이 없다면, 그것은 허용되지 않는다. 민법상 丙은 丁의 손해 전부를 배상하여야 하는 것이다.

이와 같이 법률행위만이 당사자가 원하는 대로 법률효과를 생기게 하기 때문에, 사적자치가 기본원리로 되어 있는 우리 민법에 있어서 법률행위가 가장 중요한 법률요건이 되는 것이다. 사적자치는 바로 법률행위에 의하여 법의 세계에서 실현되게 된다.

위에서, 법률행위의 경우에는 당사자가 원하는 대로의 효과가 발생한다고 하였는데, 그것은 구체적으로 어떤 의미인가? 법률행위는 언제나 하나 또는 둘 이상의 의사표시가 있게 되는데, 그와 같은 법률행위에 의하여 발생하는 법률효과는 바로 그 법률행위의 구성요소인 의사표시에 의하여 당사자 —단독으로(단독행위의 경우) 또는 일치하여(계약의 경우)— 의욕한 것으로 표시된 바와 같은 효과이다. 앞에서 든 甲·乙 사이의 강아지의 매매계약에서는 甲과 乙의 청약과 승낙이라는 의사표시의 일치에 의하여 의욕된 효과가 발생하는 것이다. 여기서 법률행위의 핵심이 의사표시에 있음을 알 수 있다.

제2절 법 률 행 위

I. 법률행위의 의의 및 성질

1. 법률행위 개념

법률행위는 법률관계를 이해하는 데 가장 기본적인 개념이다. 그러나 우리가 법률행위를 공부하면서 먼저 알아야 할 것은 법률행위는 실존하는 개념이 아니라는 사실이다. 실제거래에서는 법률행위라는 개념은 사용되지 않는다. 오히려 실존하는 것은 매매·임대차·고용·유언·채권양도 등과 같은 개개의 행위유형이다. 그럼에도 불구하고 법률행위는 민법에서는 가장 중요한 기본개념으로 이해되고 있다. 왜 실제에서는 사용되지도 않는 '법률행위' 개념을 만들고 이를 중심으로 법률관계를 설명하는가? 실제 학생들이 법률행위를 너무 어렵게 생각하고, 그 개념을 이해하는 것을 힘들게 생각하는데, 사실 그렇게 어렵게 볼 것도 아니다. 법률관계에서만 그런 것은 아니고 다른 영역에서도 이와 같은 설명을 많이 하기 때문이다. **예를 들어 보면** 붕어, 광어, 송사리라는 물고기는 있지만 '어류'라는 이름을 가진 물고기는 존재하지 않는다. 그렇지만 우리는 일상적으로 어류라는 단어를 많이 사용한다. 어류는 '물 속에서 살면서 아가미로 호흡하는 척추 냉혈동물'을 총칭하는 추상적인 개념의 단어이다. 수많은 개개의 물고기들이 있지만, 이들은 모두 '물 속에서 살면서 아가미로 호흡하는 척추 냉혈동물'이라는 공통점을 가진다. 우리는 이러한 특징을 가진 동물을 총체적으로 가리킬 때 '어류'라는 단어를 사용한다.

법률행위의 개념이나 만들어진 목적도 위와 같다고 보면 된다. 실제 거래에서는 매매, 임대차, 고용, 유언, 채권양도 등과 같은 개개의 행위유형이 있다. 그런데 이들 행위유형은 모두 '의사표시'라는 요소를 그 속성으로 가지고 있다는 공통점이 있다. 따라서 의사표시를 중심으로 위 행위 유형 전부를 총괄하는 집합개념 내지 추상화 개념으로 법률행위라는 개념을 만들게 되었다. 즉 모든 법률행위를 의사표시를 중심으로 통일적으로 처리하고자 하는 의도에서 법률행위라는 개념이 고안되었다.

예를 들어 보자. 민법은 사기에 의한 의사표시는 취소할 수 있다고 규정하고 있다(민법 제110조 제1항). 따라서 채무면제가 사기에 의하여 이루어졌다든지, 매매계약이 사기에 의하여 체결되었다면 의사표시를 한 자는 이를 취소할 수 있다. 채무면제에는 '채무면제의 의사표시'가 들어 있고, 매매계약은 물건을 사고팔고자 하는 내용을 가진 '청약의 의사표시와 승낙의 의사표시'가 들어 있다. 따라서 만일 '채무면제라는 의사표시'나 '청약이나 승낙의 의사표시'가 상대방의 사기에 의하여 이루어졌다면 위 민법규정에 의하여 이를 취소할 수 있게 되어 법률관계가 간명·간편해진다. 위 규정이 없다면, 개개의 법률관계마다 그 법률관계가 사기에 의하여 이루어졌다면 이를 취소할 수 있다는 규정을 매번 반복하여 해 두어야 할 것이다. 그러나 '사기에 의한 의사표시를 취소할 수 있다'고 하는 한 개 규정을 두게 되면, 의사표시가 든 법률행위가 단독행위이든(앞서 본 채무면제), 계약이든(앞서 본 매매) 상관없이 위 규정 하나로 모두 취소가 가능하다.

이와 같이 법률행위 개념에 의하여 그에 관한 공통적인 원리가 법률상 간단하게 규정될 수 있고, 또 그 규정으로 모든 경우를 통일적으로 규율할 수 있게 된다.

법률행위의 개념을 이해하면서 '행위'라는 부분이 낯설게 느껴질 수도 있다. 일반적으로 행위라는 관념은 사실적인 행위나 행동을 의미하기 때문일 것이다. 민법상의 행위는 '법률행위'를 가리킬 때도 있고 일반적 의미인 사실적 행위·행동을 가리킬 때도 있음을 유의해야 한다. 예를 들면 '대리"행위"'에서의 '행위'는 법률행위를 가리키나, '불법"행위"'에서의 '행위'는 행동을 의미한다. 불법행위는 당연히 법률행위가 아니기 때문이다.

2. 법률행위의 의의

일반적으로 법률행위는 '의사표시를 필수적 요소로 하는 법률요건'이라고 설명한다. 추상적 개념이기는 하나, 의사표시와 법률요건이라는 두 가지 측면에서 이해를 하면 좋을 것이다.

가. 사법상의 법률요건

법률행위는 법률요건이다. 따라서 법률행위가 있으면 그로 인하여 법률효과(권리변동)가 발생하게 된다.

나. 추상적 개념

앞서 보았듯이 법률행위는 구체적인 행위 유형 모두를 총괄하기 위한 목적으로 고안된 개념이다. 거래의 실제에서는 법률행위라는 행위 자체는 존재하지 않는다. 실제로 존재하는 것은 매매, 임대차, 상계, 채권양도, 혼인, 유언 등과 같은 개별적인 행위 유형만이다. 법률행위는 이러한 행위 유형을 추상화한 상위개념이다.

다. 의사표시와의 관계

법률행위는 의사표시를 필수불가결한 요소로 한다. 따라서 의사표시가 없는 법률행위는 있을 수가 없다. 그러나 의사표시가 곧 법률행위는 아니다. 법률행위는 하나의 의사표시로 성립할 수 있는데(예를 들면 취소·해제·상계·유언 등이 그러하다) 이 경우에는 그 의사표시가 곧 법률행위가 된다. 그러나 계약(매매, 임대차, 고용 등)은 '청약의 의사표시'와 '승낙의 의사표시'로 성립된다. 따라서 계약이 성립하기 위해서는 복수의 의사표시가 필요하다. 이와 같은 경우에는 각각의 의사표시는 법률행위를 성립시키는 구성 부분에 불과하므로, 의사표시와 법률행위는 같은 것이 아니다. 그리고 법률행위가 복수의 의사표시가 필요한 경우에는 법률관계의 변동은 각각의 의사표시에 의해서 발생하는 것이 아니고, 그 의사표시들이 결합되어 성립된 법률행위, 즉 '계약'에 의하여 일어난다.

한편 법률행위 가운데에는 의사표시 외에 다른 법률사실(사실행위, 관청의 협력 등)이 더 필요한 경우도 있다. 예를 들면 우리 민법은 법률혼주의를 취하고 있으므로, 혼인이 성립하려면 반드시 혼인신고가 있어야 한다(제812조 참조). 혼인신고가 없다면 결혼식을 하고 수십년을 같이 생활하였다고 하더라도 이는 '사실혼' 관계에 불과하다. 또 민법상의 법인이 성립하려면 주무관청의 허가가 요구된다(제32조 참조). 그러나 이러한 법률관계에서도 의사표시는 반드시 있어야 하며, 의사표시 없이는 '혼인의 성립', '법인의 성립'이라는 법률효과는 발생하지 않는다. 의사표시는 법률행위의 본질적인 구성요소로서 법률행위의 핵심이다. 그 결과 의사표시의 흠(무효. 취소사유)은 곧바로 법률행위의 흠으로 된다.

라. 의사표시의 내용에 따른 법률효과의 발생

법률행위가 있으면 의사표시의 내용대로 법률효과가 발생한다. 甲이 乙에 대하여 채무를 면제하면, 의사표시에 다른 흠이 없는 한, 채무면제의 효과가 발생한다. 丙이 丁에게 그 소유의 자동차를 매도하기로 하는 매매계약을 체결하면, 특별한 사정이 없는 한, 丙에게는 대금지급청구권이 발생하고, 丁에게는 자동차에 대한 소유권이전 및 인도청구권이 발생한다. 이러한 효과가 발생하는 것은 법률행위의 당사자가 각각 그러한 법률효과를 원했기 때문이다. 이 점에서 법률행위는 다른 법률요건과 차이가 있다. 법률행위 이외의 법률요건의 경우에는 법률효과가 당사자의 의사와는 관계없이 법질서에 의하여 주어진다. 불법행위를 **예로 들어 보자**. 甲이 고의나 과실로 乙의 자동차를 손괴하였다면 불법행위가 성립한다. 이 경우 법은 甲에게 손해배상책임을 부과한다. 이는 甲의 의사와는 무관하다. 甲이 '나는 乙의 자동차를 손괴하더라도 손해배상책임을 지지 않겠다'고 미리 선언하였다고 하더라도 甲이 손해배상책임을 지는 것은 변함이 없다.

법률행위가 있으면 그 의사표시 내용대로 법률효과가 발생하기 때문에 법률행위가 중요하고, 사법적 법률관계 형성의 중심이 되는 것이다.

Ⅱ. 법률행위의 구성요소로서의 의사표시

1. 의사표시의 의의

의사표시란 일정한 법률효과(예를 들어, 특정 자동차의 소유자가 되려는 것)를 의욕하면서, 의사표시의 표의자가 자신의 내심의 의사를 외부에 표시하는 것을 말한다. 효과'의사'의 '표시'행위라고 할 수 있다. 앞서 보았듯이 의사표시는 모든 법률행위의 필수적 구성요소이고 법률행위가 있으면 그 의사표시 내용대로 법률효과가 발생하기 때문에 의사표시를 잘 이해하는 것이 중요하다.

2. 의사표시의 구성요소

가. 서 설

일반적으로 의사표시가 형성되고 표시됨에 있어서 그 당사자의 의식의 흐름을 분석해 보면 대체로 다음과 같은 과정을 거치게 된다. **예를 들어** 甲이 乙 소유의 A토지를 사려고 한다고 가정해 보자. 甲은 i) 투자나 거주의 목적으로 위 토지를 사야겠다는 동기를 정하고(動機의 단계) → ii) 그 동기에 기초하여 위 토지를 매수하려는 의사를 가지며(效果意思) → iii) 그 의사를 토지의 소유자에게 알리려는 의사하에(表示意思) → iv) 마지막으로 매수의 의사를 乙에게 표시하는 행위(表示行爲)를 하게 된다. 이러한 의식의 흐름과 관련하여 위에서 본 동기·효과의사·표시의사·표시행위 4가지 모두가 의사표시의 '요소'가 되는가 하는 문제가 발생한다. 만일 이들 4가지 모두가 의사표시의 요소가 된다면, 그 중 하나라도 결여되면 유효한 의사표시는 성립하지 않게 된다. 통설적 견해에 의하면, 동기와 표시의사는 독자적인 의사표시의 구성요소가 아니라고 본다. 한편 학설은 의사표시로 존재하기 위해서는 그 전제로 행위의사가 필요하다고 한다. 따라서 의사표시의 요소는 '행위의사·효과의사·표시행위'의 3가지 요소로 구성된다고 볼 수 있다.

나. 행위의사

행위의사는 어떤 행위를 한다는 인식이다. 행위의사가 없는 경우에는 의사표시의 존재가 인정되지 않는다. 의식불명상태, 최면상태, 항거할 수 없는 상태에서의 행위는 행위의사가 없어서 의사표시로 인정되지 않는다. **예를 들어** 술에 만취하여 의식이 불명한 상태를 만들어 놓고 손을 끌어다가 각서에 손도장을 찍어 갔다면, 의사표시의 존재를 인정할 수 없을 것이다.

다. 효과의사

일정한 법률효과의 발생을 원하는 의사이다. 예를 들면 토지를 매수하여 소유자가 되려고 하는 의사가 효과의사다. 그런데 효과의사는 표의자의 내적 심리에 불과하기 때문에 표시되기 전까지는 타인은 알 수 없다. 따라서 표의자가 실제로 가지고 있었던 의사를 효과의사로 볼 것인지, 표시행위를 통하여 보여진 의사를 효과의사로 보아야 할 것인지에 대하여 견해의 대립이 있다. 통설적 견해는 후자이다.

라. 표시행위

표시행위는 효과의사를 외부에 표명하는 행위로서 여러가지 방식으로 할 수 있다. 말로 할 수도 있고, 편지를 쓸 수도 있으며, 문자나 이메일을 보낼 수도 있다. 명시적으로는 물론이고, 묵시적으로도 표시할 수 있다. 머리를 끄덕이거나 손을 들거나 하는 동작으로 할 수도 있다. 이러한 표시행위가 없을 경우 당연히 의사표시는 존재할 수 없다.

Ⅲ. 법률행위의 요건

1. 서 설

법률행위가 그 법률효과를 발생하려면 먼저 법률행위로서 '성립'하여야 하고, 그리고 성립된 법률행위가 '유효'한 것이어야 한다. 이와 같이 법률행위의 요건은 성립요건과 효력요건(유효요건)으로 나누어진다.

2. 성립요건

성립요건은 법률행위의 존재가 인정되기 위하여 필요한 최소한의 외형적·형식적인 요건이다. 성립요건에는 모든 법률행위에 공통하는 일반적 성립요건과, 구체적·개별적인 법률행위에 대하여 특별히 요구되는 특별 성립요건이 있다.

일반적 성립요건은 i) 당사자, ii) 목적, iii) 의사표시 등 3가지가 존재해야 한다는 것이 통설적 입장이다. 따라서 법률행위가 어떤 것이든 이 요건을 갖추지 못하면 법률행위는 성립하지 않게 된다.

특별 성립요건은 구체적 법률행위에서 법률이 그 성립에 특별히 요구하고 있는 요건이다. 질권설정계약에서 물건의 인도(제330조), 혼인에서의 혼인신고(제812조) 등이 그러하다.

3. 효력요건(유효요건)

효력요건은 이미 성립한 법률행위가 효력을 발생하는 데 필요한 요건이며, 이것에도 역시 일반적인 것과 특별한 것이 있다.

가. 일반적 효력요건

일반적 효력요건은 모든 법률행위에 공통적으로 요구되는 효력요건으로 다음과 같다.

(1) 당사자의 능력 당사자에게 의사능력과 행위능력이 있어야 한다. 의사능력이 없는 자의 법률행위는 무효이고, 행위능력이 없는 자가 단독으로 한 법률행위는 원칙적으로 취소할 수 있다,

(2) 법률행의의 목적 법률행위의 목적(법률행위에 의하여 달성하고자 하는 법률효과)이 적법하여야 하고, 사회적 타당성을 지니고 있어야 하며, 확정할 수 있어야 할 뿐 아니라 실현도 가능한 것이어야 한다. 이러한 요건을 갖추지 못한 법률행위는 무효이다.

(3) 의사와 표시의 일치 의사표시에 관하여 의사(내심적 효과의사)와 표시(표시행위의 의미)가 일치하고, 사기·강박에 의한 의사표시가 아니어야 한다. 의사와 표시가 일치하지 않는 경우에는 무효이거나(비진의표시의 예외적인 경우, 허위표시) 취소될 수 있고(착오), 사기·강박에 의한 의사표시의 경우에는 법률행위가 취소될 수 있다.

나. 특별효력요건

일정한 법률행위의 경우 특별히 갖추어야 할 특별한 요건이다. 예를 들면 대리행위에서 대리권의 존재(제114조 내지 제136조), 조건부·기한부 법률행위에서 조건의 성취나 기한의 도래(제147조 내지 제154조), 유언에 있어서 유언자의 사망(제1073조) 등이 그러하다.

Ⅳ. 법률행위의 종류

법률행위는 여러가지 표준에 의하여 그 종류를 나눌 수 있다. 아래에서는 가장 기본적인 분류 몇 가지를 살펴보기로 한다.

1. 단독행위, 계약, 합동행위

법률행위는 그것의 요소인 의사표시의 수와 모습에 따라 단독행위, 계약, 합동행위로 나누어진다.

가. 단독행위

단독행위는 하나의 의사표시만으로 성립하는 법률행위이다. 단독행위는 상대방이 있느냐 없느냐에 따라 '상대방 있는 단독행위'와 '상대방 없는 단독행위'로 세분된다. 채무면제, 상계, 추인, 해제, 해지, 취소 등이 전자의 예이고, 유언, 권리의 포기는 후자의 예이다.

나. 계 약

계약은 복수의 당사자가 서로 상대방에 대하여 내용적으로 일치되는 의사표시를 함으로써 성립하는 법률행위를 말한다. 이는 반드시 여러 개의 의사표시가 필요하다는 점에서 단독행위와 구별되고, 그 여러 개의 의사표시의 방향이 평행적·구심적이 아니고, 대립적·교환적인 점에서 합동행위와 차이가 있다. 넓은 의미의 계약에는, 채권의 발생을 목적으로 하는 채권계약, 물권의 변동을 목적으로 하는 물권계약, 채권 이외의 재산권의 변동을 목적으로 하는 준물권계약, 혼인·입양과 같은 가족법상의 계약이 모두 포함된다. 좁은 의미의 계약은 채권계약, 즉 채권의 발생을 목적으로 하는 계약만을 가리킨다.

다. 합동행위

합동행위는 같은 방향의 여러 의사표시가 합치함으로써 성립하는 법률행위를 말한다. 의사표시의 방향이 평행적·구심적인 점에서 계약과 구별된다. 사단법인의 설립행위가 그 전형적인 예이다. 甲·乙·丙이 민법상의 사단법인을 설립하려고 할 때 그들의 의사표시의 방향을 보면, 서로 마주보고 있지 않고 같은 방향(법인설립이라는 방향)을 보고 있다. 이와 같이 평행적·구심적 의사표시의 일치에 의하여 성립하는 사단법인 설립행위는 합동행위인 것이다.

2. 요식행위, 불요식행위

의사표시가 일정한 방식에 따라 행하여져야 하는 법률행위를 요식행위라 하고, 그렇지 않고 자유롭게 행하여질 수 있는 법률행위를 불요식행위라고 한다. 민법상 법률행위는 원칙적으로 불요식행위이나, 유언(제1060조). 혼인(제812조)에서와 같이 일정한 방식이 요구되는 것도 있다.

3. 채권행위, 물권행위, 준물권행위

법률행위는 그것에 의하여 발생하는 법률효과에 따라 채권행위, 물권행위, 준물권행위로 나눌 수 있다.

'채권행위'는 채권을 발생시키는 법률행위이다. 채권행위가 있으면 채권자는 채무자에 대하여 일정한 행위(이를 '급부'라고 함)를 청구할 수 있는 권리만 가질 뿐, 존재하는 권리가 직접 변동되지는 않는다. 그리하여 채권행위에 있어서는 채무자의 이행의 문제가 남아 있게 된다.

'물권행위'는 물권의 변동을 목적으로 하는 의사표시(물권적 의사표시)를 요소로 하여 성립하는 법률행위이다. 소유권 이전 행위, 저당권 설정 행위가 그 예이다. 물권행위는 채권행위와 달리 직접 물권을 변동시키고 이행의 문제를 남기지 않는다.

'준물권행위'는 물권 이외의 권리를 종국적으로 변동시키고 이행이라는 문제를 남기지 않는 법률행위이다. 채권양도·채무인수가 그 예이다.

채권이나 물권의 개념에 대하여 아직 이해되지 않는 단계에서 채권행위나 물권행위를 이해하는 것은 쉽지 않다. 물권편과 채권편의 해당 부분에서 다시 설명을 하기로 하자.

V. 법률행위의 목적

1. 서 설

법률행위의 목적이란 법률행위의 당사자가 법률행위에 의하여 달성하려고 하는 법률효과이며, 법률행위의 내용이라고도 한다. 법률행위의 목적은 법률행위의 목적물(객체)과는 구별된다. 전자는 법률행위에 의하여 달성하려고 하는 법률효과 그 자체인 데 비하여, 후자는 그 법률효과의 대상을 가리킨다. 자동차 매매계약에서 매매의 대상인 자동차가 법률행위의 목적물이 된다. 법률행위가 유효하려면 법률행위의 목적은 다음의 네 가지 요건을 갖추어야 한다.

2. 목적의 확정성

법률행위의 목적은 확정되어 있거나 확정될 수 있어야 한다. 법률행위의 목적은 해석에 의하여 확정된다. 해석을 통하여서도 목적을 확정할 수 없는 법률행위는 무효이다. 그러한 법률행위는 국가가 그 실현을 도와줄 수가 없기 때문이다. **예를 들면** 甲과 乙이 동업계약을 체결하면서 甲은 일정한 금전을 출연하기로 했는데 乙은 막연히 甲을 도와준다는 계약을 체결하였다면, 甲·乙 사이의 동업계약은 무효가 된다.

3. 목적의 실현가능성

가. 의 의

법률행위의 목적은 실현이 가능하여야 한다. 목적의 실현이 불가능(불능)한 법률행위는 무효이다. 법률행위의 목적이 실현될 수 있는지의 여부, 즉 불능(불가능)인지의 여부는 물리적으로 판단하는 것이 아니고, 사회통념에 의하여 결정된다. 그 결과 물리적으로는 실현될 수 있어도 사회통념상 실현될 수 없는 것은 불능에 해당한다. 예를 들면 깊은 바다에 빠뜨린 반지를 찾아주기로 하는 계약이 그 예에 해당한다. 다만 심리적 불능, 경제적 불능은 불능이 아니다. 그리고 불능은 확정적이어야 하며, 일시적으로는 불능이더라도 향후에는 목적달성이 가능하다면 불능이 아니다.

나. 불능의 분류

불능은 여러가지 표준에 의하여 종류를 나눌 수 있다.

(1) 원시적 불능, 후발적 불능 　원시적 불능은 법률행위 성립 당시 이미 그 목적이 불능인 경우이고, 후발적 불능은 법률행위 성립 당시에는 불능이 아니었으나, 법률행위가 성립된 후에 그 목적이 불능으로 된 경우이다. 예를 들면 유명화가의 그림을 매매하기로 한 계약에서 계약체결 전에 이미 그림이 불타버렸던 경우가 원시적 불능이고, 계약이 체결된 후 그림이 불탔다면, 후발적 불능이다. 법률행위를 무효로 만드는 것은 원시적 불능에 한정되고, 후발적 불능의 경우에는 그 불능이 채무자의 책임있는 사유로 발생한 경우에는 이행불능의 문제가 발생하고, 채무자에게 책임 없는 사유로 인한 경우에는 대상청구권과 위험부담의 문제가 발생한다.

(2) 전부불능, 일부불능 　불능의 범위에 관한 구별이다. 전부불능은 법률행위의 목적의 전부가 불능인 경우이고, 일부불능은 일부분만이 불능인 경우이다. **예를 들면** 甲이 乙에게 그 소유의 토지 100평을 매도하기로 계약을 체결하였는데, 그 토지 전부가 국가에 의하여 수용되어 토지 100평 전부에 대하여 소유권을 이전할 수 없게 된 경우가 전부불능이고, 그 일부만 수용되어 (예를 들면 30평) 수용된 일부에 대해서만 소유권을 이전할 수 없게 된 경우가 일부불능이다. 일부불능의 경우에는 민법 제137조가 정하는 일부무효의 법리가 적용된다. 즉 법률행위의 일부가 무효일 경우에 원칙적으로 법률행위의 전부가 무효가 되지만, 무효 부분이 없더라도 나머지만으로 법률행위가 가능하고 또한 그 법률행위를 하였을 것이라는 가상적 의사가 존재하는 경우에는 나머지 부분만은 유효하다.

(3) 주관적불능, 객관적불능 　객관적으로 누구에게도 법률행위의 실현이 불가능한 것이 객관적 불능이고, 주관적으로 특정인이 실현할 수 없는 것이 주관적 불능이다. 불이 나서 소실된 주택에 대한 매매계약은 객관적 불능이다. 그렇지만 甲이 乙에게 丙 소유의 주택을 매도한 경우에는 丙이 甲에게 주택을 팔지 않는 한, 甲은 乙에게 주택에 대한 소유권을 이전하는 것이 불가능하므로 이는 주관적 불능에 해당한다. 무효로 되는 원시적 불능은 객관적

불능에 한하게 된다. 주관적 불능의 경우에는 이행기까지 그 이행이 가능할 수도 있기 때문에 일단 유효하고, 다만 그 이행을 할 수 없게 된 때에는 매매에 따른 담보책임이 발생한다.

4. 목적의 적법성

가. 서 설

법률은 강행법규와 임의법규로 나눌 수 있다. 강행법규는 '법령 중 선량한 풍속 기타 사회질서에 관계있는 규정'으로서 당사자의 의사에 의하여 그 적용을 배제할 수 없는 규정이다. 이에 반하여 임의법규는 '법령 중 선량한 풍속 기타 사회질서에 관계없는 규정'으로 당사자의 의사에 의하여 그 적용을 배제하거나, 변경시킬 수 있는 규정이다(제105조, 제106조 참조). 강행규정(중 효력규정)에 반하는 법률행위는 무효로 취급된다. 따라서 법률행위가 유효하려면 그 목적이 강행규정에 어긋나지 않아야 한다(제105조 참조).

강행규정은 효력규정과 단속규정이 있다. 그 중에 효력규정은 그에 위반하면 사법상의 효과가 부정되는 것이고, 단속규정은 일정한 행위를 단속할 목적으로 그것을 금지하거나 제한하는 데 지나지 않기 때문에 그에 위반하여도 벌칙의 적용이 있을 뿐이고 행위 자체의 사법상의 효과에는 영향이 없는 것이다. 강행규정이 어느 것에 해당하는가는 입법취지에 의하여 구별되어야 한다. 입법취지가 단순히 일정한 행위를 하는 것을 금지하려는 것이면 단속규정, 법규가 정하는 내용의 실현을 완전히 금지하려는 것이라면, 효력규정에 해당한다. 무허가 음식점의 음식물판매행위나 무허가 숙박업을 하는 행위는 이를 금지하는 규정이 단속규정에 불과하다. 따라서 이들 행위를 하더라도 일정한 법적제재는 받지만 그 행위의 사법적 효력이 무효는 아니다. 따라서 이들 무허가 음식점이나 숙박업소에서 음식물을 사먹거나 투숙을 했다면 해당요금을 지불하여야 한다.

나. 탈법행위

법률행위가 강행법규 가운데 효력규정에 위반하는 모습에는 직접적 위반과 간접적 위반이 있다. 이 중에 후자의 경우를 탈법행위라고 한다. 탈법행위란 직접 효력규정(강행법규)에 위반하지는 않으나 강행법규가 금지하고 있는 것을 회피수단에 의하여 실질적으로 달성하고 있는 행위를 말한다. 예를 들면 공무원이 연금받을 권리는 법률상 금융기관 이외에는 담보로 제공하는 것을 금지하고 있다. 이 규정을 직접 위반하는 것을 피하기 위하여 채권자에게 연금증서를 교부하고 연금을 받을 수 있는 대리권을 주어 채권자가 직접 연금을 받아 채권변제에 충당하도록 하는 것이 그 예가 된다. 이러한 탈법행위는 직접 강행법규에 위반하는 것은 아니지만 법규의 정신에 반하고 법규가 금지하고 있는 결과의 발생을 목적으로 하기 때문에 무효이다.

5. 목적의 사회적 타당성

가. 서 설

민법은 제103조에서 '선량한 풍속 기타 사회질서에 위반한 사항을 내용으로 하는 법률행위는 무효로 한다'고 규정하고 있다. 위 규정에 의하여, 법률행위의 내용을 직접적으로 규제하는 강행규정이 없는 경우에도 그 내용이 사회질서에 위반하는 경우에는 사회적 타당성이 없다는 이유로 무효가 된다.

나. 사회질서의 의의

사회질서란 질서유지를 위하여 국민이 지켜야 할 일반규범을 의미한다. 선량한 풍속이 당연히 사회질서에 포함된다는 견해도 있고, 양자가 병존한다는 견해도 있으며('선량한 풍속'은 윤리개념이고, '사회질서'는 공익개념으로 구별된다고 한다), 굳이 양자를 구별할 필요는 없고 일괄하여 사회적 타당성을 의미하는 것으로 보면 된다는 견해도 있다.

사회질서라는 개념은 시대에 따라 변화하는 추상적·일반적 개념이다. 따라서 그 구체적인 내용은 법원의 재판을 통하여 축적되어 갈 수밖에 없다. **판례는** 윤리적 질서에 반하는 행위, 정의관념에 반하는 행위, 생존의 기초가 되는 재산의 처분행위, 개인의 자유를 극도로 제한하는 행위, 도박 등 사행행위의 경우에 사회질서 위반행위가 된다고 판시하고 있다.

다. 동기의 불법

법률행위의 동기란 법률행위를 하게 된 이유이다. 이 동기는 법률행위의 내용을 이루지 않는다. 문제는 법률행위에 있어서 이러한 동기만이 사회질서에 반하는 경우에도 언제나 법률행위가 무효로 되는가이다. **예를 들어** 살인을 하기 위하여 칼을 사거나 도박을 하기 위하여 금전을 빌리는 경우에는, 칼의 매매계약과 금전의 소비대차계약은 모두 그 자체가 사회질서에 반하지는 않으며, 그러한 계약을 맺게 된 동기만이 사회질서에 반한다. 그러한 때에도 그 계약들이 무효로 되는지에 관하여 여러 견해들이 있으나, **판례는** 그 법률행위의 상대방이 어떤 이유로든 행위자의 불법한 동기를 알고 있었던 경우에는 법률행위가 무효로 되고, 그 이외의 경우에는 유효하다고 본다.

라. 사회질서 위반의 효과

법률행위가 사회질서에 반하는 경우에는, 그 법률행위는 무효이다(제103조).

마. 불공정한 법률행위(폭리행위)

상대방의 궁박, 경솔, 무경험을 이용하여 자기의 급부에 비하여 현저하게 균형을 잃은 반대급부를 하게 하여 부당한 재산적 이익을 얻는 행위를 폭리행위라고 하는데 이는 사회질서 위반의 예시라고 볼 수 있다. 피해자가 궁박하다는 것은 급박한 곤궁을 의미하며, 경제적 궁박뿐만 아니라, 정신적 궁박도 포함한다. 경솔은 신중함이 결여된 상태를 의미하며, 무경험은 생활경험의 부족을 의미한다. 이 중 어느 하나의 요건만 갖추어지면 폭리행위가 된다. 어느 정도의 급부불균형을 폭리로 인정할 것인가 하는 여부는 일률적으로 정할 수 없고, 법률행위를 하게 된 경위나 양 당사자의 인적 상황 등 모든 사정을 고려하여 결정하게 된다. 폭리행위로 인정되면 그 법률행위는 무효이며(제104조), 따라서 그 법룰행위에 의하여 발생한 채무는 미이행채무는 소멸하고, 기이행 급부는 부당이득이 되어 반환청구가 가능하다(제746조 단서).

VI. 법률행위의 해석

1. 법률행위 해석의 의의

법률행위의 해석이란 법률행위의 내용을 확정하는 것이다. 그런데 법률행위는 의사표시를 필수적 요소로 하기 때문에, 법률행위의 해석은 결국은 의사표시의 해석이 된다. 의사표시가 명확하다면 해석의 필요가 없지만, 다의적으로 해석할 수 있는 문장이나 문구를 사용했다든지, 의사표시의 내용이 모호하다면, 해석에 의하여 이를 확정하여야 한다.

2. 법률행위 해석의 방법

법률행위에 있어서 해석은 법률행위(의사표시)의 의미를 밝히는 해석과 법률행위에서 규율되지 않는 부분, 즉 틈이 있는 경우에 그것을 보충하는 해석으로 나누어진다.

밝히는 해석은 다시 자연적 해석과 규범적 해석으로 세분되며, 자연적 해석이 먼저 행하여지고, 그 방법으로 확정될 수 없는 경우에 규범적 해석이 행하여진다.

가. 자연적 해석

자연적 해석은 의사표시를 한 자의 진의를 밝히는 해석이다. 따라서 가령 표시가 잘못되어 있다고 하더라도 그 표시의 의미에 관하여 당사자간에 의사의 합치가 있다면 표시 본래의 목적은 달성된 것이므로 그 의사에 따른 효과가 주어져야 한다고 본다. 이러한 원칙을 '잘못된 표시는 해가 되지 않는다'(falsa demonstratio non nocet), 또는 '오표시무해(誤表示無害)의 원칙'이라고 하는데, 로마법 이래로 인정되어 왔다.

예를 들어 甲이 자신이 소유하고 있는 A토지를 乙에게 매도하는 매매계약을 체결하였다. 위 A토지의 지번은 산 100번지였는데, 甲과 乙은 모두 그 지번을 산 200번지로 잘못 알고 있었기 때문에 계약서에도 산 200번지로 표시하였다고 하자. 이 경우 실제 매매목적물을 산 100번지 토지로 보아야 할 것인가, 산 200번지 토지로 보아야 할 것인가? 甲·乙은 모두 특정토지인 A 토지에 대하여 매매계약을 체결하였고, 단지 그 지번을 잘못 알았을 뿐이다. 이러한 경우처럼 어떤 일정한 표시에 관하여 당사자가 사실상 일치하여 이해한 경우에는, 그 의미대로 효력을 인정하여야 하는데, 이를 자연적 해석이라고 한다. 따라서 위의 예에서는 계약서의 문구에도 불구하고 산 100번지 토지에 대하여 계약이 성립한다.

나. 규범적 해석

규범적 해석이란 표시행위의 객관적 의미를 탐구하는 것으로 합리적인 제3자의 규범적 평가에 의하여 의사표시의 내용이 확정되는 해석이다. 자연적 해석이 행하여질 수 없는 경우에는 규범적 해석이 행하여진다.

다. 보충적 해석

보충적 해석이란 법률행위의 내용에 틈이 있는 경우에 이를 보충하는 것을 말한다. 보충적 해석은 앞서 본 '밝히는 해석'을 통하여 계약의 성립이 인정되는 경우에만 행하여질 수 있다. 틈의 보충은 임의규정에 다른 관습이 있으면, 그 관습에 의하여, 그러한 관습이 없으면 임의규정에 의하여 보충되고, 임의규정도 없으면 신의칙과 거래관행을 고려하여 당사자들이 무엇을 의욕하였을 것인가가 탐구되어야 한다.

제3절 흠있는 의사표시

I. 개 관

법률행위가 유효하기 위해서는 의사와 표시가 일치하여야 하고, 의사형성 과정에 하자가 없는 자유로운 의사에 따른 것이어야 한다. 의사표시에 흠이 있는 것으로는 '진의 아닌 의사표시', '통정허위표시', '착오에 의한 의사표시', '사기나 강박에 의한 의사표시'가 있다. 통상 앞의 3가지는 의사와 표시의 불일치 문제로 다루고, '사기나 강박에 의한 의사표시'는 하자있는 의사표시로 다룬다.

Ⅱ. 진의 아닌 의사표시

1. 의 의

'진의 아닌 의사표시'란 표의자가 자기의 표시행위의 객관적 의미가 내심의 진의와 다르다는 것을 알면서 하는 의사표시이다(제107조). 즉 의사와 표시의 불일치를 표의자 스스로 알면서 하는 의사표시를 말한다. 이는 '비진의표시'(非眞意表示)라고도 한다. 비진의표시는 표시와는 다른 진의를 마음속(심리)에 남겨 두었다는 의미에서 '심리유보'라고도 한다. 비진의표시를 하게 된 동기나 이유는 불문한다. 다만 상대방 또는 제3자가 진의 아님을 이해하리라는 기대하에 하는 의사(희언)도 비진의표시가 성립한다.

예를 들어 전자대리점을 하는 사람이 진심으로 싸게 팔 의사도 없으면서, 사람들의 관심을 끌기 위하여 전자제품을 아주 싼 값(예를 들면, 시가 100만원짜리 냉장고를 20만원에)으로 팔겠다고 의사표시를 하는 경우가 그에 해당한다. **판례**는 사용자의 지시나 강요에 의하여 근로자가 어쩔 수 없이 사직서를 제출한 경우에 그 사직의 의사표시는 비진의표시라고 보고 있다. 비진의표시는 의사와 표시의 불일치를 표의자가 의식하고 있다는 점에서 뒤에 설명하는 허위표시와 같다. 그러나 진의와 다른 표시를 표의자가 단독으로 하고 있고, 설령 상대방이 있는 의사표시의 경우라도, 그 상대방과 서로 짜고(통정) 하지는 않는다는 점에서 허위표시와 다르다.

2. 효 과

비진의표시는 원칙적으로 표시된 대로 효력을 발생한다(제107조 제1항 본문). **예를 들어** 매수할 의사도 없으면서 사겠다고 의사표시를 한 경우 상대방이 승낙하면 매매계약이 성립한다. 앞서 본 예에서도 시가 100만원짜리 냉장고를 20만원에 사겠다는 사람이 있으면 매매계약이 성립된다. 거래의 안전과 비진의표시를 신뢰한 상대방을 보호하기 위하여 이와 같이 규정하고 있다.

그러나 상대방이 표의자의 진의가 아님을 알았거나 알 수 있었을 경우에는 비진의표시는 무효이다(제107조 제1항 단서). 알 수 있었을 경우라 함은 과실로 인하여 알지 못한 경우를 가리킨다. 비진의표시가 예외적으로 무효로 되는 경우에, 그 무효는 선의의 제3자에게 대항하지 못한다(제107조 제2항). 역시 거래의 안전을 보장하기 위한 규정이다.

여기서 '선의'(善意)라는 것은 그 의사표시가 비진의표시임을 알지 못함을 의미하는 것이다. 통상 법률에서 어떤 사정이나 사항에 대하여 선의·악의(惡意)라고 하는 것은 각각 어떤 사정을 알지 못하는 것(선의), 어떤 사정을 알고 있는 것(악의)을 가리키며, 도덕적·윤리적으로 선하다·악하다는 말과는 무관하다.

한편, 일반적으로 제3자라고 하면 당사자와 그의 포괄승계인(상속인이나 합병회사 등) 이외의 자 모두를 가리킨다. 그러나 여기서 보호받는 '제3자'는 통상의 제3자 가운데에서 비진의표시를 기초로 하여 새로운 법률상 이해관계를 맺은 자만을 의미한다.

그리고 '대항하지 못한다'는 의미는 법률행위의 당사자가 제3자에 대하여 법률행위의 효력(유효하다거나 무효라는 뜻)을 주장하지는 못하지만, 제3자가 그러한 주장을 하는 것은 무방하다는 것을 의미한다. 따라서 비진의표시의 표의자는 선의의 제3자에게 자신의 의사표시가 비진의표시라서 무효라는 주장을 하지 못하게 된다. 그 결과 제3자에 대하여는 표시된 대로 효력이 생기게 된다. 그러나 선의의 제3자가 비진의표시의 무효를 인정(주장)하는 것은 상관없다. 그때에는 의사표시는 모든 자에 대하여 무효로 된다.

Ⅲ. 허위표시

1. 의 의

허위표시는 상대방과 서로 짜고(통정하여) 하는 허위의 의사표시이다. 즉 표의자가 거짓의 의사표시를 하면서 그에 대하여 상대방과 합의를 하고 있는 경우이다. **예를 들면** 丙에게 거액의 대여금 채무를 부담하고 있는 甲이 丙의 강제집행을 피하기 위하여 친구인 乙과 짜고 자신의 소유 A토지를 乙이 매수한 것처럼 매매계약을 체결하고, 乙 앞으로 소유권이전등기를 경료해 준 경우, 甲과 乙 사이의 매매계약은 허위표시에 의한 것이다. 허위표시를 요소로 하는 법률행위(위의 예에서의 매매계약)를 '가장행위'라고도 한다(위의 예에서는 가장매매).

2. 허위표시와 구별하여야 하는 행위

가. 오 표 시

의사표시의 자연적 해석에 있어서 당사자의 일치하는 이해와 다르게 표시된 것을 '오표시'라고 한다. 실제 지번이 산 100번지인 A토지를 당사자 모두가 산 200번지로 잘못 이해하고, 계약서에 매매목적물의 표시를 산 200번지로 표시하는 것이다. 이 경우에는 당사자가 일치하여 이해하는 대로 확정되므로 의사표시는 일치한다. 따라서 그것은 허위표시가 아니다.

나. 허수아비행위

계약 당사자가 전면에 나서는 것을 꺼려 다른 사람을 내세워 법률행위를 하게 하고 대내적으로 이에 따른 권리·의무를 자기에게 귀속시키는 행위를 말한다. **예를 들면** 고위공직자인 甲이 토지를 사려는데, 자신이 외부에 노출되는 것을 꺼려 乙을 내세워 乙로 하여금 丙으로부터 토지를 매수하게 하였다. 이러한 경우에 배후조종자 甲에 의하여 표면에 내세워진 자 乙을 허수아비라고 하고, 乙이 丙과 한 법률행위를 허수아비행위라고 한다. 허수아비행위는 원칙적으로 가장행위가 아니다. 왜냐하면 법률효과의 발생이 진정으로 의욕되었기 때문이다.

다. 은닉행위

법률행위를 함에 있어서 당사자가 진정으로 원하는 행위는 A이지만, 외형적으로는 B라는 행위를 함으로써 A행위를 숨기는 경우가 있다. **예를 들면** 甲이 그의 아들 乙에게 토지를 증여하면서, 증여세 부담을 회피하기 위하여 마치 乙에게 이를 매도하는 형식을 취하는 것이다. 이와 같이 숨겨진 행위를 '은닉행위'라고 한다. 은닉행위의 경우에 그것을 감추는 외형상의 행위는 가장행위(허위표시)이다. 그러나 은닉행위 자체는 가장행위가 아니다. 따라서 일반적으로 감추어진 행위의 요건을 갖추었느냐의 여부로 그 유효·무효가 결정된다고 본다.

3. 효 과

허위표시는 당사자 사이에서는 언제나 무효이다(제108조 제1항). 따라서 가령 **앞서 본 예에서** 甲은 A토지에 대하여 乙에게 소유권을 이전해 줄 채무를 부담하지 않는다. 그리고 이미 소유권이전등기를 하여 소유권을 이전해 주었으면 그것은 부당이득(제741조 참조)이기 때문에 乙은 甲에게 이를 반환하여야 한다(등기말소).

허위표시(가장행위)는 원칙적으로 제3자에 대하여도 무효이다. 다만 선의의 제3자에 대하여는 예외가 인정된다(제108조 제2항). 즉 허위표시가 무효임을 들어 선의의 제3자에게 대항하지 못하는 것이다(제108조 제2항). **예를 들면** 앞의 예에서 乙이 A토지에 대하여 자신의 명의로 소유권이전등기가 경료되어 있는 것을 기화로, 이러한 사정을 전혀 모르는 丙에게 위 토지를 매도하고 등기를 이전해 주었다면, 甲은 丙을 상대로 甲과 乙 사이의 매매계약이 가장매매였음을 들어 무효라는 주장을 하지 못하게 되고, 丙은 확정적으로 위 토지에 대한 소유권을 취득하게 된다. 甲은 乙에게 불법행위(제750조) 등을 이유로 손해배상책임을 물을 수는 있다. 한편 위 선의의 제3자에게 대항하지 못하게 한 것은 선의의 제3자를 보호하기 위한 규정이다. 앞의 예에서 선의의 제3자인 丙이 스스로 무효라고 주장하는 것은 무방하다. 그리고 丙은 乙에게 매매대금의 반환을 청구할 수 있다.

보호받는 제3자는 허위표시의 당사자와 그의 포괄승계인 이외의 자로서 허위표시를 기초로 새로운 이해관계를 맺은 자를 말한다. 앞의 예에서처럼 가장양수인으로부터 목적부동산을 다시 매수한 자, 가장양수인으로부터 저당권을 설정받은 자 등이 그 예가 된다.

Ⅳ. 착　오

1. 의　의

'착오'의 개념은 '동기의 착오'를 착오에 포함시킬 것인지의 여부에 따라 '넓은 의미의 착오'와 '좁은 의미의 착오'로 나누어진다.

토지매매의 경우를 **예로 들어 보자**. 甲이 乙의 소유인 A토지 주변에 지하철역이 생긴다는 정보를 입수하고, 토지를 시가보다 조금 더 비싼 1억원에 매수하였는데 나중에 그 정보가 잘못된 정보라고 가정해 보자. 이 경우 甲의 매수의사표시에는 착오가 있는가? 매매목적물의 측면에서, 甲은 A토지를 매수하려고 하였고, 그 토지를 매수하였다. 매매대금의 측면에서도 甲은 A토지를 1억원에 매수하려고 하였는데, 그 대금으로 매수하였다. 甲의 의사와 표시 사이에는 불일치가 없다. 그런데 甲이 위 토지를 매수한 동기를 함께 고려하면, 甲의 진정한 의사와 표시 사이에는 차이가 있다. 즉 甲의 진정한 의사(진의)는 '(지하철 역이 인근에 들어서는) A토지'를 1억원에 매수하는 것이었다.

또 다른 예를 보자. 丙이 丁에게 丁 소유의 토지를 5,000만원에 사고 싶다는 메일을 보내면서 실수로 6,000만원으로 오기를 하였는데 이를 모른 채 그대로 보냈다. 이 경우에는 丙의 의사와 표시된 내용이 일치하지 않는다. 즉, 내심적 효과의사(5,000만원에 사려는 의사)와 표시(6,000만원에 사겠다고 표시) 사이에 불일치가 있는데, 그러한 불일치가 있는 것을 丙은 알지 못하고 있다.

이와 같이 착오는 착오의 개념에 동기의 착오를 포함시킬 것인지의 여부에 따라, 넓은 의미의 착오와 좁은 의미의 착오로 나눌 수 있다. 넓은 의미의 착오는 '표의자의 진정한 의사(진의)와 실제가 일치하지 않는 것을 표의자가 모르는 것'이고, 좁은 의미의 착오는 '의사(내심적 효과의사)와 표시(표시행위의 의미)가 일치하지 않는 것을 표의자가 모르고 있는 것'을 의미한다. 좁은 의미의 착오는 법률행위의 내용에 착오가 있는 것이며, 그것은 넓은 의미의 착오 가운데 동기의 착오를 제외한 나머지의 것이다.

2. 착오의 유형

착오는 하나의 의사표시가 형성되기 시작할 때부터 상대방에게 도달하기까지의 과정 가운데 어느 단계에서 발생하였는가에 의하여 유형을 나눌 수 있다.

가. 표시상의 착오

오기(誤記)의 경우와 같이 표시행위 자체를 잘못하여 의사와 표시의 불일치가 생긴 경우이다. 착오에 의한 취소사유가 된다.

나. 내용(의미)의 착오

달러와 파운드가 동일한 것으로 오해하여 1,000달러를 표시할 의사로 1,000파운드를 표시하는 것과 같이 표의자가 표시수단은 그 의사대로 사용하였으나, 그 의미를 잘못 이해하고 있는 경우다. 이 경우에도 착오에 의한 취소가 인정된다.

다. 동기의 착오

표시에 대응하는 내심의 의사가 존재하지만, 그 내심의 의사를 결정할 때의 동기 내지 내심의 의사를 결정하는 과정에 착오가 있는 경우다. 의사를 형성하는 데 있어서의 착오다. 지하철역이 부근에 생긴다고 믿고 그 인근 토지를 매수하는 경우가 그에 해당한다.

라. 표시기관의 착오(전달의 착오)

의사표시를 전달하는 자(표시기관)가 표의자의 의사와 다른 표시를 전달한 경우이다. **예를 들면** 甲이 乙에게 심부름을 시키면서, 丙에게 라면 10박스를 주문하라고 했는데, 乙이 丙에게 가서 라면 100박스를 주문한 경우가 그에 해당한다. 이때에는 표시기관에 의하여 전해지는 것이 표시행위가 되므로 표시상의 착오가 된다.

3. 착오를 이유로 취소할 수 있는 요건

착오를 이유로 법률행위를 취소하기 위해서는 i) 법률행위의 내용에 착오가 있어야 하고, ii) 그 중요부분에 착오가 있어야 하며, iii) 표의자에게 중대한 과실이 없어야 한다.

가. 법률행위의 내용의 착오

'법률행위의 내용'이란 법률행위의 목적, 즉 당사자가 그 법률행위에 의하여 얻으려는 법률효과를 말한다. 앞서 본 착오의 유형들 가운데 표시상의 착오, 내용(의미)의 착오, 표시기관의 착오는 모두 법률행위의 내용의 착오에 해당한다. 다만 동기는 법률행위의 내용을 구성하지 않기 때문에 동기의 착오는 법률행위의 내용의 착오에 해당하지는 않는다고 보아야 한다. 그러나 **판례는** 당사자 사이에 그 동기를 계약의 내용으로 삼은 때에는 착오를 이유로 취소할 수 있다고 판시하고 있다.

나. 법률행위의 중요부분의 착오

착오를 이유로 법률행위를 취소하기 위해서는 법률행위의 내용의 중요부분에 착오가 존재하여야 한다. 중요부분이 되기 위해서는, 표의자가 그러한 착오가 없었다면 그 의사표시를 하지 않았을 정도로 중요한 것이어야 하고(주관적 기준), 일반인도 표의자의 처지에 있었다면 그러한 의사표시를 하지 않았을 것이라고 인정되어야 한다(객관적 기준).

'중요부분'에 대한 **판례**의 태도를 보면, 다음과 같다.

사람이 누구냐를 중시하는 법률행위(증여, 임대차, 고용)의 경우는 사람의 동일성에 대한 착오는 중요부분의 착오다. 매매목적물의 동일성에 관한 착오는 중요부분의 착오로 본다. 토지의 현황, 경계에 관한 착오도 중요부분의 착오로 본다. 다만 시가 등에 관한 착오는 원칙적으로 중요부분의 착오가 아닌 동기의 착오에 불과한 것으로 보아, 착오취소를 부정한다.

다. 표의자에게 중과실이 없을 것

착오가 표의자의 '중대한 과실'로 인하여 발생한 때에는 다른 요건이 갖추어져 있어도 취소하지 못한다(제109조 제1항 단서). 여기서 중대한 과실(중과실)이란 표의자의 직업, 행위의 종류·목적 등에 비추어 보통으로 요구되는 주의를 현저하게 결여한 것을 말한다.

판례는 새로운 공장을 설립할 목적으로 토지를 매수하려는 자가 그 토지상에 공장을 건축할 수 있는지의 여부를 관할관청에 알아보지 아니한 경우, 금융기관이 대출자금이 모두 상환되지 않았음에도 신용보증기금에 신용보증서 담보설정 해지를 통지한 경우에는 중과실이 있다고 보고 있다.

4. 착오의 효과

착오취소의 요건이 모두 갖추어진 경우에는 착오자는 법률행위를 취소할 수 있다(제109조 제1항). 그리고 법률행위가 취소되면, 그 법률행위는 처음부터 무효였던 것으로 된다(제141조 본문). 한편 착오에 의한 취소는 선의의 제3자에게 대항하지 못한다(제109조 제2항). '선의'의 의미, '제3자'의 범위, '대항하지 못한다'는 의미는 앞서 설명한 바와 같다.

Ⅴ. 하자있는 의사표시(사기·강박에 의한 의사표시)

1. 의 의

의사표시가 유효하기 위해서는 그러한 의사표시가 표의자의 자유로운 의사에 의하여 결정된 것이어야 한다. 그런데 타인으로부터 부당한 간섭을 받은 상태에서 의사결정이 자유롭지 못하게 행하여지는 경우가 있다. 타인의 사기 또는 강박에 의하여 행하여진 의사표시가 그렇다. 이를 '하자있는 의사표시'라고도 한다.

2. 유 형

가. 사기에 의한 의사표시

'사기에 의한 의사표시'는 타인(상대방 외에 제3자도 포함)의 고의적인 기망행위로 인하여 착오에 빠져서 한 의사표시이다. **예를 들면** 甲이 乙에게 자신이 소유하고 있는 도자기가 고려청자라고 기망하고, 乙이 이에 속아 그 도자기를 비싸게 산 경우라거나, 양식한 어류이면서도 자연산이라고 속여 비싸게 판 경우 등이 그에 해당한다.

기망행위는 표의자에게 그릇된 관념을 가지게 하거나 이를 유지 또는 강화하게 하는 일체의 행위로서 때로는 침묵도 기망행위를 구성할 수 있다. 기망행위가 성립하기 위해서는 '표의자를 기망하여 착오에 빠지게 하려는 고의'와 '착오에 기하여 의사표시를 하게 하려는 고의'의 2단계의 고의가 필요하다.

그리고 기망행위와 착오, 착오와 의사표시 사이의 인과관계가 있어야 한다. 앞서 본 예에서 乙은 그 도자기를 고려청자로 믿지 않았지만, 친구인 甲의 사업을 도와주기 위해 속은 척하고, 그 도자기를 비싸게 샀다면 사기는 성립하지 않는다.

나. 강박에 의한 의사표시

'강박에 의한 의사표시'는 표의자가 타인(상대방 외에 제3자도 포함)의 강박행위로 인하여 공포심에 사로잡혀서 한 의사표시이다. 甲이 乙에게 물건을 강매하면서, 자신의 물건을 사지 않으면 생명이나 신체를 해치겠다고 위협하여 乙이 무서워서 甲에게 물건을 매수한 경우가 그 예이다. 이와 같이 강박행위란, 장차 상대방에게 해악이 초래될 것임을 고지하여 공포심을 일으키게 하는 행위로서, 해악의 종류나 방법은 불문한다. 다만 의사결정의 자유가 완전히 박탈된 상태(절대적 강박)에서 이루어진 의사표시는 행위의사가 결여된 것이므로 취소의 대상이 되는 것이 아니라 그 자체로서 무효라고 보아야 한다.

3. 효 과

사기 또는 강박에 의한 의사표시는 취소할 수 있다(제110조 제1항). 다만 의사표시가 상대방 있는 것인가 상대방 없는 것인가에 따라 취소할 수 있는 경우가 같지 않다.

상대방 없는 의사표시는 누가 사기 또는 강박을 행하였는지의 여부를 묻지 않고 취소할 수 있다. 또 상대방 있는 의사표시가 '상대방'의 사기나 강박에 의하여 행하여진 경우에는 언제든지 취소할 수 있다.

반면, 상대방 있는 의사표시가 '제3자'의 사기나 강박에 의하여 행하여진 경우에는 상대방이 그 사실을 알았거나 알 수 있었을 경우에 한하여 그 의사표시를 취소할 수 있다(제110조 제2항). **예를 들면** 丙이 甲에게 甲 소유의 토지를 乙에게 매도할 것을 요구하면서 甲에게 강박행위를 하였다. 甲이 丙의 협박을 견디지 못하여, 丙이 요구하는 대로 乙에게 토지를 팔았다고 가정하자. 이 경우 甲이 강박을 이유로 매매계약을 취소하기 위해서는 계약의 상대방인 乙이 丙의 협박사실을 알았거나 알 수 있었을 경우여야 한다. 그렇지 않다면, 甲은 강박을 이유로 매매계약을 취소할 수 없다.

취소가 있으면 법률행위는 처음부터 무효였던 것으로 된다(제141조). 다만 그 취소는 선의의 제3자에게 대항하지 못한다(제110조 제3항). **예를 들면** 甲이 乙에게 기망당하여 자신의 토지를 헐값에 매도하고 등기까지 경료해 주었다. 그리고 乙은 이러한 사정을 모르는 丙에게 위 토지를 전매하고 등기를 경료해 주었다고 하면, 甲은 사기를 이유로 乙과의 매매계약을 취소할 수는 있다. 그러나 甲은 위 매매계약이 취소되었다는 이유를 들어 丙에게 토지의 반환을 청구할 수가 없다. 丙은 위 토지의 소유권을 확정적으로 취득하게 된다. 甲은 乙에게 불법행위를 이유로 손해배상을 청구함으로써 손해의 보전을 받을 수는 있다.

제4절 의사표시의 효력발생

Ⅰ. 서 설

의사표시 가운데 소유권의 포기와 같이 상대방 없는 의사표시는 의사표시를 수령할 상대방이라는 존재가 없기 때문에 원칙적으로 표시행위가 완료되는 때에 효력을 발생하게 하여도 문제가 없다. 그러나 상대방 있는 의사표시는 상대방이 그 의사표시와 밀접한 이해관계를 가지는 경우가 많기 때문에 i) 언제 그 의사표시의 효력이 발생하는가, ii) 상대방의 소재 등을 모르는 경우에는 어떻게 의사표시를 할 것인가, iii) 상대방이 행위무능력자인 경우 그 의사표시가 효력이 있는가 등의 문제가 발생한다.

Ⅱ. 의사표시의 효력발생시기(도달주의의 원칙)

甲이 乙에게 편지로 청약(상대방 있는 의사표시임)을 하는 경우에 그 청약이 상대방에게 전달되는 과정을 보면, 먼저 甲이 편지를 작성한 후(표백), 그 편지를 우체통에 투입하고(발신), 편지가 乙에게 배달된 뒤(도달), 乙이 편지를 읽고 그 내용을 알게 되는(了知) 4단계의 과정을 거친다. 이들 여러 단계 가운데 어느 때에 그 청약의 효력이 발생하는지에 대하여, 민법은 통지가 상대방에게 도달한 때에 효력이 생긴다고 규정하고 있다(제111조 제1항). 이것이 도달주의의 원칙이다. 여기서 '도달'이라고 함은, 의사표시가 상대방의 지배권 내에 들어가 상대방이 일반적·객관적으로 의사표시의 내용을 요지할 수 있는 상태에 놓이는 것을 말한다(통설, 판례). 실제로 상대방이 그 편지를 읽고 내용을 알게 된 때가 아니다. 도달주의를 취하는 결과 의사표시가 도착하지 않았다거나, 연착한 경우의 불이익은 표의자가 부담하게 된다. 그리고 의사표시가 도달한 후에는 표의자는 임의로 의사표시를 철회할 수 없게 된다. 또한 의사표시 발신 후의 사정변경은 의사표시에 영향을 주지 않는다. 의사표시가 도달하고 있는 한 의사표시의 발신 후에 사망하거나 행위능력을 상실하더라도 그 의사표시의 효력에는 아무런 영향을 미치지 않는다(제111조 제2항).

도달주의의 원칙은 대화자 사이에 의사표시를 하는 때에도 적용된다. 다만 대화자의 경우(멀리 떨어져 있는 자인 격지자라도 전화로 하는 경우는 대화자이다)에는 의사표시의 발송과 도달이 거의 동시에 이루어지기 때문에 문제가 생길 여지는 적다.

한편 민법은 일정한 경우에는 예외적으로 발송된 때 의사표시의 효력이 생기는 것으로 정하고 있다(발신주의. 제531조, 상법 제363조 등).

Ⅲ. 의사표시의 공시송달

상대방 있는 의사표시에 있어서 상대방이 누구인지를 과실없이 알 수 없는 경우(상대방이 사망하였는데 그 상속인이 누구인지 알 수 없는 경우 등)나 상대방이 어디에 있는지를 알 수 없는 경우(재산관리인이 선임되지 않은 부재자의 경우 등)가 있다. 그러한 때에는 민사소송법의 공시송달의 규정에 의하여 송달할 수 있다(제113조). 민사소송법(제195조)과 민사소송규칙(제54조)에 따르면 '공시송달'은 법원사무관 등이 송달할 서류를 보관하고, 그 사유를 법원 게시판에 게시하거나 관보, 공보 또는 신문에 게재하거나 전자통신매체를 이용하여 공시하는 방법으로 한다.

Ⅳ. 의사표시의 수령능력

의사표시의 상대방이 의사표시를 받은 때에 무능력자인 경우에는, 표의자가 그 의사표시로써 그 무능력자에게 대항할 수 없도록 하고 있다(제112조 본문). 무능력자를 보호하기 위한 규정이다. 그러나 무능력자의 법정대리인이 의사표시의 도달을 안 후에는 대항할 수 있다(제112조 단서). 법정대리인이 알게 된 경우에는 대응이 가능하므로 무능력자를 따로 보호할 필요가 없게 되기 때문이다.

제5절 법률행위의 대리

I. 서 설

1. 대리제도의 의의 및 사회적 작용

가. 의 의

'대리'란 타인(대리인)이 '본인의 이름'으로 법률행위(의사표시)를 하거나 또는 의사표시를 받고(수령), 그로 인한 법률효과는 직접 '본인'에게 생기게 하는 제도이다. 법률행위의 경우 그 효과는 그 의사표시를 한 표의자에게 발생하는 것이 원칙이다. 그런데 대리에서는 의사표시를 한 자(받은 자의 경우도 같다)와 그 법률효과를 받는 자가 분리된다. 대리의 법률관계를 통하여, 표의자(대리인)가 아닌 다른 자(본인)에게 그 법률효과를 귀속시킴으로써 본인의 법률행위의 영역을 넓힐 수 있게 된다.

> 대리제도에서 '본인'이라는 말은 주의를 요한다. 일반적으로 '본인'이라는 용어는 그 말이나 행위를 하는 자 스스로를 지칭할 때 사용하는 말이다. 그러나 대리제도에서의 본인은 대리행위를 하는 대리인을 지칭하는 말이 아니라 '대리행위의 효과가 귀속되는 자'를 가리키는 말이다. **예를 들어** 甲이 乙을 대리하여 매매계약을 체결하였다면, 甲은 대리인이 되고, 乙은 매매계약의 효과가 귀속되는 자, 즉 '본인'이 된다. 이와 같이 대리제도에서의 '본인'이라 함은 대리인이 '그'를 위하여 대리행위를 하고, 대리인의 대리행위에 의하여 법률효과를 받는 자를 말한다.

예를 들어 甲(본인)이 乙(대리인)에게 자신의 소유인 A토지를 팔도록 대리권한을 주었는데, 乙이 위 대리권한에 의하여, 甲을 대리하여 丙과 위 토지에 대한 매매계약을 체결하였다고 하자. 이 경우 실제로 매매계약은 乙과 丙이 체결하였지만 그 효과는 직접 甲과 丙 사이에 생기게 된다. 그리하여 甲이 丙에 대하여 토지의 소유권이전채무를 지고, 丙은 甲에 대하여 대금지급채무를 지게 된다. 이처럼 대리의 경우에는, 보통의 법률행위에서와 달리, 법률행위의 효과가 행위자 이외의 자에게 발생하는 예외적인 모습을 보이는 것이다.

나. 사회적 작용

본인은 대리인을 통해 시간과 공간을 넓혀 법률행위의 영역을 확장할 수 있다. 따라서 본인의 활동범위, 즉 사적자치의 범위는 크게 늘어나게 된다. 이와 같이 대리는 사적자치를 확장하는 기능이 있다. 또한 본인이 행위무능력자인 경우에는 법정대리인을 통하여 법률행위를 함으로써 사적자치를 보충하는 기능을 하기도 한다.

2. 대리가 인정되는 범위

법률행위는 당연히 대리가 인정된다. 의사표시를 하는 대리를 '능동대리'라고 하고, 의사표시를 받는 대리를 '수동대리'라고 한다. 그러나 사실행위나 불법행위에는 대리가 인정되지 않는다. 그리고 법률행위라고 할지라도 혼인·이혼·인지·유언 등과 같이 본인 스스로의 의사결정이 절대적으로 필요한 법률행위에는 대리가 허용되지 않는다. 이를 '대리에 친하지 않은 행위'라고 하는데, 친족법상의 행위와 상속법상의 행위에 많다. 대리에 친하지 않은 행위에 대한 대리행위는 무효다.

3. 대리와 구별되는 제도

가. 간접대리

타인의 계산으로, 그러나 자기의 이름으로 법률행위를 하고, 그 효과는 행위자 자신에게 생기되 나중에 그가 취득한 권리를 내부적으로 타인에게 이전하는 관계를 '간접대리'라고 한다. 이에 대해 '대리'는 본인의 이름으로 의사표시를 하고, 그 법률효과도 본인에게 직접 귀속된다는 점에서 구별된다.

나. 사자(使者)

사자는 본인에 의하여 완성된 의사표시를 단순히 전달하거나(전달기관으로서의 사자), 본인이 결정한 효과의사를 상대방에게 표시함으로써(표시기관으로서의 사자) 표시행위의 완성에 협력하는 자를 말한다. 사자의 경우에는 본인이 효과의사를 결정하나, 대리의 경우에는 대리인 자신이 효과의사를 결정한다는 점에서 구별된다.

다. 대 표

법인의 대표기관의 행위에 의하여 직접 법인이 그 효과를 받은 점에서는 '대표'와 '대리'는 공통된다. 그러나 대표는 법인의 기관으로서 법인 자체에 흡수되나, 대리는 본인과 대리인이라는 두 인격을 전제로 하는 점에서 차이가 있다. 또한 대표의 경우에는 사실행위나 불법행위에 관하여도 대표가 가능하다는 점에서 대리와 차이가 있다.

4. 대리의 종류

가. 임의대리, 법정대리

대리권이 본인의 의사에 기초하여 주어지는 것이 '임의대리'이고, 대리권이 법률의 규정에 기초하여 주어지는 것이 '법정대리'이다.

나. 능동대리, 수동대리

본인을 위하여 제3자에게 의사표시를 하는 대리가 '능동대리'(적극대리)이고, 본인을 위하여 제3자의 의사표시를 받는(수령하는) 대리가 '수동대리'(소극대리)이다.

다. 유권대리, 무권대리

대리인으로서 행동하는 자에게 대리권이 있는 경우가 '유권대리'이고, 대리권이 없는 경우가 '무권대리'이다.

Ⅱ. 대리에 있어서의 3면관계

대리관계는 '본인↔대리인' 사이의 관계(대리권), '대리인↔상대방' 사이의 관계(대리행위), '상대방↔본인' 사이의 관계(대리의 법률효과)의 3가지로 이루어져 있다.

1. 대 리 권

가. 대리권의 의의 및 성질

대리권이란, 대리인이 본인의 이름으로 의사표시를 하거나 받음으로써 직접 본인에게 법률효과를 귀속시킬 수 있는 법률상의 지위를 말한다. 대리권을 가지고 있는 대리인이 법률행위를 하면 그 법률행위의 효과는 대리인이 아니고 직접 본인에게 생기게 된다.

나. 대리권의 발생원인

(1) 법정대리권의 발생원인 법정대리가 성립하는 경우는 세 가지가 있다. i) 법률의 규정에 의하여 본인에 대하여 일정한 지위를 가지는 자가 당연히 대리인이 되는 경우(미성년자의 친권자(제911조), 한정치산자·금치산자의 후견인(제933조) 부부의 일상가사대리권(제827조)), ii) 본인 이외의 일정한 지정권자의 지정으로 대리인이 되는 경우(지정후견인(제931조), 지정유언집행자(제1093조)), iii) 법원의 선임에 의하여 대리인이 되는 경우(부재자의 재산관리인(제22조, 제23조), 상속재산관리인(제1023조), 유언집행자(제1096조))가 그것이다.

(2) 임의대리권의 발생원인(수권행위) '임의대리권'은 본인이 대리인에게 대리권을 수여하는 행위, 즉 대리권 수여행위에 의하여 발생한다. 대리권의 수여행위는 일반적으로 간단히 줄여서 '수권행위'라고 한다.

수권행위는 본인과 대리인 사이의 내부적 법률관계(고용이나 위임 등)에 수반하여 이루어지는 것이 보통이나, 대리는 내부관계와는 구별된다고 보는 것이 통설적 입장이다. 그러나 통상적으로 보통은 내부관계 발생행위가 있고 그에 기한 의무를 이행하기 위하여 수권행위가 행하여진다. 이러한 경우에 내부관계 발생행위가 무효이거나 취소 기타의 이유로 효력을 잃으면 수권행위도 그 영향으로 효력을 잃게 된다고 보아야 한다(수권행위의 유인성).

한편, 수권행위는 계약이 아니고 상대방 있는 단독행위로 보는 것이 통설의 입장이다.

수권행위는 특별한 방식이 요구되지 않는 불요식행위이다.

다. 대리권의 범위와 그 제한

(1) 법정대리권의범위 법정대리권의 범위는 법률의 규정에 의하여 정해진다.

(2) 임의대리권의 범위 임의대리권의 범위는 수권행위에 의하여 결정된다. 수권행위의 해석문제로 귀결된다. 수권행위의 해석상 대리권의 범위가 불명확한 경우에는 대리인은 보존행위와 대리의 목적인 물건이나 권리의 성질을 변하지 아니하는 범위에서 그 이용 또는 개량하는 행위 등 이른바 관리행위만 할 수 있고, 처분행위(권리를 이전·변경·소멸시키는 행위)는 하지 못한다(제118조).

보존행위는 가옥의 수선, 미등기 부동산의 등기와 같이 재산의 현재 모습을 유지하는 행위인데, 권한이 불분명한 대리인이라도 이러한 보존행위는 무제한으로 할 수 있다(제118조 제1호). 이용·개량행위는 재산의 수익을 꾀하거나, 재산의 사용가치 또는 교환가치를 증가시키는 행위이다. 이 두 행위는 대리의 목적인 물건이나 권리의 성질을 변하게 하지 않는 범위에서만 할 수 있다(제118조 제2호).

(3) 대리권의 제한

(가) 자기계약·쌍방대리의 금지 원칙 '자기계약'은 대리인이 본인을 대리하면서 다른 한편으로 자기 자신이 상대방이 되어 계약을 체결하는 것이고, '쌍방대리'는 하나의 법률행위에 있어서 당사자 쌍방의 대리인이 되어 대리행위를 하는 것이다. 이들 행위는 금지되는데, 이는 본인과 대리인 사이의 이해충돌 또는 본인간의 이해충돌을 막기 위한 것이다.

예를 들어 甲이 乙에게 자신의 집에 대한 매도대리권을 수여하였다. 그 경우에 乙이 그 집의 매수인이 되어 한편으로는 甲의 대리인으로서 매도행위를 하고 한편으로는 매수인 본인으로서 甲의 집에 대한 매매계약을 체결하였다고 가정하자. 이러한 경우와 같이 대리인이 한편으로는 본인을 대리하고 다른 한편으로는 자기 자신의 자격으로 혼자서 본인과 대리인 사이의 계약을 체결하는 것을 자기계약이라고 한다.

한편 甲이 乙에게 자신의 집을 팔 수 있는 대리권을 수여하였는데,

丙이 乙에게 자신의 집을 매수할 수 있는 대리권을 수여한 경우를 가정해 보자. 이 경우 乙이 한편으로는 甲의 대리인이 되어 丙에게 집을 매도하고 한편으로는 丙의 대리인이 되어 甲의 집을 매수하는 매매계약을 체결하였다면, 乙 혼자서 甲 소유 가옥에 대하여 甲과 丙 사이의 매매계약을 체결한 것이 된다. 이와 같이 대리인(乙)이 혼자서 양 당사자(甲과 丙)를 대리하는 것을 쌍방대리라 한다.

자기계약의 경우에는 본인이 불리하게 될 가능성이 크고, 쌍방대리의 경우에는 두 본인 중 어느 한 사람이 불리하게 될 가능성이 있다. 그리하여 민법은 이들을 원칙적으로 금지하고 있다(제124조 본문). 그러나 본인이 허락한 경우(제124조 본문)와 채무의 이행(제124조 단서)에 대하여는 이들이 허용된다.

(나) 공동대리 민법상, 대리인이 수인(數人)인 경우에도 각자가 본인을 대리하는 것이 원칙이다(제119조 본문). 그러나 법률이나 수권행위에 의해 공동대리로도 할 수 있다(제119조 단서).

이와 같이 공동대리란 대리인이 수인 있는 경우에 그 대리인이 공동으로만 대리할 수 있는 것을 말한다. 따라서 공동대리를 하도록 되어 있는 경우에는, 단독으로 대리할 수 있는 경우와 비교하면 각 대리인에게는 일종의 대리권의 제한이 된다. 대리인들 상호간의 견제하에 의사결정을 신중히 함으로써 본인을 보호하고자 하는 취지이다. 공동의 대상은, 의사결정을 공동으로 하라는 의미라고 보는 것이 통설의 입장이다. 따라서 전원이 공동으로 의사표시를 할 필요는 없다고 본다.

라. 대리권 남용

대리인이 외형적·형식적으로는 대리권의 범위 내에서 대리행위를 하였지만 그 행위가 실질적으로는 오직 자신 또는 제3자의 이익을 꾀할 목적으로 행하여진 경우에 본인이 그 행위에 관하여 책임을 지는가, 본인의 책임이 부정된다면 어떠한 요건 속에서 부정되는가 하는 문제가 있다.

예를 들면 丙법인을 대리하여 금전차용을 할 수 있는 대리권을 가진 甲

이 丙법인을 대리하여 乙로부터 금원을 대여받았다. 그런데 甲은 위 돈을 자신의 사업자금으로 사용하기 위하여 빌린 것이어서, 법인에 입금하지 않고 자신의 사업자금으로 사용해 버렸다. 이 경우 乙은 丙법인에게 대여금의 반환을 청구할 수 있는가?

본인은 원칙적으로 대리권 부여에 따른 이익은 물론이고, 대리권 남용에 따른 불이익도 감수하여야 한다. 이러한 측면에서 본다면, 대리권을 남용한 경우에도 대리행위의 효과는 본인에게 귀속한다. 따라서 丙법인은 乙에게 대여금을 반환할 의무가 있다. 즉 甲의 행위는 대리권의 범위 안에서 한 대리행로서 평가되므로, 무권대리행위가 아니라 유권대리행위이고, 따라서 대리행위의 법률효과는 당연히 본인인 丙법인에 귀속된다.

그러나 乙이 甲의 의도를 알았던 경우까지 丙법인이 乙에 대하여 책임을 지라고 하는 것은 부당하다는 것이 판례와 통설의 입장이다. 따라서 대리인(甲)의 배임적인 의사를 상대방(乙)이 알았거나 알 수 있었을 때에는 제107조 제1항 단서의 유추해석상 그 대리인(甲)의 행위는 본인(丙법인)의 대리행위로 성립할 수 없고, 따라서 본인은 대리인의 행위에 대하여 아무런 책임도 없다고 본다.

2. 대리행위

가. 현명주의(顯名主義)

(1) 의 의 대리인이 그 권한 범위 내에서 한 대리행위의 법률효과가 본인에게 생기게 하려면, 대리인이 '본인을 위한 것임을 표시'하여야 하는데(제114조), 표시방법에 대한 이러한 원칙을 '현명주의'라고 한다.

그 취지는 대리행위가 본인을 위한 것임을 알림으로써 법률관계를 명확히하고 상대방의 신뢰를 보호하기 위한 것이다. 본인을 위한 것임을 표시한다는 의미는, 본인을 밝혀서, 본인의 이름으로 법률행위를 하라는 의미이지, 본인의 이익을 위하여서 행위하라는 것은 아니다.

현명의 방식은 특별한 제한이 없으나, 본인과 대리인을 모두 표시하여 '甲의 대리인 乙'이라는 방식으로 표시하는 것이 보통이다.

(2) 현명하지 아니한 행위 대리인이 현명을 하지 않고서 한 의사표시는 대리인 자신을 위하여 한 것으로 본다(제115조 본문). 그러나 상대방이 대리인으로 한 것임을 알았거나 알 수 있었을 때에는, 그 의사표시는 유효한 대리행위가 된다(제115조 단서).

예를 들어 甲이 乙에게 대리권을 수여하여 丙의 토지를 매수하게 하였다고 가정하자. 乙이 매매계약서를 작성하면서, 매수인을 '甲의 대리인 乙'로 표시하지 않고 단순히 乙로 표시하였다면, 원칙적으로 乙이 매수인이 된다(제115조). 따라서 乙은 매수인으로서 매매대금지급채무가 있게 된다. 그런데 만약 丙이 이미 乙이 甲을 대리하여 자신의 토지를 매수하는 것을 알고 있다면, 굳이 위 원칙을 고집할 필요가 없게 된다. 즉 丙이 乙의 매수행위가 甲의 대리인으로서 한 것임을 알았거나 알 수 있었으면 매매계약은 유효한 대리행위가 되어 본인인 甲에게 법률효과가 귀속된다.

나. 현명주의의 예외

상행위의 대리에 관하여 상법 제48조는 '상행위의 대리인이 본인을 위한 것임을 표시하지 아니하여도 그 행위는 본인에 대하여 효력이 있다. 그러나 상대방이 본인을 위한 것임을 알지 못한 때에는 대리인에 대하여도 이행의 청구를 할 수 있다'고 규정하여 상행위는 원칙적으로 비현명주의를 채택하고 있다.

다. 대리행위의 흠

민법은 '의사표시의 효력이 의사의 흠결·사기·강박 또는 어느 사정을 알았거나 과실로 알지 못한 것으로 인하여 영향을 받을 경우에 그 사실의 유무는 대리인을 표준으로 하여 결정한다'고 규정하고 있다(제116조 제1항). 대리에 있어서 법률행위의 당사자는 대리인이므로, 의사표시의 요건은 본인이 아니라 의사표시를 한 대리인을 표준으로 하여 판단하여야 한다는 규정이다. 주의해야 할 점은, 그 대리행위의 하자로 인하여 발생하는 무효·취소·해제 등의 효과는 본인에게 귀속한다는 것이다.

다만 특정한 법률행위를 위임한 경우에 대리인이 본인의 지시를 좇아 그 행위를 한 때에는 본인은 자기가 안 사정 또는 과실로 알지 못한 사정에 관하여 대리인의 부지를 주장할 수는 없다(제116조 제2항).

라. 대리인의 능력

대리인은 행위능력자임을 요하지는 않는다(제117조). 본래 법률행위를 하는 자는 행위능력을 가지고 있어야 한다. 그러나 대리행위의 효과는 직접 본인에게 귀속하고, 대리인에게는 귀속하지 않기 때문에, 본인이 무능력자를 대리인으로 정한 이상 그로 인한 이익은 물론이고, 불이익도 스스로 부담하는 것이 옳다는 취지에서 민법이 위와 같이 규정하고 있다. 따라서 가령 미성년자를 자신의 대리인으로 선임한 본인은 미성년자의 대리행위를 행위무능력자의 행위라는 이유로 취소할 수 없다.

3. 대리의 효과

대리인이 대리권에 기하여 행한 법률행위의 효과는 직접 본인에게 발생한다(제114조). 즉 법률효과가 일단 대리인에게 발생하였다가 본인에게 이전되는 것이 아니고, 처음부터 본인에게 생긴다. 그리고 계약의 해제권, 법률행위의 취소권도 본인에게 속한다.

Ⅲ. 복 대 리

1. 의 의

'복대리인'은 대리인이 그의 권한 내의 행위를 하게 하기 위하여 '대리인 자신의 이름'으로 선임한 '본인'의 대리인이다. 甲이 乙에게 자신의 가옥을 매도할 수 있는 대리권을 수여하였는데, 대리인인 乙이 다시 丙에게 甲의 부동산을 매각하게 하기 위하여 乙 자신의 이름으로 대리인 丙을 선임한 경우, 丙이 복대리인이 된다. 복대리에 있어서 복대리인을 선임할 수 있는 권리를 '복임권'이라고 하고, 복대리인 선임행위를 '복임행위'라고 한다.

대리인의 복대리인 선임행위는 현명에 의하지 않으므로(즉, 대리인 자신의 이름으로 선임하므로), 복대리인의 선임행위는 대리행위가 아니다. 그러나 복대리인은 본인의 대리인이고, 대리인의 대리인은 아니다. 대리인이 복대리인을 선임하더라도 본인의 대리인으로서의 지위를 상실하는 것이 아니다. 따라서 복대리인 선임행위는 대리권의 병존적·설정적 양도행위가 된다(즉, 대리권의 이전적 양도행위가 아니다).

2. 대리인의 복임권과 책임

대리인에게 복임권이 있는지, 그리고 그 책임이 어떠한지는 임의대리와 법정대리에 있어서 크게 차이가 있다.

가. 임의대리인의 복임권

임의 대리인은 본인의 승낙이 있거나 부득이한 사유가 있는 때에 한하여 복임권을 가진다(제120조). 승낙은 명시적인 경우는 물론이고 묵시적인 경우도 해당한다. 부득이한 사유는, 예를 들면 본인의 소재불명으로 승낙을 얻을 수 없는 경우나 사임을 할 수 없는 경우 등을 말한다. 임의대리인이 복대리인을 선임한 때에는, 본인에 대하여 그 선임·감독에 관하여 책임을 진다(제121조 제1항). 다만 임의대리인이 본인의 지명에 의하여 복대리인을 선임한 경우에는, 복대리인이 적임자가 아니거나 성실하지 않다는 것을 알고 본인에 대한 통지나 해임을 태만히한 때에 한하여 책임을 진다(제121조 제2항).

임의대리인은 본인의 신임을 받는 자이고 그는 언제든지 사임할 수가 있기 때문에, 민법은 그에게는 예외적으로만 복임권을 인정하는 대신(따라서 원칙적으로 복임권이 없다고 볼 수 있다) 그로 인한 책임은 가볍게 하고 있다.

나. 법정대리인의 복임권

법정대리인은 그 책임으로 복대리인을 선임할 수 있다(제122조 본문). 즉 법정대리인은 언제나 복임권이 있다. 법정대리인은 그 권한이 대단히 넓고 그 사임도 쉽지 않으며 본인의 신임을 받아서 대리인으로 된 자도 아니기 때문에, 민법은 그에게 원칙적으로 복임권을 인정하고 있다. 그러면서 책임을 무겁게 지운다. 즉 부득이한 사유로 복대리인을 선임한 경우에는 임의대리인과 마찬가지로 선임·감독에 관하여만 책임을 지지만(제122조 단서), 그러한 사유가 없음에도 복대리인을 선임한 경우에는, 복대리인의 행위에 관하여 선임·감독에 과실이 있는지를 묻지 않고 모든 책임을 지게 된다(제122조 본문).

Ⅳ. 무권대리

1. 서 설

'무권대리'는 대리권 없이 행하여진 대리행위를 말한다. 무권대리는 대리권이 없이 행하여진 것이기 때문에 그 행위의 법률효과가 본인에게 귀속될 수 없다. 또 그 행위는 대리인이 본인의 이름으로 한 것이므로 그 효과를 대리인에게 귀속시킬 수도 없다. 그리하여 무권대리의 경우에는 무권대리인과 그 상대방 사이에서 불법행위 문제만 남는 것이 원칙이다. 그러나 이러한 원칙을 끝까지 관철한다면 대리권의 존재나 범위를 제3자가 쉽게 알 수 없는 현실에 비추어 볼 때 대리행위의 상대방은 대리권의 확인이라는 문제에 매달리지 않을 수 없어, 대리라는 제도는 상대방에게는 매우 위험한 것이 되어 그 이용을 꺼리게 될 것이다.

이에 민법은 본인의 이익과 상대방의 이익 등을 고려하고, 대리제도의 신용을 유지하기 위하여 i) 대리인이 무권대리를 한 데 대하여 본인에게도 책임이 있다고 생각되는 일정한 사정이 있는 경우에는 본인에게 책임을 지우고(제125조, 제126조, 제129조), ii) 무권대리행위를 당연히 무효라고 하지 않고 본인이 추인을 하면 그 효과를 받을 수 있도록 하며(제130조), iii) 본인의 추인을 받지 못하면, 대리인이 상대방에게 일정한 책임을 지도록 한다(제135조). i)의 경우가 표현대리이고, ii), iii)의 경우가 좁은 의미의 무권대리이다. 따라서 무권대리에는 표현대리와 좁은 의미의 무권대리의 두 가지가 있게 된다.

2. 표현대리

가. 의 의

표현대리제도(表見代理制度)는 대리인에게 대리권이 없음에도 불구하고 마치 그것이 있는 것과 같은 외관이 있고 또 그러한 외관의 발생에 대하여 본인이 어느 정도 책임이 있는 경우에, 그 무권대리행위에 대하여 본인에게 책임을 지게 하는 제도이다('表見代理'를 '표현대리'라고 읽는 이유는 '見'자가 '볼 見(견)'자로 사용된 것이 아니라, '나타날 見(현)'으로 사용된 것이기 때문이다).

나. 종 류

민법은 표현대리로서 i) 대리권 수여의 표시에 의한 표현대리(제125조), ii) 대리권한을 넘은 표현대리(제126조), iii) 대리권 소멸 후의 표현대리(제129조)의 세 가지를 규정하고 있다.

(1) 대리권 수여의 표시에 의한 표현대리(제125조의 표현대리) 대리권수여의 표시에 의한 표현대리(제125조)는 본인이 대리인에게 대리권을 수여하지 않았으면서 그에게 대리권을 수여하였다고 표시한 경우에 그 대리인에 의하여 행하여진 대리이다. 이 경우 본인은 대리행위로 행한 법률행위에 대해 책임을 진다. 수권에 대한 표시방법은 제한이 없다. 대리권이 있는 것으로 오인할 수 있는 일정한 직함·명칭·상호 등의 사용의 승낙 또는 묵인도 대리권 수여의 표시로 파악하는 것이 통설과 판례의 태도다.

제125조의 적용을 받기 위해서는 대리인의 대리행위가 표시된 대리권의 범위 내의 행위여야 한다. 만일 대리행위가 수권표시의 객관적인 범위를 넘는 경우에는 초과 부분에 대해서는 제126조의 표현대리가 성립된다. 그리고 대리행위의 상대방은 대리권 수여표시를 받은 자에 한한다. 예를 들어 甲이 丙에게 대리권을 수여했다는 말을 乙에게 할 때, 근처에 있던 丁도 우연히 甲의 말을 듣고서는 乙과 대리행위를 했다고 가정하자. 이 경우 甲으로부터 대리권수여표시를 받은 자는 乙이고 丁이 아니므로 丁은 甲에 대하여 제125조의 표현대리 주장을 하지 못한다.

(2) 대리권한을 넘은 표현대리(제126조의 표현대리) 대리인이 대리권의 범위를 넘는 대리행위를 하였으나, 그 대리행위가 대리권의 범위 내라고 믿을 만한 정당한 이유가 있는 경우에 대리권의 범위 내에서 대리행위를 한 것과 같은 법률관계를 인정하는 경우이다. **예를 들면** 甲이 乙에게 자신의 A토

지를 담보로 제공하고 대출을 받아 오라고 대리권을 수여하였는데, 乙이 丙에게 그 토지를 매도해 버린 경우를 가정하자. 원칙적으로 하면, 乙은 부동산 매도에 관한 대리권이 없으므로, 乙의 매도행위는 무권대리에 해당하고, 매매계약의 효과를 甲에게 귀속시킬 수 없다. 그러나 만약 매매계약 당시 乙이 丙에게 甲의 인감과 위임장을 제시하였는데, 이 위임장에는 甲이 乙에게 A토지에 관하여 대리권을 수여한다는 내용만 기재되어 있을 뿐 대출을 위하여 담보를 설정할 수 있는 권한만 수여한다는 뜻으로 제한되어 있지 않을 경우, 丙으로서는 乙이 甲의 토지를 매도할 대리권을 수여받았다고 충분히 오인할 수 있을 것이다(즉, 乙의 매도대리행위가 대리권의 범위 내라고 믿을 만한 정당한 이유가 있는 경우이다). 이러한 경우에는 乙의 대리행위의 효과가 甲에게 귀속되고, 甲은 매매계약상의 의무를 이행할 책임을 지게 된다. 물론 甲이 乙의 대리행위로 인하여 손해를 보았다면 乙에게 손해배상책임을 물을 수는 있다.

이 경우의 표현대리는 결국 상대방의 오인에 정당한 이유가 있는지의 여부가 가장 관건인바, 통설은 무권대리행위가 행하여졌을 때 존재한 여러 사정으로부터 객관적으로 관찰하여 보통 사람이라면 대리권이 있는 것으로 믿는 것이 당연하다고 생각되는 경우라고 보고 있다. **판례**도 통설과 같이 정당한 이유가 있는지의 여부를 판단함에 있어서는 계약성립 당시의 제반사정을 객관적으로 판단하여 결정해야 하고 표현대리인의 주관적 사정을 고려해서는 안 된다는 입장이다. 표현대리가 성립하면, 당연히 대리행위의 효과는 본인에게 귀속된다.

(3) 대리권 소멸 후의 표현대리(제129조의 표현대리) 대리권을 가지고 있던 자가 대리권이 소멸한 후에 대리행위를 한 경우이다. 이전에 존재하던 대리권이 소멸한 경우에 한하며, 당초부터 대리권이 존재하지 않았던 경우에는 적용되지 않는다. 소멸된 대리권과 다른 종류의 대리행위를 한 경우에는 제129조와 제126조를 중복 적용하여 표현대리 성립 여부를 판단하게 된다.

다. 효 과

표현대리에 있어서 그 각각에 대하여 규정하고 있는 요건(제125조, 제126

조, 제129조 참조)이 갖추어진 경우에는, 본인이 무권대리인의 대리행위에 대하여 책임이 있다. 즉 그 무권대리행위의 효과는 본인에게 귀속한다. 그리고 표현대리는 여전히 무권대리의 성질도 가지고 있으므로, 무권대리에 관한 규정이 거기에도 적용된다(제130조 내지 제134조). 다만 표현대리가 성립하면, 본인에게 대리행위로 인한 책임을 물을 수 있으므로, 무권대리인에게 책임을 물을 수 있게 하는 제135조는 적용되지 않는다고 하여야 한다.

3. 좁은 의미의 무권대리

가. 의 의

무권대리 가운데 표현대리가 아닌 경우가 좁은 의미(협의)의 무권대리이다. 좁은 의미의 무권대리의 효과는 대리행위가 계약인가 단독행위인가에 따라 차이가 있다.

나. 계약의 무권대리

(1) 본인에 대한 효과 　좁은 의미의 무권대리는 대리권 없이 한 대리행위이므로 본인에게 효력이 생기지 않는다. 그러나 무권대리행위가 본인에게 불리한 것이 아니라면 본인이 그 효과를 원할 수도 있다(예를 들어, 乙이 甲을 대리하여 토지를 매수하였는데, 그 가격이 시가보다 싸다면 甲이 대리행위의 유효를 원할 수 있다). 또한 상대방도 대리권이 있다고 믿고 계약을 체결한 것이므로, 그대로 계약의 효력을 인정하는 것이 상대방의 기대에도 부합한다. 민법은 이러한 경우를 고려하여, 본인이 원하는 경우에는 무권대리행위를 추인하여 효과가 생길 수 있게 하고 있다(제130조).

여기의 추인은 무효인 무권대리행위를 유효한 것으로 하고자 하는 본인의 일방적 의사표시이다. 추인이 있으면 무권대리행위는 처음부터(즉, 소급하여) 유권대리행위였던 것과 같은 효과가 생긴다(제133조 본문). 그러나 이 소급효는 제3자의 권리를 해치지 못한다(제133조 단서). 추인의 방법은 특별한 방식이 요구되지 않으며, 묵시적 추인도 가능하다. 앞서 본 예에서 甲이 乙의 토지매매계약을 추인하면, 무권대리인 乙이 丙과 체결한 매매계약은 처음부터 유권대리였던 것처럼 되고, 그 결과 매매계약의 효과도 丙과 甲에게 발생하게 된다.

그런데 본인이 추인을 원하지 않을 경우에는 내버려 두어도 무방하다. 무권대리행위의 경우 반드시 본인이 추인거절의 의사를 표시할 필요는 없으며, 추인거절의 의사를 표시하지 아니하여도 무권대리행위의 효과가 본인에게 귀속하는 것은 아니다. 그러나 본인은 적극적으로 추인의 의사가 없음을 표시하여 무권대리행위를 조기에 무효로 확정지을 수도 있다. 이를 본인의 추인거절권이라고 한다.

(2) 상대방에 대한 효과 무권대리행위의 효력은 본인의 의사에 좌우되기 때문에 상대방의 지위는 매우 불안하게 된다. 여기서 민법은 상대방을 보호하기 위하여 상대방에게 최고권과 철회권을 인정한다. 상대방은 상당한 기간을 정하여 본인에게 무권대리행위를 추인하겠는지 확답을 하라고 최고할 수 있다(제131조 1문). 만약 본인이 그 기간 내에 확답을 발송하지 않으면 추인을 거절한 것으로 본다(제131조 2문). 상대방은 계약 당시에 대리인에게 대리권이 없음을 알지 못한 경우, 즉 선의인 경우에는, 본인의 추인이 있을 때까지 그 계약을 철회할 수 있다(제134조). 철회가 있으면 계약이 무효로 된다.

(3) 무권대리인의 상대방에 대한 책임 무권대리인이 맺은 계약은 원칙적으로 본인에게 그 효과가 미치지 않는다. 따라서 무권대리인도 아무런 책임을 지지 않는다면, 상대방만 손해를 입게 되고, 거래의 안전을 해치게 되어, 대리제도의 이용을 꺼리게 될 것이다. 여기서 민법은 상대방 및 거래의 안전을 보호하고 대리제도의 신용을 유지하기 위하여, 무권대리행위에 관하여 무권대리인에게 일정한 책임을 지우고 있다. 즉 무권대리인이 대리권을 증명하지 못하고 또 본인의 추인을 얻지 못한 경우에는, 무권대리인은 상대방의 선택에 좇아 계약을 이행하거나 손해배상을 하여야 한다(제135조 제1항). 다만 상대방이 대리권이 없다는 것을 알았거나 알 수 있었을 때 또는 무권대리인이 무능력자인 때에는 책임을 지지 않는다(제135조 제2항).

다. 단독행위의 무권대리

단독행위 가운데 상대방 없는 단독행위(소유권 포기 등)의 무권대리는 언제나 절대 무효이며, 본인의 추인이 있더라도 아무런 효력이 생기지 않고, 무권대리인의 책임도 생기지 않는다. 상대방 있는 단독행위(채무면제, 상계, 해제 등)의 무권대리도 원칙적으로 무효이다.

다만 예외적으로 i) 능동대리(의사표시를 하는 대리)에 있어서는, 상대방이 대리권 없이 행위를 하는 데 동의하거나 또는 그 대리권을 다투지 않을 때에만 계약무권대리의 경우와 같은 효과를 인정한다(제136조 1문). 그리고 ii) 수동대리(의사표시를 받는 대리)에 있어서는, 상대방이 무권대리인의 동의를 얻어 행위를 한 때에만 계약무권대리에서와 같은 효과를 인정한다(제136조 2문).

제3장 권리의 주체와 객체

제1절 권리의 주체

I. 권리의 주체와 권리능력

권리가 귀속되는 주체가 권리의 주체다. 그리고 당연히 의무가 귀속되는 주체는 의무의 주체가 된다. 이와 같이 권리의 주체가 될 수 있는 지위 또는 자격을 '권리능력'이라고 한다. 권리능력은 '(법)인격'이라고도 한다. 물론 훌륭한 성품을 뜻하는 '인격'이라는 말과는 다르다. 권리능력에 대응하여 의무의 주체가 될 수 있는 지위나 자격을 '의무능력'이라고 한다. 권리를 가질 수 있는 자는 동시에 의무도 가질 수 있으므로, '권리·의무능력'이라는 표현이 용어상으로는 정확하겠으나, 우리 민법이 법률관계를 권리 중심으로 규율하고 있기 때문에 일반적으로는 권리능력이라는 용어를 사용한다.

II. 민법상의 권리능력자

민법상 권리·의무의 주체가 될 수 있는 자, 즉 권리능력자는 i) 살아있는 사람, ii) 사람이 아니지만, 법에 의하여 권리·의무의 주체가 될 수 있는 능력이 부여되어 있는 일정한 사단(社團. 사람의 집단)과 재단(財團. 재산의 집단)이다.

살아 있는 사람을 '자연인'(自然人)이라 하고, 법에 의하여 권리능력이 인정되는 사단 또는 재단을 '법인'(法人)이라고 한다. 매도'인', 매수'인', 본'인' 등의 용어에서 사용된 '인'에는 자연인과 법인이 모두 포함된다. 그리고 채권'자', 채무'자', 선의의 제3'자', 수익'자' 등에서 사용된 '자'(者)에도 자연인과 법인이 모두 포함된다. 여기서는 자연인의 권리능력과 행위능력에 대해서만 보기로 한다.

제2절 자 연 인

I. 자연인의 권리능력

1. 민법의 규정

민법은 '사람은 생존한 동안 권리와 의무의 주체가 된다'(제3조)고 규정하고 있다. 따라서 모든 사람은 생존해 있는 동안에는 평등하게 권리능력을 가진다. 권리능력에 관한 규정은 강행규정이다. 대한민국의 국적을 가지지 않은 외국인의 권리능력도 원칙적으로 우리 국민과 동등하게 인정되지만, 개별적인 법률에서 제한을 받는 경우도 있다.

2. 자연인의 권리능력의 발생시기

앞서 본 바와 같이 민법은 사람이 생존한 동안 권리와 의무의 주체가 된다고 규정하고 있으므로, 사람은 생존하기 시작하는 때, 즉 '출생한 때' 비로소 권리능력을 가지게 된다. 따라서 출생하지 아니한 태아는 원칙적으로 권리능력을 가질 수 없다. 다만 민법은 태아의 권리보호를 위해 예외적으로 태아가 권리능력을 가질 수 있는 경우를 규정하고는 있다.

사람은 출생한 때 비로소 권리능력을 가지므로, 언제를 '출생한 때'로 보느냐 하는 문제가 발생한다. 민법에는 여기에 관한 명문의 규정이 없다. 그래서 진통설·일부노출설·전부노출설·독립호흡설 등 여러 견해가 있으나, 통설은 태아가 모체로부터 완전히 분리된 때에 출생한 것으로 보는 입장이다(전부노출설).

사람은 살아서 태어나기만 하면, 권리능력을 가진다. 미성숙아로 태어나서 태어나자마자 곧 바로 인큐베이터에 들어가더라도 권리능력자가 된다. 또 출생 후 곧바로 사망하였어도 출생과 사망 사이의 시간 동안은 권리능력을 가진다.

출생의 사실은 출생 후 1개월 이내에 신고하여야 하며(가족관계의등록등에관한법률 제44조 제1항), 이를 게을리하면 과태료의 제재를 받는다(동법 제1122조). 출생신고는 '보고적 신고'에 불과하므로 출생신고에 의하여 비로소 권리능력을 취득하는 것은 아니다(반면, 혼인이나 입양은 신고에 의하여 비로소 혼인·입양의 효력이 발생한다. 이러한 신고를 '창설적 신고'라고 한다). 신고가 없어도 이미 출생한 자는 출생과 동시에 당연히 권리능력을 취득한다. 출생의 시기는 가족관계등록부에 기재대로 출생한 것으로 추정되지만, 확정적인 효력을 가진 것은 아니며, 동거인·의사 기타의 증거에 의하여 진실한 출생시기를 확정할 수도 있다.

3. 태아의 권리능력

가. 입법주의

사람은 출생한 때로부터 권리능력을 가진다는 원칙을 관철하면, 출생 전의 '태아'(胎兒)는 어느 경우에도 권리능력을 가지지 못하는데, 그렇게 되면 태아에게 매우 불리한 경우가 생긴다. **예를 들면** 甲이 오후 2시에 출생하였는데, 甲의 아버지인 乙이 오후 1시에 사망하였다고 가정하자. 乙이 사망한 때에는 아직 甲은 출생하지 못하였으므로, 甲은 권리의 주체가 될 수 없고, 따라서 甲은 불과 1시간의 차이로 상속을 받을 수 없게 된다.

출생으로써 권리능력을 가진다는 규정이 있다고 하여, 태아가 출생하기까지는 보호할 가치가 없다고 볼 수는 없을 것이다. 그래서 각국의 민법은 공통적으로 태아를 보호하기 위한 규정을 두고 있다. 태아의 보호에 관한 입법주의는 2가지가 있다. i) 일반적 보호주의는 태아보호가 필요한 모든 법률관계에서 태아를 이미 출생한 것으로 보는 주의이고, ii) 개별적 보호주의는 일정한 법률관계에 관해서만 개별적으로 출생한 것으로 보는 주의인데, 민법은 개별적 보호주의를 취하고 있다.

나. 민법의 태도

민법이 태아를 이미 출생한 것으로 보고 있는 법률관계는 i) 불법행위로 인한 손해배상의 청구(제762조), ii) 상속(제1000조 제3항), iii) 대습상속(제1001조), iv) 유증(제1064조, 제1000조 3항), v) 유류분(제1118조)에서 그렇다. 그리하여 이들 사항에 있어서는 태아도 예외적으로 권리능력을 가지게 된다. 이들 중, '대습상속'과 '유류분'은 그들 조항에 태아의 권리능력을 인정하는 규정은 없다. 그러나 이들 제도가 상속과 관련하여 발생한다는 점에서 당연히 태아의 권리능력이 인정되고 있다. 사인증여(제562조, 제1064조)에 대해서는 태아의 권리능력이 인정된다는 다수의 견해와 부정된다는 소수의 견해가 대립하고 있다.

다. 태아의 권리능력 취득시기

이에 대해서는 정지조건설과 해제조건설로 견해가 나누어진다.

1) 정지조건설에 의하면, 태아로 있는 동안에는 권리능력을 가질 수 없고, 태아가 살아서 출생하는 경우에 비로소 권리능력을 취득하고, 다만 권리능력 취득의 효과를 문제된 시점까지 소급한다는 견해이다. **예를 들어** 태아 甲이 9월 1일에 태어 났는데, 甲의 아버지인 乙이 그 이전인 같은 해 5월 1일에 사망하였다면, 甲은 5월 1일에 상속권을 가지는 것이 아니라, 9월 1일에 상속권을 취득하며, 다만 그 취득의 효과를 5월 1일에 소급시키게 된다.

2) 해제조건설에 의하면, 태아인 동안에도 제한적 권리능력을 가지며, 다만 사산인 경우에는 권리능력 취득의 효과가 소급적으로 소멸하게 된다는 견해이다. **앞서 본 예에서** 태아 甲은 乙이 사망한 5월 1일 이미 상속인의 지위를 가지는데, 다만 甲이 사산했다면 甲이 취득한 상속권이 소급적으로 소멸된다.

3) 해제조건설이 태아의 보호에 좀더 유리하다. **판례**는 태아가 권리를 취득한다 해도 현행법상 이를 대행할 기관이 없어 태아로 있는 동안은 권리능력을 취득할 수 없다며, 정지조건설을 취한다.

4. 사 망— 자연인이 권리능력을 잃는 시기

사람은 생존하는 동안에만 권리능력을 가지므로(제3조), 사망에 의하여 권리능력을 잃게 된다. 그리고 오직 사망만이 권리능력의 소멸을 가져온다.

사람이 사망하면, 그의 재산이 상속되고, 유언의 효력이 발생하는 등 여러가지 법률효과가 발생한다. 따라서 사망의 유무나 시기를 확정하는 것은 이들 법률관계에서 매우 중요하다.

사람은 언제 사망하는가? 통설은 호흡과 심장의 기능이 영구적으로 정지한 때 사망한 것으로 본다. 최근에는 뇌기능이 정지한 때를 사망시기로 보아야 한다는 뇌사설이 주장되기도 한다.

사람이 사망한 때에는 1개월 이내에 신고하여야 하며(가족관계의등록등에관한법률 제84조 제1항), 이를 위반하면 과태료의 제재를 받는다(동법 제122조). 그리고 가족관계 등록부의 기록은 진실한 것으로 추정될 뿐이므로 반대의 증거에 의하여 뒤집을 수 있음은 출생의 경우와 같다.

5. 사망사실·사망시기의 입증 곤란에 대비한 제도

사망의 유무나 시기는 법적으로 대단히 중요한데, 그것을 증명·확정하기 어려운 경우가 있다. 그러한 경우에 대비하는 제도로 '동시사망의 추정', '인정사망', '실종선고' 등이 있다.

가. 동시사망의 추정

2인 이상이 동일한 위난(위험한 재난)으로 사망한 경우에는, 동시에 사망한 것으로 추정된다(제30조). 동시사망의 추정은 상속과 중대한 관련이 있다.

예를 들어 甲에게는 어머니 乙, 처 丙, 미혼의 자 丁이 있다. 甲과 丁이 등산을 하다가 조난을 당하여 사망하였는데 甲은 재산이 있고, 丁은 아무런 재산이 없다고 가정하자.

1) 甲(父)이 丁(子)보다 먼저 사망하였다면, 甲이 사망한 순간, 처 丙과 아들 丁이 甲의 재산을 상속하지만, 丁도 곧 사망하므로, 丁이 상속한 재산은 다시 처가 상속하게 되어 결과적으로는 처인 丙이 단독상속한다.

2) 丁이 甲보다 먼저 사망하였다면, 丁은 아무런 재산이 없으므로 상속이 일어나지 않고, 그 후 사망한 甲의 재산을 어머니인 乙과 처인 丙이 공동으로 상속한다.

3) 甲과 丁이 동시에 사망하였다면, 동시사망자 상호간에는 상속이 생기지 않는다. 따라서 丁이 甲의 재산을 상속하는 일은 없고, 甲의 재산을 乙과 丙이 공동상속하게 된다.

만일 동시사망 추정 규정이 없다면, 乙이나 丙은 자기에게 유리한 대로, 甲 또는 丁이 먼저 사망하였다고 주장할 것이다. 예를 들어 1)의 경우 처인 丙이 단독상속하게 되는데, 실제로는 丁이 먼저 사망하였음에도 불구하고, 처가 甲이 먼저 사망하였다고 주장하면서 상속재산을 다 차지하였다고 가정하자. 乙로서는 丁이 먼저 사망한 사실을 증명해야만 자신의 상속분을 찾을 수 있는데, 그 입증은 무척 어렵다. 따라서 사실상 먼저 이익을 차지한 자가 혜택을 받는 불합리한 결과가 초래된다. 민법이 동시사망의 추정규정을 둔 이유가 여기에 있다.

나. 인정사망

인정사망은 수해·화재나 그 밖의 재난으로 인하여 사망한 사람이 있는 경우에 그것을 조사한 관공서의 사망통보에 의하여 가족관계 등록부에 사망의 기록을 하는 것을 말한다(가족관계의등록등에관한법률 제87조). 이 제도는 시신의 확인은 없지만, 사망한 것이 거의 확실한 경우(예를 들어 홍수가 나서 물에 휩쓸려 갔는데 시신은 찾지 못한 경우 등), 이들에 대하여 실종선고 절차를 밟게 하는 것은 상당하지 않기 때문이다. 인정사망의 경우에도 상속은 개시된다.

다. 실종선고

(1) 의 의　부재자의 생사불분명 상태가 오랫동안 계속되어 사망의 개연성이 크기는 하지만, 사망의 확증이 없는 경우가 있다. 이 경우 사망의 확증이 없다는 이유로, 그 부재자를 생사불명인 상태로 그대로 두면, 배우자는 재혼을 할 수 없고, 상속도 일어나지 않는 등 이해관계인에게 큰 불이익을 준

다. 여기서 민법은 일정한 요건하에 실종선고를 하고, 일정시기를 기준으로 하여 사망한 것과 같은 효과를 발생시키는 제도를 두고 있는데, 이를 실종선고제도라고 한다.

(2) 요 건 법원이 실종선고를 하려면 다음 네 가지 요건을 갖추어야 한다.

1) 부재자의 생사불명.

2) 실종기간의 경과. 생사불명이 일정기간 계속되어야 하는데, 이 기간을 실종기간이라고 한다. 실종기간은 보통실종의 경우에는 5년이고(제27조 제1항), 특별실종, 즉 전쟁터에 나간 자, 침몰한 선박 중에 있던 자, 추락한 항공기 중에 있던 자, 기타 사망의 원인이 될 위난을 당한 자의 경우에는 1년이다(제27조 제2항).

3) 이해관계인(법률상의 이해관계인에 한한다. 배우자, 상속인 등)이나 검사의 청구.

4) 공시최고. 즉 6개월 이상의 기간을 정하여 부재자 본인이나 부재자의 생사를 아는 자에 대하여 신고하도록 공고하여야 한다.

(3) 효 과 실종선고가 확정되면 실종선고를 받은 자는 실종기간이 만료한 때에 사망한 것으로 본다(제28조). 따라서 실종기간이 만료한 때를 기준으로 사망의 법률효과인 상속의 개시, 유언의 효력 발생, 혼인관계의 해소 등의 효과가 발생한다. 그러나 실종선고는 실종자의 권리능력을 박탈하는 제도가 아니기 때문에, 실종자가 다른 곳에 살고 있다면, 그곳에서 맺은 법률관계에는 영향이 없다. 사망의 효과는 종래의 주소를 중심으로 사법관계에서만 일어나므로, 선거권, 피선거권, 범죄와 같은 공법관계에는 영향을 미치지 않는다.

(4) 실종선고의 취소 실종선고를 받은 자가 살아서 돌아온다고 하여 당연히 실종선고의 효과가 실효되는 것은 아니다. 실종선고의 경우에는 사망이 추정되는 것이 아니고 간주되기 때문에(법문상 사망한 것으로 '본다'고 되어 있다) 실종자가 살아 돌아온다고 하여도 사망간주의 효과가 곧바로 없어지지 않는다. 실종선고의 효과를 뒤집으려면, 법원의 재판으로 실종선고의 취소가 있

어야 한다(제29조).

실종선고가 취소되기 위하여서는 i) 실종자가 생존한 사실(제29조 제1항 본문), 실종기간이 만료된 때와 다른 시기에 사망한 사실(제29조 제1항 본문), 실종기간의 기산점 이후의 어떤 시기에 생존하고 있었던 사실 가운데 어느 하나의 증명이 있어야 하고, ii) 본인, 이해관계인 또는 검사의 청구가 있어야 한다(제29조 제1항 본문).

실종선고가 취소되면 처음부터 실종선고가 없었던 것으로 된다. 즉 실종선고로 생긴 법률관계는 소급적으로 무효로 된다. 다만 실종선고 후 취소 전에 선의로 한 행위는 무효로 되지 않는다(제29조 제1항 단서). 그리고 실종선고가 취소되면 실종선고를 직접원인으로 하여 재산을 취득한 자(상속인, 유증을 받은 자 등)는 취득한 재산을 반환하여야 한다. 다만 반환의 범위는 그가 선의인지 악의인지에 따라 다르다. 실종선고를 직접원인으로 하여 재산을 취득한 자가 선의인 경우에는 그 받은 이익이 현존하는 한도에서 반환할 의무가 있고, 악의인 경우에는 그 받은 이익에 이자를 붙여서 반환하고 손해가 있으면 그 손해를 배상하여야 한다(제29조 제2항).

[**추정과 간주**]

민법에서 자주 쓰이는 전문용어 중 '추정'과 '간주'('의제'라고도 한다)가 있다. 추정은 추정되는 사실과는 반대되는 증거로 그 추정사실을 뒤집을 수 있는 경우이다. 예를 들면 앞서 본 동시 사망의 경우 동시사망으로 추정을 받을 뿐이므로, 동시에 사망하지 않았다는 반대의 증거, 그러니까 아들이 사망 전에 휴대폰으로 문자를 보내어 사고가 나서 아버지께서 돌아가셨고, 자신도 곧 사망할 것이라고 알려 왔다면 동시사망의 추정은 깨어진다. 그러나 간주는 반대의 증거가 제출되더라도 간주되는 사실을 깨거나 뒤집지 못하고, 간주되는 사실을 깨기 위해서는 별도의 절차를 밟아야 하는 것이다. 앞서 본 바와 같이 실종선고로 사망 간주된 자가 실종선고 후 살아 돌아 왔다고 하더라도 실종선고로 인한 사망 간주의 효과가 곧 바로 실효되는 것은 아니다. 실종선고의 취소를 받아야 비로소 사망 간주의 효과가 없어지게 되는 것이다. 우리 민법은 간주규정을 '…(으)로 본다'고 표현하기도 한다.

Ⅱ. 자연인의 행위능력

1. 행위능력 일반론

가. 의사능력

모든 사람에게 권리·의무의 주체가 될 수 있는 권리능력이 있음은 앞서 보았다. 그런데 권리능력은 권리·의무의 주체가 될 수 있는 추상적 지위, 즉, 가능성에 불과하다. 권리능력을 가진 사람이라도 실생활에서 권리를 취득하거나 의무를 부담하기 위해서는, 법적으로 그러한 결과를 가져오는 어떤 행위(법률행위)를 실제로 하여야 한다. 그리고 권리를 취득하거나 의무를 부담하는 행위를 하기 위해서는 그 전제로 당연히 그 사람에게 일정한 지적·정신적 능력이 있어야 한다. 예를 들면 '어떤 물건을 사면(즉, 매매행위를 하면) 그 물건이 자기 것이 된다(즉 그 물건의 소유자가 된다)'는 것을 인식할 수 있어야 할 것이다. 만일 사람이 자신의 행위가 가지는 의미를 이해하지 못하고, 그 행위의 결과에 대한 인식조차도 없다면, 이는 자신의 '의사'에 따른 권리의 취득 또는 의무의 부담이라고 할 수 없을 것이기 때문이다.

이와 같이 자기의 행위의 의미를 이해하고, 그로 인한 결과를 합리적으로 예견할 수 있는 정신적·지적 능력을 '의사능력'(意思能力)이라고 한다. 그리고 이러한 의사능력이 없는 자의 법률행위는 무효다. 이 점에 관하여 민법에 명문의 규정은 없으나, 당연한 것으로 인정된다. 예를 들면 만취하여 의사능력이 없는 상태에서 계약을 체결한 경우 그 계약은 효력을 가질 수 없다. 정신병자의 경우도 마찬가지이다. 의사능력 없이 한 법률행위가 단독행위일 경우도 효력을 가지지 못한다.

예를 들면 채무면제는 단독행위인데, 채무면제를 의사능력이 없는 상태에서 하였다면 그 채무면제는 무효가 된다.

이러한 의미에서 '의사능력'이란 자신의 '의사'에 따라서 '유효한 법률행위를 할 수 있는 능력'이라고 할 수 있다.

따라서 어떤 법률행위가 법적인 효력을 가지기 위해서는 당연히 행위당사자가 그 법률행위 당시에 의사능력을 가지고 있어야 하는데, 법률행위 당시행위자가 의사능력을 가지고 있었는지 여부는 구체적인 개개의 법률행위에 대하여 개별적으로 판단되고, 이를 일률적으로 판단하는 객관적·획일적 기준은 없다.

나. 행위능력

앞서 본 바와 같이 의사능력이 없는 자의 법률행위는 무효이다. 예를 들면, 매매계약의 경우 매수인이나 매도인 측 어느 일방이라도 계약 당시 의사능력이 없었다면 그 매매계약은 무효가 된다. 이와 같이 법률행위의 효력을 좌우하는 의사능력 유무의 판정과 관련해서는 두 가지 측면에서 고려해야 할 사항이 있다.

먼저 의사능력이 없는 사람의 측면이다. 의사능력이 없는 자의 법률행위는 무효이므로 의사능력 없이 법률행위를 한 사람은 자신이 법률행위 당시 의사능력이 없었음을 이유로 그 법률행위의 무효를 주장할 수 있고, 그럼으로써 불리한 계약의 구속력에서 벗어날 수 있다. 그런데, 법률행위를 한 자가 행위 당시 의사능력이 없었다는 이유로 무효를 주장하여, 구속력을 벗어나는 보호를 받기 위해서는 법률행위 당시에 의사능력이 없었다는 사실을 그 스스로 입증을 하여야 한다. 만일 입증을 하지 못하면, 법률행위 당시에 의사능력이 있었던 것으로 취급을 받게 되어 보호를 받지 못한다. 그런데 소송의 측면에서 법률행위 당시에 의사능력이 없었다는 점을 입증하기란 그리 쉬운 일은 아니다.

다음으로 상대방의 측면이다. 만약 법률행위 일방 당사자가 행위 당시 의사능력이 없었다는 사실이 입증이 되었다면, 그 법률행위는 무효가 되므로 이번에는 그러한 사실을 알 수 없었기에 그 법률행위가 유효하다고 믿었던 상대방이나 제3자는 예측하지 못한 손해를 입게 된다.

민법은 이러한 문제점을 해소하기 위하여 '재산상 법률행위'의 영역에 한해 '제한능력자 제도'를 규정하고 있다. 제한능력자 제도는 '나이'나 '법원의 결정'이라는 일정한 기준을 정한 후 이 기준에 해당하는 사람은 획일적으로 의사능력이 없는 제한능력자로 정한 뒤, 이 제한능력자가 한 법률행위는 행위 당시 그들이 의사능력을 가졌는지 여부를 묻지 않고 그 행위를 취소할 수 있도록 함으로써 제한능력자를 보호하려는 취지로 만들어진 제도다.

만일 제한능력자가 한 재산상 법률행위가 제한능력자에게 유리할 경우에는 취소를 하지 않으면 되고, 불리할 경우에는 취소를 하여 소급적으로 실효를 시킬 수 있으므로 결국 제한능력자를 보호하게 된다. 그리고 한편으로는 제한능력자의 기준을 공시하고 객관화함으로써 그와 거래할 상대방에게 이를 예측할 수 있는 장치도 마련하여 그 상대방을 보호하는 기능도 하게 된다.

이와 같이 제한능력자 제도는 법률행위 당시 의사능력이 없었다는 사실의 증명을 면제함으로써 제한능력자를 보호하려는 것이 본래 기능이기는 하지만, 다른 한편으로는 제한능력자와 거래한 상대방이나 제3자로 하여금 객관적 기준에 따라 제한능력자임을 쉽게 인식할 수 있도록 함으로써 상대방이나 거래의 안전을 보호하려는 기능도 있다.

일정한 기준에 의하여 의사능력을 객관적으로 획일화한 제도가 제한능력자제도인바, 이러한 제한능력자에 해당하지 않을 만한 자격, 법률상 지위는 이를 '행위능력'이라고 한다. 따라서 행위능력은 '단독으로 완전하고 유효하게 법률행위를 할 수 있는 지위 또는 자격'을 말하는 것이다.

2. 민법상의 제한능력자제도

민법은 제한능력자로 미성년자·피성년후견인·피한정후견인·피특정후견인의 네 가지를 규정하고 있다.

> 2011.3.7에 민법이 개정되기 전에는 민법상의 (행위)제한능력자로 미성년자·한정치산자·금치산자의 셋이 있었다. 그런데 한정치산자·금치산자 제도에 관하여는 많은 비판이 제기되어 위 법률개정으로 금치산·한정치산제도와 후견제도를 현행 제한능력자제도로 변경하였다(개정민법 시행일: 2013.7.1).

제한능력자에 관한 규정은 강행규정이다. 따라서 민법과 달리 행위능력을 제한하는 계약은 무효이다. 다만 이 규정은 재산행위를 대상으로 한 것이므로, 가족법상의 행위에는 원칙적으로 적용되지 않는다. 가족법에는 이에 관하여 특별규정을 두고 있는 경우가 많다.

가. 미성년자

(1) 성년기(成年期)　민법은 성년의 시기에 대하여 '사람은 19세로 성년에 이르게 된다'(제4조)고 규정하고 있다. 따라서 만 19세가 되지 않은 자가 미성년자이다. 그런데 혼인을 한 자를 계속 제한능력자로 두는 것은 적당하지 아니하므로, 민법은 미성년 규정을 완화하는 제도로 혼인에 의한 성년 의제 제도를 두고 있다(제826조의2). 그리하여 미성년자는 혼인을 하면 성년자로 간주된다. 이혼 등으로 혼인이 해소된 경우에도 성년의제는 유지된다. 여기의 혼인은 법률혼만을 의미한다고 봄이 통설적 견해이다.

(2) 미성년자의 행위능력

(가) 원 칙　미성년자는 제한능력자로서 원칙적으로 단독으로 법률행위를 하지 못한다. 미성년자가 법률행위를 하려면 법정대리인의 동의를 얻어야 한다(제5조 제1항). 만약 미성년자가 법정대리인 동의 없이 법률행위를 한 경우에는, 미성년자나 법정대리인이 그 행위를 취소할 수 있다(제5조 제2항). 18세인 갑이 을로부터 물건을 매수하는 계약을 체결한 경우, 갑이나 갑의 부모(친권자로서 법정대리인임)는 그 계약을 취소할 수 있다. 취소된 법률행위는 소급하여 처음부터 무효였던 것으로 된다(제141조).

다만, 다음 행위 등은 미성년자가 법정대리인의 동의없이 단독으로 유효하게 할 수 있다. 그러나 법률행위 당시 미성년자가 의사능력을 가지고 있어야 함은 물론이다.

1) 단순히 권리만을 얻거나(부담이 없는 증여를 받는 행위 등) 의무만을 면하는 행위(제5조 제1항 단서).
2) 법정대리인이 범위를 정하여 처분을 허락한 재산의 처분행위(제6조)
3) 영업이 허락된 미성년자의 그 영업에 관한 행위(제8조 제1항)
4) 미성년자가 타인의 대리인으로 한 행위(제117조).
5) 17세 이상의 미성년자가 한 유언행위(제1061조. 제1062조).

6) 미성년자 자신이 법정대리인의 동의없이 행한 법률행위를 취소하는 행위.

(나) 법정대리인 미성년자의 법정대리인은 제1차로 미성년자의 친권자(부모)가 되고, 친권자가 없거나 친권자가 법률행위의 대리권이나 재산관리권을 행사할 수 없을 때에는 제2차로 미성년후견인이 법정대리인으로 된다. 미성년후견인에는 지정후견인, 선임후견인이 있다.

미성년자의 법정대리인은 미성년자가 법률행위를 하는 데 동의를 할 권리(동의권)가 있고(제5조 제1항), 미성년자를 대리하여 재산상의 법률행위를 할 대리권이 있으며(제920조, 제938조, 제949조), 미성년자가 동의 없이 한 법률행위를 취소하거나, 반대로 취소하지 않고 이를 추인하여 완전 유효한 법률행위로 할 수 있는 권리가 있다(제5조 제2항. 제140조 이하).

나. 피성년후견인

(1) 피성년후견인의 의의 피성년후견인은 질병, 장애, 노령, 그 밖의 사유로 인한 정신적 제약으로 사무를 처리할 능력이 지속적으로 결여된 사람으로서 일정한 자(본인, 배우자, 4촌 이내의 친족, 미성년후견인, 미성년후견감독인, 한정후견인, 한정후견감독인, 특정후견인, 특정후견감독인, 검사 또는 지방자치단체의 장)의 청구에 의하여 가정법원으로부터 성년후견개시의 심판을 받은 자를 말한다(제9조). 가정법원은 성년후견개시의 심판을 할 때 본인의 의사를 고려하여야 한다.

정신적 제약은 개정 전 민법에서 금치산자·한정치산자의 요건으로 '심신상실' '심신박약' 등을 규정한 것과 같은 취지라고 볼 수 있다.

다만, 정신적 제약만 있는 것으로 충분하지 않으며, 그로 인하여 사무를 처리할 능력이 지속적으로 결여되어야 한다.

(2) 피성년후견인의 행위능력 피성년후견인의 법률행위는 원칙적으로 취소할 수 있다.

다만, 가정법원은 취소할 수 없는 피성년후견인의 법률행위의 범위를 정할 수 있고, 그 범위를 변경할 수도 있다. 취소할 수 없는 범위를 정한 경우에는. 그 범위에서는 피성년후견인의 법률행위라도 취소할 수 없다. 그리고, 일용품의 구입 등 일상생활에 필요하고 그 대가가 과도하지 아니한 법률행위는 성년후견인이 취소할 수 없다. 피성년후견인은 약혼·혼인·협의이혼·인지·입양·협의파양 등의 친족법상의 행위는 성년후견인의 동의를 얻어서 스스로 할 수 있다.

(3) 법정대리인(성년후견인)　피성년후견인에게는 보호자로 성년후견인을 둔다. 성년후견인은 성년후견개시의 심판을 할 때에 가정법원이 직권으로 선임한다. 성년후견인은 피성년후견인의 신상과 재산에 관한 모든 사정을 고려하여 여러 명을 둘 수 있고, 법인도 성년후견인이 될 수 있다. 성년후견인은 피후견인의 법정대리인이 된다. 가정법원은 성년후견인이 가지는 법정대리권의 범위와 피성년후견인의 신상에 관하여 결정할 수 있는 권한의 범위를 정할 수 있다.

성년후견인은 원칙적으로 대리권만 가지고, 동의권은 없다. 다만, 예외적으로 일정한 친족법상의 행위에 관하여는 동의권도 가진다. 그 외에 취소권도 있다.

(4) 성년후견종료의 심판　성년후견개시의 원인이 소멸된 경우에는, 가정법원은 본인, 배우자, 4촌 이내의 친족, 성년후견인, 성년후견감독인, 검사 또는 지방자치단체의 장의 청구에 의하여 성년후견종료의 심판을 한다. 성년후견종료의 심판이 있으면 피성년후견인은 행위능력을 회복한다.

다. 피한정후견인

(1) 피한정후견인의 의의　피한정후견인은 질병, 장애, 노령, 그 밖의 사유로 인한 정신적 제약으로 사무를 처리할 능력이 부족한 사람으로서 일정한 자(본인, 배우자, 4촌 이내의 친족, 미성년후견인, 미성년후견감독인, 성년후견인, 성년후견감독인, 특정후견인, 특정후견감독인, 검사 또는 지방자치단체의 장)의 청구에 의하여 가정법원으로부터 한정후견개시의 심판을 받은 자이다(제12조).

질병, 장애, 노령, 그 밖의 사유로 인한 정신적 제약으로 사무를 처리할 능력이 부족한 사람이어야 하는데, 성년후견의 경우와는 달리 사무처리 능력이 지속적으로 결여된 것이 아니고 부족한 사람이라는 점에서 차이가 있다. 가정법원이 한정후견개시의 심판을 할 때에는 본인의 의사를 고려하여야 한다.

(2) 피한정후견인의 행위능력 　피한정후견인은 원칙적으로 행위능력을 가진다. 스스로 종국적·확정적으로 유효한 법률행위를 할 수 있다. 그러나 가정법원은 피한정후견인이 한정후견인의 동의를 받아야 하는 행위의 범위를 정할 수 있고(한정후견인의 동의권의 유보 또는 동의유보) 또 그 범위를 변경할 수도 있다. 한정후견인의 동의를 필요로 하는 행위에 대하여 한정후견인이 피한정후견인의 이익이 침해될 염려가 있음에도 그 동의를 하지 아니하는 때에는 가정법원은 피한정후견인의 청구에 의하여 한정후견인의 동의를 갈음하는 허가를 할 수 있다.

한정후견인의 동의가 필요한 법률행위를 피한정후견인이 한정후견인의 동의 없이 하였을 때에는 그 법률행위를 취소할 수 있다. 다만, 일용품의 구입 등 일상생활에 필요하고 그 대가가 과도하지 아니한 법률행위에 대하여는 그러하지 아니하다.

(3) 법정대리인 　피한정후견인에게는 보호자로 한정후견인을 둔다. 한정후견인은 한정후견개시의 심판을 할 때에 가정법원이 직권으로 선임한다. 피한정후견인은 성년후견개시의 심판을 할 때에는 가정법원이 직권으로 선임한다. 한정후견인은 성년후견인의 경우와 같이 여러 명을 둘 수 있고, 법인도 피한정후견인이 될 수 있다. 한정후견인은 원칙적으로 법률행위의 동의권·취소권이 없다. 가정법원의 심판에 의하여 피한정후견인에게 한정후견인의 동의를 받아야 하는 행위의 범위가 정해진 경우에만 동의권과 취소권을 가진다. 그리고 대리권도 원칙적으로 없으며, 역시 대리권을 수여하는 가정법원의 심판이 있는 경우에만 대리권을 가진다.

(4) 한정후견종료의 심판 　한정후견개시의 원인이 소멸된 경우에는 가정법원은 일정한 자(본인, 배우자, 4촌 이내의 친족, 한정후견인, 한정후견감독인, 검사 또는 지방자치단체의 장)의 청구에 의하여 한정후견종료의 심판을 한다. 한

정후견종료의 심판이 있으면 피한정후견인은 행위능력을 제한받고 있었더라도 행위능력을 회복한다. 그 시기는 심판이 내려진 때부터 장래에 향해서이고 소급하지 않는다.

라. 피특정후견인

피특정후견인은 질병, 장애, 노령, 그 밖의 사유로 인한 정신적 제약으로 일시적 후원 또는 특정한 사무에 관한 후원이 필요한 사람으로서 일정한 자(본인, 배우자, 4촌 이내의 친족, 미성년후견인, 미성년후견감독인, 검사 또는 지방자치단체의 장)의 청구에 의하여 특정후견의 심판을 받은 자이다(제14조의2).

피특정후견인은 일시적 또는 특정적으로 보호를 받는 점에서 지속적으로 포괄적 보호를 받는 피성년후견인·피한정후견인과 차이가 있다고 볼 수 있다. 특정후견제도는 과거에는 없던 새로운 것이다. 특정후견은 본인의 의사에 반하여 할 수 없다. 가정법원이 특정후견의 심판을 하는 경우에는 특정후견의 기간 또는 사무의 범위를 정하여야 한다.

특정후견의 심판이 있어도 피특정후견인의 행위능력에는 아무런 영향이 없다. 특정한 법률행위를 위하여 특정후견인이 선임된 경우라고 하더라도, 피특정후견인은 특정후견인의 동의없이도 그 법률행위를 할 수 있다.

가정법원이 피특정후견인에 대하여 성년후견개시의 심판을 하거나 한정후견개시의 심판을 할 때에는, 종전의 특정후견의 종료심판을 한다.

3. 제한능력자의 상대방의 보호

가. 서 설

앞서 본 바와 같이 제한능력자의 법률행위는 제한능력자 본인 및 그의 법정대리인이 취소할 수 있고, 또 그 취소권은 제한능력자측만 가지고 있다. 따라서 제한능력자와 거래한 상대방은 제한능력자가 취소하느냐, 하지 않느냐에 따라 그 거래의 법적 효과가 전적으로 달라지기 때문에, 매우 불안정한 상태에 놓이게 된다. 여기서 민법은 제한능력자의 보호로 인하여 희생되는 상대방을 위하여 다음과 같은 몇가지 제도를 두고 있다.

나. 상대방의 확답촉구권

여기서 확답촉구라 함은 제한능력자의 상대방이 제한능력자측에 대해 취소대상인 법률행위를 취소할 것인지 여부를 묻는 것을 말한다(개정 전 민법에서는 이를 '최고'(催告)라고 하였는데 '확답촉구'로 개정하여 그 뜻과 의미를 쉬운 용어로 바꾸었다). 제한능력자의 상대방은 제한능력자 쪽에 대하여 1개월 이상의 기간을 정하여 취소할 수 있는 행위를 추인(취소권의 포기)하겠는지 여부에 관하여 확답할 것을 요구(확답촉구)할 수 있다(제15조).

상대방의 확답촉구를 받은 자가 유예기간 내에 추인 또는 취소의 확답을 하면 그에 따른 효과가 발생한다. 추인을 하면, 법률행위는 취소할 수 없는 것으로 확정되고, 취소를 하면 소급하여 무효로 된다. 그러나 이것은 추인 또는 취소라는 의사표시(법률행위)의 효과이며 확답촉구의 효과는 아니다. 확답촉구의 효과는 유예기간 내에 추인이나 취소의 확답이 없는 경우에 발생한다.

민법은 확답촉구의 효과를 다음과 같이 규정하고 있다. i) 제한능력자가 능력자로 된 후에 확답촉구를 받고 유예기간 내에 확답을 발송하지 않으면 그 행위를 추인한 것으로 본다(제15조 제1항). ii) 제한능력자가 아직 능력자로 되지 못한 경우에는 법정대리인에게 확답촉구를 할 수 있다. 법정대리인이 확답촉구를 받은 경우는 둘로 나누어진다. i) 먼저 법정대리인이 특별한 절차를 밟지 않고 단독으로 추인할 수 있는 경우에 확답이 없으면 추인한 것으로 본다(제15조 제2항). ii) 법정대리인이 특별한 절차를 밟아야 하는 경우(민법 제950조 제1항에 규정된 법률행위에 관하여 추인하는 경우)에 확답이 없으면 취소한 것으로 본다(제15조 제3항).

다. 상대방의 철회권·거절권

이들 권리는 제한능력자와 거래한 상대방이 법률행위의 효력발생을 원하지 않는 경우에 유용하게 행사할 수 있다.

(1) 철 회 권　제한능력자가 맺은 계약은 추인이 있을 때까지 상대방이 그 의사표시를 철회할 수 있다(제16조 제1항). 가령 미성년자 갑으로부터 대지

를 매수한 을은 갑이나 그의 법정대리인이 추인을 하기 전에는 매수의 의사표시를 철회하여 계약을 무효로 만들 수 있다. 그러나 계약 당시에 갑이 미성년자라는 사실을 을이 알았을 때에는 철회할 수 없다. 미성년자인 줄 알면서도 계약을 체결한 을을 보호할 필요는 없기 때문이다.

(2) **거 절 권** 제한능력자가 단독행위를 한 경우에는, 상대방은 제한능력자 쪽에서 추인을 할 때까지는 이를 거절할 수 있다(제16조 제2항). 단독행위에 대한 거절은 상대방이 악의인 경우에도 가능하다.

라. 제한능력자 쪽의 취소권의 배제

민법은 '① 제한능력자가 속임수로써 자기를 능력자로 믿게 한 경우에는 그 행위를 취소할 수 없다. ② 미성년자나 피한정후견인이 속임수로써 법정대리인의 동의가 있는 것으로 믿게 한 경우에도 같다'고 규정하고 있다(제17조).

즉, 이 경우에는 제한능력자 쪽의 취소권이 박탈된다. 보호가치 없는 제한능력자를 보호하지 않음으로써 거래의 안전과 상대방을 보호하려는 것이 제도의 취지다. 속임수는 예를 들면 미성년자가 자신이 성년자인 것처럼 가족관계증명서(또는 기본증명서)를 위조한 경우가 그에 해당한다. 판례는 속임수를 적극적 사기수단에 한정한다. 그래서 연령을 허위기재하거나 군필이라 말하는 정도로 단순히 능력자로 칭한 것만으로는 속임수가 아니고, 허위의 인감증명을 제시하는 등 적극적 기망수단을 써야 속임수라고 본다. 취소권 배제는 제한능력자 본인의 취소권이 배제됨은 물론이고, 법정대리인의 취소권까지 배제된다.

제3절 권리의 객체

I. 권리의 객체의 의의

권리의 내용 또는 목적을 실현하기 위해서는 일정한 대상을 필요로 하는데, 이러한 대상을 강학상 권리의 객체라고 한다. 민법은 권리의 객체를 권리의 목적으로 표현하고 있다(제191조, 제260조, 제288조 등). 권리의 내용이나 목적이 각기 다르기 때문에 당연히 권리의 객체도 권리의 종류에 따라 다르다. 물권은 물건(예외 있음), 채권은 채무자의 일정한 행위, 권리 위의 권리는 대상인 권리, 형성권은 형성(동의, 추인, 취소, 해제 등)의 대상이 되는 법률관계, 인격권은 생명·신체·자유·명예 등의 인격적 이익, 친족권은 친족법상의 지위, 상속권은 상속재산, 지적재산권은 저작·발명 등의 권리자의 무형의 정신적 산물을 각 그 권리의 객체로 하고 있다. 권리의 객체의 이와 같은 다양성 때문에, 민법은 권리의 객체 전부에 관한 일반적인 규정을 두지 않고, 물건에 관하여만 규정하고 있다.

II. 물건의 의의 및 종류

1. 물건의 의의

민법에서 '물건'이라 함은 유체물 및 전기 기타 관리할 수 있는 자연력을 말한다(제98조).

가. 유체물 또는 무체물

유체물은 공간의 일부를 차지하고 사람의 오감에 의하여 지각할 수 있는 형태를 가진 물질, 즉 고체·액체·기체를 말한다.

무체물은 어떤 행체가 없이 단지 관념 속에서만 존재하는 것으로 전기를 비롯하여 열·에너지·빛·음향 등이 있다. 법문상 '자연력'으로 표현된 것이 무체물이다. 권리가 물권의 객체가 되는 수도 있으나 권리는 물건이 아니므로 무체물은 아니다.

나. 관리 가능성

물건이 되기 위해서는 관리할 수 있는 것, 즉 배타적 지배의 가능성이 있어야 한다. 해·달·별 등은 유체물이지만, 배타적 지배 가능성이 없기 때문에 물건이 되지 못한다.

다. 외계의 일부일 것

살아있는 사람의 신체나 그 일부에 관한 배타적 지배는 인정될 수 없으므로, 물건은 사람이 아닌 외계의 일부이어야 한다. 다만 인체의 일부라도 인체와 분리된 경우(분리된 모발·치아·장기 등)에는 물건성을 가진다.

라. 독립한 물건일 것

물건은 배타적 지배가 가능해야 하므로 독립적이어야 한다. 독립성의 유무는 사회통념에 따라 결정된다.

2. 동산과 부동산

토지 및 그 정착물은 '부동산'이고, 부동산 이외의 물건은 '동산'이다(제99조).

부동산과 동산을 구별하는 실익은, 공시방법의 차이(부동산은 등기이고, 동산은 인도·점유이다), 취득시효의 요건, 공신의 원칙의 적용 여부, 소유권 취득 사유의 차이, 제한물권의 허용 범위의 차이 등에 있다.

가. 부 동 산

(1) 토　지　　일정한 범위의 지표면을 '토지'라 한다. 토지소유권의 범위는 정당한 이익이 있는 범위 내에서 그 상·하(공중 및 지하)에 미친다(제212조). 토지의 구성 부분인 지하수나 온천수 등도 토지소유권의 범위에 포함되지만, 다만 미채굴의 광물에 관하여는 토지소유권의 효력이 미치지 않는다.

(2) 토지의 정착물　　토지의 정착물이라 함은 토지에 고정적으로 부착되어 용이하게 이동할 수 없는 물건으로서 그러한 상태로 사용되는 것이 그 물건의 거래상의 성질로 인정되는 것이다. 건물·수목·교량·도로의 포장 등이

그 예가 된다.

토지의 정착물의 존재유형은 i) 토지와는 언제나 독립된 것으로 다루어지는 독립정착물(건물 등), ii) 토지의 구성 성분으로 취급되어 항상 토지와 일체로 처분되는 종속정착물(도로의 포장·담장·교량 등), iii) 토지의 일부로서 토지와 함께 처분될 수도 있지만, 예외적으로 일정한 공시방법을 갖춘 경우에는 토지와는 별개의 독립한 부동산으로 다루어질 수도 있는 반독립정착물(수목, 미분리의 과실 등)이 있다.

(가) 건 물　　건물은 언제나 토지와 별개의 독립한 부동산으로 취급된다. 토지등기부와는 별도로 건물등기부도 있다.

(나) 수목의 집단　　토지에서 자라고 있는 수목은 본래 토지의 정착물로서 토지의 일부에 지나지 않는다. 그런데 일정한 경우 특별법(입목에 관한 법률)이나 판례에 의하여 독립한 부동산으로 다루어지기도 한다.

(다) 미분리의 과실　　과일 등과 같은 미분리의 과실은 수목의 일부에 지나지 않는다. 그런데 판례는 독립한 물건으로서의 공시방법(公示方法)을 갖춘 때에는 독립한 물건으로서 거래의 목적으로 될 수 있다고 한다.

(라) 농 작 물　　판례에 의하면, 농작물은 타인의 토지에서 소유자의 승낙을 얻어 경작하는 때는 물론이고, 남의 땅에서 아무런 권원 없이 위법하게 경작하는 때에도 그 소유권은 경작자에게 있다고 한다. 이러한 판례의 태도는 타당하지 않다는 비판적 견해가 많다.

나. 동 산

부동산 이외의 물건이 동산이다(제99조 제2항). 토지에 부착하고 있는 물건이라도 정착물이 아니면 동산에 속한다(고정성이 희박한 판자집, 임시로 심어 둔 수목 등). 그리고 전기 기타 관리할 수 있는 자연력도 동산이다.

Ⅲ. 주물과 종물

물건의 소유자가 그 물건의 일상적인 사용을 돕기 위하여 자기 소유인 다른 물건을 이에 부속하게 한 경우에, 그 물건을 '주물'이라고 하고, 주물에 부속시킨 다른 물건을 '종물'이라고 한다(제100조 제1항). 배와 노, 시계와 시곗줄이 그 예이다. 종물이 되기 위해서는 다음의 요건을 갖추어야 한다.

i) 주물의 상용에 이바지할 것, 즉 주물 자체의 경제적 효용을 높이는 관계에 있어야 한다. ii) 독립한 물건일 것, iii) 주물과 종물이 모두 동일한 소유자에게 속할 것 등이다.

종물은 주물의 처분에 따른다(제100조 제2항). 따라서 배를 팔면 노의 소유권도 매수인에게 넘어간다. 다만 이 규정은 임의규정이라고 해석되므로, 당사자는 종물만을 따로 처분할 수도 있다.

Ⅳ. 원물과 과실

물건으로부터 생기는 경제적 수익을 '과실'이라고 하고, 과실을 생기게 하는 물건을 '원물'이라고 한다. 과실에는 '천연과실'과 '법정과실'의 두 가지가 있다.

1. 천연과실

원물의 경제적 용법에 따라 수취되는 산출물이 '천연과실'이다(제101조 제1항). 천연과실에는 과일, 곡물, 가축의 새끼, 우유 등과 같이 자연적·유기적인 것에 한하지 않고, 광물·석재·토사 등과 같이 인공적·무기적인 것으로 수취되는 것이라고 하더라도 원물이 곧바로 소모되지 않고 경제적 견지에서 원물의 수익이라고 인정될 수 있는 것도 포함한다. 이러한 천연과실은 그것이 원물로부터 분리되는 때에 그것을 수취할(거두어들일) 권리자에게 속한다(제102조 제1항).

2. 법정과실

물건의 사용대가로 받는 금전, 기타의 물건이 '법정과실'이다(제101조 제2항). 물건의 대차에 있어서의 사용료(임료, 지료 등), 금전대차에 있어서의 이자 등이 그 예이다. 법정과실은 수취할 권리의 존속기간의 일수의 비율로 취득한다(제102조 제2항). **예를 들어** 甲이 乙의 인쇄용 기계를 매달 60만원을 주고 빌려 사용하기로 하고 매달 60만원을 지급하고 사용해 왔는데, 마지막 달에는 20일만 사용하고 반환하였다면, 그 달의 차임은 60만원의 2/3, 즉 40만원만 지급하면 된다. 그러나 이 규정은 임의규정이므로 당사자가 다르게 약정할 수 있다.

제4장 소 멸 시 효

I. 서 설

1. 시효의 의의

'시효'는, 일정한 사실상태가 일정기간 계속된 경우에 그 상태가 진실한 권리관계와 일치하는지의 여부를 묻지 않고 그 사실상태를 존중하여 그 사실상태를 그대로 권리관계로서 인정하는 제도이다. 시효에는 취득시효와 소멸시효의 두 가지가 있는데, 민법은 소멸시효만을 총칙편에서 규정하고, 취득시시효는 물권편에서 규정하고 있다.

민법이 이러한 시효제도를 두고 있는 이유에 관하여 일반적으로 다음의 이유를 들고 있다.

1) 법적 안정성의 확보　　사실상태가 일정기간 계속됨으로써 그 사실상태를 기초로 하여 새로운 법률관계가 오랫동안 많이 형성되어 왔는데, 갑자기 그 사실상태를 부인하면 법적안정성이 흔들릴 수 있으므로 이를 방지하기 위한 것이다.

2) 입증곤란의 구제　　오랜시간이 지나면, 그 기간 동안 유지되어 온 사실상태에 근거한 법률관계를 증명할 자료(계약서 등)가 산일(흩어지고 없어짐)될 가능성이 많다. 그런데 사실상태의 지속은 정당한 권리관계에 기한 것일 개연성 높으므로, 이러한 개연성에 기초하여 사실상태를 그대로 진정한 권리관계로 인정함으로써 입증 곤란 상태인 당사자를 구제할 수 있다.

3) 권리행사의 태만에 대한 제재　　오랫동안 자기의 권리를 행사하지 아니하여 권리 위에 잠자는 자를 굳이 보호할 필요가 없다.

2. 소멸시효의 의의

'소멸시효'는 권리자가 일정한 기간 동안 권리를 행사하지 않은 상태(권리불행사의 상태)가 계속된 경우에 그의 권리를 소멸시키는 것이다. 예를 들면 금전채권을 가지고 있는 자가 변제기가 지났음에도 불구하고, 10여 년 동안 그 권리를 한 번도 행사하지 않을 경우에 그 금전채권이 소멸되는 것으로 보는 경우가 그렇다.

3. 소멸시효와 제척기간

소멸시효와 비슷한 것으로 '제척기간'(除斥期間)이 있다. 제척기간이란 일정한 권리에 관하여 법률이 예정하는 존속기간이다. 제척기간이 규정되어 있는 권리는 제척기간이 경과하면 당연히 소멸하며, 소멸시효와 달리 '중단'이나 '정지'라는 제도가 없다. 구체적인 권리행사기간이 제척기간과 소멸시효 가운데 어느 것에 해당하는지는 일반적으로 법률규정의 문구에 의하여 구별할 것이라고 한다. 즉 법규정에 '시효로 인하여 소멸한다'는 식으로 규정되어 있는 때에는 소멸시효기간이고, 그러한 문구가 없이 '단지 6개월 내에 행사하여야 한다'는 등의 방법으로 규정되어 있으면, 제척기간이라고 해석한다. 그러나 양자의 성질을 무시한 채 단순히 법조문의 규정형식에만 맡겨서 해결할 것은 아니라고 보고, 그것과 함께 권리의 성질, 규정의 취지 등을 고려하여 실질적으로 판단하여야 한다는 견해가 더 타당하다.

Ⅱ. 소멸시효의 요건

1. 서

소멸시효에 의하여 권리가 소멸하기 위하여서는 다음의 세 요건이 갖추어져야 한다.

1) 권리가 소멸시효에 걸리는 것이어야 한다.

2) 권리자가 법률상 그의 권리를 행사할 수 있음에도 불구하고 행사하지

않아야 한다(권리의 불행사).

3) 위의 권리불행사의 상태가 일정한 기간(소멸시효기간) 동안 계속되어야 한다.

2. 소멸시효의 대상

모든 권리가 소멸시효에 걸리는 것이 아니다. 소멸시효에 걸리는 권리는 '채권'과 '소유권 이외의 재산권'이다(제162조). 소유권은 권리의 절대성·항구성에 비추어 소멸시효에 걸리지 않는다(다만 타인이 소유권의 대상물에 대하여 시효취득함으로써 소유권을 상실하는 경우는 있다). 재산권에 한해 소멸시효가 적용되므로 가족권이나 인격권 같은 비재산권은 소멸시효의 대상이 아니다. 한편 재산권 중에도 형성권, 점유권·유치권, 상린권·공유물분할청구권, 담보물권, 항변권 등은 소멸시효에 걸리지 않는다.

3. 권리의 불행사(소멸시효기간의 기산점)

소멸시효에 의하여 권리가 소멸하려면, 권리를 행사할 수 없는 법률상의 장애가 없는데도 일정한 기간(소멸시효기간) 동안 권리를 행사하지 않고 있어야 한다. 그런데 언제부터 권리불행사가 되는지, 즉 소멸시효기간의 기산점(기간 계산의 시작 시점)을 언제로 볼 것인지가 쟁점이 된다.

민법은 소멸시효는 권리를 행사할 수 있는 때부터 진행한다(제166조 제1항)고 규정하고 있다. 따라서 소멸시효기간의 기산점은 '권리를 행사할 수 있는 때'이고, 그때부터 권리를 행사하지 않고 있는 상태가 '권리불행사'다.

위 규정에서 '권리를 행사할 수 있다'는 것은 권리를 행사하는 데 법률상의 장애가 없는 것을 가리킨다. 따라서 법률상의 장애가 있으면 소멸시효는 진행하지 않는다. 가령 채무의 변제기가 되지 않았거나 조건이 성취되지 않은 경우에 그렇다. 그에 비하여 권리자의 질병, 여행, 법률적 지식의 부족과 같은 사실상의 장애는 소멸시효의 진행에 영향을 미치지 않는다.

개별적인 경우에 있어서 구체적인 기산점을 보면, 확정기한부 권리는 기한 도래시, 불확정기한부 권리는 기한이 객관적으로 도래한 때, 기한을 정하지 않은 권리는 권리가 발생한 때, 정지조건부 권리는 정지조건이 성취된 때, 부작위를 목적으로 하는 권리는 위반행위를 한 때, 불법행위로 인한 손해배상청구권은 손해(위법행위로 인한 손해) 및 가해자를 안 날(제766조 제1항의 경우), 또는 불법행위를 한 날(제766조 제2항의 경우. 판례) 등이다. 채무불이행으로 인한 손해배상청구권에 대해서는 본래의 채권을 행사할 수 있는 때(다수설)라는 견해와 채무불이행시(판례)라는 견해의 대립이 있다.

4. 소멸시효기간

소멸시효가 완성하려면, 권리불행사의 상태가 일정기간, 즉 소멸시효기간 동안 계속되어야 한다. 그 기간은 권리의 종류에 따라 다르다.

가. 채권의 소멸시효기간

(1) 보통의 채권　보통의 채권의 소멸시효기간은 10년이다(제162조 제1항). 한편 상행위로 생긴 채권은 5년의 시효에 걸린다(상법 제64조).

(2) 3년의 단기소멸시효에 걸리는 채권

1) 이자·부양료·급료·사용료 기타 1년 이내의 기간으로 정한 금전 또는 물건의 지급을 목적으로 하는 채권.

2) 의사, 조산원, 간호사 및 약사 등의 치료, 근로 및 조제에 관한 채권.

3) 도급받은 자, 기사 기타 공사의 설계 또는 감독에 종사하는 자의 공사에 관한 채권.

4) 변호사, 변리사, 공증인, 공인회계사 및 법무사에 대한 직무상 보관한 서류의 반환을 청구하는 권리.

5) 변호사, 변리사, 공증인, 공인회계사 및 법무사의 직무에 관한 채권.

6) 생산자 및 상인이 판매한 생산물 및 상품의 대가.

7) 수공업자 및 제조업자의 업무에 관한 채권.

(3) 1년의 단기소멸시효에 걸리는 채권

1) 여관·음식점·대석·오락장의 숙박료·음식료·대석료·입장료, 소비물의 대가 및 체당금의 채권.

2) 의복·침구·장구 기타 동산의 사용료의 채권.

3) 노역인·연예인의 임금 및 그에 공급한 물건의 대금채권.

4) 학생 및 수업자의 교육, 의식 및 유숙에 관한 교주·숙주·교사의 채권.

나. 소유권 이외의 재산권의 소멸시효기간

채권 및 소유권을 제외한 재산권은 20년의 시효에 걸린다(제162조 제2항).

Ⅲ. 소멸시효의 중단

1. 소멸시효 중단의 의의

어떤 권리에 대하여 소멸시효가 진행되는 도중에 권리의 불행사라는 상태와 조화될 수 없는 사실이 발생한 경우, 시효의 진행이 중단되고 그때까지 진행한 시효기간은 효력을 잃게 된다. 소멸시효의 중단이란, 이처럼 소멸시효의 진행을 막고 그 동안 경과한 시효기간을 소멸하게 하고(즉, 소멸시효가 전혀 진행되지 않았던 상태가 된다) 그때로부터 다시 소멸시효 기간이 진행하도록 하는 것을 말한다.

2. 소멸시효의 중단사유

소멸시효의 중단사유로는 i) 청구, ii) 압류·가압류·가처분(이상 권리자측 사유), iii) 승인(채무자측 사유)이 있다(제168조).

가. 청 구

시효중단 사유로서의 청구에는 재판상 청구, 파산절차 참가, 지급명령, 화해를 위한 소환, 임의출석, 최고 등이 있다. 재판상 청구는 소를 제기하는 것이다. 재판상 청구에 의한 시효중단의 효과는 소제기시(소장제출시) 생긴다. 다만 소송이 각하, 기각 또는 취하되었을 때에는 시효중단의 효력이 없다(제170조).

채권자가 채무자에 대하여 채무이행을 청구하는 것을 말하는 '최고'도 중단사유이다. 다만 최고의 경우에는 6개월 내에 재판상 청구, 파산절차 참가, 지급명령, 화해를 위한 소환, 임의출석, 압류 등의 조치를 취하여야 하며 그렇지 않으면 시효중단의 효력이 없다(제174조).

나. 압류, 가압류, 가처분

민법 175조는 '압류, 가압류 및 가처분은 권리자의 청구에 의하여, 또는 법률의 규정에 따르지 아니함으로 인하여 취소된 때에는 시효중단의 효력이 없다'고 규정하여, 압류·가압류·가처분도 독립된 시효중단사유로 인정하고 있다.

압류는 집행법원이 확정판결 기타의 집행권원에 기하여 채무자의 재산의 처분을 금하는 강제집행의 첫 단계이다(민사집행법 제83조, 제188조 이하). 가압류와 가처분은 모두 장래의 강제집행의 불능과 곤란을 예방하기 위하여 행하여지는 강제집행 보전수단인데, 그 가운데 가압류는 장래의 금전 채권의 보전으로서 집행대상 재산을 미리 압류하여 두는 것이고(민사집행법 제276조 이하), 가처분은 청구권의 목적물(계쟁물)의 현재 모습을 유지하게 하거나(계쟁물에 관한 가처분) 또는 다툼이 있는 권리관계에 대하여 임시의 지위를 정하여 주는 것(임시의 지위를 정하기 위한 가처분)이다(민사집행법 제300조 이하).

다. 승 인

승인은 시효의 이익을 받을 당사자나 대리인이 시효의 완성 전에, 그 시효의 완성으로 권리를 상실하게 될 자 또는 대리인에 대하여 그 권리의 존재를 인정한다고 표시하는 것이다. 승인에는 특별한 방식이 요구되지 않으므로, 명시적으로뿐만 아니라 묵시적으로도 할 수 있다. 그리하여 채무증서를 다시 작성하거나 이자를 지급하는 것은 묵시의 승인이 된다. 승인은 시효완성 전에만 가능하다. 시효완성 후에는 시효이익을 포기하는 것이 된다. 채무의 일부변제는 채무 전부의 승인의 효과가 있다.

3. 소멸시효 중단의 효력

소멸시효가 중단되면 그때까지 경과한 시효기간은 이를 소멸시효기간에 넣지 않는다(제178조 제1항 전단). 즉 해당권리에 대하여 소멸시효가 전혀 진행되지 않았던 상태가 된다. 그리고 중단사유가 종료한 때를 기점으로 하여 다시 처음부터 시효기간의 계산이 시작된다(제178조 제1항 후단).

Ⅳ. 소멸시효의 정지

1. 소멸시효 정지의 의의

소멸시효의 정지는, 일정사유가 있는 경우 시효진행을 잠시 멈추게 하였다가 그러한 사정이 없어진 때에 다시 나머지 기간이 진행하도록 하는 것이다. 시효정지는 시효중단과 더불어 시효의 완성을 막아 권리자를 보호하는 것이나, 이미 경과한 시효기간의 효력이 소멸되지 않고, 잠시 중단만 되었다가 정지사유가 없어지면, 정지된 시점에서 다시 시효가 진행되어 나머지 시효기간이 지나면 전체소멸시효가 완성되는 점에서 중단과 다르다. **예를 들어** 소멸시효기간이 10년인 채권에 있어서 이미 8년이 경과되었는데, 그 시점에서 소멸시효 정시사유가 생기면 시효는 더 진행되지 않고 정지되었다가 그 사유가 소멸하면 다시 진행을 하여 2년이 경과된 때에는 그 이전에 진행된 8년과 합하여 시효기간 10년이 모두 진행된 것이 되어 소멸시효의 효과가 발생하게 된다.

2. 소멸시효의 정지사유

1) 소멸시효기간이 만료되기 전 6개월 내에 무능력자에게 법정대리인이 없는 때(제179조).

2) 재산을 관리하는 부·모·후견인에 대하여 무능력자가 권리를 가지고 있을 때(제180조 제1항).

3) 부부의 일방이 타방에 대하여 권리가 있는 때(제180조 제2항).

4) 상속재산에 속한 권리나 상속재산에 대한 권리가 있는데, 상속인의 확정, 관리인의 선임 또는 파산선고가 있는 때(제181조).

5) 천재지변으로 소멸시효를 중단할 수 없는 때(제182조).

이들 중 1)~4)의 경우에는 정지사유가 종료된 후 6개월 내에는 소멸시효가 완성하지 않으며, 5)의 경우에는 1개월 내에는 소멸시효가 완성하지 않는다.

Ⅴ. 소멸시효의 효력

1. 소멸시효 완성의 효과

민법은 소멸시효 완성의 효과에 대해 정면으로 규정하지 않고, '…소멸시효가 완성한다'고만 규정하고 있어 그 의미에 대하여 절대적 소멸설과 상대적 소멸설의 대립이 있다.

통설인 절대적 소멸설은, 소멸시효 완성에 의하여 권리가 당연히 소멸한다고 본다. 이에 반하여 상대적 소멸설은 시효가 완성되더라도 권리는 소멸하지 않고, 이를 원용할 권리, 즉 원용권이 발생하고, 원용권 행사로 인하여 비로소 권리가 소멸한다고 본다. **판례는** 당사자의 원용이 없어도 시효완성의 사실로써 채무는 당연히 소멸한다고 판시하여, 대체적으로 절대적 소멸설의 입장에 있는 것으로 이해한다.

2. 소멸시효 이익의 포기

가. 소멸시효 완성 전의 포기

소멸시효의 이익은 시효가 완성하기 전에 미리 포기하지 못한다(제184조 제1항). 민법이 이와 같이 규정한 것은, 채권자가 채무자의 어려운 상태를 이용하여 미리 소멸시효의 이익을 포기하게 할 염려가 있기 때문이다.

나. 소멸시효 완성 후의 포기

소멸시효의 이익은 시효가 완성된 뒤에는 자유롭게 포기할 수 있다(제184조 제1항의 반대해석). 시효가 환성된 후에는 채무자의 어려운 상태를 이용할 염려가 없을 뿐만 아니라, 이를 인정하는 것이 당사자의 의사를 존중하는 결과로 되기 때문이다.

제5장 계약과 법률관계

제1절 서 설

I. 계약의 개념과 사회적 작용

앞서 보았듯이 인간은 사회적 존재이며 홀로 고립되어서는 살 수 없다. 그리고 인간의 이러한 사회성은 필연적으로 다른 사람의 협력을 전제로 한다. 제 아무리 똑똑한 사람도 혼자서 자신이 살아가는 데 필요한 모든 것을 생산하고 만들 수는 없음은 두말을 요하지 않는다. 이와 같이 인간의 사회성이란 사회를 구성하고 있는 각 개인이 서로 다른 사람에게 의존하거나 협력하지 않고서는 도저히 살아갈 수 없다는 것을 의미한다. 따라서 사람들은 자신이 필요로 할 때 다른 사람의 협력을 구할 수 있는 길을 마련할 필요가 있다.

협력의 내용은 대체로 의식주에 필요한 물품을 취득하거나, 용역을 조달하는 것이 될 것이다. 그런데 이러한 협력의 실현이 어느 일방의 의사만으로 관철될 수 있다면 이는 정의에 반하는 결과를 초래하고, 공동체의 질서는 무너진다. **예를 들어** 집안에서 대대로 물려받은 고려자기를 甲은 가보로서 계속 소유하기를 원하는 반면 乙은 위 도자기를 사 갖기를 원한다. 이 경우 만일 도자기를 사고 싶어하는 乙의 의사만으로 매매가 성립되어 甲이 도자기의 소유권을 乙에게 넘겨주어야 한다면 甲의 권리는 보호받지 못하게 되므로 그 부당함은 명백하다. 乙이 도자기를 살 수 있으려면 甲도 乙에게 도자기를 팔 의사를 가지고 있어야 하고, 또 거래 조건(예를 들면 매매가격 등)도 서로 일치해야 할 것이다. 즉 양 당사자들의 의사가 서로 일치할 때 그 의사에 따라 재화의 소유권나 용역의 이동이 발생하게 된다. 이와 같은 의사의 합치를 '계약'이라고 한다. 따라서 계약에서는 서로 다른 방향의 2개의 의사가 필요하다. 방향이 다르다 함은 서로 지향하는 도달점이 다르다는 뜻이다. 매매계약의 예를 보면 매도인은 팔고자 하는 의사, 매수인은 사고자 하는 의사로서 두 개의 의사의 방향이 서로 다르다. 이를 가지고 일반적으로 계약에서는 '서로 대립하는 두 개 이상의 의사표시'가 필요하다고 설명한다. 그러나 필자는 대립한다는 표현이 그리 마음에 들지 않는다. 두 개의 의사표시는 서로 지향점이 다를 뿐 두 의사표시의 합치로 매매계약을 성립시키고자 하는 의사는 일치하며 이 부분에서는 서로의 의사가 대립적이지 않기 때문이다(다만 독자 여러분의 혼동을 피하기 위하여 이 책에서도 서로 대립하는 의사표시라고 표현한다). 두 개의 의사표시의 관계를 어떻게 표현하든 계약이 성립하려면 지향점이 다른(또는 대립하는) 2개 이상의 의사표시가 합치되어야 한다.

그리고 이렇게 하여 성립된 계약은 채권·채무의 발생을 목적으로 하며, 채권·채무 발생의 중요한 요건이 된다. 채권의 개념에 대해서는 뒤에서 따로 설명을 하겠지만, 채권이란 특정한 사람(채권자)이 특정한 사람(채무자)에게 특정한 행위(급부)를 하도록 요구할 권리를 의미하므로, 이러한 채권을 법률적으로 규율하는 민법 등 채권관련 법규범은 채권자로부터 채무자에게 요구된 채권의 이행이, 특별한 사정이 없으면 그대로 안정적으로 실현되도록 법적인 장치를 마련하여 주고, 그러한 바탕 위에서 인간이 사회적으로 서로 의미있게 살아갈 수 있도록 한다. 이와 같이 채권과 그를 규율하는 채권관련 법규범의 사회적 작용 내지 의의는 인간의 사회성에 따르는 타인의 협력에의 기대와 그의 안정적 실현이라는 점에 있다고 볼 수 있다.

Ⅱ. 계약자유의 원칙과 한계

개인은 사인간의 법률관계에서는 그 자신의 자유로운 의사로 자신의 권리와 의무를 형성할 수 있다. 어느 누구도 자신이 원치 않는 특정기업에서 일하도록 강제받지 않는다. 어느 누구도 자신이 사고 싶지 않은 물건을 강제로 매수하도록 강요당하지 않는다. 개인의 자율적이고 책임 있는 행동을 중시하여, 사인간의 법률관계에 있어 자신이 원하는 대로 법률관계를 맺을 수 있도록 법이 허용하고 보장하는 것이다. 이를 '사적자치의 원칙'이라고 하는데, 이 사적자치의 원칙은 계약법에서는 '계약자유의 원칙'으로 나타난다.

계약자유의 원칙은 그 구체적 내용으로 i) 계약을 체결할 것인지의 여부를 결정할 수 있는 '계약체결의 자유', ii) 계약의 내용을 당사자들의 자율적 합의로 결정할 수 있는 '내용형성의 자유', iii) 누구와의 사이에 계약을 체결할 것인가를 결정할 수 있는 '상대방 선택의 자유', iv) 계약을 체결하는 방식을 당사자들이 임의로 정할 수 있는 '방식의 자유'를 포함하고 있다.

다만 계약자유의 원칙도 일정한 내재적 한계를 가지고 있기는 하다. 개인의 자유로운 의사에 의하여 개인 사이의 법률관계를 형성하도록 법이 인정하고 보호하는 것은 그러한 자유로운 의사를 통하여 형성하고자 하는 법률관계의 내용이 국가가 보호할 가치가 있기 때문이다. 이러한 한계를 벗어나서 국가가 보호할 가치가 없는 계약에 대해서는 법은 그 효력을 부정하고 있다.

먼저 계약 체결의 자유 내지 상대방 선택의 자유에 대한 제한으로서, 우편·전화 등의 통신, 철도 버스, 전철 등의 운송, 수도 전기 등 국민의 일상생활과 밀접한 관련을 가지는 재화를 공급하는 공익적 독점기업은 특별법에 의하여 계약체결의무를 가지는 것이 보통이다. **예를 들면** 전기를 독점적으로 공급하는 한국전력공사가 임의로 특정인이나 특정 집단을 상대로 전기공급계약의 체결을 거절하고 전기를 공급하지 않을 수는 없을 것이다. 또 내용결정의 자유도 일정한 제한을 가진다. 민법은 제103조에서 '선량한 풍속 기타 사회질서에 위반한 사항을 내용으로 하는 법률행위는 무효로 한다'고 규정하고 있고, 제104조에서 '당사자의 궁박, 경솔 또는 무경험으로 인하여 현저하게 공정을 잃은 법률행위는 무효로 한다'고 규정하는데, 이러한 규정들은 위와 같이 계약내용이 강행법규에 위반하거나 폭리행위로 인정될 때에는 그 계약의 효력을 부정하는 조항으로 내용결정의 자유에 대하여 일정한 한계를 규정하는 조항이다. 계약 체결방식의 자유에 대하여도 일정한 제한이 있다. 계약

내용을 명확히함으로써 분쟁 가능성을 피하기 위하여 일정한 방식을 요구하는 경우가 있는데(예를 들면 국가를당사자로하는계약에관한법률 제11조) 그러한 방식을 갖추지 않았을 때에는 계약의 효력이 부정된다.

제2절 계약의 성립

I. 청약과 승낙에 의한 성립

지방에서 서울로 유학와 자취방을 구하고 있던 甲은 여러 자취방 광고를 보고 그 중 가장 마음에 드는 乙의 집에 가 보았다. 거주할 방도, 제시된 임대료도 무난하였고, 집 주인 乙도 마음이 좋아 보였기 때문에 1주일 후에 입주하기로 약속을 하였다. 그런데 학교로 오는 길에 다시 丁의 자취방 광고를 보고 丁의 집을 가 보았더니 丁의 집이 더 맘에 들었다. 甲은 이미 乙과 乙의 집에 입주하기로 약속한 것이 내심 맘에 걸렸지만, 丁과 다시 입주 약속을 하였다. 甲은 이중으로 약속한 것이 계속 맘에 걸려 필자에게 상담을 요청해 왔다. 甲의 생각은 이러했다. 즉 乙과 입주 약속을 한 것은 사실이지만, 아직 계약서를 작성하지도 않았고, 아무런 돈(이를테면 계약금)도 지급하지 않았다. 그러니까 아직 乙과는 정식으로 계약이 성립된(체결된) 상태는 아니다. 따라서 자신이 입주 약속을 지키지 않더라도 계약을 위반한 것은 아니다.

독자 여러분도 甲의 생각이 옳다고 생각할 수도 있을 것이다. 사회에서 어떤 계약을 할 때에는 계약서를 작성하고, 계약금까지 지급하는 것이 통상의 관례이기 때문이다.

그러나 사실은 그렇지 않다. 우리 민법상 계약은 거래 당사자의 약정, 정확하게 말하면 거래 당사자의 대립하는 의사의 합치만으로 성립한다. 즉 甲은 乙과 이미 계약(그 중에서도 임대차계약)을 체결한 것이다. 좀더 자세하게 알아보기 위해서 우리가 가장 많이 체결하는 매매계약에 관한 민법의 규정을 보자. 민법 제563조는 이렇게 규정하고 있다.

'매매는 당사자 일방이 재산권을 상대방에게 이전할 것을 약정하고, 상대방이 그 대금을 지급할 것을 약정함으로써 그 효력이 생긴다.'

우리 모두가 다 알다시피 돈을 주고 어떤 물건을 사는 것을 매매라고 한다. 이러한 매매에는 여러가지 모습이 있다. 마트에 가서 돈을 주고 우유를 사듯이 대금의 지급과 매매목적물에 대한 소유권 이전이 동시에 이루어지는 경우도 있지만(통상 이 경우를 '현실매매'라고 한다), 아파트를 사는 경우에서 보듯이 먼저 대금을 계약금, 중도금, 잔금으로 나누어 내고, 아파트의 소유권은 잔금을 받는 것과 동시에 이전받는 경우도 있다.

이와 같이 매매의 모습이 다름에도 불구하고, 민법은 매매의 모습에 상관없이 '약정함으로써' 매매계약이 성립하고, 효력이 발생하는 것으로 규정하고 있다. 이렇게 민법은 계약 당사자의 약정, 바꾸어 말하면 계약 당사자의 의사의 합치(합의. 合意)만 있으면 법적으로 계약이 성립하는 것으로 규정하고 있을 뿐이므로 계약서의 작성이라든지, 계약금의 지급이 계약의 성립에 필요한 요소는 아니다. 이와 같이 당사자들의 의사의 합치만으로 성립하는 계약을 '낙성계약'(諾成契約)이라고 한다.

계약에 있어서 합의는 청약(請約)과 승낙(承諾)의 합치를 의미한다. 남녀간의 결혼도 어느 일방의 청혼과 타방의 승낙이 필요한 것과 같이 볼 수 있다. 청약과 승낙을 강학적으로 풀이하면, 청약은 상대방의 승낙과 결합하여 일정 내용의 계약을 성립시킬 것을 목적으로 하는 의사표시(즉, 일정한 계약을 하자고 먼저 요청하는 의사표시)이고, 승낙은 청약을 받고 그 청약에 대응하는 계약을 성립시킬 목적으로 청약자에게 행하는 의사표시이다. 따라서 계약이 성립하는 모습을 보면 청약이 먼저 있고 승낙은 뒤따르게 된다. 청약과 승낙이 모습은 늘 같은 것은 아니다. 매매의 경우를 **예로 들면** 사고자 하는 의사가 청약일 수도 있고 팔고자 하는 의사가 청약일 수도 있다. 매도인이 매수인에게 먼저 자신의 물건을 팔 테니 사라고 요청하면 매도의사가 청약이 된다. 이에 반하여 매수인이 먼저 자신이 물건을 살 테니 팔라고 요청하면 매수의

사가 청약이 된다.

'매매계약'은 자기 소유의 물건을 상대방에게 매도하고, 상대방은 이에 대하여 대금을 지급할 의사의 합치로 성립하고, '금전소비대차계약'은 상대방에게 금전을 빌려주고, 상대방은 이에 대하여 일정 기간 이후에 다시 변제하기로 하는 의사의 합치로 성립한다. 이러한 의미에서 '낙성계약'이란 청약에 대한 승'낙'만으로 '성'립하는 계약이라는 뜻으로 볼 수 있다. 이와는 달리, 현실적으로 어떤 급부가 있어야(예를 들면, 계약금의 지급, 목적물의 교부 등) 계약의 성립을 인정하는 경우가 있는데 이러한 경우를 '요물계약'(要物契約)이라고 한다. 민법상 대부분의 계약은 매매계약과 마찬가지로 낙성계약이다.

모든 계약이 의사의 합치만으로 성립한다면, 향후 계약을 할 때, 계약서를 작성하지 않아도 되겠다는 생각을 하는 독자가 있을지 모르겠다. 그러나 전혀 그렇지 않다. 계약이 의사의 합치만으로 성립한다는 것은 법리상 계약이 성립되는 모습을 설명한 것일 뿐이다. 모든 계약은 반드시 계약서를 작성하는 것이 아주 중요하다는 점을 강조하기 위하여 본류에서는 조금 벗어나지만, 재판과 증거에 관한 이야기를 조금 언급하고자 한다.

[증거— 재판의 준거]

(1) 증거란 무엇인가

우리가 살다보면 원하든, 원치 않든 어쩔수 없이 크고작은 분쟁에 휘말리는 경우가 있는데, 그 경우 분쟁해결의 방법으로 소송을 택할 수도 있다. 그런데 분쟁 해결의 방법으로 소송을 택하였다면 먼저 소송의 원인을 정확하게 밝혀 주장하는 것이 필요하다. 즉 돈을 빌려가고도 갚지 않는다는 것인지, 물건을 사고도 물건 값을 주지 않는다는 것인지 그 소송에 이르게 된 원인이 무엇이고, 소송의 대상이 무엇인지를 분명히 밝혀야 한다. 이를 강학상 '청구원인'이라고 한다. 소송을 하는 원인이 밝혀진 다음에는 과연 실제로 그런 억울한 일을 당했는지, 즉 상대방으로부터 청구원인에서 주장한 바와 같이 권리를 침해당한 사실이 있는지의 여부를 밝히는 조사 절차를 거쳐야 한다. 그러한 조사를 거쳐, 과연 상대방이 권리를 침해한 사실이 있다고 밝혀진 연후에야 법관은 침해당한 권리에 대하여 권리의 회복을 명하는 판결을 선고한다.

이와 같이 재판 절차는 사실에 대한 조사, 즉 사실 심리와 밝혀진 사실에 따른 판결이라는 복합적인 구조를 가진다. 그리고 밝혀진 사실과 그 사실에 따른 판결, 이 양자를 연결해 주는 고리의 역할을 하는 것이 바로 '법률'이다.

즉 조사 과정을 거쳐 어떤 사실이 밝혀지면(①) → 그 사실에 법률을 적용하여(②) → 그에 따른 판결을 하는 구조를 가진다(③).

돈을 빌린 사실(①)에 대해서는 → 민법의 대여금에 관한 규정을 적용(②)하여 → 빌린 돈을 갚으라는 판결(③)을 한다.

물건을 산 사실(①)에 대해서는 → 민·상법의 매매에 관한 규정(②)을 적용하여 → 그 물건을 인도하라는 판결(③)을 하게 된다.

이 경우 민·상법의 각 규정은 이미 제정되어 있으므로 새로 확정을 지을 필요가 없다. 그러나 돈을 빌리거나 물건을 산 사실이 있는지의 여부에 대해서는 그랬을 수도 있고, 아닐 수도 있으므로 각각의 소송사건마다 이를 조사하여 밝혀 볼 필요가 있다. 그러면 소송에서 사실을 밝히는 열쇠는 무엇인가? 과연 무엇을 지침으로 삼아 이미 지나가 버린 과거의 사실을 지금 밝혀 낼 수 있는가?

예를 들어 甲이 乙에게 돈 1,000만원을 한 달 후에 받기로 하고 빌려주었다고 하자. 한 달 후에 乙이 빌려간 돈을 갚으면 아무 문제가 생기지 않는다. 그런데 乙이 한 달이 지난 후에도 돈을 갚지 않는다면 문제가 발생할 여지가 생긴다. 그러나 이 경우에도 乙이 돈 1,000만원을 빌려간 사실은 인정하면서 다만 지금 형편이 어려우니 조금만 기다려 달라며 사정을 해 오면 甲·乙 사이에 소송문제까지는 생기지 않을 것이다. 그런데 乙이 마음이 변하여 '내가 돈 1,000만원을 언제 빌렸느냐, 나는 돈 빌린 사실이 없다. 생사람잡지마라'고 큰소리쳐 오면 문제는 복잡해진다. 甲이 억울하여 乙을 상대로 돈 1,000만원을 변제하라는 재판을 걸었다.

이 글을 읽는 독자가 그 사건의 담당법관이라면 재판을 어떻게 할 것인가?

甲의 말만 듣고 곧바로 乙은 甲에게 돈 1,000만원을 지급하라고 판결할 수 있는가? 그럴수는 없을 것이다. 판결에 앞서 과연 두 사람 사이에 돈을 빌려주고, 빌려받은 사실이 있는지 밝혀 내야 한다. 그렇다면 무엇으로 두 사람 사이에 돈을 빌려준 사실이 있다는 것을 밝혀 낼 수 있는가? 아이들 말처럼 과거로 가 볼 수 있는 타임머신이라는 기계가 있으면 문제는 간단하다. 원·피고와 법관이 같이 타임머신을 타고 문제가 된 그 날, 그 장소로 가 보면 누구 말이 옳은지 곧 밝혀낼 수가 있다. 또 乙이 차마 법정에서는 거짓말을 못하겠는지라 자신이 돈을 빌린 사실이 있다고 자백하여도 문제는 간단해진다. 돈 빌린 乙이 자백하였으므로 법관은 그에 따라 돈 빌린 사실이 있다고 인정하고 그 바탕 위에서 법률을 적용하여 판결을 하면 되기 때문이다. 이러한 경우에는 사실을 밝혀보기 위한 별도의 조사가 필요없다.

그런데 乙이 끝내 돈을 빌린 사실이 없다고 부인한다면 법관인 당신은 어떻게 해야 하는가? 甲의 말을 들으면 돈을 빌려준 것 같기도 하고, 乙의 말을 들으면 돈을 빌린 사실이 없는 것 같기도 하다. 당사자인 甲이나 乙의 인상이나 태도를 보아 판단할 수도 있을 것이다. 그러나 사람의 인상이나 태도란 게 얼마나 허망하고, 속기 쉬운 것인가 하는 것은 우리가 살아온 경험으로 충분히 안다. 따라서 위와 같이 소송 당사자들이 어떤 사실을 두고 서로 어긋난 주장을 할 때에는 당사자의 인상이나 태도보다는 좀더 확실하고, 객관성 있는 자료를 가지고 사실관계를 확정지어야 하는데, 이러한 자료를 바로 '증거'라고 하는 것이다. 예를 들면 乙명의의 차용증이나 현금 보관증, 또는 甲이 乙에게 돈을 빌려준 것을 본 증인 등을 들 수 있다. 다만 실제 재판에서는 당사자의 인상이나 진술하는 태도 등도 '변론의 전 취지'라고 하여 사실을 인정하는 자료로 삼고 있기는 하지만 이는 위와 같은 증거를 보충하는 2차적인 판단 자료에 불과한 것이다.

실제의 소송에서는 그 절차의 대부분을 이와 같은 사실 심리, 즉 소송 당사자들이 제출한 증거를 조사하고, 이를 토대로 하여 소송 당사자 사이에서 있었던 구체적인 사실을 밝히는 데 집중한다. 그러나 소송 당사자들은 이 사실심리절차에 대해서는 대체로 무관심하거나 이를 소홀히 여긴다. 그리고는 자신에게 유리한 판결만 빨리 선고되기를 바라고, 만일 판결 선고가 늦어지거나, 자신이 바라는 판결이 선고되지 않으면 법원만 원망한다. 그러나 법관은 먼저 사실을 밝혀 보지 않고는 판결을 할 수도 없고, 하여서도 아니 된다. 따라서 소송에 임하는 당사자들은 먼저 사실을 밝히는 것에 최선의 노력을 다하여야 하고, 이를 위하여 그 사실을 밝혀 줄 수 있는 구체적이고, 직접적인 증거를 수집하여 법관에게 제시하여야 한다. 이러한 노력을 소홀히하고서 자신에게 유리한 판결을 구하는 것은 나무에 올라가 물고기를 잡으려는 것과 같이 어리석은 일인 것이다.

어떤 젊은 여자 둘이 갓난아기를 안고 솔로몬 왕을 찾아 왔다. 서로 그 아기가 자신의 아기라고 주장하면서. 솔로몬 왕은 두 여자의 주장을 듣고 난 후 누가 그 아기의 어머니인지 판단하기 어려우니 그냥 아기를 반으로 갈라 각자 반씩 나눠 가지라는 판결을 내렸다. 그러자 한 여자는 자신의 주장을 거두어들이고, 그 아기를 죽이지 말고 상대방 여자에게 주어 기르게 할 것을 호소했고, 다른 여자는 그 판결에 그대로 따르겠다고 했다. 이에 솔로몬 왕은 자신의 주장을 거두어들인 그 여자를 진짜 어머니로 판단하고 그 여자에게 아기를 돌려주고 다른 한 여자를 엄벌에 처했다. 누구나 다 잘 알고 있을 솔로몬의 재판에 관한 이야기이다. 진짜 어머니라면 비록 자신이 아기를 못 키우는 한이 있더라도 자신의 아기를 해치는 일은 하지 않을 것이라는 판단을 한 것이다.

그런데 만약 솔로몬 왕의 위 판결에서 벌을 받은 한 여자가 현대인들처럼 좀더 영악했더라면 어떻게 되었을까? 그 여자는 평소 뛰어난 지혜로 칭송받던 솔로몬 왕이 누가 보아도 황당하기 이를 데 없는, 아기를 반으로 갈라 나눠 가지라는 판결을 내린 의도를 간파하고, 그 자신도 진짜 어머니였던 그 여자처럼 아기를 죽이지 말 것을 호소하였을 것이고, 그렇다면 다시 사건은 원점으로 돌아갔을 수도 있을 것이다.

그런데 위 사건이 지금의 법정에서 전개되었다면 아이와 생모라고 주장하는 두 여자의 유전자를 감정해 보는 증거방법을 통하여 간단하게 생모를 확정지을 수 있다. 비록 재판장이 솔로몬 왕의 지혜를 갖추지 못하였어도 구체적인 증거만 있으면 사건을 훨씬 더 정확하게 판단할 수 있는 셈인 것이다.

그런데 막상 실제의 재판에서는 원고나 피고는 자신의 주장을 장황하게 설명한 후 아무런 증거도 제시하지 않은 채 무조건 자신의 주장이 옳으니 자신의 주장대로 금방 판결을 내려 줄 것을 구한다. 심지어는 자신이 옳은 것은 하늘도 알고 땅도 알고 세상 사람도 다 아는데 왜 판사는 자신의 말을 믿지 않느냐고 화를 내는 사람도 있다. 그러한 당사자에게 어떤 재판장은 이렇게 대답했다고 한다. '하늘이 알고, 땅이 알고, 세상 사람이 다 알면 무슨 소용이요, 판결을 할 재판장인 내가 모르는데.'

어떤 사건을 판단하는 데는 솔로몬의 지혜보다 더 필요한 것이 그 사건에 대한 직접적이고도 구체적인 증거이다. 이러한 증거만 있다면, 비록 솔로몬의 지혜를 갖추지 못하였어도 사안을 정확히 판단해 낼 수 있지만, 그러한 증거 없이는 (모든 재판관이 솔로몬 만한 지혜를 갖출 수는 없는 터에) 설령 솔로몬의 지혜를 갖추었다고 하더라도 구체적인 증거에 입각하여 판단하는 경우보다 오판의 가능성이 더 높아지는 것이다.

가끔 법률문제에 관하여 조언을 구하는 전화를 받을 때가 있다. 필자는 먼저 화해를 할 것을 권하지만 양보만으로 해결할 수 없는 사건일 경우에는 먼저 자신의 주장이 옳다는 증거를 확보할 것을 권한다. 구체적인 증거의 확보야말로 민사재판의 처음이요 끝이기 때문이다.

(2) 증거의 확보

우리 민족은 예로부터 기록을 좋아하고, 기록을 존중한 민족이었다. 조선왕조실록 같은 기록은 세계사에 유래가 없는 것이라 한다. 실록의 편찬을 맡은 사관들은 단 한 줄의 올바른 글을 남기기 위해서 자신의 목숨뿐만 아니라 가문의 멸문까지도 마다하지 않았다. 임진왜란과 같은 미증유의 난중에도 실록의 훼손을 방지하기 위한 노력은 처절하였고, 그 결과 우리 민족은 오늘날 세계에 자랑

할 수 있는 '조선왕조실록'을 가질 수 있었다. 예전에 TV를 통하여 방영된 '허준'이라는 특집극을 본 독자라면, 허준이 임진왜란을 당하여 피란을 가면서도 대대로 내려오던 처방전 등은 꼭 보존을 하여야 한다면서 이를 지게에 지고 힘든 피란길을 떠나던 장면을 기억할 수 있을 것이다. 피란길에 몇 번의 죽을 고비를 넘기면서도 허준은 결코 위 문서들을 버리지 않았다.

또한 모든 거래에도 문서를 남기기 좋아하였다.

매매계약서는 '명문', 또는 '문기'라고 하고, 임대차, 소비대차, 전당계약서를 '표'나 '표문' 또는 '수기'라고 했으며, 위임장을 '패지' 또는 '패자', 증여나 유산 분할에 관한 것을 '성문'이라고 하고, 이들 문서는 각기 일정한 형식이 있으며, 거의 어김없이 그 형식에 따라 작성되었다. 또 중요한 문서에는 반드시 증인을 세우고 당사자나 증인 이외의 사람이 문서를 썼으며 이를 '필집'이라고 했다.

예를 들어 토지를 매매하는 경우 매도인은 최초의 소유자로부터 현재까지의 권리 이동을 입증하는 모든 문서, 즉 권리를 밝혀 줄 수 있는 문서를 매수인에게 인도해야 하는데, 이를 '구문기' 혹은 '본문기'라고 하며, 현재 그 토지의 최후의 매매계약서를 '신문기'라고 하였다. 甲, 乙, 丙, 丁, 戊에 이르기까지 네 번 순차적으로 매매가 이루어졌다면 3장의 본문기와 1장의 신문기 합계 4장의 계약서가 있는 것이며 戊의 소유권은 이것으로 입증되었다.

재판을 하거나 백성의 진정을 처리할 경우는 '종문권시행'(從文券施行)이라는 법언이 절대적 지침이었는데, 이는 모든 재판이나 진정사건의 처리에 있어서 당사자 사이에 작성된 문권(文券. 문서라고 보아도 무방할 것 같다)이 있으면 이에 따라야(從. '따를 종'이라고 읽고, '따른다'는 뜻) 한다(즉, 시행되어야 한다)는 뜻이다.

재판의 세부지침으로서 준용되었던 '청송식'(聽訟式)에는 이 문서의 위조나 변조를 막고, 위조나 변조된 문서를 가려내기 위한 16가지의 세칙이 규정되어 있었다. 또 '치군요결'(治郡要訣)이라는 책에도 재판을 함에 있어서는 한쪽의 말만 듣고 노해서 오판을 해서는 안 되며 반드시 양쪽의 문서를 참고하여 옳고 그름을 가린 연후에야 판결해야 한다고 강조하고 있다.

그리하여 당시의 민사판결서인 '결송입안'(決訟立案)에는 당사자가 제출한 모든 증거서류를 일자순에 따라 그 전문을 기재하도록 되어 있었고, 실제로 그렇게 하여 판결의 객관적 타당성을 확보하였다(더 상세한 것은 박병호, 한국의 전통사회와 법, 서울대학교출판부 대학교양총서 19, 1985년 발간 참조).

그런데 지금 사람들은 많은 경우 계약이나 약정을 체결하면서 그 내용을 문서화하거나 물증으로 남기지 않는다. 계약서를 작성하는 경우에도 형식적으로 작성하는 경우가 많다. 특별히 추가하고 싶은 내용이 있어도 그냥 말로 하고 문서에는 남기지 않는다. 계약이나 약정을 체결하면서는 서로 형이요, 동생이며, '서로 잘해 봅시다' 하고 악수를 나누면 목숨까지도 나눌 수 있는 믿음직한 동지로 여긴다. 장래 그들의 관계가 파탄에 이를지도 모른다는 걱정같은 것은 없다. 오직 믿음만이 있을 뿐이다.

그러나 동상이몽(同床異夢)이란 말도 있듯이 세상이 그리 만만한 것만은 아니다. 계약이 이행되면서 그들 사이는 서서히, 또는 급격하게 균열이 간다. 그리고 파탄에 이른다. 법정에 와서는 서로 다시 없는 앙숙이 되어 내가 사람을 잘못 봤다고, 세상에 다시 없는 나쁜 사람이라고 언성을 높인다. 이런 사람들은 사건의 심리 과정에서도 계약의 내용에 대하여 서로 다른 소리를 한다. 계약할 때에 서로 분명하게 매듭을 짓지 아니하고 자기 나름대로 해석해 버린 결과인 것이다.

법관들도 이런 사건을 심리할 때는 무척 곤혹스럽다. 계약의 내용을 확정지어야 판결을 내릴 수가 있는데, 계약서 자체가 아예 없거나 계약서가 있더라도 그 내용이 부실하여 당사자가 체결한 계약의 내용이 무엇인지 확정할 수 있는 확실한 근거가 없기 때문이다. 워낙 정이 깊은 민족이다 보니 상대방 마음도 다 내 마음 같으려니 하고 믿어 버리고, 그 내용에 관하여 객관적인 물증을 남기지 않는 것인지도 모르겠다. 그러나 세상에는 착한 사람만 있는 것이 아니다. 분명 돈을 빌려 가고도 돈 빌린 사실이 없다며 증거를 내 보라고 억지를 쓰는 사람도 많다. 5년간 임대기간을 보장하겠다고 굳게 약속을 하고서도 계약서에 어디 그런 조항이 있느냐고 발뺌을 한다. 버선목이 아니니 자신의 속을 뒤집어 보일 수도 없는 것이어서 그냥 억장이 막히고, 자신의 말을 믿어 주지 않는 법관만 원망스럽다. 그러나 이 모든 결과는 모두 자업자득이라고 볼 수도 있다. 만일 확실한 문서나 물증만 남겨 놓았다면, 상대방도 괜한 억지를 부리지 않는다.

따라서 모든 거래나 약정에 구체적이고도 확실한 문서나 물증을 남기는 것이야말로 장래의 분쟁을 예방하는 첫걸음이 된다는 것을 부디 잊지 말아야 할 것이다. 이는 민법상의 계약이 대부분 낙성계약의 형태로 이루어지는 점에 비추어 보면, 더욱 중요한 의미가 있다.

II. 기타의 방법에 의한 성립

1. 교차청약에 의한 계약의 성립

앞서 계약은 계약을 실현시키고자 하는 청약과 이를 승낙하는 두 의사표시로 성립한다고 하였다. 그러나 반드시 청약이 있고, 그에 따른 승낙의 형태로만 계약이 성립되는 것은 아니며, 다른 형태로도 계약이 성립한다. 누가 먼저랄 것도 없이 서로가 계약을 하자고 청약하였는데, 그 청약의 내용이 같을 경우 굳이 계약의 성립을 부정할 이유가 없다. **예를 들어** 甲이 乙에게 자신의 자동차를 금 1,000만원에 팔고 싶었는데, 마침 乙도 甲의 자동차를 1,000만원에 사고 싶었다. 그래서 甲은 乙에게 자신의 자동차를 1,000만원 사라는 내용의 E-Mail을 보냈는데, 乙도 같은 시간에 甲에게 甲의 자동차를 1,000만원에 팔라는 내용의 E-Mail을 보냈다고 가정하자.

이 경우 청약의 의사표시는 있지만 이에 대한 승낙의 의사표시는 아직 없다. 따라서 청약과 승낙만으로 계약이 성립된다면 서로의 청약에 대하여 다시 승낙하는 E-Mail을 甲이나 乙이 보내고, 그렇게 승낙의 의사표시가 도달한 경우에 계약이 성립된다고 보아야 한다. 그러나 양 당사자의 의사는 일치하는 데 불구하고, 그 경우에도 승낙이 없다고 하여 굳이 계약의 성립을 부정할 이유 또한 없다. 민법은 이 경우 교차청약이 실현되었다고 하여 계약의 성립을 인정한다(민법 제533조). 서로 사귀던 연인이 상대방에게 동시에 혼인을 하자고 청혼을 한 경우라고 생각해도 좋을 것이다.

2. 의사실현에 의한 계약의 성립

화장품 외판업을 하는 甲은 乙에게 새로 나온 화장품을 보내면서 5만원에 사라고 하였다. 乙은 甲에게 甲의 청약대로 5만원에 사겠다고 하는 연락을 하지 않은 채, 甲이 보내준 화장품을 그냥 사용하기 시작하였다. 이 경우 매매계약이 성립된 것으로 보아야 하는가? 매매계약의 성립 여부는 乙의 행위를 어떻게 보느냐에 따라 달라질 수 있다. 乙이 甲의 청약을 받아들여 화장품을 5만원에 구입하기로 하고 화장품을 사용했다면 乙의 행위를 승낙의 의사표시로 해석할 수 있다. 그러나 乙이 승낙의 의사는 없었지만(즉, 구매할 생각은 없었지만) 마침 화장품이 있으니 그냥 사용했을 수도 있다.

만일 甲·乙간에 화장품 대금 5만원의 지급을 두고 다툼이 벌어졌다면 어떻게 될 것인가? 민법은 이러한 다툼에 대비하여, '청약의 의사표시나 관습에 의하여 승낙의 통지가 필요하지 아니한 경우에 승낙의 의사표시로 인정되는 사실이 있는 때에 계약이 성립하는 것으로 본다'고 규정하고 있다(민법 제532조). 이를 '의사실현에 의한 계약의 성립'이라고 한다. 위 예의 경우에 화장품을 사용한 乙의 행위를 승낙의 의사표시로 인정되는 사실로 보고 매매계약이 성립한 것으로 보는 것이다. 민법이 의사실현에 의하여 계약이 성립되는 것으로 규정하는 것은 2가지이다. 하나는 청약자가 청약을 하면서 승낙의 통지를 필요하지 않다고 한 경우이고, 다른 하나는 관습에 의하여 승낙의 통지가 필요하지 않은 경우이다.

Ⅲ. 계약의 종류

우리는 사회생활을 하면서 의식을 하든 하지 않든 많은 계약을 체결하고 살고 있다. 물건을 사고, 일을 하고, 거주할 곳을 임차하는 모든 경우에 이런 저런 계약을 체결하게 된다. 이러한 계약들은 여러가지 기준에 의하여 여러 종류로 나눠 볼 수 있다. 그 중 중요한 몇 가지 것들을 살펴보자.

1. 전형계약과 비전형계약

전형(典型)이라는 말의 뜻을 사전에서 찾아보면, '기준이 되는 형'이라고 풀이해 놓았다. 민법은 여러가지 유형의 계약들 중에서 가장 많이 활용되고 기준이 될 만한 14가지 계약을 규정해 두고 있는데(민법 제3편 제2장 제2절~제15절), 이에 속하는 계약을 '전형계약'이라고 하고, 이에 속하지 않는 다른 계약들을 '비전형계약'이라고 한다.

전형계약은 매매, 임대차, 고용 등과 같이 민법전에 그 이름이 붙여져 있다는 의미에서 '유명계약'(有名契約)이라고 하고, 비전형계약은 민법전에 그 이름이 없다는 이유로 '무명계약'(無名契約)이라고 하기도 한다. 그리고 전형계약의 성격과 비전형계약의 성격을 함께 가지고 있는 계약을 '혼합계약'(混合契約)이라고 한다.

비전형계약이나 혼합계약이 생겨나는 이유는 전형계약이 실제 거래계에서 행하여지는 천차만별의 계약에 대하여 그 특수성이나 관행 등을 제대로 담아내지 못할 뿐 아니라, 전형화라는 것도 시대와 장소에 따라 유동적일 수 있기 때문이다.

비전형계약을 법적으로 어떻게 취급할 것인가에 대하여, 당해 계약의 내용을 분해하여 각 전형계약에 포섭될 수 있는 부분에 대하여 각각 당해 전형계약의 민법 규정을 적용하려는 견해(결합설)와 당해 계약이 중심적 요소를 기준으로 하여 이와 유사한 어느 한 전형계약에 흡수시키고자 하는 견해(흡수설)로 나뉘는데, **판례**는 제작물공급계약에 관하여 당해 계약의 중심적 요소에 따라 적용법규가 결정된다는 입장(흡수설)을 취하고 있다.

2. 쌍무계약과 편무계약

'편무계약'(片務契約)에서 '편'(片)자는 '조각 편'이라고 하여, 한 쪽 한 조각이라는 의미를 가진다. 편모 슬하라는 말이 있는데 이는 말 그대로 아버지 없이 홀어머니 밑에서 자랐을 경우를 말한다. 한편 쌍무·편무에서의 '무'(務)는 '일 무'자로서 해야 할 일, 의무, 채무 등을 의미한다.

이러한 한자의 기본지식을 토대로 쌍무계약과 편무계약의 의미를 찾아보면, 쌍무계약(雙務契約)은 계약 당사자 쌍방이 서로 대가적 의미를 가지는 채무를 부담하는 계약이고, 편무계약은 계약에 의하여 당사자 일방이 채무를 부담하는 계약을 말한다.

매매의 경우를 **예로 들어 보자**. 甲과 乙이 甲의 노트북을 乙에게 파는 매매계약을 체결하였다면, 위 매매계약에 따라, 甲은 자신의 노트북의 소유권을 乙에게 이전해 줄 채무가 있고, 乙은 그 대가로 甲에게 노트북의 대금을 지급할 채무가 발생한다. 즉 계약의 각 당사자가 상대방에게 이행해야 할 채무가 각각 있다. 따라서 쌍무계약이 되는 것이다. 쌍무계약에서 쌍방의 채무는 이와 같이 give and take의 관계에 있다.

이에 반하여 증여의 경우를 생각해 보자. 丙이 丁에게 자신의 노트북을 아무런 대가를 받지 않고 주기로 하는 증여계약을 체결하였다. 이 경우 丙은 丁에게 노트북의 소유권을 이전해 줄 채무를 부담하지만, 丁이 丙에게 이행해야 할 채무는 없다. 즉 계약상 이행해야 할 채무는 한 쪽 당사자에게만 있다. 따라서 편무계약이 된다.

쌍무계약에서 양 당사자의 채무는 서로 의존적·대가적 관계에 있게 된다. 의존적·대가적 관계에 있다는 의미는 甲이 노트북의 소유권을 이전해 주는 채무를 부담하는 것은 乙이 노트북의 대금을 지급하는 채무를 전제로(즉, 대금을 받는 것을 대가로) 하는 것이다. 이는 乙의 입장에서도 마찬가지이다. 乙이 대금을 지급하는 것은 노트북의 소유권을 이전받기 위한 것이기 때문이다. 이러한 양 채무의 관계를 서로 의존적·대가적 관계에 있다고 표현한다.

3. 낙성계약과 요물계약

앞서 보았듯이, 당사자들의 의사의 합치만으로 성립하는 계약이 '낙성계약'(諾成契約)이고, 당사자의 합의 외에 물건의 인도 기타 급부가 있어야만 성립하는 계약이 '요물계약'(要物契約)이다. 민법상의 전형계약은 대부분이 낙성계약이고, 현상광고만이 유일하게 요물계약에 해당한다.

4. 요식계약과 불요식계약

의사표시가 일정한 방식을 갖추어야 성립하는 계약이 '요식계약'(要式契約)이고, 그렇지 않은 계약이 '불요식계약'(不要式契約)이다. 앞서 본 바와 같이 계약자유의 원칙상 민법은 불요식계약을 계약체결방식의 원칙으로 하고 있다.

5. 계속적 계약과 일시적 계약

매매와 임대차의 경우를 비교해 보자. 매매에서 매도인은 매매대금을 지급하면 자신의 채무이행이 종료된다. 즉 채무이행의 성격이 1회적이다. 그러나 임대차의 경우에 임대인은 임차인이 임대기간 동안 계속하여 임대목적물을 사용할 수 있도록 제공해 주어야 한다. 채무이행의 성격이 계속적이다. 이와 같이 채무자가 일정기간 동안 계속하여 급부를 실현하여야 할 의무(즉, 일정기간 동안 채무의 이행상태가 계속하여 지속되어야 하는 것)가 발생하는 계약이 '계속적 계약'이다. 계속적 계약에서는 이처럼 급부의 실현에 시간적 계속성이 필요하다. 반면, '일시적 계약'은 급부의 이행이 1회적이다. 계속적 계약은 계약이 시간적 지속성을 가지는 특성상 대체로 당사자들 사이에 강한 인적 신뢰관계가 존재하게 되며, 채권관계가 일정기간 계속되므로 그 사이의 사정의 변경을 고려하여야 할 필요성이 있게 된다. **예를 들면** 임대차 기간 동안 IMF 사태 때와 같이 경제사정이 급격하게 변경되어 부동산 가격이 폭락하거나 폭등하였다면 임대료를 현실적으로 올리거나 내려야 할 필요가 있게 된다. 이는 급부의 이행이 일회적 또는 일시적으로 종료되는 일시적 계약하에서는 생기지 않는 문제이다.

한편, 계속적 계약의 특수형태로서의 '회귀적 급부계약'(回歸的給付契約)이 있다. 일정기간 동안 일정 시기에 반복하여 급부할 것을 내용으로 하는 계약이다. **예를 들면** 1년 동안 월간잡지를 정기구독하기로 하는 계약을 들 수 있는데, 계약이 성립되면 1년 동안 매달 정기적으로 월간잡지를 받아볼 수 있다. 신문구독계약도 이 범주의 계약이라고 볼 수 있다.

제3절 계약의 효력

I. 일반적 효력

1. 계약의 구속력

가. 개 념

'pacta sunt servanda'라는 라틴어로 된 법격언이 있다. 발음은 철자 그대로 '팍타 준트 세르반다'로 읽으면 된다고 한다. 해석을 하면, '계약은 지켜져야 한다'는 뜻을 가진다. 계약은 법적으로 구속되고자 하는 의사로 한 약속이므로 그 약속대로 당사자는 서로 구속된다. 물론 이 경우 '구속'이라는 단어가 인신의 구속을 의미하는 것은 아니다. '계약의 이행에 법적 강제력이

행사되어도 이에 따른다·복종한다'는 의미로서의 구속을 뜻한다. 계약은 호의적 약속과 달리 법적 구속력을 갖는다. 따라서 계약이 지켜져야 한다는 말 안에는 계약은 법의 힘에 의해서 강제될 수 있다는 뜻을 내포하고 있다.

나. 근 거

계약이 법적 구속력을 갖는 근거는 어디에서 찾을 수 있나? 통상적으로 당사자가 스스로 그렇게 의욕하였기 때문이라고 설명된다. 즉 계약 당사자가 계약을 체결할 때에는 반드시 이행될 것을 전제로 체결한다. 나는 이행을 하지 않아도 상대방은 반드시 이행하여야 하는 것은 엄밀한 의미에서 계약이 아니다. 그런데 상대방이 계약을 이행하지 않을 때 계속 이행하라고 요청만 할 수 있을 뿐 강제적으로 이를 실현할 수 없거나 제재수단이 없다면 누구나 계약의 체결을 꺼릴 것이다. 그리하여 법은 자신이 가지는 강제력을 통하여 계약의 불이행에 관하여 일정한 경우 이행된 것과 같은 상태를 실현하기도 하고, 일정한 경우에는 손해배상을 통하여 이해의 조정을 꾀한다. 이러한 법적 힘을 믿고 모든 사람은 안심하고 계약을 체결할 수 있다. 이러한 마음 상태는 계약 당사자 모두가 같다. 따라서 계약의 구속력은 이렇게 계약 당사자가 자신들이 체결한 계약을 법적 지배하에 두고자 의욕하였기 때문에 생기는 것이다.

2. 채권·채무의 발생

계약이 체결되면, 채권·채무가 발생한다. 다시 매매계약의 **예를 들어 보자**. 매매계약이 성립하면 매도인과 매수인은 각각 어떠한 권리를 취득하고 의무를 부담하게 되는 것일까. 민법 제568조 제1항은 매매의 효력에 대하여 '매도인은 매수인에 대하여 매매의 목적이 된 권리를 이전하여야 하며 매수인은 매도인에게 그 대금을 지급하여야 한다'고 규정하고 있다. 즉 민법은 매매계약의 효력으로 계약 당사자인 매도인에게 자신이 의사표시를 한 대로 매매의 목적이 된 권리를 이전하여야 할 의무를 부담지우고, 매수인에게는 역시 자신이 의사표시를 한 대로 그 대금을 지급할 의무를 부담지운다. 그리고 쌍방 당사자의 이러한 의무를 상대방의 측면, 즉 권리의 측면에서 본다면, 매매계약이 성립하면 매도인은 매수인에 대하여 매매대금을 지급할 것을 청구할 권리를 취득하고, 매수인은 매도인에 대하여 소유권을 이전할 것을 청구할 권리를 취득하게 된다. 이와 같이 특정인에 대하여 일정한 행위(급부. 즉 매매대금을 지급하는 것 또는 소유권을 이전하는 것 같은 이익의 제공)를 청구할 수 있는 권리를 채권이라고 한다. 따라서 매매계약이 성립하면 매도인은 매수인에 대하여 매매대금 채권이 생기고 매수인은 매도인에 대하여 목적물에 대한 소유권이전 채권이 생기게 된다. 즉 권리의 측면에서 보면 채권이 발생하고, 의무의 측면에서 보면 채무가 발생하게 되는 것이다. 이와 같이 '계약'은 채권·채무의 발생원인이 된다.

Ⅱ. 쌍무계약에서의 특별한 효력— 동시이행의 항변권

1. 개념과 인정취지

매매계약이 성립하면 매수인은 매도인에 대하여 소유권을 이전할 것을 청구할 권리가 생기고 매도인은 매수인에 대하여 매매대금을 지급할 것을 청구할 권리가 생기는 것은 앞에서 설명한 바와 같다. 또한 이를 의무의 측면에서 본다면, 매매계약으로 인하여 매도인과 매수인은 쌍방 모두 합치한 의사표시대로 각각 상대방에 대하여 소유권을 이전할 의무와 대금을 지급할 의무를 부담하게 된다. 그런데 한 쪽 당사자가 자신의 채무는 이행하지 않은 채 상대방의 채무를 선이행하라고 할 수 있는가? 매수인이 매매대금은 지급하지 않은 채 물건의 소유권을 먼저 넘기라고 요구한다든지, 매도인이 물건의 소유권은 이전하지 않고 매매대금을 선지급하라고 요구할 수 있는가? 요구받은 대로 이행하여야 한다면, 상대방의 권리는 크게 위험해진다. **예를 들어** 매도인이 매매대금을 선지급받고는 막상 물건을 다시 제3자에게 이중으로 매도해 버릴 위험도 있기 때문이다. 따라서 당사자 일방이 그렇게 요구할 때 타방에게는 이를 저지할 수 있는 법적인 보호장치가 있어야 할 것이다.

민법은 이러한 사태에 대비하여, 제536조 제1항에 '쌍무계약의 당사자 일방은 상대방이 그 채무이행을 제공할 때까지 자기의 채무이행을 거절할 수 있다'고 규정하고 있다. 이를 '동시이행의 항변권'이라고 한다. 따라서 매매계약에서 매수인은 매도인이 자신의 채무인 물건의 소규권이전채무에 대하여 이행을 제공하기 전에는 매매대금의 지급을 거절할 수 있는 동시이행의 항변권을 가진다. 매수인은 '내가 매매대금을 지급할 채무는 있지만 나의 대금채무는 당신(매도인)의 소유권이전채무와 동시에 이행되어야 할 채무이다. 그러므로 서로 동시에 이행하자. 동시에 이행하지 않으면 나도 당신(매도인)이 채무이행을 제공할 때까지 매매대금을 지급할 수 없다'고 항변할 권리가 있다는 것이다.

이와 같이 동시이행의 항변권은 쌍무계약에 있어서 상대방이 채무를 이행하거나 이행의 제공을 하지 아니한 채 채무의 이행을 청구할 때 자기 채무의 이행을 거절할 수 있는 권리이다. 쌍무계약에서 이러한 권리를 인정하는 취지는 서로 대가적 의미를 가지고 있는 쌍무계약의 특성상 일방이 타방에게 채무의 선이행을 요구하는 것은 공평의 원칙과 신의칙에 반하기 때문이다. 쌍무계약의 이러한 기능은 거래의 간이·신속한 처리에 이바지하기도 한다.

다만 이 항변권을 인정하는 취지는 거래 일방이 선이행을 강요당하는 것을 방지하자는 취지이므로, 거래 당사자 일방이 스스로 먼저 이행할 것을 약정하는 것은 무방하다. 실제 거래에서도 대금을 먼저 지급하기도 하고, 물건의 소유권을 먼저 넘겨받기도 한다. 이는 계약자유의 원칙상 계약 당사자 스스로 자신의 불리한 위치를 감수하고 계약을 체결하였기 때문에 그 의사를 존중해 주는 것이다.

2. 효 력

가. 이행거절 권능

동시이행의 항변권은 먼저 이행거절 권능을 가지는 항변권으로서의 효력을 가진다. 즉 이 항변권을 행사하더라도 자신의 채무가 소멸되지는 않는다. **예를 들어** 매도인이 매매대금의 선지급을 요구하여 매수인이 동시이행의 항변권을 행사한 경우, 매수인은 항변권행사 후에도 여전히 매매대금지급의무를 부담하고 있기는 하다. 다만 지급의 시기를 매도인의 소유권이전의무가 이행될 때까지 늦출 뿐이다. 이와 같이 동시이행의 항변권은 채무의 이행시기를 늦추는 권능, 즉 연기적 항변권으로서의 속성을 가진다.

나. 부수적 효과(존재효)

동시이행의 항변권이 존재할 때에는 채무불이행으로서의 이행지체가 성립되지 않는다. 즉 동시이행의 항변권은 그것이 존재하는 것만으로도 이행지체를 면제시키는 효력을 가진다. 역시 매매의 **예를 들어 보자**. 甲 소유 아파트를 乙이 대금 3억원에 매수하는 매매계약을 체결하였다. 매매대금은 계약일(3월 1일)로부터 한 달 후(4월 1일)에 丙의 부동산 중개업소에서, 甲 소유의 아파트에 대하여 소유권이전등기서류를 받는 것과 동시에 지급하기로 약정하였다. 그런데 한 달 후(4월 1일)에 甲·乙 모두 사정이 생겨 丙의 부동산중개업소에 가지 못하여 乙도 매매대금을 지급하지 못하였고, 甲도 등기이전서류를 乙에게 교부하지 못하였는데, 그러한 상태가 한 달 정도(5월 1일까지) 지속되었다. 이에 매도인 甲이 乙에게 매매대금 지급일이 4월 1일인데, 5월 1일인 현재까지 매매대금을 지급하지 않았다는 이유를 들어 계약을 해제하거나 지연된 만큼의 이자를 지급해 달라고 청구할 수 있을까? 만약 甲이 이렇게 요구할 수 있다면 乙로서는 甲으로부터 등기이전서류를 교부받지 못한 상태에서 매매대금을 선지급할 것을 강제당하는 것과 차이가 없게 될 것인데, 이는 부당하다고 할 것이다. 매매대금과 등기서류의 교부는 특별한 사정이 없는 한 동시에 이행되어야 할 것이기 때문이다.

이와 같은 이유로, 동시이행의 항변권이 있는 계약의 경우에는, 동시이행의 항변권이 존재하고 있다는 그 사유만으로 타방의 채무이행이 없는 한 자신이 채무이행을 하지 않더라도, 이행지체의 책임을 지지 않는다고 본다. 그렇게 해석하여야 공평의 원칙에 부합하기 때문이다. 동시이행 항변권의 이러한 효력를 '동시이행 항변권의 존재효'라고 한다. 또한 동시이행의 항변권이 부착된 채권을 자동채권으로 하는 상계가 금지되는데, 이는 어려운 내용이므로 상계 부분에서 다시 보기로 한다.

Ⅲ. 위험부담의 법리

1. 개 념

甲과 乙은 3월 1일 甲이 소장하고 있는 도자기를 乙이 매수하기로 약정을 하였다. 대금을 4월 1일 도자기와 교환으로 지급하기로 하였는데, 3월 15일 경 지진이 발생하여 위 도자기가 파손되었다. 따라서 甲이 乙에게 도자기의 소유권을 이전하는 것이 불가능하게 되었다(즉, 甲의 채무는 이행불능상태가 된 것이다. 도자기 파편이라도 주면 되는 것이 아닌가 하는 생각을 할 수도 있겠으나, 도자기와 도자기 파편을 같게 볼 수 없을 것이다). 물론 천재지변인 지진으로 인한 것이므로 이행불능에 甲의 고의나 과실은 없다. 그렇다면 이 경우 乙은 비록 도자기를 받을 수 없게 되었더라도 자신이 부담하기로 한 매매대금은 지급하여야 하는가?

이와 같이 쌍무계약에서 당사자 일방의 채무가 채무자에게 책임 없는 사유로 불능이 된 경우 채권자의 반대급부의무가 존속하는지 소멸하는지의 문제가 위험부담의 문제이다. 다시 말하면, 위험부담이란 손해를 누가 부담하느냐의 문제라고 볼 수 있다. 위의 예에서 도자기가 깨어진 데 대하여 甲·乙 누구의 잘못도 없다. 그렇지만 도자기는 깨어졌으므로 그 손해를 누군가는 부담을 해야 한다. 만약 도자기가 깨어졌지만 乙이 그 이전에 매수를 하였으므로 여전히 乙이 도자기 대금을 지급해야 한다면 乙이 손해를 보게 된다. 즉 乙이 위험을 부담한다. 만약 乙이 도자기 대금을 내지 않아도 된다면 손해는 甲이 보게 된다. 즉 甲이 위험을 부담한다.

이와 같이 위험부담의 문제는 쌍무계약에서만 발생하고, 편무계약에서는 당연히 위험부담의 문제가 발생하지 않는다. 그리고 계약 성립 이전에 도자기가 파손된 경우인 원시적 불능의 경우에도 위험부담의 문제가 발생하지 않는다(원시적 불능에 대해서는 채무불이행편에서 보기로 하자). 그리고 채무자의 귀책사유로 인한 불능의 경우에도 채무불이행의 문제가 생길 뿐 위험부담의 문제는 발생하지 않는다.

2. 위험부담에 관한 입법주의

위 예의 경우에 매매대금의 지급에 관하여 누가 위험을 부담할 것인가, 즉 누가 손해를 부담해야 할 것인가 하는 문제에 대하여 채무자 위험부담주의와 채권자 위험부담주의의 2가지 입법주의가 있다. 그런데 쌍무계약에서는 각 당사자가 채무자이자 채권자의 지위를 가지므로, 채무자 위험부담주의와 채권자 위험부담주의에서 말하는 채권자·채무자가 어느 채권자·채무자를 지칭하는 것인지 혼동될 우려가 있다(필자도 한동안 혼동을 하여 제대로 이해하지 못한 경험이 있다).

'위험부담'에서 말하는 채무자·채권자는 이행불능이 된 채무에 관하여 채권자의 지위를 가지는 자와 채무자의 지위를 가지는 자를 가리킨다. 앞의 **예를 다시 보자**. 이행불능된 채무는 甲이 도자기의 소유권을 乙에게 이전해 주어야 할 채무이다(반면 乙의 대금지급채무는 이행불능이 되지 않았다). 따라서 위 채무에서의 채무자는 甲이고, 채권자는 乙이다.

위험부담의 문제에서 이행불능된 채무의 채무자가 위험을 부담하는 것(즉, 손해를 부담하게 되는 것)이 채무자 위험부담주의이고, 이행불능된 채무의 채권자가 위험을 부담하는 것이 채권자 위험부담주의이다. 따라서 앞의 예에서 채무자 위험부담주의일 때에는 甲이 손해를 부담하게 되고(즉, 乙은 대금을 지급하지 않아도 된다), 채권자 위험부담주의일 때에는 乙이 손해를 보게 된다(즉, 乙은 도자기의 소유권을 이전받지 못하더라도 대금을 지급하여야 한다).

우리 민법은 쌍무계약의 당사자 일방의 채무가 쌍방의 책임없는 사유로 이행할 수 없게 된 때에는 채무자는 상대방의 이행을 청구하지 못한다고 규정함으로써(민법 제337조) 위험부담에 대하여 원칙적으로 채무자 위험부담주의를 택하고 있다. 그러나 채권자의 책임있는 사유로 이행할 수 없게 된 때와 채권자의 수령지체중에 당사자 쌍방의 책임없는 사유로 이행할 수 없게 된 때에는 상대방의 이행을 청구할 수 있다고 규정함으로써(민법 제338조) 예외적으로 채권자위험부담주의도 택하고 있다.

Ⅳ. 제3자를 위한 계약

1. 의 의

앞서 본 바와 같이 계약이 체결되면 채권·채무가 발생하고, 계약 당사자들은 채권을 취득하거나 채무를 부담하게 된다. 그런데 계약자유의 원칙상 계약 당사자가 아닌 제3자에게 채권을 취득하게 하는 계약도 가능하다. **예를 들어** 甲이 丙에게 대여금 채무 1,000만원이 있는데, 이를 변제하기 위하여 甲은 자신의 자동차를 乙에게 1,000만원에 매도하는 계약을 체결하는 경우를 가정하자. 이 경우 甲이 乙로부터 자동차대금 1,000만원을 받아서 그 돈으로 丙에게 변제하여도 좋지만, 乙에게 그 대금을 丙에게 지급하라고 요청하고, 乙이 이에 동의하여 丙에게 지급할 것을 약정하고, 그 약정에 의하여 丙이 乙로부터 대금 1,000만원을 받게 되면 결제관계가 한결 간편해진다.

이와 같이 '제3자를 위한 계약'은 계약 당사자가 아닌 제3자에게 직접 권리를 취득시키는 것을 목적으로 하여 그와 같은 내용의 특약(이러한 특약을 '제3자 약관'이라고 한다. 위 예에서 乙이 자동차대금을 丙에게 지급하기로 한 특약이 제3자 약관이 된다)이 붙은 계약을 말한다.

2. 3면관계

제3자를 위한 계약은 성질상 3자의 존재를 전제로 한다. 앞서 본 예에서 甲·乙·丙의 존재가 그러하다. 위 예에서 甲을 '요약자'(要約者. 乙에게 자동차대금을 丙에게 지급할 것을 요청한 자), 乙을 '낙약자'(諾約者. 자동차대금을 丙에게 지급하기로 승낙한 자), 丙을 '수익자'(受益者. 계약의 당사자가 아니면서 자동차대금채권을 취득하는 이익을 받은 자)라고 한다. 그리고 이들 甲-乙, 甲-丙, 乙-丙의 3자간의 관계를 살펴보면 다음과 같다.

가. 기본관계(보상관계)

요약자(甲)와 낙약자(乙) 사이의 관계로, 보상관계는 계약내용을 구성하고 계약의 효력에 영향을 미친다.

나. 대가관계

요약자(甲)와 수익자(제3자. 丙) 사이의 관계로, 계약내용을 구성하지 않고 계약의 효력에는 영향이 없다.

다. 급부실현관계

낙약자(乙)와 수익자(제3자. 丙) 사이에는 계약성립을 위한 법률행위가 없지만, 제3자가 수익의 의사표시를 하면 낙약자에 대한 제3자의 청구권이 확정된다.

3. 성 립

제3자를 위한 계약은 당사자 사이의 계약에 의하여 성립하는 경우도 있고, 법률규정에 의하여 성립하는 경우(변제를 위한 공탁, 타인을 위한 보험)도 있다. 제3자를 위한 계약이 유효하게 성립하기 위해서는 요약자와 낙약자 사이에 유효한 채권계약이 성립되어야 하며, 제3자에게 직접 권리를 취득케 하는 특별한 약정(제3자 수익약정. 앞의 예에서 丙에게 자동차대금을 지급하기로 한 약정)이 있어야 한다.

4. 효 과

제3자가 수익의 의사표시를 하면 제3자는 낙약자에 대하여 직접 채권을 취득한다(제539조). 제3자가 권리를 취득한 후에는 계약 당사자는 특별한 사정이 없는 한 제3자의 권리를 변경하거나 소멸시키지 못한다(제541조).

제4절 계약의 해제와 해지

I. 서 설

'계약의 해제'는 유효하게 성립하고 있는 계약의 효력을 당사자 일방의 일방적 의사표시에 의하여 계약관계를 해소하는 것, 즉 계약이 처음부터 없었던 것과 같은 상태로 되돌아 가게 하는 것을 말한다. 앞서 본 바와 같이 일단 계약이 성립하면 채권·채무가 발생하므로 각 계약 당사자는 계약상의 채권·채무에 구속되며, 어느 일방에 의하여 함부로 계약관계를 해소할 수는 없다. 그러나 계약 당사자 일방이 채무를 이행하지 않는다든지 하는 예외적인 사정이 발생한 경우에는 이 구속력을 풀어 계약관계를 해소시키는 것이 타방 당사자의 이익을 위하여 필요하다. 이를 위한 제도가 계약의 해제제도이다.

예를 들면 甲이 乙로부터 자동차를 매수하였는데 乙이 자동차인도채무를 이행하지 않는다고 가정하자. 이 경우 甲은 乙을 상대로 자동차인도청구의 소를 제기하고 승소하여 강제집행을 할 수도 있겠으나, 차라리 乙과의 매매계약을 해소시켜 계약의 구속력으로부터 벗어나고, 다시 제3자로부터 다른 자동차를 매수하는 것이 간편할 수도 있는 것이다.

계약의 해지도, 유효하게 성립한 계약의 효력을 일방적 의사표시에 의하여 소멸시키는 것은 해제와 같다. 다만 해제와 달리 해지는 소급효가 없고 장래를 향해 계약관계를 소멸시킬 뿐이다

II. 계약의 해제

1. 해제권의 발생

유효하게 성립한 계약은 구속력을 가지므로, 계약의 해제는 해제를 정당하게 하는 사유가 발생한 경우, 즉 계약해제권이 유효하게 발생한 경우에만 행사가 가능하다.

가. 약정해제권의 발생

계약을 체결하면서, 당사자 일방이나 쌍방을 위하여 일정한 사유가 발생한 경우에는 계약을 해제할 수 있는 권능을 부여한 경우, 즉 당사자 사이에서 계약해제권이 유보되는 경우, 그 일정한 사유가 발생하였다면 약정해제권도 발생한다. **예를 들어** 甲이 乙의 오피스텔에 대하여 임대차계약을 체결하면서, 혹시 甲이 지방으로 발령나면, 임대차계약기간이 만료되지 않더라도 임대차계약을 해제(엄격하게 말하면 이 경우는 뒤에서 보는 해지의 경우이다)할 수 있도록 약정하였는데, 그 후 실제로 甲이 지방으로 발령이 난 경우 甲은 위 해제(해지)권 유보조항에서 정한 사유가 발생하였으므로 계약관계를 해소시킬 수 있다.

나. 법정해제권의 발생

해제권이 법률의 규정에 의하여 발생하는 것이다. 민법이 일반적으로 정한 법정해제권의 발생사유는 이행지체(제544조)·이행불능(제546조)의 두 가지이다. 그러나 이 두 가지를 포함하여 채무불이행의 모든 경우에 법정해제권이 발생한다는 것이 통설적인 입장이다.

(1) 이행지체(제544조) 이행지체에 의하여 해제권이 발생하기 위해서는 i) 채무자의 귀책사유에 의한 이행지체가 있을 것, ii) 채권자가 상당한 기간을 정하여 이행을 최고할 것, iii) 채무자가 최고기간이 지나도록 이행하지 않을 것이라는 3가지 요건을 갖추어야 한다. 그러나 채무자가 미리 불이행의 의사표시를 하고 있는 경우(제544조 단서)나 이행해야 할 채무가 정기행위의 경우에는 최고가 필요하지 않다(제545조). 정기행위란, 계약의 성질(절대적 정기행위) 또는 당사자의 의사표시(상대적 정기행위)에 의하여 일정한 시각 또는 일정한 기간 내에 이행하지 않으면 계약의 목적 달성이 불가능한 행위를 말한다.

(2) 이행불능(제546조) 계약성립 후 채무자의 귀책사유에 의하여 채무가 이행불능 상태에 빠진 경우에는 채권자는 계약을 해제할 수 있다. 채무가 이행불능이므로, 최고는 필요하지 않다. 일부불능의 경우에는 급부가 가분적이고 나머지 부분만으로도 계약목적을 달성할 수 있다면 불능 부분만을 해제

할 수도 있다.

(3) 사정변경과 해제권

(가) 인정의 필요성 계약성립시에 기초로 한 사정이 후에 변경됨으로써 당초의 계약내용을 유지하는 것이 신의칙상 부당한 결론을 가져오는 경우에 논의된다.

(나) 요 건 i) 계약의 전제된 사정이 변경되었을 것, ii) 예견 가능성이 없을 것, iii) 당사자의 책임있는 사유에 의한 변경이 아닐 것, iv) 원래의 내용을 유지하는 것이 부당하고 계약관계를 조정하는 것이 불가능할 것 등을 요한다.

2. 해제권의 행사

가. 행사의 방법

해제권의 행사 여부는 해제권자의 자유이며, 해제권이 발생하였더라도, 실제로 행사되지 않는 한 계약은 해제되지 않는다.

해제권은 상대방에 대한 의사표시로서 행사하며, 조건이나 기한을 부가하는 것은 원칙적으로 금지된다.

나. 불가분성의 원칙

계약 당사자의 일방 또는 쌍방이 여러 명일 때, 해제의 의사표시는 전원으로부터 전원에 대하여 하여야 한다(제547조 제1항). 또 계약 해제권이 1인에 대하여 소멸한 때에는 다수당사자 중 다른 당사자에 대해서도 소멸한 것으로 본다(제547조 제2항). 계약관계가 당사자들 각각에 대하여 달라져서 법률관계가 복잡하게 되는 것을 방지하기 위한 규정이다. **판례**는 이 규정을 당사자의 특약으로 그 적용을 배제시킬 수 있는 임의규정으로 본다.

3. 해제의 효과

계약해제의 효과에 관하여, 강학상 직접효과설과 청산관계설의 대립이 있고, 직접효과설도 채권적 효과설과 물권적 효과설의 대립이 있으나, 여기서는 통설적 견해인 직접효과설 중에서 물권적 효과설에 따르기로 한다.

가. 계약의 소급적 실효(계약의 구속으로부터의 해방)

해제로 인해 계약은 소급적으로 효력을 상실하므로, 계약상의 채권·채무도 소급적으로 소멸한다. 그 결과 아직 이행하지 않은 채무가 있다고 하더라도, 이도 소멸하므로 이행할 필요가 없게 된다.

나. 원상회복의무

계약이 해제되면 각 당사자는 계약이 존재하지 않었던 것과 같은 상태, 즉 원상회복의무가 있다(제548조). 이 의무의 본질은 부당이득반환의무이다. 원상회복에 있어 민법은 공평의 원칙상 동시이행을 규정하고 있다(제549조).

다. 손해배상

계약을 해제한 경우에도 손해가 있으면 손해배상을 청구할 수 있다(제551조). 즉 민법은 해제와 손해배상의 양립을 인정하고 있다.

Ⅲ. 계약관계의 해지

1. 의 의

계약 당사자의 일방적 의사표시에 의해 계속적 계약관계(임대차, 사용대차, 고용 등)를 장래를 향하여 소멸시키는 것이다. 해제는 소급효가 있는 반면, 해지의 경우에는 소급효가 없으며, 계약의 효력은 장래를 향해서 소멸될 뿐이다. **예를 들면** 甲이 乙의 아파트를 2년간 임대하기로 하는 임대차계약을 체결하였는데, 입주 후 10개월 만에 임대차계약의 해지사유가 발생하여 계약이 해지되었다고 가정하자. 이 경우 이미 지나간 10개월간의 임대차계약관계는 유효하고, 해지된 날 이후의 임대차계약의 효력만 소멸된다. 이는 계속적 계약관계에 있어서 원상회복관계의 복잡성을 회피하기 위해서다.

2. 해지권의 발생

가. 약정해지권의 발생

계속적 계약관계를 체결하면서 당사자 일방이나 쌍방을 위하여 해지권을 보류하는 특약을 한 경우 그 특약에 의하여 발생하는 해지권이 약정해지권이다.

나. 법정해지권

해지권은 계속적 계약관계에서 발생하는 것인바, 민법은 각종의 계속적 계약관계에 관하여 개별적으로 해지권이 발생하는 규정을 두고 있으나, 해제의 경우와는 달리, 일반적인 법정해지권 발생사유는 따로 규정을 두고 있지 않다. 이에 채무불이행이 있을 때 법정해제권이 발생하도록 규정한 제544조를 계속적 계약관계에서도 유추 적용할 것인지의 여부가 논의되고 있다. 이의 유추 적용을 긍정하는 긍정설은 해지에 관한 개별 규정이 망라적이지 못함을 들어 유추 적용을 긍정하나, 부정설은 해지사유는 계속적 계약관계의 특성에 맞게 개별적으로 규율해야 함을 들어 유추 적용을 부정하고 있다.

3. 해지권의 행사

해제권 행사의 경우와 같다.

4. 해지의 효과

해제와 달리 해지는 소급효가 없고 장래를 향해 계약관계를 소멸시킬 뿐이다(제550조). 계약관계가 종료되면 청산의무가 있다. 계약 목적물의 반환의무등이 그에 속하는데, 이는 원상회복을 의미하는 것이 아니고, 원래의 계약상 의무에 해당한다. 해지는 손해배상의 청구에 영향을 미치지 않으므로 해지를 한 경우에도 손해가 있으면 그 배상을 청구할 수 있다(제551조).

[채무와 도덕적 의무(호의적 약속)와의 구별]

놀부가 도움을 청하러 온 동생 흥부를 빈 손으로 쫓아 보내도 이를 법적으로 탓할 수는 없다. 놀부가 동생을 돌볼 의무는 법적인 의무가 아니라 형제간에서 발생하는 도덕적 의무일 뿐이기 때문이다. 그러나 부모가 미성년인 자식을 돌보는 것은 도덕적 의무이기도 하지만 법적 의무이기도 하다. 따라서 부모가 서로 이혼할 때 자녀를 양육하지 않는 사람은 자녀를 양육하는 다른 쪽에게 자녀의 양육비를 지급할 법적인 의무를 부담하게 된다. 아는 사람이 사망하였을 때 문상을 하고 부의금을 내는 것은 도의적인 의무지만, 교통사고로 사람을 사망케 했을 때 가해자가 피해자에게 사망에 따른 배상금을 지급할 의무는 법적인 의무이자 채무이다.

그런데 법적으로 책임이 있는 채무와 도의적 의무와의 구별이 모호해지는 경우가 있다. 예를 들어 甲이 乙에게 대학다니는 4년 동안 장학금을 지급하겠다고 자발적으로 약속한 경우를 가정해보자. 이는 증여계약을 체결한 것으로 볼 여지도 있는 반면, 호의적·도의적인 약속만을 한 것으로 볼 수도 있다. 이러한 무상의 자발적 기부 약속 등과 같은 경우, 그 약속을 도의적 의무와 법적인 채무로 가르는 기준은 무엇인가? 사회현상은 워낙 복잡·다기하고, 사람들이 그러한 약속을 하게 된 경위는 수없이 많이 있을 것이기 때문에 딱부러지게 그 기준은 이렇다라고 말할 수는 없다. 그와 같은 약속을 하게 된 경위, 당사자의 관계, 그 내용의 적정성, 재산상태, 환경, 신분 등 당사자의 인적·물적의 모든 요소를 종합적으로 고려하여 양 당사자의 의사가 법적인 채무를 발생시키는 것을 의욕한 것인가, 아니면 그러한 의도없이 단순한 호의적 약속만 한 것인가를 가려서 판단하게 된다.

순수한 도의적 의무에 관해서는 비록 그것이 재산적 가치를 갖더라도 법적인 채무가 발생하지 않는다. 권리자는 상대방에 대하여 약속을 이행할 것을 요구할 수는 있으나 이에 대하여 법적으로 의미있는 권리를 가지지는 못하며, 상대방 또한 이를 이행할 법적인 채무는 없다. 다만 의무자가 이를 자발적으로 이행한 경우 권리자의 수령은 법적으로 정당하다. 즉 의무자가 이를 자발적으로 이행한 후 자신의 의무가 도덕적 의무에 불과하였음을 들어 권리자에게 이를 돌려달라고 할 수는 없다. 민법은 법적인 채무가 없는 자가 이를 이행하여 변제한 경우에 그것이 도의적으로 정당하다면 의무 이행자는 그 반환을 청구할 수 없도록 규정하고 있다(이를 비채변제라고 한다. 부당이득 부분에서 다루게 된다). 도의적 의무는 이행청구의 단계에서는 법 밖의 순수한 도덕세계에 속하지만 일단 이행된 후에는 그 결과에 대해서는 법적인 보호를 받게 된다.

[항변권이란 무엇인가]

(1) 서

상대방의 청구권의 행사에 대하여 그 작용을 저지할 수 있는 권리를 항변권이라고 한다. 항변권은 상대방의 청구권의 존재를 전제로 한다. 즉 상대방의 청구권은 인정하면서 그 작용만을 일시적 또는 영구적으로 저지하는 권리이다. 소송법상 '항변'과 '부인'은 구별된다. 항변권에 대해서 찬찬히 살펴보기로 하자.

소송에서 상대방이 주장하는 사실에 대하여 타방이 답변하는 종류는 대체로 4가지가 있다고 본다. 예를 들어, 甲이 乙을 상대로 '빌려준 돈 1,000만원을 갚으라'는 소송을 제기해 왔다고 가정하자. 이때 乙은 대체로 자백을 하거나, 부인을 하거나, 잘 모르겠다고 하거나, 항변을 하게 된다.

① 자 백(自白) 자백은 상대방의 주장사실을 다투지 않고 시인하는 진술이다. 당사자가 자백하는 사실에 대해서는 법원은 증거 조사를 할 필요가 없고 자백과 반대되는 사실을 인정할 수 없다. 앞의 예에서 乙이 자백(즉, 돈을 빌렸다고 시인)하는데, 법원이 증거를 조사하여 甲이 乙에게 돈 빌려 준 사실이 없다고 하지는 못한다는 뜻이다. 그리고 일단 자백을 한 이후에는 이를 함부로 취소하지 못한다. 다만 상대방이 취소에 동의하거나, 자백한 것이 진실에 반하고 착오에 의한 것이었음이 증명된 경우에는 자백의 취소가 가능하다. 그러나 실무상 자백의 취소가 받아들여지는 경우는 그리 많지 않다. 상대방의 주장에 대하여 아무런 진술(답변)을 하지 않는 경우, 또는 진술을 하더라도 상대방의 진술을 명백히 다투지 아니하는 경우에도 자백한 것으로 간주된다. 이를 '의제 자백'이라고 한다. 甲이 돈을 대여했다고 주장하는데, 乙이 아무런 답변을 하지 않거나, 또는 甲의 대여 사실에 관하여 뚜렷하게 다투지 않는 경우가 이에 해당한다.

② 부 인(否認) 부인은 상대방의 주장이 '진실이 아니다', '사실과 다르다'고 하는 답변이다. 즉 앞의 예에서 돈을 빌린 사실이 없다고 답변하는 것이다. 부인에도 두 가지 종류가 있다.

첫째는 단순 부인이다. 이는 말 그대로 상대방이 주장하는 사실에 대하여 단순히 부인하는 것이다. 즉 원고가 피고에게 돈을 빌려주었다고 주장하는 데 대하여 '돈을 빌린 사실이 없다', '아니다' 등으로 답변하는 것이다.

둘째는 적극 부인이다. 상대방의 주장을 부인하는 것은 단순부인과 같으나, 그 부인의 방법으로서 상대방이 주장하는 사실과 '양립할 수 없는' 별개의 사실을 주장하는 것이다. 예를 들면, 甲이 乙에게 돈 1,000만원을 빌려주었다고 주장함에 乙은 '甲으로부터 돈 1,000만원을 받은 것은 사실이다. 그러나 그 돈은 甲이 乙에게 빌려준 것이 아니고 무상으로 증여한 것이다'고 답변하는 식이다. 甲

으로부터 1,000만원의 돈을 받았다는 사실을 인정하므로 자백이라고 보기 쉬우나, 乙은 돈을 빌린 것이 아니라 무상으로 증여받았다고 답변한 것이므로, 결국 돈을 빌린 사실에 대해서는 부인하는 것이 된다. 다시 말하여 甲이 乙에게 1,000만원이라는 돈을 줬는데, 그 돈이 빌려준 것이기도 하고, 증여한 것이기도 하는 일은 있을 수 없다. 즉 甲이 빌려준 것이면 乙은 갚아야 되는 반면, 甲이 증여한 것이면 갚지 않아도 되는데, 두 가지 경우가 다 성립할 수는 없다. 따라서 이는 '빌려주었다'는 주장에 대하여 '그렇지 않다'고 하는 부인이 되는 것이다.

상대방이 부인하는 사실에 대해서는 그러한 사실이 있다고 주장하는 측에서 그 사실이 진실이라는 점을 입증할 책임이 있다. 즉 甲이 乙에게 돈을 빌려준 사실에 관하여 입증하여야 하는 것이다(앞서 본, 적극 부인의 경우에도 여전히 甲이 乙에게 돈을 빌려주었다는 사실을 입증해야 한다. 만일 甲이 대여 사실에 대하여 입증을 하지 못하면 甲이 패소한다. 乙은 증여받았다는 사실에 대하여 입증책임을 부담하지 않는다).

③ 부 지(不知)　　상대방이 주장하는 사실이 진실인지 아닌지 모르겠다고 하는 답변이다. 법률상 효과는 부인과 같아서 어떤 사실이 진실이라고 주장하는 측에서 입증할 책임이 있다. 모든 경우에 부지라고 답변할 수 있는 것은 아니고, 부지라고 답변함에는 일정한 제한이 있다. 즉 부지라는 답변은 자신이 관여되지 아니한 사실에 대해서만 그렇게 답변할 수 있고 자신이 관여되었다고 주장된 사실에 관하여는 부지라고 답변할 수 없다. 즉 甲이 乙에게 돈을 빌려주었다고 주장하는데 乙이 답변으로 '내가 甲으로부터 돈을 빌린 사실이 있는지 없는지 잘 모르겠다'고 답변할 수는 없다는 뜻이다.

부지라고 답변할 수 있는 경우의 예를 보자. 甲이 소장에서 '乙에게 1,000만원을 빌려주었는데, 그 1,000만원은 정기예금을 해약해서 마련한 것이다'라고 주장한다고 가정해 보자. 이 경우 乙은 甲으로부터 1,000만원을 대여받은 사실이 있는지의 여부에 대해서는 '그렇다', 또는 '아니다'라고 답변을 해야 하고 부지라고 답변할 수는 없으나, 甲이 정기예금을 해약했다는 주장에 대해서는 (甲과 은행과의 문제일 뿐이고) 자신이 관계된 사항이 아니므로 그 사실에 대해서는 '모른다', 즉 부지라고 대답할 수 있는 것이다.

④ 항 변(抗辯)　　상대방의 주장 사실을 일단 긍정하면서, 그 주장 사실과 양립할 수 있는 별개의 사실을 주장하여 상대방이 주장하는 권리나 법률효과를 배척하는 답변이다. 항을 바꾸어 다시 설명하기로 한다.

(2) 항 변

가. 개 념

앞서 본 예에서 乙이 甲으로부터 돈을 빌린 사실은 인정하지만, 그 돈을 갚았다고 주장했다고 가정하자. 乙의 주장을 분석해 보면, 일단 甲으로부터 돈을 빌린 사실은 인정한다(따라서 대여금을 변제해야 할 의무가 있었음은 인정한다). 그리고 그 돈을 갚았다고 주장한다(즉, 대여금변제의무를 이행했음을 주장한다). 이러한 乙의 답변을 항변이라고 한다.

즉 항변이란, 일단 상대방의 주장사실을 인정하지만(앞의 예에서 빌린 사실), 그 사실에서 발생하는 어떤 권리나 법률효과(앞의 예에서 빌린 돈을 갚아야 하는 지위)를 배척하기 위하여 이와 양립할 수 있는 별개의 사실(빌린 돈을 갚았다는 사실)을 주장하는 경우를 말하는 것이다. 항변은 앞서 본 간접부인과 유사하고 그것의 구별은 법률 전문가가 아닌 일반인에게는 무척 어렵다. 다만 항변이나 간접부인은 원고가 주장하는 사실에 관하여 피고가 별개의 사실을 들어 이를 방어하되 항변은 두 개의 주장 사실이 '양립이 가능'한 반면, 간접부인은 '양립이 가능하지 않다'는 점으로 우선 구별할 수 있다.

앞서 본 예를 다시 보자.

甲이 乙에게 돈 1,000만원을 대여하였다고 주장하면서 대여금청구소송을 제기하였다. 위 소송에서 乙이 '甲으로부터 돈 1,000만원을 받은 사실이 있지만 이는 빌린 것이 아니라 무상으로 증여받은 것'이라고 답변했다면 이는 간접부인에 해당한다. 앞에서 설명했듯이, 돈 1,000만원을 빌려주었거나, 무상으로 증여하였거나 둘 중의 어느 하나로 보아야 이치에 맞는 것이지 甲이 1,000만원을 乙에게 빌려준 것이기도 하고, 무상으로 증여한 것이기도 하다는 것은 있을 수 없는 사실이기 때문이다. 즉 甲이 빌려주었다고 주장하는 사실과 乙이 무상으로 증여받았다고 주장하는 사실은 양립이 불가능한 사실인 것이다.

그런데 乙이 '돈을 빌린 것은 사실이지만 그 후에 갚았다'고 대답하였다면 이는 항변사실로 보아야 한다. 왜냐하면 돈을 빌린 사실과 그 후에 돈을 갚은 사실은 양립이 가능하기 때문이다. 돈을 빌린 사실이 있으니, 갚은 사실도 당연히 있을 수 있는 것이다. 소송에서 항변과 부인의 구별은 대단히 중요하다. 이는 입증책임을 누가 부담할 것인가의 기준이 되어 소송의 승패에 결정적인 영향을 미치기 때문이다. 즉 어느 주장사실에 대하여 상대방이 부인하거나 부지라고 답변하면 그 주장사실에 대해서는 주장하는 측이 입증책임을 지고, 항변으로 답변하면 항변에서 주장된 사실에 대하여 항변을 주장하는 측이 입증책임을 부담한다.

위 예로 든 대여금 사건에서 보면, 乙이 무상으로 증여받았다고 답변했다면,

이는 부인하는 것이므로, 甲이 (무상증여가 아니고) 빌려주었다는 사실에 대하여 여전히 입증책임을 부담한다. 반면, 乙이 갚았다는 답변을 했다면 乙이 빌린 사실에 대해서는 자백을 한 것이므로, 甲은 빌려주었다는 사실에 대한 입증책임부담에서 벗어나고, 乙이 갚았다는 사실에 대하여 입증책임을 부담한다.

나. 종 류

① 권리 장애의 항변 돈을 빌린 사실이 있으면 이를 갚아야 하고, 빌려준 사람은 이를 받을 권리가 있다. 이와 같이 어떤 사실이 있으면 대개는 그 사실에 기초한 권리나 법률관계가 형성된다. 그러나 그러한 권리가 발생하는 것을 방해하는 '별개의 사실'이 있으면 그러한 권리는 생기지 아니한다. 예를 들면 돈을 빌려주었지만 도박판에서 도박자금으로 사용될 것을 알고 빌려주었을 때는 이를 갚으라고 청구하지 못하고, 청구해도 도박자금으로 빌려준 사실이 밝혀졌을 때에는 재판에서 이기지 못하게 된다. 법률은 법률이 금하는 것을 원인으로 하여 돈을 빌려주었을 때에는 이의 반환을 청구하지 못하게 규정하고 있기 때문이다. 따라서 위 사실은, 돈을 빌려준 사실에 기초한 변제청구권이 발생하는 데 장애가 되는 사실이다. 이와 같이 어떤 사실에 기초한 권리가 발생하는 것을 방해하는 사실에 관한 항변을 권리 장애의 항변이라고 한다.

② 권리 소멸의 항변 일단 발생한 권리가 별개의 사실에 의하여 소멸하였다는 항변이다. 즉 갚았다거나, 권리자로부터 면제받았다거나, 소멸시효가 완성되어 권리가 소멸되었다는 항변 등이 그것이다.

③ 권리행사 저지에 관한 항변 자신이 상대방의 권리행사를 저지할 수 있는 권리를 가졌다는 항변이다. 돈을 변제할 기한이 남았다거나(예를 들어 12월에 변제하기로 계약이 되어 있는데, 4월에 변제하라고 청구해 온 경우 기한 미도래의 항변을 할 수 있다), 자신의 의무는 상대방의 의무와 동시에 이행해야 할 채무다(즉, 자신이 의무를 이행할 때 상대방도 동시에 상대방의 의무를 이행해야 하므로 상대방이 의무를 이행할 때까지는 자신도 이행하지 않겠다)라는 항변 등이다

다. 항변권의 행사

항변권은 권리이지 의무가 아니다. 따라서 권리의 행사 여부는 항변권자의 선택에 의한다. 즉 항변권은 상대방이 권리를 행사해 오는 것을 전제로 이에 대하여 방어하는 것을 내용으로 하는 권리로서, 항변권을 가지는 사람이 이를 주장하여야만 비로소 상대방의 청구권을 저지시킬 수 있다. 앞서 본 예에서 乙이 실제로 빌린 돈을 갚았다고 하더라도, 이를 소송에서 주장을 하지 않으면, 즉 갚았다는 항변을 하지 않으면 甲이 승소하게 된다. 이 경우 실체관계와 어긋나는 판

결이 내려지게 되나, 이는 권리자가 자신의 권리를 행사하지 않은 것에 기인하는 것이므로, 민사소송법의 구조상 부득이하다.

[입증책임에 대하여]

입증책임을 쉽게 설명하기 위하여 두 가지 소송을 예로 들어 보자.

(1) 사 례

① 제1 예　원고가 피고를 상대로 빌려간 돈을 갚으라는 소송을 제기하였는데, 피고는 원고로부터 돈을 빌린 사실이 없다고 주장하고 있다. 그런데 위 소송에서 원고도 자신이 피고에게 돈을 빌려주었다는 사실에 대하여 차용증, 현금보관증, 영수증 등의 서증이나 증인 등의 증거를 제대로 대지 못하고 있지만 피고도 자신이 돈 빌린 사실이 없다는 증거를 제출하지 못하고 있다.

② 제2 예　원고가 피고를 상대로 빌려간 돈을 갚으라는 소송을 제기하였는데, 피고는 원고로부터 돈을 빌린 사실은 있지만 이를 갚았다고 주장한다. 그런데 위 소송에서 피고는 자신이 돈을 갚은 사실에 대한 영수증, 변제증서 등의 서증이나 증인 등의 증거를 제출하지 못하고 있으며, 원고도 자신이 피고에게 빌려준 돈을 돌려받은 바가 없다는 사실에 대한 아무런 증거도 제시하지 못하고 있다.

(2) 사례 검토

위 두 사례는 원고·피고 누구도 자신의 주장 사실에 대한 구체적이고도 직접적인 증거를 내세우지 못하고 있다. 독자 여러분이 위 사건을 담당한 판사라면 어떤 결론을 내릴 것인가?

결론적으로 말하면, 특별한 사정이 없는 한 위 두 가지 사례 중 '제1 예'는 원고 패소, '제2 예'는 피고 패소로 판결이 날 수밖에 없다. 이러한 차이는 어디에서 오는 것인가? 이는 입증책임이 누구에게 있는가에 대한 차이에서 오는 결과이다. 즉 어떤 사실에 대하여 입증책임이 있는 사람이 그 사실에 대하여 충분한 입증을 하지 못하였을 때에는 그 사실은 소송상 존재하지 않은 것으로 취급을 받게 되므로 그 사실에 기초한 권리를 인정받지 못하는 것이다.

앞서 본 예에서 '제1 예'는 원고가 돈을 빌려준 사실에 대하여 입증책임이 있다. 그런데 원고가 돈을 빌려준 사실에 대하여 충분한 입증을 하지 못하였으므로 소송상 그 사실, 즉 돈을 빌려준 사실은 없었던 것으로 취급받게 된다. 따라서 돈을 빌려준 사실이 없으므로 돈을 갚으라는 판결을 할 수 없고 그 결과 원고는 패소한다. 반면, '제2 예'에서는 피고가 돈을 갚은 사실에 대하여 입증책임이 있다. 그런데 피고가 돈을 갚은 사실에 대하여 충분한 입증을 하지 못하였으므로 소송상 그 사실, 즉 돈을 갚은 사실은 없었던 것으로 취급받게 된다(피고가 돈을 빌린 사실은 인정하였으므로 위 소송에서는 원고가 피고에게 돈을 빌려준 사실은 쟁점이 되지 않는다). 따라서 돈을 빌리고서도 갚지 않았으므로 당연히 돈을 갚으라는 판결을 받을 수밖에 없고, 그 결과 피고는 패소하는 것이다. 이와 같이 입증책임이란, 소송상 쟁점사실(예를 들어 대여한 사실)에 대하여 그 사실의 존부가 불명할 때 불이익을 받게 되는 지위를 말한다. i) 쟁점사실이 존재하는 것으로 밝혀지면(대여하였다고 밝혀지면) 그 사실에 터잡아 권리관계를 형성하게 된다(대여하였으므로 대여금을 반환받을 권리가 있다). ii) 쟁점사실이 없었던 것으로 밝혀지면(대여한 사실이 없었다고 밝혀지면) 그 사실이 부존재한다는 점에 터잡아 권리관계를 형성하면 된다(대여한 사실이 없으므로 반환받을 권리도 없다).

그런데 문제는 소송에서 나온 모든 증거를 조사하여도 그러한 사실이 있는지 없는지 불명한 경우(즉, 돈을 빌려준 사실이 있는지의 여부가 불명한 경우), 그 불이익을 누가 받게 되느냐 하는 문제가 입증책임의 문제이다.

예를 들어 대여금 소송에서 대여한 사실이 있는지 없는지의 여부가 불명일 때, 판사가 대여 사실이 불명하므로 '법원도 판단할 수 없다', '법원도 모르겠다'고 판결할 수는 없다. 어떻게든 결론을 내려줘야 한다. 법원은 그러한 경우에 입증책임의 원리에 따라 입증책임이 있는 원고가 입증을 하지 못하였으므로, 원고 패소판결을 하게 되는 것이다.

(3) 입증책임의 분배

이처럼 입증책임은 소송에서 승소와 패소를 가를 수도 있는 중요한 분수령이 된다. 그러면 구체적인 소송에서 쟁점사실에 대하여 원고·피고 중 누구에게 입증책임이 있는지는 어떻게 결정되는가?

이에는 일정한 법칙이 있으나, 이를 소상히 설명하는 것은 입문단계에서는 너무 어렵기도 하거니와 필요성도 그다지 없다. 입문의 범위를 벗어나지 않는 범위 내에서 입증책임의 분배원리를 간단히 설명하면 대체로 자기에게 유리한 사실에 대해 입증책임을 지게 된다고 보면 된다.

앞서 본 '제1 예'에서는 돈을 빌려준 사실이 있는지가 쟁점인데, 돈을 빌려준 사실은 이를 인정받으면 상대방에게 돈을 받을 수 있는 유리한 판결을 받게 되므로 원고에게 유리한 사실이다. 따라서 돈을 빌려준 사실에 대해서는 원고가 입증책임을 지고, 이를 충분히 입증을 하지 못하였을 때에는 그러한 사실이 없는 것(즉, 돈 빌려준 사실이 없는 것)으로 취급받는 불이익을 받게 된다(즉, 빌려준 사실이 없으므로 돌려받을 돈도 없다).

그런데 '제2 예'에서는 돈을 빌린 사실은 다툼이 없고, 다만 피고가 돈을 갚은 사실이 있는지가 쟁점인데, 이 사실을 인정받으면 돈을 갚으라는 판결을 받지 않게 되므로 이는 피고에게 유리한 사실이다. 따라서 돈을 갚은 사실에 대해서는 피고가 입증책임을 지고, 이를 충분히 입증하지 못하였을 때에는 그러한 사실이 없는 것(즉, 돈을 갚은 사실이 없는 것)으로 취급받는 불이익을 받게 된다(즉, 돈을 빌리고서도 돈을 갚지 않았으므로 당연히 돈을 갚으라는 판결을 받게 되는 것이다).

즉, 자신에게 어떤 권리(예를 들면 빌려준 돈을 받을 권리, 물건의 대금을 받을 권리, 손해배상을 받을 권리, 임금을 받을 권리, 공사대금을 받을 권리 등)가 있다고 주장하는 사람은 자신에게 그러한 권리가 있다는 사실(권리 발생 사실)에 대하여 증거를 댈 책임이 있다. 그러한 증거가 불충분하면 그러한 사실이 없다는 취급을 받는 불이익을 받게 된다.

이에 대하여 상대방에게 그러한 권리가 있었으나 그 후에 권리가 소멸하였다든지(권리소멸사실. 예를 들면 빌린 돈을 갚았다거나 소멸시효가 완성되었다거나), 상대방에게 권리가 있기는 하나 아직 그 권리를 행사할 시기가 아니라든지, 또는 조건이 성취되지 않았다든지(권리행사 저지사실. 예를 들면 아직 돈을 갚을 기한이 남았다거나 세든 사람이 아직 집을 비워주지 않기 때문에 임대보증금을 돌려줄 수 없다거나) 하는 사실을 주장하는 사람은 그러한 사실이 있음을 입증할 책임이 있다. 역시 그러한 증거가 불충분하면 상대방의 권리가 소멸하거나 권리행사에 어떤 장애가 있다는 사실을 인정받지 못하는 불이익을 받게 된다.

2.

물 권 편

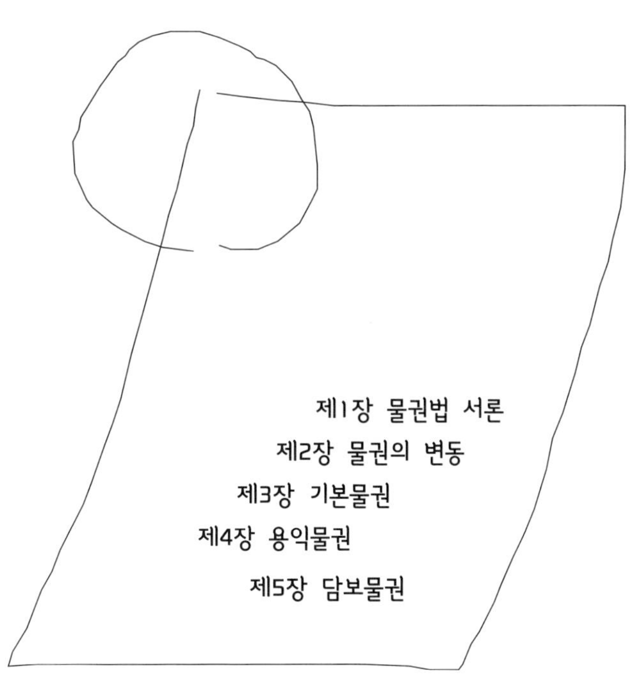

제1장 물권법 서론

I. 물　권

1. 물권의 의의

물권은 물건 기타의 객체를 직접 지배해서 이익을 얻는 배타적인 권리이다(물권의 가장 대표적 모습이 소유권이므로, 물권의 이해가 어려울 때에는 소유권을 떠 올려서 설명을 읽어가면 좀더 이해하기가 좋을 것이다). 따라서 물권은 권리의 내용면에서는 재산권에 해당하고, 권리의 효력(작용)면에서는 지배권이며, 권리에 대한 의무자의 범위를 표준으로 하여 본다면 절대권으로 볼 수 있다. 물권의 본질에 대한 이해는 물권적 법률관계를 파악하는 데 중요하다.

2. 물권의 성질

위에서 본 물권의 의의를 바탕으로 하여 물권의 구체적인 성질을 살펴보기로 한다.

가. 직접 지배성(객체에 대한 직접적인 지배권)

(1) 물권이 객체에 대한 직접적 지배권이라는 성질은 채권과 대비해 보면 더 잘 이해할 수 있다. 채권은 특정인(채권자)이 다른 특정인(채무자)에 대하여 일정한 행위(이를 보통 급부라고 함)를 요구할 수 있는 권리이다. 금전을 빌려준 사람이 빌린 사람에 대하여 가지는 대여금채권, 집을 사는 사람이 파는 사람에 대하여 가지는 소유권이전등기청구권이 그 예이다.

따라서 채권은 권리의 실현을 위하여 반드시 채무자가 이행행위를 하여야 한다. 앞서 본 예에서 대여금채권은 돈을 빌려간 채무자가 돈을 갚아야 비로소 채권자의 권리가 실현된다(채권자가 권리의 만족을 얻게 된다). 집을 판 사람이 그 집에 대한 소유권등기를 이전해 주어야만 소유권이전등기청구권이 실현되는 것이다.

반면, 물권은 객체에 대한 직접적인 지배권이다. 물건을 '직접 지배한다'는 의미는 물권을 누리기 위하여 타인의 행위(가령 채권에서의 채무자의 이행행위)를 필요로 하지 않고 물권자가 직접 물건으로부터 일정한 이익을 얻는다는 것을 의미한다. **예를 들면** 소유권자는 누구의 도움 없이도 소유하는 물건에 대하여 직접 사용·수익·처분할 수 있다.

즉, 채권은 '채권자 → (채무자의 이행행위) → 권리(채권)의 실현'이라는 방법으로 권리가 실현되므로, 권리의 실현을 위해서는 채권자와 권리의 실현 사이에 채무자의 이행행위가 반드시 있어야 한다. 반면 물권은 '물권자 → (물권자의 사용·수익·처분행위) → 권리(물권)의 실현'이라는 방법으로 권리가 실현되므로 물권자와 권리의 실현 사이에 다른 사람의 행위가 개입할 여지도 필요도 없다.

(2) 물권자의 물건에 대한 지배형태 물권자의 물건에 대한 지배형태, 즉 물권으로부터 취하는 이익은 두 가지가 있다. 하나는 물건을 그 경제적 효용에 따라서 이용하는 것, 즉 사용가치를 취득하는 것이고, 다른 하나는 교환가치를 취득하는 것이다. 그런데 모든 물권이 이 두 이익을 모두 주는 것은 아니다. 소유권은 두 가지를 전면적으로 지배할 수 있으나(소유물을 사용·수익하거나, 소유물을 처분할 수 있다. 따라서 소유권을 완전물권이라고 한다), 지상권·지역권·전세권 등의 용익물권은 사용가치의 전부 또는 일부를 지배할 수 있을 뿐이고, 유치권·질권·저당권 등의 담보물권은 교환가치의 전부 또는 일부를 지배할 수 있을 뿐이다(따라서 이들 물권들을 권능이 일부에 제한되어 있다는 의미로 제한물권이라고 한다).

나. 배타적 지배성(객체에 대한 배타적 지배권)

(1) 의 의 하나의 물건에 대하여 어떤 자의 지배가 성립하면, 같은 내용의 물권적 이익에 관하여 다른 자의 지배를 인정할 수 없게 된다. 이러한 물권의 성질을 '물권의 배타적 지배성'이라고 한다. 즉, 권리의 배타성(排他

性)이란 서로 병존(양립)할 수 없는 내용의 권리가 동시에 둘 이상 성립할 수 없는 성질을 말하는데, 물권에는 이러한 배타성이 있다. 물권은 물건에 대한 직접적인 지배를 내용으로 하는 권리이므로, 당연히 독점적인 이용이 가능할 수 있도록 배타성이 인정되어야 하는 것이다.

예를 들면 하나의 건물이 甲의 소유이기도 하고, 乙의 소유이기도 할 수는 없는 것이다(물론 甲·乙·丙이 각기 5,000만원씩 내서 1억 5천만원짜리 토지를 구입할 수 있고, 그 경우 그 토지에 대하여 甲·乙·丙 3사람 명의로 소유권이전등기를 경료할 수 있다. 그렇다면 이 경우에는 위 토지가 甲의 소유이기도 하고, 동시에 乙·丙의 소유이기도 한 것이 아닌가 하는 의문을 가질 수 있으나, 그렇지 않다. 위와 같은 경우, 甲·乙·丙이 위 토지에 대하여 가지고 있는 소유권은 1개의 소유권 전체가 아니라 하나의 소유권에 대하여 각 1/3 지분씩 보유하고 있을 뿐이다).

이와 같이 물권의 배타성의 결과 하나의 토지 위에 두 개의 소유권이나 순위가 같은 두 개의 저당권이 성립할 수 없다. 다만 소유권과 제한물권, 소유권과 점유권은 내용상 병존할 수 있다(이와 같은 경우는 각 물권의 지배의 방향이 다르므로 병존할 수 있다. 甲 소유의 아파트를 담보로 제공하고 乙은행이 저당권을 설정한 경우에는 아파트에 甲의 소유권, 乙은행의 저당권이 병존한다).

물권과 달리 채권은 채무자의 일정한 행위를 청구할 수 있는 권리이므로 배타성이 없다. **예를 들어** 甲이 자신의 아파트를 乙에게도 매도하고, 또 丙에게도 매도하였다고 가정하자(2중매매의 경우이다). 乙은 甲에 대하여 매매계약을 원인으로 한 소유권이전등기를 가지게 되는데, 이는 丙의 경우도 마찬가지여서, 丙도 매매계약을 원인으로 한 소유권이전등기를 가진다. 즉 甲은 乙과 丙에게 동시에 소유권이전등기채무를 지게 되는 것이다.

乙이 丙보다 먼저 매매계약을 체결했더라도 결과는 같다. 즉 乙이 먼저 매매계약을 체결했음을 이유로 丙에게 자신이 가진 이전등기청구권이 丙의 이전등기청구권보다 우선한다고 주장할 수는 없다. 채권은 배타성이 없기 때문이다. 乙과 丙의 소유권이전등기청구권(채권)에는 배타성이 없어서 병존할 뿐만 아니라 효력상 차이도 없다(채권자 평등의 원칙). 만약 甲이 뒤에 매매계약을 체결한 丙에게 이전등기를 해 주면, 乙은 먼저 매매계약을 체결하였더라도 특별한 사정이 없는 한 이를 저지할 수 없고, 다만 甲에게 채무불이행으로 인한 손해배상만을 청구할 수 있을 뿐이다.

(2) 일물일권주의 물권의 배타적 지배성과 관련하여 일물일권주의(一物一權主義)원칙이 있다.

하나의 물건 위에는 내용상 병존(양립)할 수 없는 물권은 하나만 성립할 수 있다는 원칙을 '일물일권주의'라고 한다. 일물일권주의의 원칙상 물건의 일부에 하나의 물권이 성립할 수 없고, 또 여러 개의 물건 위에 하나의 물권이 성립할 수 없다. 그 이유는 이러한 물권에 대해서는 공시가 어렵고, 또 사회적 필요성이 없기 때문이다. 따라서 공시가 가능하고, 사회적 필요성이 있을 때에는 이 원칙에 대한 예외를 두기도 한다. 가령 지상권·지역권·전세권 등의 용익물권은 1필의 토지의 일부 위에 설정될 수 있고(부동산등기법(이하 '부등법'이라 한다) 제136조 내지 제139조), 전세권은 1동의 건물의 일부 위에 설정될 수 있다(부등법 제139조 제2항). 그리고 공장및광업재단저당법에서는 여러 개의 기업재산을 하나의 부동산으로 보고 그 위에 하나의 저당권이 설정될 수 있도록 한다.

다. 절대성

채권은 특정인(채권자)이 다른 특정인(채무자)에 대하여 일정한 행위(이를 보통 '급부'라고 함)를 요구할 수 있는 권리이다. 따라서 채무자의 채무불이행이 있으면, 채권의 실현이 불가능하다. 즉 채권은 특정인인 채무자만이 의무자이어서 원칙적으로 그에 의해서만 침해될 수 있으며(채무불이행), 제3자에 의한 침해가 당연히 불법행위로 되는 것이 아니다(앞의 예에서 丙이 뒤늦게 甲과 매매계약을 체결하고 등기를 이전해 감으로써 乙의 채권실현이 불능이 되었지만, 乙의 채권실현이 불능이 된 것은 어디까지나 매도인인 甲이 자신의 채무를 불이행한 것으로 인한 것일 뿐이고, 특별한 사정이 없는 한 丙의 행위가 침해행위로 인정되지는 않는다). 이를 채권의 상대성이라고 한다.

이에 반하여 물권은 절대성을 가진다. 따라서 물권은 모든 자에 대하여 물권의 효력이 인정되고, 특정한 상대방에게만 인정되는 경우가 없다. 그 결과 어떤 자가 물권을 침해하면 물권자는 당연히 불법행위를 이유로 손해배상을 청구할 수 있고 또 물권적 청구권도 행사할 수 있다.

3. 물권의 객체

물권의 객체는 원칙적으로 특정되어 있고 현존하는 독립한 '물건'이다.

가. 물건일 것

물권의 객체는 원칙적으로 물건이어야 한다. 물건에는 동산과 부동산이 있다. 물권법은 동산에 성립하는 물권과 부동산에 성립하는 물권을 각각 구별하고, 그 공시방법을 달리 정한다. 한편 일정한 경우에는 예외적으로 권리 위에 물권이 성립한다. 채권과 같은 재산권에 질권이 성립하는 경우(권리질권. 제345조), 지상권이나 전세권에 저당권이 성립하는 경우(제371조)가 그 예이다.

나. 특정될 것

물권의 객체는 특정되어 있어야 한다. 물권은 물건에 대한 배타적인 지배를 내용으로 하기 때문에, 배타적 지배가 불가능한 불특정물(가령 특정되어 있지 않은 라면 10박스) 위에는 물권이 성립할 수 없다. 그리고 같은 이유로 물권의 객체는 현재 존재하는 것이어야 한다.

다. 독 립 성

물권의 객체는 독립한 물건이어야 한다. 따라서 하나의 물건의 일부나 구성 부분은 원칙적으로 하나의 물권의 객체로 되지 못한다. 물건의 독립성 여부는 물리적 개념이 아니라 사회통념과 거래현실을 감안하여 결정한다.

Ⅱ. 물권의 종류

1. 물권법정주의

민법은 '물권은 법률 또는 관습법에 의하는 외에는 임의로 창설하지 못한다'(제185조)고 규정함으로써, 물권의 종류와 내용은 법률이 정하는 것에 한하여 인정되며, 당사자가 그 밖의 물권을 자유롭게 만들어내지 못한다는 물권법정주의 원칙을 취하고 있다. 물권법정주의(物權法定主義)에 의해 물권의 종류와 내용이 획일적·제한적으로 정해지며, 사적자치가 개입할 여지가 없어지므로, 물권법은 강행규정의 성질을 가진다. 다만 우리 민법은 법률 외에 관습법에 의하여서도 물권이 창설될 수 있도록 하고 있는 점에서 본래의 물권법정주의와 차이가 있다.

2. 물권의 종류

제185조의 규정상 물권은 법률과 관습법에 의하여 성립할 수 있다. 그리고 법률은 크게 민법전과 특별법으로 나눌 수 있다.

가. 민법상의 물권

민법전은 점유권·소유권·지상권·지역권·유치권·질권·저당권의 8가지 물권을 규정하고 있다. 그것들은 다음과 같이 분류될 수 있다.

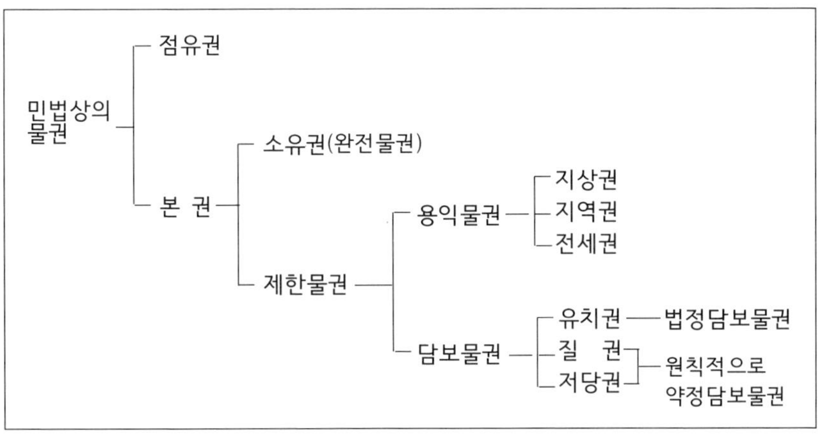

(1) 본권과 점유권 민법상의 물권은 먼저 본권(本權)과 점유권으로 나누어진다. 점유권은 물건을 사실상 지배하고 있는 경우에 인정되는 물권이고(물건을 지배할 수 있는 권리(물건의 지배를 정당화할 수 있는 권리)가 있는지는 묻지 않는다), 본권은 물건의 지배를 정당화할 수 있는 권리, 즉 적법하게 물건을 지배할 수 있는 권리이다(사실상의 지배를 하고 있는지는 묻지 않는다).

(2) 소유권과 제한물권　본권에는 소유권과 제한물권이 있다. 소유권은 사용가치와 교환가치를 모두 지배할 수 있는 물권, 즉 물건을 전면적으로 지배할 수 있는 권리이고(완전물권), 그 밖의 물권(소유권·점유권 이외의 물권)은 사용가치와 교환가치 중 일부만 지배할 수 있는 권리이다. 후자는 소유권에 대한 제한 위에서 성립하고 그 내용도 제한되어 있다는 점에서 제한물권이라고 한다.

(3) 용익물권과 담보물권　제한물권은 다시 용익물권(用益物權)과 담보물권(擔保物權)으로 나누어진다. 용익물권은 물건이 가지는 사용가치의 지배를 목적으로 하는 것이고(따라서 물건을 사용하는데 권리의 주 권능이 있다), 담보물권은 교환가치의 지배를 목적으로 하는 것이다(따라서 물건의 사용에는 관심이 없고, 교환가치의 취득에 권리의 주 권능이 있다). 용익물권에는 지상권·지역권·전세권이 있고, 담보물권에는 유치권·질권·저당권이 있다. 다만 전세권은 본질적으로 용익물권이나, 담보물권의 성질도 아울러 가지고 있다고 본다.

(4) 부동산 물권과 동산 물권　민법상의 물권 가운데 점유권·소유권·지상권·전세권·유치권·저당권은 부동산 위에 성립할 수 있는 부동산 물권이고, 점유권·소유권·유치권·질권은 동산 물권이다. 따라서 소유권과 점유권은 동산과 부동산 모두에 성립할 수 있다.

나. 특별법상의 물권

공장저당권(공장및광업재단저당법 제3조 이하), 공장재단저당권(공장및광업재단저당법 제10조 이하), 자동차저당권(자동차등특정동산저당법 제3조), 가등기담보권(가등기담보등에관한법률) 등이 있다

다. 관습법상의 물권

관습법상의 물권으로 판례에 의하여 확인되어 있는 것에 분묘기지권, 관습법상의 법정지상권 등이 있다.

Ⅲ. 물권의 효력

1. 개 관

물권의 효력에는 모든 물권에 공통하는 효력과 개개의 물권에 특유한 효력의 두 가지가 있다. 후자의 효력은 개별적인 물권에서 보기로 하고, 여기서는 모든 물권에 공통하는 효력을 보기로 하자.

2. 우선적 효력

우선적 효력은 어떤 권리가 다른 권리에 우선하는 효력을 말한다. 다시 두 가지 경우로 나누어 볼 수 있다.

가. 물권 상호간의 우선적 효력(다른 물권에 대한 우선적 효력)

시간적으로 먼저 성립한 물권이 나중에 성립한 물권에 우선하는 효력이 있다. 물권은 배타성이 있어서 동일한 물건 위에 같은 내용(성질·범위·순위)의 물권이 동시에 둘 이상 성립할 수는 없다. 그러나 내용이 다른 권리는 병존할 수 있다.

예를 들면 동일한 토지에 소유권과 소유권이 양립할 수는 없지만, 소유권과 제한물권, 지상권과 저당권, 저당권과 저당권은 양립할 수 있다. 이들 물권들 사이에서는 특별한 사정이 없는 한 시간적으로 먼저 성립한 물권이 후에 성립한 물권에 우선하게 된다. 이것을 가리켜서 '물권 상호간의 우선적 효력'이라고 한다.

나. 채권에 우선하는 효력

어떤 물건을 대상으로 하여 물권·채권이 병존하는 경우에는 그 성립시기를 불문하고, 물권이 우선한다. 물권은 물건에 대한 직접적인 지배권임에 비해, 채권은 채무자의 행위를 통해서만 권리의 실현을 이룰 수 있는 상대권이기 때문이다.

예를 들면 甲이 자신이 소유하는 아파트에 대하여 乙에게 매매계약을 체결하였으나 乙에게 등기를 이전하지 않고 있다가, 아파트를 다시 丙에게 매도한 후 丙에게 소유권이전등기까지 경료해 줬다면, 丙은 위 아파트에 대하여 물권인 소유권을 취득한다. 그 반면 乙은 甲에 대하여 아파트에 대한 소유권이전등기청구권이라는 채권만 보유하고 있게 된다. 비록 乙의 채권이 丙의 물권보다 먼저 성립하였지만, 丙의 권리가 우선하여 결국 乙은 아파트를 취득하지 못하고, 甲에게 채무불이행을 원인으로 한 손해배상청구권만 가지게 된다.

그러나 채권에 대한 물권의 우선적 효력에 대하여 법률은 일정한 예외를 두고 있다. 부동산 임차권을 등기한 경우(제621조 참조), 근로기준법상의 임금 우선특권(제30조), 주택임대차보호법상의 보증금 중 일정액(제8조), 상법상의 각종 우선특권(제468조, 제866조) 등이 그것이다.

3. 물권적 청구권

가. 의 의

물권적 청구권은 물권의 내용의 실현이 어떤 사정으로 말미암아 방해당하고 있거나 방해당할 염려가 있는 경우에 물권자가 방해자에 대하여 그 방해의 제거 또는 예방에 필요한 일정한 행위를 청구할 수 있는 권리이다.

예를 들면 물건을 도난당한 경우 물건의 소유권자는 그 물건을 사용 수익할 수 없어 물권의 내용을 실현하지 못하게 된다. 따라서 그 물건을 절취해 간 사람을 상대로 물건의 반환을 청구할 수 있는 권리가 있다. 또 자신의 소유토지 중 일부를 침범하여 이웃사람이 건물을 지었을 때, 그 침범된 토지는 사용이 불가능하다. 이 경우에는 침범한 사람을 상대로 하여 침범한 부분 위에 지어진 건물 일부를 철거하고 토지를 돌려 달라고 할 권리가 있다. 이러한 권리가 물권적 청구권이다. 민법은 물권적 청구권을 소유권과 점유권에 관하여 규정하고(제213조, 제214조, 제204조~제207조), 소유권에 관한 규정을 다른 물권에 준용하고 있다(제209조, 제301조, 제319조, 제370조). 다만 질권에는 준용하는 규정을 두고 있지 않으나, 통설은 질권의 경우에도 물권적 청구권을 인정하고 있다.

나. 종 류

물권적 청구권은 그 전제가 되는 침해의 모습에 따라 물권적 반환청구권, 물권적 방해제거청구권, 물권적 방해예방청구권으로 나누어진다.

(1) 물권적 반환청구권 타인이 권원(權原) 없이 물권의 목적물을 '전부 점유'하고 있는 경우에 그 반환을 청구할 수 있는 권리이다. 甲 소유의 노트북을 乙이 자신의 노트북으로 알고 가져간 경우, 甲 소유 토지를 乙이 불법점거하여 그 전부 위에 건물을 짓고 살고 있는 경우 등에, 甲이 乙을 상대로 노트북이나, 토지를 반환하라고 청구하는 권리가 그에 해당한다.

(2) 물권적 방해제거청구권 물권자가 목적물의 점유를 전부 빼앗기는 것 이외의 방법으로 방해를 받는 경우에 그 방해의 제거를 청구할 수 있는 권리이다. 앞의 예에서 乙이 甲의 토지의 일부만 침범하여 건축을 한 경우에 방해제거청구권이 발생한다.

(3) 물권적 방해예방청구권 물권의 내용실현이 현재 방해당하고 있지는 않지만 장차 방해받을 염려가 있는 경우에 그 방해의 예방에 필요한 행위를 청구할 수 있는 권리이다. 가령 앞의 예에서 乙이 건물을 건축하면서 땅을 깊이 파는 바람에 인접한 토지에 건축되어 있던 甲의 소유 건물이 붕괴할 위험에 있는 경우, 그 예방, 즉 충분한 방어공사나 공사의 중지를 청구하는 것을 예로 들 수 있다.

제2장 물권의 변동

제1절 개 설

I. 서

1. 물권변동의 의의

물권의 발생·변경·소멸을 통틀어서 물권의 변동이라고 한다. 이를 물권 주체의 입장에서 보면, 물권의 취득·상실·변경, 즉 물권의 '득실변경'(得失變更)이 된다(제186조 참조).

2. 물권변동의 종류

물권의 변동은 여러가지 표준에 의하여 나눌 수 있으나, 다음의 두 가지가 가장 중요하다.

가. 부동산 물권변동과 동산 물권변동

변동하는 물권의 대상물이 부동산인가 동산인가에 따라 '부동산 물권변동'과 '동산 물권변동'으로 나눌 수 있다. 이 구분이 중요한 이유는 부동산 물권과 동산 물권의 변동은 그 변동을 공시하는 방법이 다르기 때문이다. 즉 뒤에 보는 바와 같이 부동산 물권은 등기로 공시하나, 동산 물권은 인도(점유의 이전)로 공시한다. 따라서 물권변동의 방법도 둘은 크게 차이가 있다.

나. 법률행위에 의한 물권변동과 법률행위에 의하지 않는 물권변동

물권변동이 발생하기 위해서는 변동의 원인이 되는 일정한 법률 요건이 있어야 한다. 법률요건에는 여러가지가 있으나, 당사자가 원하는 대로 법률효과가 생기는 법률요건은 '법률행위'뿐이며, 다른 법률요건의 경우에는 당사자의 의사와는 관계없이 법률이 정한 일정한 법률효과가 생긴다. 그 때문에 물권변동도 법률행위에 의한 것과 법률행위에 의하지 아니한 것은 서로 다른 원리와 모습을 보이게 된다. 그리하여 물권변동은 '법률행위에 의한 물권변동'과 '법률행위에 의하지 않는 물권변동'으로 나눌 수 있다. 법률행위에 의하지 않는 물권변동은 '법률규정에 의한 물권변동'이라고도 한다.

Ⅱ. 물권변동과 공시

1. 서— 공시의 필요성

공시(公示)란 여러 사람이 볼 수 있는 상태를 만드는 것을 말한다. 모든 물권거래에는 공시가 필요하다는 의미는 누가 어느 물건에 대하여 어떤 물권을 가지고 있는지를 외부 사람이 알 수 있어야 한다는 뜻이다. 그 이유는 무엇일까? 물권은 특정의 물건에 대한 배타적 지배를 내용으로 하는 권리이기 때문이다. 그리고 현대의 물권은 원칙적으로 현실적인 지배, 즉 점유를 요소로 하지 않는 관념적인 권리로 되어 가는 경향이 있으므로 더욱 그러하다.

예를 들면 A아파트에 甲이 살고 있다고 하자. 甲은 소유자로서 그 아파트에 살 수도 있겠지만, 세를 들어 살 수도 있다. 만약 乙이 A아파트를 사고자 할 때 甲이 그곳에 살고 있다는 이유만 가지고 甲을 소유자로 단정할 수는 없을 것이다. 또 甲이 그 아파트의 소유자라고 하더라도, 만약 甲이 이미 丙은행으로부터 시가에 육박하는 돈을 빌리고 저당권을 설정해 두었다면, 甲이 소유자라는 사실만 확인하고 거래한 乙로서는 저당권에 대항할 수 없어 손해를 입게 된다. 따라서 물건을 거래하는 자가 예측하지 못한 손해를 입지 않으려면, 거래의 객체인 물건 위에 누가 어떤 내용의 물권을 가지고 있는지를 알 수 있어야 한다. 여기서 물권 거래의 안정을 위하여 물권이 누구에게 속하는지(귀속)와 그 내용이 어떠한지를 널리 일반에게 알리는 이른바 공시(公示)가 필요하게 된다. 그리하여 근대법은 물권의 귀속과 내용을 외부에서 알 수 있도록 일정한 표지(標識)에 의하여 일반에게 공시하고 있는데, 그러한 표지를

'공시방법'이라고 한다.

2. 물권변동에서의 공시의 원칙

가. 의 의

물권의 변동은 공시방법에 의하여 공시하여야 한다는 원칙이다. **예를 들면** 甲으로부터 A토지를 매수한 乙이 그 소유권을 취득하기 위해서는 A토지에 대한 소유권이전등기(등기는 부동산 물권의 공시방법이다)를 하여야 하고, 丙으로부터 노트북을 매수한 丁이 노트북의 소유권을 취득하기 위해서는 노트북의 인도(인도는 동산물권의 공시방법이다)를 받아야 한다는 것이 공시의 원칙이다.

나. 입법주의

공시의 원칙을 실현하기 위하여 이를 강제하는 방법으로 성립요건주의와 대항요건주의의 두 가지 입법주의가 있다.

(1) 성립요건주의(형식주의)　　이는 당사자의 의사표시(물권행위)뿐만 아니라 등기·인도 등의 공시방법까지 갖추어져야만 비로소 물권변동이 일어나도록 하는 태도이다. 그리하여 이 주의에서는 공시방법을 갖추지 않는 한 제3자에 대한 관계에서는 물론이고 당사자 사이에서도 물권변동은 일어나지 않는다. 독일민법·스위스민법·오스트리아민법과 우리민법이 이 태도를 취하고 있다.

(2) 대항요건주의(의사주의)　　이는 당사자의 의사표시(물권행위)만 있으면 공시방법(등기, 인도)을 갖추지 않아도 당사자 사이에서는 물권변동이 일어나지만, 공시방법을 갖추지 않으면 그 물권변동을 가지고 제3자에게 대항할 수 없도록 하는 태도이다. 프랑스민법과 일본민법이 이 태도를 취하고 있다.

(3) 두 주의의 비교　　전형적인 예들 들어 두 주의에서의 물권변동의 차이점을 살펴보자

예를 들어 甲이 乙에게 토지를 팔기로 하는 매매계약을 체결하였으나, 아직 乙명의로 등기를 경료하지는 않았다고 하자. '대항요건주의'에 의하면 乙은 토지의 소유권을 취득한다. 그러나 乙의 토지소유권취득은 甲·乙 사이

에서만 효력이 있고 제3자에게는 효력이 없다. 乙이 소유권취득이라는 물권변동을 가지고 제3자에게 대항할 수 있으려면 그의 명의로 등기를 하여야 한다. 만일 乙이 등기를 하지 않고 있는 사이 甲이 위 토지를 丙에게 팔고, 丙에게 먼저 등기를 이전하여 주면 丙이 확정적으로 소유권을 취득하게 되고, 乙은 자신이 먼저 매수를 하였다는 사유로 丙에게 대항하지 못한다.

한편, 성립요건주의에 의하면, 甲·乙 사이의 계약만으로 甲·乙 사이는 물론 제3자와의 관계에서도 위 토지에 대한 소유권 변동은 일어나지 않는다. 乙이 그의 명의로 소유권이전등기를 경료하는 때에 甲·乙 사이에서는 물론, 제3자에 대한 관계에서도 물권변동이 인정되어, 乙은 비로소 또한 확정적으로 소유권을 취득하게 된다.

이와 같이, 대항요건주의에서는 법률관계가 당사자 사이의 관계와 제3자에 대한 관계로 분열하여 복잡한 모습을 보이게 된다. 그에 비하여 성립요건주의에서는 법률관계가 공시방법까지 갖추어졌는지의 여부에 의하여 획일적으로 정하여지며, 당사자 사이의 관계와 제3자에 대한 관계로 나누어지지 않는다.

다. 우리 민법의 공시제도

(1) 부동산 물권의 공시제도　우리 민법상 부동산 물권의 공시방법은 '등기'이다.

(2) 동산 물권의 공시제도　동산 물권의 공시방법은 점유 내지 인도(점유의 이전)이다. 즉 물권변동을 공시하는 방법은 '인도'이고, 현재의 물권의 존재를 공시하는 방법은 '점유'이다. 그러나 동산 가운데 선박·자동차·항공기, 일정한 건설기계는 예외적으로 등기나 등록에 의하여 공시하도록 하고 있다.

(3) 그 밖의 공시제도　입목법에서는 입목에 관하여 '등기'라는 공시방법을 인정하고 있으며(동법 2조), **판례**는 수목의 집단과 미분리의 과실에 대하여 '명인방법'을 공시방법으로 인정하고 있다.

3. 공신의 원칙

물권변동에서 공신의 원칙(公信의 原則)이란, 공시방법에 의하여 공시된 물권에 대하여 그 공시방법대로 진실한 권리관계가 있는 것으로 믿고 거래한 자에게는 공시된 대로의 권리가 존재하지 않더라도 그 권리가 존재하는 것으로 인정하여 보호하려는 제도이다.

이 제도 또한 전형적인 **예를 들어** 설명해 본다.

甲이 乙 소유의 A토지에 관하여 자신이 乙로부터 위 토지를 매수한 것처럼 등기서류를 위조하여 甲 자신의 이름으로 등기를 하였다. 그 뒤 甲은 위 토지를 丙에게 매도하였는데, 甲은 매도 당시 위 토지가 자신의 소유라고 하였고, 丙도 등기부등본을 확인해 본 결과 甲의 소유로 등기가 되어 있으므로 甲의 소유라고 믿고 매수하였다. 그리고 위 토지에 丙 이름으로 등기를 경료하였다. 이때 丙은 A토지의 소유권을 취득하는가?

먼저 甲이 서류를 위조하여 경료한 등기는 무효의 등기이다. 따라서 위 토지는 여전히 乙의 소유이고, 甲의 소유로의 물권변동이 일어나지 않는다. 그런데 丙은 甲의 등기가 진실한 권리관계와 일치한다고 믿고(즉, 甲의 소유라고 믿고) 매수하고 대금도 지급하였다. 이러한 丙을 보호하여야 한다면 丙은 A토지에 대한 소유권이전등기를 경료하였을 때, A토지에 대한 소유권을 취득한다. 이와 같이 丙의 경우처럼 공시방법에 의하여 공시된 내용을 믿고(甲의 명의로 소유권이전등기가 경료되어 있으므로 甲이 소유자인 것으로 믿은 것), 거래한 자가 있는 경우에, 그 공시방법이 진실한 권리관계와 일치하고 있지 않더라도(甲의 등기는 서류를 위조하여 경료된 것이므로, 물권변동의 효력이 없어, 乙이 여전히 소유권을 보유하고 있었다), 그 자의 신뢰(믿음)를 보호하여야 한다는 것이 공신의 원칙이다. 따라서 만약 부동산거래에 관하여 공신의 원칙이 인정되고 있으면, 丙은(甲의 명의로 소유권이전등기가 경료되어 있으므로 甲이 소유자로 믿은 것) A토지의 소유권을 취득하게 된다. 이 원칙을 채택하기 위해서는 등기제도가 완비되어 허위의 등기가 경료될 여지가 없어야 할 것이다.

한편, 우리 민법은 공신의 원칙을 부동산거래에 관하여서는 인정하지 않으며, 동산거래에 관하여서만 인정하고 있다(제249조 참조). 따라서 우리 민법 하에서는 위의 예에서 甲은 A토지의 소유권을 취득하지 못한다. 그리고 A토지는 丙의 명의로 등기되어 있는 현재에도 乙의 소유에 속한다. 그런데 동산의 경우에는 공신의 원칙을 채택하고 있으므로 달리 보아야 한다. 甲이 乙로부터 빌려서 사용하고 있던 노트북을 丙에게 자신의 것으로 속여 매도하였는데, 丙도 甲이 소유자인 것으로 믿고 노트북을 매수하여 인도를 받았다면 丙은 노트북의 소유권을 취득한다. 공신의 원칙이 채용되어 있으면 물건의 매수인이나 그 밖에 물건을 거래하는 자는 공시방법을 믿고 거래하며 설사 공시방법이 실제의 권리관계와 일치하지 않더라도 권리를 취득하게 되어, 거래의 안전이 보호된다. 반면 진정한 소유자였던 사람은 그 소유권을 상실하는 불이익을 입게 된다. 따라서 공신의 원칙을 채택함에는 '거래의 안전'(動的安全)과 '진정한 소유자의 보호'(靜的安全) 두 가치 중 어느 가치를 더 보호할 것인가 하는 정책적 고려가 문제된다.

제2절 물권변동의 구성요소

민법 제186조는 '부동산에 관한 법률행위로 인한 물권의 득실 변경은 등기를 하여야 그 효력이 생긴다'고 규정함으로써 부동산 물권변동은 등기하여야 그 효력이 생긴다는 성립요건주의(형식주의)를 채택하고 있다. 그리고 제187조는 '상속, 공용징수, 판결, 경매 기타 법률의 규정에 의한 부동산에 관한 물권의 취득은 등기를 요하지 아니한다. 그러나 등기를 하지 아니하면 이를 처분하지 못한다'고 규정함으로써 법률행위에 의하지 아니한 부동산물권변동에는 등기를 요하지 아니한다고 규정하고 있다. 일반적으로, 제186조를 법률행위에 의한 부동산 물권변동, 제187조는 법률행위에 의하지 아니한 물권변동으로 보고 있다. 물권변동 구성 요소로서의 물권행위와 등기에 관하여

차례로 살펴본다

I. 물권행위

1. 물권행위의 개념

'부동산에 관한 법률행위'로 인한 '물권의 득실 변경'은 '등기'를 하여야 그 효력이 생긴다(제186조). 따라서 부동산 물권변동을 위해서는 등기 외에 법률행위가 있어야 한다. 즉 '법률행위+등기→물권변동'의 등식이 성립한다. 물권변동에서 필요한 법률행위는 그 행위가 직접 물권의 변동을 목적으로 하고, 그 행위의 효과로서 물권의 변동을 초래된다는 점에서 이를 물권행위라고 하고, 채권행위와는 구별하고 있다. 즉 물권행위란 물권변동을 목적으로 하는 의사표시(물권적 의사표시)를 요소로 하여 성립하는 법률행위인 것이다.

2. 채권행위와의 구별

물권행위는 채권행위와 구별되는 개념이다. 우선 물권행위는 물권변동을 목적으로 하는 데 비하여, 채권행위는 채권의 발생을 목적으로 한다. 다시 말하면, 물권행위가 있으면(법률이 요구하는 그 밖의 요건이 있을 경우 그것까지 모두 갖추는 때에는) 물권의 변동이 일어나게 된다. 물권은 물건에 대한 직접적인 지배권이기 때문에 물권을 누리기 위하여 다른 사람의 행위를 필요로 하지 않는다. 따라서 물권행위가 있으면 곧바로 물권의 변동이 이루어지고 따로 이행의 문제가 남지 않는다. 그러나 채권행위가 있으면 채권(채무자의 편에서는 채무)이 발생하는데, 이 채권은 채무자의 이행행위를 통해서만 실현되므로, 결국 채권행위는 이행의 문제가 남게 된다.

'물권행위 → 물권의 발생(변경·소멸 포함)'임에 반하여, '채권행위 → 채권의 발생 → 채권의 이행'의 형식이 되는 것이다.

예를 들어 보자. 甲이 그의 소유인 A토지를 B에게 3,000만원에 매도하기로 하는 매매계약을 체결하였다. 위 매매계약에 의하여 甲은 乙에게 A토지의 소유권을 이전할 채무를 부담하게 되고, 乙은 甲에게 3,000만원의 대금을 지급할 채무를 부담하게 된다. 즉 매매계약에 의하여 채권·채무가 발생하였고, 甲과 乙은 서로의 채무를 이행해야 하는 의무를 부담하게 되었다.

그리고 甲과 乙이 계약을 이행하기로 약정한 날, 甲은 乙에게 A토지의 소유권이전에 필요한 서류를 주고, 乙은 甲에게 매매대금을 지급함으로써 계약의 이행을 하게 된다. 그런데 甲과 乙의 계약이행에는 각기 A토지에 대해서는 甲이 乙에게 소유권이전을 하고 乙은 그 소유권을 이전받는 '합의'가, 그리고 매매대금 3,000만원에 대해선 乙이 甲에게 금전에 대한 소유권이전을 하고 甲은 그 소유권을 이전받는 '합의'가 포함되어 있다. 甲·乙은 이들 행위를 명시적으로 할 수도 있고, 각기 토지와 금전에 대한 소유권을 상대방에게 넘기는 행위 안에 묵시적으로 합의할 수도 있다. 어쨌거나 이러한 '합의'를 통하여 상대방 소유에 속하였던 토지와 금전의 소유권이 서로의 상대방에게 이전된다. 이와 같은 '토지의 소유권 이전에 대한 합의'·'금전 소유권 이전에 대한 합의'가 바로 물권행위이며, 이들 물권행위를 통하여 토지와 금전에 대한 소유권이 이전되고, 다시 이행의 문제를 남기지는 않게 된다(물론 민법이 법률행위에 의한 물권변동에 '등기'를 요구하고 있기 때문에, 토지의 소유권은 乙이 토지에 대하여 등기를 하였을 때 넘어오게 되나, 이는 민법이 물권변동의 요건으로 물권적 합의(물권행위) 외에 등기를 규정해 놓았기 때문이지, 그 규정으로 인하여 물권행위의 성질이 바뀌는 것은 아니다).

위에서 본 바와 같이 물권행위는 직접 물권의 변동을 가져오므로 처분행위에 해당한다. 따라서 물권행위가 유효하기 위하여서는 물권행위를 한 자에게 물권에 대한 처분권한이 있어야 한다. 처분권한은 물권행위를 하는 때뿐만 아니고 공시방법을 갖추는 때에도 필요하다. 처분권한이 없는 자가 타인의 물건을 처분하는 경우에는 그 처분행위는 무효이다. 그러나 이때 처분권한을 가진 자가 사후에 추인을 하면 처분행위는 소급해서 유효한 것으로 된다.

물권행위와 채권행위는 서로 별개의 개념이지만, 둘은 밀접한 관계에 있다. 물권행위는 대체로 채권행위가 있은 후에 그것의 이행으로서 행하여지기 때문이다. 위의 예에서 매매계약(채권행위)에 의하여 생긴 채무를 이행하기 위하여 소유권이전 합의(물권행위)를 한 것이 그에 해당한다. 이와 같이 채권행위의 이행으로서 물권행위가 행하여지는 경우, 즉 채권행위가 물권행위의 원인(causa)이 되는 경우에, 그 채권행위를 물권행위의 '원인행위'라고 한다. 그러나 언제나 채권행위가 있고 그것을 전제로 하여 물권행위가 행하여지는 것은 아니다. 거래의 실제에 있어서는 채권행위와 물권행위가 하나로 합하여져 행하여지는 때도 있으며(예를 들어 가게에서 물건을 사면서 돈을 주고 물건을 바로 인도받는 동산의 현실매매에서는 채권행위와 물권행위가 동시에 이루어지게 된다), 선행하는 채권행위가 없이 물권행위만 행하여지는 때도 있다(자신의 소유물을 버리는 경우, 즉 소유권을 포기하는 경우에는 선행하는 채권행위 없이 소유권포기라는 물권행위만 있게 된다).

3. 물권행위의 종류

일반적으로, 법률행위를 단독행위·계약·합동행위로 나누므로 물권행위도 물권적 단독행위, 물권계약, 물권적 합동행위가 있게 된다. 물권의 포기는 물권적 단독행위에 해당한다. 물권적 단독행위도 상대방 있는 것과 상대방 없는 것이 있다. 제한물권의 포기는 전자, 소유권의 포기는 후자의 예이다. 물권행위 중 중요한 것은 물권계약이고 실제로 물권행위의 대부분을 차지하고 있다. 물권계약은 채권계약과 구별하기 위하여 '물권적 합의'라고 부르기도 한다. 소유권이전의 합의, 저당권 설정의 합의가 그 예이다. 물권적 합동행위의 예는 공유자들의 공유물에 대한 소유권 포기를 들 수 있다.

4. 물권행위와 공시방법

가. 두 가지 입법례

즉 물권행위에 의한 물권변동이 곧바로 일어나는지, 또는 별개의 다른 요건(즉, 공시방법)을 갖춘 때에 일어나는지에 관하여는 두 가지의 입법례가 있음을 앞서 보았다.

(1) 대항요건주의(의사주의)　　당사자의 의사표시, 즉 물권행위만 있으면 공시방법(등기, 인도 등)을 갖추지 않아도 물권변동이 일어나나, 공시방법을 갖추지 않으면 그 물권변동을 가지고 제3자에게 대항할 수 없도록 하는 입법

주의이다. 프랑스민법과 일본민법이 이 태도를 취하고 있다.

(2) 성립요건주의(형식주의) 당사자의 의사표시, 즉 물권행위 외에 일정한 공시방법(등기, 인도 등)까지 갖추어져야만 비로소 물권변동이 일어나도록 하는 입법주의이다. 이 주의에서는 공시방법을 갖추지 않는 한 제3자에 대한 관계에서는 물론이고 당사자 사이에서도 물권변동은 일어나지 않는다. 독일민법·스위스민법·오스트리아민법이 이 태도를 취하고 있다.

나. 우리 민법의 태도

민법은 부동산 물권변동에 대하여 제186조에서 '부동산에 관한 법률행위로 인한 물권의 득실변경(得失變更)은 등기하여야 그 효력이 생긴다'고 규정하고, 동산물권변동에 대하여는 제188조 제1항에서 '동산에 관한 물권의 양도는 그 동산을 인도하여야 효력이 생긴다'고 규정함으로써, 각각 부동산 물권과 동산 물권에 관하여 성립요건주의를 규정하고 있다. 그 결과 우리 민법에 있어서는 당사자의 의사표시, 즉 물권행위뿐만 아니라 등기·인도라는 공시방법까지 갖추어야 비로소 당사자 사이에서나 제3자 사이에서도 물권변동이 일어나게 된다.

다. 물권행위와 공시방법의 관계

물권행위와 공시방법의 관계에 관하여는 학자들 사이에서 논란이 많다. 즉, 물권행위를 물권적 의사표시만으로 볼 것인가, 아니면 물권행위를 물권적 의사표시 외에 공시방법까지 포함한 것으로 볼 것인가 하는 점에 관하여 학자들의 의견이 나뉘고 있는 것이다. 이러한 논란은 물권행위가 직접 물권의 변동을 목적으로 하는 의사의 합의로서 이행의 문제를 남기지 않는다면, 물권행위만으로 물권의 변동이 일어나야 하는데, 우리 민법상의 규정에 의하면, 물권행위만으로는 물권변동이 일어나지 않고, 공시방법까지 갖추어야 일어나므로, 결국 물권행위에는 공시방법이 포함되어야 한다는 주장이 있는 것이다. 그러나 물권행위는 물권적 의사표시만으로 이루어지며, 공시방법은 물권행위의 형식도 아니고 물권행위를 완성하는 요소도 아니다. 공시방법은 물권거래에 있어서, 법률이 정책적으로 일반인의 보호 및 거래의 안전을 위하여 물권행위 외에 특별히 요구하는 물권변동의 또 다른 요건이라고 보는 것이 옳다고 생각된다.

5. 물권행위의 독자성(獨自性)

가. 의 의

물권행위(예: 소유권이전의 합의)는 채권행위(예: 매매계약)와 별개의 행위로서 채권행위와 분명히 구별된다(독립한 존재 인정). 그리고 물권행위는 보통은 채권행위의 이행으로서 행하여진다.

예를 들면 토지에 대하여 매매계약(채권행위)을 체결하면, 토지의 소유권이전채무가 생기게 되고, 그 채무를 이행하기 위하여 그 토지의 소유권이전의 합의(물권행위)를 하는 것이다. 그런데 이러한 경우에 물권행위가 그것의 원인이 되는 채권행위와 원칙적으로 별개의 행위로, 즉 따로 행하여지는가가 문제된다. 이것이 물권행위의 '독자성'(獨自性) 문제이다.

이 논의에서 주의할 점이 있다. 학자들은 독자성을 인정하기도 하고 부정하기도 한다. 그런데 독자성을 부정한다고 하여 물권행위의 개념 자체를 부정하거나, 채권행위를 전제로 하지 않는 물권행위(소유권 포기의 경우)의 존재를 부정하는 것도 아니며, 또 채권행위와 별도로 물권행위가 행하여질 수 있다는 것을 부정하는 것도 아니다. 그리고 독자성을 인정한다고 하여 채권행위와 물권행위가 하나의 행위로 합하여져 행하여질 수 없다고 하는 것도 아니다(동산의 현실매매의 경우). 물권행위의 독자성과 관련한 문제는 당사자가 물권행위를 언제 행할 것인지 계약에서 명백히 한 경우에는 문제되지 않는다. 문제가 되는 것은 계약의 당사자들이 계약상 물권행위에 대한 시기를 정하지 않아 불분명한 때, 원칙적으로 원래의 채권행위에 물권행위가 포함되어 있다고 볼 것인지, 아니면 따로 물권행위를 하는 시기가 있다고 볼 것인지 하는 문제인 것이다.

나. 학설·판례

물권행위의 독자성에 관하여 학설은 인정설과 부정설로 나뉘어 있다. 인정설은 물권행위는 채권행위와 따로 행하여지는 것이 원칙이라고 한다. 그리고 인정설은 대체로 부동산물권의 경우 등기서류를 교부할 때 물권행위가 행하여지는 것으로 해석한다. 그에 비하여 부정설은 원칙적으로 물권행위는 보통 채권행위 속에 포함되어서 행하여진다고 본다. 판례는 물권행위의 독자성을 부정하고 있다.

이와 관련하여 '물권적 기대권'(物權的 期待權)을 본다.

기대권이란 권리발생의 요건을 대부분 갖춘 상태(그리하여 나머지 일부 요건만 갖추면 권리를 취득할 수 있는 상태)에 대하여 법이 주고 있는 보호를 가리키며, 조건부 권리(제148조, 제149조), 기한부 권리(제154조)가 그 예이다. 일부 학자는, 이러한 이론을 차용하여, 물권취득을 위한 요건 중 일부는 이미 갖추어졌으나 다른 일부를 갖추지 못한 경우에 물권적 기대권을 인정하여야 한다고 주장하나, 대부분의 학자들은 우리 민법상 이를 인정할 근거가 없고, 민법이 취하고 있는 성립요건주의도 의미를 잃게 된다는 이유로 이의 인정에 반대하고 있다

6. 물권행위의 무인성(無因性)

가. 의 의

물권행위는 보통 채권행위에 기하여 그 이행행위로서 행하여진다. 이와 같이 채권행위가 행하여지고 그 이행으로서 물권행위가 따로 독립해서 행하여진 경우에, 그 원인행위인 채권행위가 존재하지 않거나 무효이거나 취소 또는 해제되어 채권행위의 효력이 실효된 때에는 물권행위도 채권행위를 따라서 무효로 되는지가 문제된다. 이것이 '물권행위의 무인성(無因性)'의 문제이다. 이에 대하여 물권행위도 무효로 된다고 하는 것은 '유인론'이고, 물권행위는 무효로 되지 않는다고 하는 것은 '무인론'이다.

예를 들어 보자. 甲이 乙과 자신 소유의 A토지에 대하여 매매계약(채권행위)을 체결하였는데, 매매계약을 체결할 당시 甲은 술에 만취하여 의사능력이 없는 상태였다(이 경우 채권계약은 무효가 된다). 계약체결 후 甲은 乙로부터 매매대금을 받으면서, 乙에게 A토지에 대한 소유권이전등기서류를 모두 교부

해 주어(물권행위) 乙이 소유권이전등기를 경료하였다. 甲이 물권행위를 할 당시에는 술이 깨어 의사능력을 회복한 상태였다고 가정하자(따라서 이 경우 물권행위 자체는 유효하다. 그리고 물권행위나 채권행위에 다른 무효나 취소사유는 없다고 가정하자).

물권행위의 무인성을 긍정하는 견해에 의하면, 물권행위시에는 甲이 의사능력을 회복하였으므로, 물권행위에는 무효사유가 없어 유효하고, 한편 물권행위는 채권행위의 무효에 영향을 받지 않기 때문에, 乙의 소유권취득은 정당하다고 본다. 법률행위에 의한 물권의 변동은 물권행위와 등기가 필요한데, 이 두 요건을 모두 갖추었기 때문이다.

물권행위의 무인성을 부정하고 유인성을 취하는 견해에 의하면, 비록 물권행위 자체에는 무효사유가 없다고 하더라도, 채권행위가 무효이기 때문에 채권행위의 이행으로서 이루어진 물권행위도 영향을 받아 무효가 되고, 따라서 물권변동에 필요한 두 요소, '물권행위와 등기' 중 물권행위가 무효이므로 결국 물권변동은 일어나지 않고, 따라서 乙은 소유권을 취득할 수 없다고 본다.

나. 학설·판례

학설은 무인론과 유인론으로 나뉘어 대립하고 있으며, **판례**는 유인론의 입장에 있다. 유인론의 입장이 옳다고 본다.

Ⅱ. 등 기

1. 의 의

부동산등기란 부동산등기부라고 하는 공적 장부에 등기관이 부동산에 관한 권리관계와 부동산의 표시에 관한 사항을 기재하는 것을 의미하기도 하고, 또는 등기부에 기재된 '기재 그 자체'를 의미하기도 한다. 한편 부동산 등기법은 '대법원장이 지정·고시하는 등기소의 등기사무는 전부 또는 일부를 전산정보처리조직에 의하여 처리할 수 있고, 이 경우 등기 사항이 기록된 보조기억장치(자기디스크, 자기테이프, 그 밖에 이와 유사한 방법으로 일정한 등기사항을 확실하게 기록·보관할 수 있는 전자적 정보저장 매체를 포함한다. 이하 같다)를 등기부로 본다'(제177조의2, 전산정보처리조직에 의한 등기사무처리 등)고 규정하고 있으므로, 이때에는 보조기억장치에 기록하는 것 또는 기록자체가 등기가 된다.

2. 부동산등기부

가. 의의와 종류

부동산등기부('등기부'라고 약칭함)는 부동산에 관한 권리관계와 부동산의 표시(모습)에 관한 사항을 기재하는 공적 장부이며, 그 종류로는 토지등기부와 건물등기부의 두 가지가 있다(부등법 제14조 제1항).

나. 등기부의 편성방법

등기부에는 1필의 토지 또는 1동의 건물에 대하여 1용지(1등기용지)를 사용한다(부등법 제15조 제1항 본문). 이를 '물적 편성주의'(物的 編成主義) 또는 '1부동산 1용지의 원칙'이라고 하며, 소유자를 기준으로 편성되는 인적 편성주의와 구별된다.

다. 1등기용지의 구성형태

1등기용지는 등기번호란, 표제부(表題部), 갑구(甲區), 을구(乙區)의 네 부분으로 이루어져 있다. 그런데 이들 중 등기번호란과 표제부는 같은 면에 있다. 등기번호란은 각 토지 또는 건물 대지의 지번(토지번호)을 적는 난이다. 표제부는 표시란과 표시번호란으로 나누어져 있는데, 표시란에는 토지 또는 건물의 표시(토지의 소재지·지번·지목(토지의 사용목적)·지적(토지의 면적) 등, 건물의 소재지·지번·건물의 종류·구조·면적 등)와 그 변경에 관한 사항을 적고, 표시번호란에는 표시란에 등기한 순서를 적는다. 갑구와 을구는 사항란과 순위번호란이 있는데, 갑구의 사항란에는 소유권에 관한 사항을, 을구의 사항란에는 소유권 이외의 권리(예: 지상권, 전세권, 저당권, 임차권)에 관한 사항을 적는다. 각 구의 순위번호란에는 사항란에 등기한 순서를 적는다.

3. 대 장

대장(臺帳)은 부동산에 관한 사실상의 상황을 기재하는 공적 장부로서, 토지대장, 임야대장, 건축물관리대장의 3종류가 있다. 대장과 등기부는 다음과 같이 기능적으로 구별된다. 첫째 '등기부'는 부동산물권의 변동을 관장하는 데 반해, '대장'은 과세를 관장하고, 등기소가 아닌 시·군·구에 배치되며, 둘째 '등기부'는 당사자의 신청에 의하여 등기가 이루어지는 것이 원칙이지만, '대장'의 경우는 소관청이 직권으로 등록하는 것이 원칙이다.

다만 이 양자는 서로 다른 목적하에서 작성되는 공부이기는 하지만, 부동산의 물적 상황 내지 동일성은 대장의 기재를 기초로 하여 등기를 이에 따르게 하고, 권리의 변동은 등기부의 기재를 기초로 하여 대장을 이에 따르게 하고 있는 점에서 서로 보완적 관계에 있다고 할 수 있다.

4. 등기의 종류

가. 사실의 등기와 권리의 등기

'사실의 등기'는 부동산의 표시에 관한 등기로서 표제부에 기재하게 된다. 이에 반해 '권리의 등기'는 부동산의 권리변동에 관한 등기로서, 소유권 변동의 경우 갑구에, 소유권 이외의 사항에 대한 권리변동의 경우에는 을구에 기재하게 된다.

나. 보존등기(保存登記)와 권리변동의 등기

'보존등기'는 등기가 되어 있지 않은 부동산(공유수면을 매립하여 토지를 조성하거나, 건물을 신축한 경우 등)에 관하여 그 소유자의 신청으로 맨 처음 행하여지는 소유권의 등기이다. 보존등기가 신청되면 등기용지가 새로 마련되어 표제부에 표시의 등기를 하고 갑구에 소유권자의 등기를 한다. 그리고 그 후의 그 부동산에 관한 등기는 모두 이 보존등기를 기초로 행하여진다. '권리변동의 등기'는 보존등기를 기초로 하여 그 후에 행하여지는 권리변동(소유권 이전, 제한물권의 설정 등)에 관한 등기이다.

다. 종국등기(綜局登記)와 예비등기(預備登記)

(1) 종국등기　종국등기는 등기의 본래의 효력인 물권변동의 효력을 발생하게 하는 등기이며, 보통의 등기는 종국등기이다. 종국등기는 가등기에 비하여 '본등기'(本登記)라고도 한다.

종국등기는 다시 그 내용에 따라 다음과 같이 분류된다.

1) 기입등기: 새로운 등기원인에 의하여 새로운 사항을 기입하는 등기.

2) 경정등기: 신청인 또는 등기관의 착오로 처음부터 등기가 잘못 기재된 경우에 이를 시정하는 등기.

3) 변경등기: 등기가 된 후, 등기의 기재내용 중 일부가 변경되어(소유권자의 주소가 변경된 경우, 저당권의 피담보채무액이 변경된 경우 등) 일어난 후발적 불일치를 시정하는 등기.

4) 말소등기: 등기된 권리나 객체 등 실체관계가 원시적·후발적으로 소멸함에 따라 기존의 등기 전부를 말소하고 그 취지를 기재하는 등기.

5) 멸실등기: 부동산이 멸실한 경우에 하는 등기.

6) 회복등기: 기존의 등기가 부당하게 말소된 경우 이를 부활, 재현시키는 등기.

(2) 예비등기　예비등기는 등기 본래의 효력인 물권변동과는 관계가 없고 장차 있을 물권변동에 대비하여 하는 등기이다. 예비등기에는 가등기와 예고등기가 있었으나, 그 중 예고등기는 2011년 3월 부동산 등기법이 개정되면서 폐지되었다. 다만 개정된 부동산 등기법은 공포 후 6개월부터 시행되기 때문에 최소한의 설명은 필요하다.

(가) 가등기(假登記)　가등기는 부동산 물권변동을 목적으로 하는 청구권을 보전(保全)하기 위하여 하는 등기이다(부등법 제3조). 종국등기를 할 만한 실체법적 또는 절차법적 요건을 완비하지 못한 경우에, 장차 행하여질 본등기의 순위를 미리 보전해 주는 효력을 가지기 위하여 하는 등기이다(이러한 가등기를 '순위보전의 가등기'라고 한다).

전형적인 경우로서 **예를 들어 보자**.

甲이 乙 소유의 A토지를 장차 사기로 乙과 매매예약(賣買豫約)을 하면서 甲이 예약완결권을 행사하면 본계약을 체결되는 것으로 특약을 하였다. 따라서 甲은 장차 예약완결권을 행사하여 본계약이 성립되면 A토지에 대하여 소유권이전청구권을 가지게 되는데, 이 청구권을 지키기 위하여(보전하기 위하여) 甲은 가등기를 할 수 있는 것이다. 가등기가 위 청구권을 보전할 수 있는 것은 다음과 같은 이유 때문이다. 즉 만약 甲이 위와 같이 가등기를 해 두었지만, 아직 본계약을 체결하지 못한 상태에서 乙이 마음을 바꾸어 丙에게 위 토지를 팔고 소유권이전등기(본등기)를 해 주었다고 하자. 그러한 때에도 甲은 예약완결권을 행사하여 본계약을 성립시킨 후, 위 가등기에 기하여 A토지에 관하여 소유권이전의 본등기를 할 수 있다. 그리고 그러한 경우에는 甲의 본등기의 순위는 가등기의 순위에 따르게 되어(부등법 제6조 제2항) 丙의 본등기보다 앞서게 되고, 그 결과 丙은 위 토지의 소유권을 잃게 된다. 그리하여 甲의 소유권이전청구권이 보전되는 것이다.

가등기는 본래 청구권을 보전하기 위하여 행하여지나 변칙적으로 채권담보의 목적으로 행하여지는 때도 자주 있다. 이러한 가등기를 '담보가등기'라고 하여 앞서 본 순위 보전의 가등기와 구별하고 하고 있다. 비전형담보제도에서 좀더 자세히 보기로 한다.

(나) **예고등기(豫告登記)** 예고등기는 등기원인의 무효나 취소로 인한 등기의 말소 또는 회복의 소(訴)가 제기된 경우에 이를 제3자에게 경고하기 위하여 소를 수리한 법원의 촉탁에 따라 행하여지는 등기이다(부등법 제4조, 제39조). 만약 그러한 등기를 하지 않는다면, 그 등기를 믿고 그 부동산을 거래한 제3자는 등기명의자가 패소한 경우에 예상치 못한 손해를 입게 된다. 따라서 현재 부동산 명의자를 상대로 등기원인의 무효나 취소로 인한 등기의 말소 또는 회복의 소(訴)가 제기되어 있으니, 거래를 하려는 자는 충분히 주의하라고 하는 취지에서 법원이 직접 등기를 촉탁하는 것이다. 이 예고등기는 등기원인의 무효나 취소로써 선의의 제3자에게 대항할 수 있을 때에만 하고, 대항을 할 수 없는 때(제107조, 제108조, 제109조 등의 경우)에는 허용되지 않는다(부등법 제4조 단서). 그 때에는 선의의 제3자는 해당 조항에 의하여 당연히 보호되기 때문이다. 그런데 위와 같이 예고등기가 되어 있는 부동산은

당연히 거래가 잘 되지 않는다. 따라서 이를 악용하는 사례가 많아 부작용이 심하였고, 처분금지가처분 등의 보전처분을 활용하여 위 제도의 목적을 달성할 수 있기 때문에 앞서 본 바와 같이 부동산등기법의 개정으로 예고등기제도는 폐지되었고 그 실행을 앞두고 있다.

5. 등기의 절차

등기는 원칙적으로 당사자의 신청 또는 관공서의 촉탁에 의하여서만 할 수 있고, 그 밖에는 법률의 규정이 있는 때에만 할 수 있다(부등법 제27조 제1항). 이들 가운데 당사자의 신청에 의한 경우만을 보기로 한다.

가. 등기사항

등기사항은 실체법상의 등기사항과 절차법상의 등기사항이 있다. 실체법상의 등기사항은 등기하지 않으면 실체법상 효력이 생기지 않는 사항으로 결국 제186조의 적용범위 문제가 된다. 절차법상의 등기사항은 부동산등기법상 등기가 허용되는 사항으로 이를 달리 등기능력이라고도 한다. 실체법상 등기사항은 모두 절차법상 등기사항에 해당한다.

절차법상의 등기사항으로 등기되어야 할 물건은 토지와 건물이다. 등기되어야 할 권리는 소유권, 지상권, 지역권, 전세권, 저당권 등 부동산 물권과 권리질권, 부동산임차권 등이다. 등기되어야 할 권리변동은 권리의 설정, 보존, 이전, 변경, 처분의 제한 또는 소멸이다(부등법 제2조).

나. 공동신청의 원칙

등기의 신청은 등기권리자와 등기의무자가 공동으로 하는 것이 원칙이다(부등법 제28조). '등기권리자'란 '신청된 등기가 행하여짐으로써 실체적 권리관계에서 권리의 취득 기타 이익을 받는 자라는 것이 등기부상 형식적으로 표시되는 자'이고, '등기의무자'는 '등기가 행하여짐으로써 실체적 권리관계에서 권리의 상실 기타 불이익을 받는다는 것이 등기부상 형식적으로 표시되는 자'를 말한다.

甲이 乙에게 그 소유의 토지를 매도하여 乙명의로 등기를 하려고 할 때,

그 등기가 경료되면 甲은 소유권을 상실하고, 乙은 소유권을 취득한다. 따라서 甲은 등기의무자, 乙은 등기권리자가 되는 것이다. 이 경우 乙이 혼자 등기를 신청할 수 있다면, 허위의 등기가 많아질 수 있다. 따라서 원칙적으로 등기의무자와 등기권리자가 공동으로 신청하게 하여 등기의 진정성을 보장하려는 것이다.

다만 이러한 염려가 없는 경우, 공동신청을 하지 않더라도 등기의 진정성이 보장되거나, 등기의 성질상 등기의무자가 없는 경우 등에는 단독신청이 가능하다. 판결에 의한 등기는 전자의 예이고, 미등기 부동산의 소유권보존등기는 후자에 예에 해당한다.

일정한 경우에는 등기신청이 강제되기도 한다. 1990년에 제정된 부동산등기특별조치법은 세금을 내지 않을 목적으로 등기를 하지 않거나 또는 등기를 하지 않은 채 부동산을 파는 것을 막기 위하여 네 가지 경우에 등기신청을 강제하고 있다. 이들 중 세 경우는 중간생략등기를 막기 위하여 공동신청을 강제하는 것이고(동법 제2조 제1항~제3항), 나머지 하나는 미등기 부동산을 등기 없이 거래하는 것을 방지하기 위하여 단독신청을 강제하는 것이다(동법 제2조 제5항).

다. 기타 신청의 특례

등기신청은 등기권리자·등기의무자의 대리인에 의하여서도 할 수 있다(부등법 제28조). 피상속인의 사망 전에 등기원인행위가 있었으나 등기를 하지 않은 상태에서 사망한 경우(甲이 매수를 하였으나 등기신청 전에 사망한 경우)에는 상속인이 신분을 증명하는 서면을 첨부하여 상속인의 자격에서 등기를 신청할 수 있다(부등법 제47조). 또 채권자는 민법 제404조(채권자대위권)의 규정에 의하여 채무자를 대위하여 등기를 신청할 수 있다(부등법 제52조).

라. 등기신청에 필요한 서면

등기신청에 필요한 서면은 여러가지이다(부등법 제40조 참조). 그 중에 중요한 두 가지만 설명하기로 한다.

(1) 등기원인(登記原因)을 증명하는 서면 **예를 들면** 매매·교환 등에 의한

소유권이전등기의 경우에는 매매계약서·교환계약서가 등기원인을 증명하는 서면이 된다. 판결에 의한 등기의 경우에는 판결등본이 등기원인을 증명하는 서면이 된다. '등기원인'이란 해당 등기를 정당화하는 법률상의 원인이다. 다만 부동산등기특별조치법에 의하면, '계약을 원인으로 소유권이전등기를 신청할 때'에는 일정한 사항(동법 제3조 제1항 참조)이 기재된 계약서에 검인신청인을 표시하여 부동산소재지를 관할하는 시장·구청장·군수 등의 검인(檢印)을 받아서 제출하여야 한다(동법 제3조). 이것이 이른바 '검인계약서 제도'이다.

그런데 최근에 부동산등기법이 개정되어, 매매에 관한 거래계약서를 등기원인을 증명하는 서면으로 하여 소유권이전등기를 신청하는 경우에는 대법원규칙으로 정하는 거래신고필증과 매매목록을 제출하도록 하였다(부등법 제40조 제1항 제9호).

등기원인을 증명하는 서면이 처음부터 없거나(부동산점유취득시효의 완성의 경우 등) 또는 이를 제출할 수 없는 경우(분실이나 소실로 인하여)에는 신청서를 한 부(신청서의 부본) 더 제출하면 된다(부등법 제45조).

(2) 등기의무자의 권리에 관한 등기필증(登記畢證) 등기관이 등기를 마쳤을 때에는, 등기원인을 증명하는 서면 또는 신청서의 부본에 일정사항 특히 등기완료의 뜻을 적고 등기소인을 찍어 이를 등기권리자에게 발급하여야 하는데(부등법 제67조 제1항) 이것이 '등기필증'이다. 과거 통상 땅문서, 집문서로 불렸던 문서이다. 등기의무자로서 등기신청을 하는 경우에는, 이전에 자신이 발급받았던 등기필증을 제출하여야 한다.

등기필증이 멸실된 때에는, i) 등기의무자 또는 그 법정대리인이 직접 등기소에 출석하는 것, ii) 위임에 의한 대리인(변호사나 법무사에 한한다)이 신청서상의 등기의무자 또는 그 법정대리인으로부터 위임받았음을 확인하는 서면 2통을 신청서에 첨부하는 것, iii) 신청서(위임에 의한 대리인이 신청하는 경우에는 그 권한을 증명하는 서면) 중 등기의무자의 작성 부분에 관하여 공증을 받고 그 부본(副本) 1통을 신청서에 첨부하는 것 중 어느 하나의 방법을 택하여 등기를 신청할 수 있다(부등법 제49조).

6. 등기청구권

'등기청구권'이라 함은 등기권리자 또는 등기의무자 중 어느 일방이 등기신청에 협력하지 않는 경우에 타방이 등기에 협력하여 줄 것을 청구할 수 있는 실체체법상의 권리를 말한다. 이러한 권리가 인정되는 것은 등기공동신청주의의 원칙 때문이다.

예를 들면 甲이 乙로부터 토지를 매수하고, 자신의 명의로 등기를 이전하려고 할 때 등기공동신청주의에 의하여, 甲·乙이 공동으로 등기를 신청하여야 한다. 따라서 매도인이 등기의 신청에 협력하지 않으면, 甲은 혼자서 등기를 할 수 없게 된다. 여기서 甲이 乙에게 등기신청에 협력해 달라고 청구할 수 있는 권리가 인정되어야 하는데, 그러한 권리가 등기청구권이다. 통상 등기권리자는 등기신청에 적극적이고, 등기의무자는 소극적이기 마련이다. 그런데 그 역의 경우도 얼마든지 있을 수 있다. 그 경우, 등기의무자는 등기권리자를 상대로 빨리 등기를 이전해 가라고 청구할 수도 있는데, 이와 같이 등기청구권 중 등기의무자가 등기권리자를 상대로 행사하는 등기청구권을 '등기인수청구권'이라고 한다.

등기권리자에게 등기청구권이 있음에도 불구하고 등기의무자가 등기신청에 협력하지 않는 때에는, 등기권리자는 판결을 얻어 그에 기하여 단독으로 등기를 신청할 수 있다(부등법 제29조).

제3절 부동산 물권의 변동

부동산 물권변동은 법률행위에 의한 것과 법률행위에 의하지 않는 것으로 나누어 살펴보아야 한다. 민법이 제186조와 제187조에서 이들을 따로 규율하고 있기 때문이다.

I. 법률행위에 의한 부동산 물권변동의 성립

1. 제186조의 의의

제186조는 '부동산에 관한 법률행위로 인한 물권의 득실변경은 등기하여야 그 효력이 생긴다'고 규정하여, 법률행위에 의한 부동산 물권변동에 관하여 성립요건주의(형식주의)를 채택하고 있다. 이 규정상의 '법률행위'는 물권행위를 가리킨다고 보아야 한다. 따라서 법률행위에 의한 부동산 물권변동은 '물권행위+등기'라는 두 요건이 갖추어졌을 때 발생하게 된다. 부동산의 인도도 그 요건으로 보아야 하는가? 동산 물권의 변동과 달리 목적부동산의 인도는 부동산 물권변동의 요건이 아니다(제188조 참조. 동산물권의 경우에는 그 동산을 인도하여야 물권변동의 효력이 있다).

다만 매매의 경우에 매도인은 목적물의 소유권을 이전해 주어야 할 의무 외에 목적물 인도의무도 부담한다. 목적물의 인도가 부동산 물권변동의 요건은 아니지만, 매도인의 채무 중 하나인 것이다.

제186조의 적용 범위는 다음과 같이 볼 수 있다.

1) 부동산에 관한 물권: 제186조는 '부동산에 관한 물권'에 적용되고, 동산에 관한 물권에는 적용되지 않는다. 그런데 부동산 물권 가운데 점유권과 유치권은 일정한 경우에 법률상 당연히 인정되는 물권이어서 등기로 공시할 필요가 없다. 따라서 그 두 물권을 제외한 부동산 물권, 즉 소유권·지상권·지역권·전세권·저당권에만 적용된다.

2) 부동산에 관한 물권의 득실변경: 제186조는 부동산에 관한 '물권의 득실변경'에 적용된다. 물권의 득실변경은 물권의 발생·변경·소멸을 물권의 주체의 측면에서 표현한 것이다. 따라서 그것은 널리 물권의 변동을 의미한다.

3) 법률행위에 의한 물권변동: 제186조는 '법률행위에 의한 물권변동'에 적용되고, 법률행위에 의하지 않는 물권변동(법률의 규정에 의한 물권변동)에는 적용되지 않는다. 후자에 관하여는 제187조가 따로 정하고 있다.

2. 부동산 물건변동을 위한 요건으로서의 등기

등기는 물권행위와 함께 법률행위에 의한 부동산 물권변동에 필요한 요건이다. 따라서 물권변동이 발생하기 위해서는 등기가 유효하여야 한다. 나아가, 등기가 유효하기 위해서는 i) 등기에 관한 절차법인 부동산등기법이 정하는 절차에 따라서 등기가 적법하게 행하여져야 하고, ii) 물권행위와 일치하는 등으로 등기의 실체관계와도 일치가 있어야 한다. 전자의 요건을 형식적(절차적) 유효요건이라고 하고, 후자의 요건을 실질적(실체적) 유효요건이라고 한다. 명의신탁과 같이 일정한 경우에는 특별법에 의하여 등기가 무효로 되는 때도 있다. 차례로 살펴보기로 한다.

가. 등기의 형식적 유효요건

(1) 등기가 존재할 것　　등기의 유·무효를 논하기 위하여서는 우선 등기가 존재하여야 한다. 존재하지도 않은 등기의 유·무효를 논하는 것은 의미가 없다. 등기의 존재가 인정되려면 등기관이 등기에 관한 일정한 사항을 등기부에 기재하여 실제로 등기부에 그 기재가 있어야 한다. 단순히 등기가 신청된 것만으로는 충분하지 않다. 이와 관련하여 적법하게 작성된 등기부가 정당한 이유없이 멸실하거나, 등기가 불법으로 말소되거나, 다른 등기부에 옮겨적는 과정에서 누락되는 등의 사유가 발생하였을 때 등기에 표상된 물권의 효력도 상실하는가? **판례**는 등기는 물권의 효력발생요건이고, 효력존속요건이 아니기 때문에 그 물권의 효력은 그대로 유효하다고 한다.

(2) 관할 위반의 등기 또는 등기할 수 없는 사항에 관한 등기가 아닐 것　　등기가 그 등기소의 관할에 속하지 않거나(부등법 제55조 제1호), 등기할 수 없는 사항에 관한 것(등기될 수 없는 권리·물건에 관한 것이거나 법령에 위반된 것)일 때(부등법 제55조 제2호)에는 당연히 무효이다.

(3) 물권변동의 대상인 부동산에 대한 등기일 것　　부동산의 물권변동을 위한 등기가 유효하려면 그 등기는 당연히 목적부동산에 관한 것이어야 한다. 그리하여 우선 그 부동산이 존재하여야 한다. 존재하지 않는 부동산 또는 그 지분에 관한 등기는 무효이다. 또한 표제부의 표시란의 기재가 실제의 부동

산과 동일하거나 사회관념상 그 부동산을 표시하는 것이라고 인정될 정도로 유사하여야 한다. 그렇지 않은 경우에는 표제부의 등기 및 보존등기는 무효이고, 그 부동산에 관한 권리변동의 등기도 효력이 없게 된다.

(4) 2중등기(중복등기)의 문제　부동산등기법은 '1부동산 1등기용지주의'를 채택하고 있다(부등법 제15조). 따라서 어떤 부동산에 관하여 등기가 행하여지면 비록 그 등기가 부적법한 것일지라도 그것을 말소하지 않는 한 다시 다른 용지에 등기를 하지 못한다. 그런데 동일한 부동산에 관하여 절차상의 잘못으로 2중으로 등기가 행하여지는 경우가 있다. 주로 보존등기에서 자주 생긴다. 이 경우 같은 부동산에 2개의 등기용지가 있게 되는데 그 중 어느 등기를 유효하다고 보아야 할 것인지가 문제되는 것이다. 이는 두 가지의 경우로 나누어 살펴보아야 한다.

먼저 동일한 사람의 명의로 2중으로 등기된 경우이다.

예를 들어 甲이 건물을 신축하고 보존등기를 한 뒤, 착오로 등기를 신청하지 않았다고 생각하고, 다시 보존등기를 신청하였는데 공무원도 이전에 등기된 사실을 간과하고 다시 보존등기를 경료해 준 경우이다. **판례**는 동일인 명의로 소유권보존등기가 2중으로 된 경우에는 언제나 제2의 등기(나중에 경료된 등기)를 무효로 보고 있다.

한편, 등기명의인이 다른 중복등기도 있다.

앞의 예에서 甲이 건물을 신축한 후 자신의 명의로 보존등기를 한 후, 乙에게 매도하였는데, 매수인 乙은 甲이 보존등기를 하지 않은 것으로 착각하고 자신의 명의로 보존등기를 신청하였고, 공무원도 선보존등기가 되어 있는 것을 간과하고 乙명의로 보존등기를 경료한 경우이다. 판례는 등기명의인을 달리하여 2중의 보존등기가 된 경우에는 원칙적으로 제2의 등기가 무효이지만 제1의 등기가 원인무효인 때에는 예외적으로 제2의 등기가 유효하다고 보고 있다.

(5) 등기신청의 하자　등기는 부동산등기법이 정하는 절차에 의하여 행하여져야 하고, 그에 따르지 아니한 때에는 등기신청을 각하하여야 한다(부등법 제55조). 그러나 **판례**는 이미 등기부에 기재된 등기가 결과적으로 실체관계에

부합한다면, 등기신청절차상의 하자가 있더라도 그 등기는 유효하다고 본다.

나. 등기의 실질적 유효요건

등기가 유효하려면 절차가 적법한 것 외에 물권행위와 등기의 내용이 일치하는 등 실질적 유효요건도 갖추어야 한다.

(1) 등기가 물권행위와 내용적으로 일치하지 않는 경우 부동산 물권변동은 물권행위와 등기를 두 요건으로 하기 때문에, 등기가 유효하려면 물권행위와 등기의 내용이 일치하여야 한다. 만약 둘이 내용상 일치하지 않으면 합의된 대로의 물권변동이 생기지 않는다. 물권행위와 등기가 내용상 불일치하는 경우로는 다음의 두 가지가 있다.

(가) 질적(質的) 불일치 **예를 들어** 지상권설정의 합의를 하였는데 실제로는 저당권등기를 한 경우, 산 100번지의 임야에 대하여 매매를 하고 소유권을 이전하기로 계약하였는데, 산 101번지의 임야에 소유권이전등기가 경료된 경우에는 물권행위와 등기가 질적으로(내용적으로) 불일치한다. 이러한 경우의 등기는 그에 부합하는 물권행위가 없으므로 모두 무효이다.

(나) 양적(量的) 불일치 물권행위와 등기가 권리의 종류에 관해서는 일치하지만, 그 내용에 있어서 양적 차이가 있는 경우이다. 즉 물권행위의 양(量)과 등기된 양이 일치하지 않는 것이다.

전형적인 **예를 들어 보자**, 甲이 乙 은행으로부터 사업자금으로 2억원을 빌리면서 이를 담보하기 위하여 자신의 집에 저당권을 설정하기로 하였다. 따라서 저당권의 피담보채무액은 2억원이 되어야 하는데, 착오로 3억원으로 기재된 경우, 또는 그 역으로 1억원이 기재된 경우가 발생할 수 있다. 이 경우 등기의 효력이 문제되는 것이다.

대체로, 전자의 경우처럼 등기된 양(量)(3억원)이 물권행위(2억원)의 양보다 큰 때에는, 물권행위의 한도 내에서 효력이 생긴다고 본다. 그리고 후자의 경우처럼 등기된 양(1억원)이 물권행위의 양(2억원)보다 작을 때에는, 민법 제137조 일부무효의 법리에 의해 원칙적으로 무효의 등기라고 보아야 한다는 견해와 등기된 범위에서 효력이 생긴다는 견해가 대립되고 있다.

(2) 중간생략등기(中間省略登記)의 문제

(가) 개 념 甲이 그의 부동산을 乙에게 매도하고, 乙은 다시 그 부동산을 丙에게 매도한 경우에 원칙적으로 甲은 乙에게 소유권이전등기를 해주고, 乙은 다시 丙에게 소유권이전등기를 하여야 한다. 그런데 위의 경우에 乙로의 등기를 생략하고, 甲으로부터 직접 丙에게로 소유권이전등기를 하는 수가 있다. 그러한 등기를 '중간생략등기'라고 한다. 미등기의 부동산을 전전 매도하고, 최후의 양수인이 자신의 명의로 보존등기를 경료하는 경우도 같다. 이와 같이 중간생략등기가 행하여지면 물권변동의 과정이 등기부에 제대로 나타나지 않게 된다. 앞서 본 예의 경우, 실제 물권행위의 내용은, 부동산의 소유권이 甲으로부터 乙로, 다시 乙로부터 丙으로 이전되었는데, 등기부에는 乙은 물권변동 과정에 전혀 나타나지 않고, 甲으로부터 丙으로 이전된 것처럼 기재되어 마치 甲과 丙 사이에 물권행위가 있었고, 그에 따라 등기가 경료된 것으로 보이기 때문이다. 이러한 등기가 행하여지면, 乙과 같은 중간취득자는 관련 세금(등록세, 취득세, 양도소득세 등)을 내지 않을 수 있어 탈세와 부동산 투기의 온상이 된다. 그리하여 부동산등기특별조치법에 이를 금지하는 규정을 두었으나(동법 제2조, 제8조 제1호, 제11조), **판례**는 위 규정이 효력규정이 아니고 단속규정에 해당한다고 판시하고 있다. 따라서 위 규정에 위반하여 등기가 경료되더라도, 벌칙의 제재는 받게 되겠지만, 사법상(私法上) 甲과 丙 사이의 물권행위 및 등기 효력은 유지된다고 보는 것이다.

(나) 쟁 점 중간생략등기에 있어서는 두 가지가 문제된다. 하나는 중간생략등기가 이미 행하여진 경우에 그것이 유효한가, 즉 중간생략등기의 유효성에 관한 문제이고, 다른 하나는 최후의 양수인이 최초의 양도인에 대하여 등기청구권을 가지는가이다.

1) 중간생략등기의 유효성: **판례**에 의하면, 중간생략등기는 3자(위의 예에서는 甲·乙·丙) 합의가 있을 때 유효함은 물론이나, 이미 중간생략등기가 이루어져 버린 경우에는 3자합의가 없더라도 이를 무효라고 볼 수 없다고 한다. 즉 관련 당사자 모두의 동의 또는 합의가 있으면 유효한 것은 물론이고, 그러한 합의가 없었다고 하더라도 이미 중간생략등기가 적법한 등기원인에

의하여 성립되어 있는 때에는 합의가 없었음을 이유로 그 무효를 주장하지 못하고 따라서 경료된 등기의 말소도 청구할 수 없다는 것이다.

2) 중간생략등기의 직접청구: **판례**는 중간생략등기청구권(앞의 예에서 丙이 甲에 대하여)이 인정되려면 관계 당사자 전원의 합의가 있어야 한다고 판시하고 있다. 즉 중간자들의 동의 외에 최초의 자와 최종의 자의 동의도 필요하다고 한다. 다만 이러한 합의는 관계자 전원이 모여 같이 할 수도 있고, 순차로 할 수도 있으며, 명시적으로 할 수 있음은 물론, 묵시적으로도 할 수 있다고 한다.

(3) 등기원인의 불일치 甲이 그의 아들인 乙에게 건물을 증여하면서, 증여세를 면하기 위하여 증여에 의한 소유권이전등기를 하는 대신 매매에 의한 소유권이전등기를 하는 경우처럼 등기원인이 실제와 다르게 기재되는 경우가 많이 있다. 부동산등기특별조치법은 이를 금지하고 있으나(동법 제6조, 제8조), 그 규정 역시 단속규정이어서 그것 때문에 등기가 무효로 되지는 않는다. 그리고 학설·판례도 대체로 등기원인이 실제와 다르게 기재된 등기의 유효성을 인정하는 견해이다.

(4) 무효등기의 유용 **예를 들어** 甲이 자기 소유의 아파트에 대하여 乙과 가장매매(허위표시)를 하고, 乙에게 등기를 이전해 준 경우 乙의 등기는 무효의 등기이다. 그런데 그 후 乙이 실제로 甲에게 위 아파트를 매수하였다면, 乙은 가장매매에 의하여 경료된 등기를 먼저 말소하고, 다시 실제매매계약에 의하여 등기를 경료하여야 하는가? 이러한 문제가 '무효등기의 유용문제'이다. **판례**는 무효인 등기에 관하여 유용하기로 합의하기 이전에 그 등기와 이해관계를 가진 제3자가 없다면(즉, 거래의 안전을 해칠 우려가 없다면) 그 등기는 허용된다는 입장이다.

다. 등기의 효력

(1) 개 관 등기의 효력 중 본등기의 효력에 관하여 살펴본다.

본등기에는, 물권행위를 완성하여 물권변동을 일으키는 효력이 있다. 법률행위에 의한 부동산 물권변동은 등기를 하여야만 그 효력이 생기므로 본등기의 가장 중심적 효력이라고 할 수 있다. 또 본등기는 순위확정적 효력이 있다. 물권 상호간에는 먼저 생긴 물권이 우선적 효력을 가진다. 이와 같이 등기의 선후에 의하여 권리의 순위가 결정되는 효력을 '순위 확정적 효력'이라고 한다. 이 효력에 의하여 이미 등기가 경료되었으면 이와 양립할 수 없는 등기는 할 수 없다. 따라서 본등기는 후등기 저지의 효력을 가진다고도 할 수 있다. 본등기는 또 대항적 효력을 가진다. 이미 등기된 사항에 대하여 제3자에게 주장할 수 있는 효력을 가지는 것이다. 그 외에도 본등기는 추정적 효력을 가지는바, 이는 항을 달리하여 보기로 하자.

(2) 본등기의 추정적 효력(=등기의 추정력)

(가) 개 념 등기가 형식적으로 존재한다는 사실로부터 등기된 대로의 권리관계가 존재하리라는 추정을 일으키는 효력이다. **예를 들어** A토지에 甲명의의 소유권이전등기가 경료되어 있으면, 甲이 등기된 대로 A토지에 관하여 소유권을 가지고 있다는 추정을 받는 것이다. 본등기의 추정력에 관하여 민법은 아무런 규정을 두고 있지 않지만, 학설과 판례는 일치하여 이를 인정하고 있다. 그 이유는 대체로 두 가지로 설명하고 있다. 우선 등기는 국가기관에 의하여 엄격하게 관리되고 있기 때문에 허위의 등기가 경료될 여지가 적으므로, 등기는 진실한 권리관계에 부합할 개연성이 많기 때문이다. 또 다른 한 가지 이유는 점유의 추정력에 대한 제200조와의 균형적 해석 때문이다. 즉 민법은 제200조에서 '점유자가 점유물에 대하여 행사하는 권리는 적법하게 보유한 것으로 추정한다'고 규정하고 있다. 이와 같이 단순히 물건을 점유하고 있는 자에게도 권리를 적법하게 보유하는 추정력을 준다면, 물건의 점유보다 어려운 등기를 경료한 자에게는 더욱 권리를 적법하게 보유하는 추정력이 인정되어야 한다는 것이다.

이와 관련하여, '점유추정력'과 '등기추정력'이 충돌될 경우 어느 추정력이 앞서느냐의 문제가 발생한다. **예를 들어** 甲명의로 소유권등기가 경료되어 있는 A토지를 乙이 점유하고 있다면, 甲과 乙은 각각 등기의 추정력과 점유의 추정력을 받아 '권리의 적법 추정력'을 받게 된다. 그런데 일물일권주의의 원칙상 甲·乙 모두에게 소유권추정을 할 수는 없다. 일반적으로 제200

조는 '등기된 부동산에는 적용되지 않는다'고 해석하여 이 문제를 해결하고 있다. 즉 위 예에서 소유자로 등기된 甲의 추정력이 인정되므로 그 범위 안에서 乙의 '권리의 적법 추정'을 받지 못하는 것이다. 미등기 부동산의 경우에는 제200조가 그대로 적용된다고 본다.

(나) 범 위　추정의 범위에 관해서는 먼저 등기절차, 등기의 전제조건에 대해서 그러한 절차나 조건을 모두 갖춘 상태에서 등기가 이루어졌다는 추정을 받는다. **예를 들어** 농지분배의 상환완료를 원인으로 이전등기가 된 경우, 적법하게 농지분배가 되었다고 추정하고, 제3자의 처분행위에 의하여 소유권이전등기가 경료되었을 때에는 제3자가 적법하게 대리권을 가졌다고 추정을 받는 것이다. 등기원인에 대해서도 추정을 받는다. **판례**는 매매를 원인으로 소유권이전등기가 경료되었다면, 실제 매매가 있었던 것으로 추정을 한다(그러나 다수의 학설은 이러한 견해를 반대한다). 등기에 기재된 사항도 적법하다고 추정을 받는다. 저당권이 등기되어 있다면, 그 저당권에 의하여 담보되는 채권도 있다는 추정을 받는 것이 그 예이다.

한편, 등기의 추정력은, 등기명의인뿐만 아니라 제3자도 추정의 효과를 원용할 수 있다. 이와 같이 등기는 적법추정력이 있으므로, 등기에 기재된 사실을 부정하는 자가 반대사실의 증거를 제출하여 입증해야 한다. 등기 추정력의 부수적 효과로서, 등기내용을 신뢰하고 거래한 자는 과실이 없는 것으로 추정되고, 한편 등기기재 사실에 대해서는 이미 당사자가 알고 있는 것(악의)으로 추정을 받게 된다. 그리고 그러한 기재를 모른 경우에는 과실이 있는 것으로 추정을 받는다.

라. 명의신탁(名義信託)에 의한 등기

(1) 명의신탁의 의의　종래 우리 대법원은 일련의 판결에 의하여 명의신탁이라는 제도를 확립하였다. 그에 의하면, 명의신탁은 '대내적 관계에서는 신탁자가 소유권을 보유하여 관리·수익하면서 공부상(公簿上)의 소유 명의만을 수탁자로 하여 두는 것'이다.

이러한 명의신탁은 판례가 그 유효성을 넓게 인정하자 온갖 불법 또는 탈법적인 수단으로 악용되었다. 그리하여 1990년에 부동산등기특별조치법을 제정하면서 명의신탁을 규제하는 명문규정을 두었으나(동법 제7조), 그 규정은 단속규정에 불과하여 실효를 거두지 못하였다. 그래서 다시 부동산실권리자명의등기에관한법률(이하에서는 부동산실명법이라 함)을 제정하여 보다 강력하게 명의신탁을 규제하게 되었다.

(2) 부동산실명법의 주요내용

(가) 명의신탁의 개념과 법적 효력 부동산 실명법에 의하면, '명의신탁약정'란 부동산에 관한 소유권이나 그 밖의 물권을 보유한 자 또는 사실상 취득하거나 취득하려고 하는 자가 타인과의 사이에서 대내적으로는 실권리자가 부동산에 관한 물권을 보유하거나 보유하기로 하고 그에 관한 등기(가등기를 포함)는 그 타인의 명의로 하기로 하는 약정(위임·위탁매매의 형식에 의하거나 추인(追認)에 의한 경우를 포함)을 말한다고 정의하고 있다(제2조).

그리고 누구든지 부동산물권을 명의신탁약정에 의하여 명의수탁자 명의로 등기해서는 안 된다고 한다(동법 제3조 제1항). 명의신탁약정은 무효이고(동법 제4조 제1항), 또 명의신탁 약정에 따라 행하여진 등기에 의한 부동산에 관한 물권변동은 무효로 하나, 다만 부동산에 관한 물권을 취득하기 위한 계약에서 명의수탁자가 그 일방 당사자가 되고 그 타방 당사자는 명의신탁약정이 있다는 사실을 알지 못한 경우에는 유효하다고 한다(동법 제4조 제2항). 나아가 명의신탁약정 및 물권변동의 무효는 제3자에게 대항하지 못한다고 한다(동법 제4조 제3항).

(나) 명의신탁의 유형별 법률관계 부동산실명법이 규정하는 명의신탁에는 세 가지 모습이 있다. 전형적인(2자간) 명의신탁, 중간생략(3자간) 명의신탁, 계약명의신탁이 그것이다.

1) 2자간 명의신탁: 토지 소유자 甲(소유자이므로 토지에 관하여 당연히 甲명의로 등기가 경료되어 있다)과 乙이 명의신탁약정에 합의하고 토지 등기 명의를 甲으로부터 乙 앞으로 옮겨놓는 경우이다. 이 경우에 甲·乙 사이의 명의신탁약정과 물권변동은 무효이다(동법 제4조 제1항·제2항). 따라서 乙은 부동산의 소유권을 취득할 수 없고, 위 토지는 여전히 甲의 소유이다.

2) 중간생략 명의신탁: 甲이 丙으로부터 토지를 매수하는 계약을 체결하고, 그 등기는 丙에게서 乙에게로 직접 이전하는 방식의 명의신탁이다. 이 경우 甲과 乙 사이에는 명의신탁약정이 체결되고, 丙도 위 명의신탁약정의 존재를 알게 된다. 이때도 甲과 乙 사이의 명의신탁약정과 그에 따른 乙명의 등기(물권변동)는 무효이므로 乙은 소유권을 취득할 수 없다(동법 제4조 제1항·제2항). 이 유형의 명의신탁은 부동산실명법 제4조 제2항 단서가 적용될 여지가 없어서 언제나 무효이다. 乙명의의 등기가 무효라면, 위 토지의 소유관계는 어떻게 보아야 할까? 乙로의 부동산이전등기가 무효이기 때문에 위 토지의 소유자는 여전히 丙이다. 丙은 소유권자로서 물권적 방해제거청구권을 행사하여 무효인 乙의 등기에 대하여 말소청구를 할 수도 있다. 한편 甲과 丙 사이의 매매계약은 여전히 유효하기 때문에 甲은 매매계약상의 권리를 행사하여 丙에게 위 토지에 대한 소유권이전등기를 청구할 수 있다. 또한 丙에 대한 채권자로서, 丙이 乙에 대하여 가지는 등기말소청권을 대위행사할 수도 있다.

3) 계약명의신탁: 甲이 乙과 명의신탁약정을 체결하고, 丙 소유의 토지를 매수함에 있어 甲 자신의 이름으로 매매계약을 체결하지 않고, 乙을 내세워 매매계약을 체결하는 유형이다(만약 乙이 甲의 대리인으로서 매매계약을 체결하였다면 이 유형의 명의신탁이 아니다. 대리의 경우에는 그 법률효과가 직접 甲에게 귀속되기 때문이다). 이 경우 토지소유자인 丙은 甲의 존재를 알 수도 있고(甲과 丙과의 합의가 사전에 있게 되고, 丙은 매매대상 토지를 甲이 乙에게 명의신탁한다는 사실을 알게 된다), 甲의 존재를 모를 수도 있다(이 경우 丙은 乙과 매매계약을 체결하는 것으로만 생각하게 된다).

이러한 경우 乙명의의 등기의 유효 여부, 즉 물권변동의 유효 여부는 丙이 甲과 乙 사이의 명의신탁약정에 대하여 알고 있었는지의 여부에 달려 있다. 즉 그 丙이 악의인 때(알고 있었던 때)에는 등기 및 물권변동도 무효로 되나, 丙이 선의인 때에는 등기 및 물권변동은 유효하고, 乙은 완전히 물권을 취득하게 된다(동법 제4조 제2항 본문 및 단서). 이때 신탁자(위의 예에서는 甲)는 수탁자의 상대방(丙)에 대하여는 아무런 청구도 하지 못한다. 그는 단지 수탁자

(乙)를 상대로 그가 매매대금으로 제공한 금전만 부당이득으로 청구할 수 있을 뿐이다. 乙은 甲이 대금을 지급한 대가로 토지에 대한 소유권을 취득하였으므로 위 토지를 부당이득하였다고 볼 수도 있다. 이때 토지 대금을 지급한 甲이 乙을 상대로 토지 그 자체를 부당이득으로 반환청구를 할 수 있는가? **판례**는 이를 부정하고 있다.

4) 제3자에 대한 관계: 위 1), 2), 3)의 명의신탁에 있어서 명의신탁약정 또는 그에 기한 물권변동의 무효는 제3자에게 대항하지 못한다(부동산실명법 제4조 제3항). 甲은 명의신탁약정이 무효임을 내세워 새로이 권리를 취득한 제3자에게 그 등기의 말소를 구할 수 없다. 이는 제3자가 명의신탁약정이 있었음을 알고 있었더라도(즉, 악의이어도) 마찬가지이다.

(3) 부동산실명법이 적용되지 않는 경우 부동산실명법 제2조에서 i) 채무의 변제를 담보하기 위하여 채권자가 부동산에 관한 물권을 이전(移轉)받거나 가등기하는 경우, ii) 부동산의 위치와 면적을 특정하여 2인 이상이 구분소유하기로 하는 약정을 하고 그 구분소유자의 공유로 등기하는 경우, iii) 신탁법 또는 자본시장과금융투자업에관한법률에 따른 신탁재산인 사실을 등기한 경우에는 부동산실명법이 적용되는 명의신탁으로 보지 않고 있다. 그 결과 i)의 경우에는 가등기담보등에관한법률, ii)의 경우에는 종래의 판례 이론(상호명의신탁 이론), iii)의 경우에는 신탁법 등이 각각 적용된다.

한편 종중 소유의 부동산에 관한 물권을 종중 외의 자의 명의로 등기한 경우(종중 명의신탁)와 배우자 명의로 부동산 물권을 등기한 경우(배우자 명의신탁)는, 조세포탈, 강제집행의 면탈 또는 법령상 제한의 회피를 목적으로 하지 않는 경우에는, 부동산실명법의 대부분의 중요규정(동법 제4조~제7조, 제12조 제1항·제2항)의 적용을 받지 않는다(동법 제8조). 그리하여 그때에도 종래의 판례이론이 적용된다.

Ⅱ. 법률행위에 의하지 않는 부동산 물권변동

민법 제187조는 '상속, 공용징수, 판결, 경매 기타 법률의 규정에 의한 부동산에 관한 물권의 취득은 등기를 요하지 아니한다. 그러나 등기를 하지 아니하면 이를 처분하지 못한다'고 규정한다. 이는 '등기를 요하지 않는 부동산 물권변동'으로서, 당사자의 의사에 의하여 물권변동의 효력이 생기는 것이 아닌 경우를 총칭하고 있다. 따라서 이 규정은 '법률행위에 의하지 않는 부동산 물권변동의 원칙'을 선언하고 있다. 여기의 '물권의 취득'은 단순히 취득만 의미하는 것이 아니고, 물권의 변동(취득, 상실, 변경)이라고 해석된다.

위 규정에 의하면 법률행위에 의하지 않는 부동산 물권변동에는 등기가 필요하지 않다. 즉 등기가 없더라도 일단 부동산 물권변동은 발생한다. 다만 제187조 단서에 의하면 그 부동산을 처분하려면 먼저 취득자의 명의로 등기하도록 하고 있다.

역시 전형적인 **예를 들어 보자**. 甲이 A토지를 소유하고 있다가 5월 1일 사망하였는데, 상속인으로 乙이 있다. 乙은 A토지에 대하여 6월 1일 자신의 명의로 등기를 경료하였다. 乙이 A토지에 대하여 소유권을 취득한 시점은 언제로 보아야 하는가? 乙의 명의로 등기된 6월 1일 소유권을 취득했다고 생각할 수도 있으나, 그렇지 않다. 乙은 甲이 사망한 시점인 5월 1일 곧바로 위 토지의 소유권을 취득한다. 乙이 위 토지의 소유권을 취득하기 위해서 자신의 이름으로 등기를 할 필요가 없음은 물론이고, 심지어는 甲이 사망하였는지, 그래서 상속이 개시되었는지를 알지 못하여도 乙의 소유권 취득에는 아무런 지장이 없다. 그런데 乙이 위 토지를 丙에게 매도하기를 원한다면, 먼저 乙의 이름으로 등기하여야 하는 것이다. 다만 판례는 乙이 丙에게 매도하고, 등기는 직접 甲으로부터 丙으로 이전해 준 경우에 그것도 일종의 중간생략등기로 보고 그 유효성을 인정하고 있기는 하다.

위와 같이 법률행위에 의하지 아니한 부동산 물권변동에 등기를 요하지 않는 이유는 일반적으로, 물권변동 여부나 및 변동 시점이 명료하여 거래의 안전을 해할 염려가 없기 때문이라고 해석한다.

한편, 민법은 제245조 제1항에서 점유 취득시효에 의하여 시효취득을 완성한 자가 부동산 소유권을 취득하려면 등기를 하여야 한다고 규정하고 있다. '점유취득시효에 의한 부동산 물권변동'도 법률행위에 의하지 아니한 물권변동임에도 불구하고 소유권취득을 위해서는 등기를 필요로 하고 있으므로, 이는 제187조에 대한 예외규정이다.

제4절 동산 물권의 변동

I. 서 설

동산 물권변동도 부동산의 경우와 마찬가지로 법률행위에 의한 것과 법률행위에 의하지 않는 것으로 나눌 수 있다. 그런데 민법은 후자 가운데 중요한 것은 '소유권' 부분에서 규정하고 있다. 따라서 우선 '법률행위에 의한 동산 물권의 취득'을 보기로 하자.

그런데 동산 거래에서는 공신의 원칙이 적용되므로, 법률행위에 의한 동산 물권의 취득은 '권리자로부터의 취득'과 '무권리자로부터 취득'(선의취득)으로 나누어 볼 수 있다.

II. 권리자로부터의 취득

1. 성립요건주의

민법은 제188조 제1항에서 '동산에 관한 물권의 양도는 그 동산을 인도하여야 효력이 생긴다'고 하고, 이어서, 제188조 제2항, 제189조, 제190조에서 '인도'와 관련한 보충적인 내용을 규정하고 있다. 이는 민법이 부동산 물권변동에 있어서와 마찬가지로 동산 물권변동에 관하여도 성립요건주의(형식주의)를 채용하고 있음을 의미한다. 그 결과 법률행위에 의한 동산 물권변동은 '물권행위' 외에 공시방법으로서 '인도'까지 있어야 일어나게 된다. 즉,

‘물권행위+인도→동산물권변동’의 공식이 성립되는 것이다.

제188조 제1항에서 규정한 ‘물권의 양도’는 ‘법률행위, 즉 물권행위에 의한 물권의 이전’을 의미한다. 한편 위 규정은 ‘동산에 관한 물권’의 양도를 규율하고 있다. 그러나 실제로는 그것의 적용을 받는 동산 물권은 소유권에 한정된다. 왜냐하면 점유권·유치권·질권 등 다른 동산 물권에 관하여는 민법은 따로 특별규정을 두고 있기 때문이다(제192조, 제320조, 제328조, 제330조, 제332조 등). 따라서, 제188조 제1항 및 관련규정은 ‘법률행위에 의한 동산 소유권의 이전’에만 적용되는 것임을 알 수 있다.

‘법률행위에 의한 동산 소유권의 이전’의 요건은 물권행위와 인도이다. 물권행위에서는 기존의 설명의 그대로 적용되므로 여기에서는 나머지 요건인 인도에 관하여 보기로 한다.

2. 인 도

가. 의 의

인도(引渡)는 점유의 이전을 가리킨다. 그리고 점유는 물권에 대한 사실상의 지배이다(제192조 제1항). 따라서 인도는 물건에 대한 사실상의 지배상태를 이전하는 것이다. 인도는 법률행위에 의한 ‘동산 물권변동의 공시방법’이면서 그 요건이다.

나. 종 류

동산 소유권 양도의 요건으로서 요구되는 인도는 ‘현실의 인도’를 원칙으로 한다(제188조 제1항). 그런데 민법은 그 외에 간이인도에 의하여도 물권변동이 일어나는 것으로 하며(제188조 제2항), 점유개정, 목적물 반환청구권의 양도도 인도로 의제(간주)하고 있다(제189조, 제190조). 이와 같은 경우에는 실제로는 점유상태가 변경되지 않았는데도 인도로서의 효과가 인정된다. 이들을 ‘간편한 인도방법’ 또는 ‘관념적인 인도’라고 하기도 한다.

(1) 현실(現實)의 인도 이는 물건에 대한 사실상의 지배를 실제로 이전하는 것이다. 물건을 건네 주는 것(교부)이 그 전형적인 예이다. 구체적인 경

우에 사실상의 지배가 이전되었는지는 사회통념에 의하여 판단한다. 그 결과 물건이 들어 있는 창고의 유일한 열쇠를 넘겨주는 것도 현실의 인도로 본다.

(2) 간이인도(簡易引渡)　양수인이 이미 그 동산을 점유하는 때에는 현실의 인도가 없이도 당사자의 의사표시만으로 소유권의 이전이 일어나는데(제188조 제2항), 이 경우에 인정되는 인도를 '간이인도'라고 한다. **예를 들어** 甲이 乙로부터 노트북을 빌려서 사용하다가, 그 노트북을 매수한 경우를 가정해 보자. 이 경우에 원칙대로 한다면, 甲이 일단 乙에게 빌려온 노트북을 반환하고(빌려서 사용하였으므로, 甲은 乙에게 이를 반환할 채무가 있다), 다시 乙로부터 노트북을 인도받아야 하겠지만(매도인은 매매목적물의 점유를 매수인에게 이전할 의무가 있다), 굳이 그렇게 번거롭게 할 필요없이, 甲과 乙의 소유권 이전에 대한 합의만 있으면 노트북에 대한 점유를 움직이지 않고도 그 소유권이 甲에게 이전된다.

(3) 점유개정(占有改定)　甲이 乙에게 자신 소유의 노트북을 매도하였으나 그 노트북을 매도 후에도 계속 사용할 필요가 있어서 乙로부터 이를 빌리는 경우를 가정해 보자. 이 경우에도 원칙대로 한다면, 일단 甲은 매도인의 의무로서, 乙에게 노트북의 점유를 이전하고, 乙은 이를 인도받은 후 다시 甲에게 빌려 주어 甲이 사용하게 하여야 한다. 그러나 이는 번거로우므로 그냥 甲이 계속 점유하면서, 甲·乙 사이에는 매매계약과 대차계약에 대한 합의만 하는 것이다. 이와 같이 동산에 관한 물권을 양도하는 경우에 당사자의 계약으로 양도인이 그 동산의 점유를 계속하는 때에는 양수인이 인도받은 것으로 보는데(제189조), 이를 점유개정이라고 한다.

점유개정은 실제로 점유가 움직이지 않는 점에서 간이인도와 같다. 그러나 '간이인도'의 경우에는 점유가 인도의 전후(前後)에 계속하여 '양수인'에게 있고, '점유개정'의 경우에는 점유가 계속하여 '양도인'에게 있다는 점에서 둘은 서로 다르다.

(4) 목적물 반환청구권의 양도　甲이 乙에게 빌려준 노트북을 丙에게 매도하였는데, 丙과 乙 사이에서, 乙이 그 노트북을 계속 빌려서 사용하기로 하

는 합의가 있었다고 가정하자. 이 경우에도 원칙대로 한다면, 甲은 乙로부터 노트북을 반환받아 매수인인 丙에게 인도하고, 丙은 인도받은 노트북을 乙에게 다시 빌려주어 사용하는 절차를 밟게 될 것이다. 그러나 어차피 乙이 빌려서 계속 사용할 것이라면 위와 같은 절차는 번거롭다. 그냥 甲과 丙 사이에서 매매계약을 하면서, 나중에 丙이 乙로부터 위 노트북을 반환받기로 하면 간편하다. 이러한 취지에서 민법 제190조는 '제3자가 점유하고 있는 동산에 관한 물권을 양도하는 경우에는 양도인이 그 제3자에 대한 반환청구권을 양수인에게 양도함으로써 동산을 인도한 것으로 본다'고 규정하고 있다.

(5) 인도의 원칙에 대한 예외 동산 소유권 양도에 인도가 필요하다고 하는 원칙에는 예외가 있다. 먼저 일정규모 이상의 선박에 대해서는 등기를 대항요건으로 하고 있고(상법 제743조; 선박등기법 제2조), 그보다 작은 선박의 소유권변동은 등록하여야 효력이 생긴다(선박법 제8조의2). 그리고 자동차와 항공기의 소유권 변동은 등록하여야 효력이 생기고(자동차관리법 제6조; 항공법 제5조 제1항), 소형선박·자동차·항공기 및 일정한 건설기계를 목적으로 하는 저당권의 변동도 등록에 의한다(자동차등특정동산저당법 제5조)고 규정하여 민법의 원칙에 예외를 두고 있다.

Ⅲ. 선의취득(무권리자로부터의 취득)

1. 의 의

민법은 제249조에서 '평온, 공연하게 동산을 양수한 자가 선의이며 과실없이 그 동산을 점유한 경우에는 양도인이 정당한 소유자가 아닌 때에도 즉시 그 동산의 소유권을 취득한다'고 하여 동산의 선의취득을 규정하고 있다. 이는 동산의 점유에 공신력을 인정하여 거래의 안전을 보호하기 위한 것이다. 이 제도가 있어서 동산의 경우에는 무권리자로부터 동산을 양수하더라도 일정한 요건하에서 그 동산의 소유권을 취득할 수 있게 된다. 민법이 이와 같이 동산거래에서 '공신의 원칙'을 채택하여 '선의취득'을 인정하는 이유는 동산거래에서의 인도가 공시방법으로서 불완전하기 때문에 거래의 안전을 확보할 필요성이 크기 때문이다. 만약 선의취득규정이 없다면, 모든 동산거래에서도 일일이 매도인이 그 동산의 소유권을 적법하게 보유하고 있는지의 여부를 확인하여야 하는데, 등기부와 같은 공적장부도 없는 동산거래에서는 그 확인이 대부분 곤란하거나, 불가능하여 동산거래가 불가능하거나 크게 위축될 것이기 때문이다.

2. 요 건

선의취득의 요건은 객체에 관한 것, 양수인에 관한 것, 양도인에 관한 것 등으로 나누어 볼 수 있다.

가. 객 체

선의취득의 객체는 동산에 한한다. 그러나 선박·자동차·항공기와 같이 등기·등록으로 공시되는 동산, 명인방법에 의하여 공시되는 수목의 집단이나 미분리의 과실 등은 선의취득의 객체로 되지 않는다. 금전도 동산이기는 하나, 특수성이 있다. 즉 금전은 동산이기는 하나 물건의 속성인 개성을 갖고 있지는 않으며 가치 그 자체이기 때문에 점유가 있는 곳에 소유가 있다고 보아야 한다. 따라서 금전의 경우에는 그 반환은 부당이득반환청구로 해결하면 되므로 굳이 선의취득이 적용될 여지가 없을 것이다. 다만 금전이라도 가치의 표상(지급수단)으로서의 금전이 아니라, 특정한 물건으로서 거래되는 금전(기념주화 등)은 동산으로서 선의취득의 대상이 된다고 본다.

나. 양도인에 관한 요건

먼저 양도인이 동산을 점유하고 있어야 한다. 선의취득은 점유에 공신력을 인정하는 제도이므로 양도인이 점유하고 있을 것이 필요한 것이다. 그리고 양도인은 무권리자이어야 함은 물론이다. 양도인이 권리자인 경우에는 권리자로부터의 권리취득이 될 것이다. 임차인과 같이 점유할 권한이 있지만 소유권이 없는 자는 물론이고, 소유권자이지만 처분권이 없는 자도 무권리자가 된다.

다. 양수인에 관한 요건

양수인이 평온(平穩. 폭력을 쓰지 않음)·공연(公然. 숨기지 않고 드러내 놓음)하게 양수하였어야 하고, 양수함에 있어 선의·무과실이어야 한다. 여기의 선의는 양도인이 무권리자임을 알지 못하는 것이고, 무과실은 양도인이 무권리자임을 모르는 데 과실이 없는 것이다.

또한, 양수인이 점유를 취득하였어야 한다. 양수인이 점유를 취득하는 방법으로서 현실의 인도, 간이인도, 목적물 반환청구권의 양도는 당연히 인정된다. 다만 점유개정에 의한 인도는 위 점유에 해당하지 않는다고 하는 것이 통설과 판례의 태도이다. 그 이유는 점유개정의 경우에는 현실적인 점유의 이전이 없어 여전히 양도인이 종전대로 점유를 하고 있으므로, 양도인의 지배로부터 이탈한 것이라고 볼 수 없는데도 이 경우까지 선의취득을 인정하는 것은 진정한 권리자에게 가혹하기 때문이다. **가령** 甲이 자신의 노트북을 乙에게 매도한 후 乙로부터 이를 다시 빌려 쓰고 있다고 가정하자. 그 상태에서 甲이 다시 위 노트북을 丙에게 매도하고, 다시 丙으로부터 빌려쓰기로 했다면, 이 경우에 丙은 甲이 노트북의 소유권이 없는데도 甲으로부터 매수한 것이므로 매매계약의 효력에 의하여는 소유권을 취득하지 못한다. 그리하여 선의취득의 요건을 갖춘 때에 비로소 소유권을 취득할 수 있을 뿐인데, 점유개정에 의하여서는 선의취득이 인정되지 않으므로, 결국 丙은 소유권을 취득하지 못하게 되는 것이다.

라. 양도행위에 관한 요건

선의취득이 인정되기 위해서는, 양도인이 무권리자라는 점을 제외한 나머지 거래행위는 유효하게 성립하여야 한다. 따라서 거래행위가 무효이거나 취소된 때에는 선의취득은 성립하지 않는다. 상속과 같은 경우에는 선의취득이 인정되지 않는다. 상속은 거래행위가 아니기 때문이다.

3. 효 과

선의취득의 요건이 갖추어지면, 양수인은 그 동산에 관한 물권을 취득한다.

그런데 선의취득하는 물권은 소유권과 질권에 한한다(제249조, 제343조 참조).

4. 도품 및 유실물에 관한 특칙

선의취득의 요건이 갖추어진 경우에도 그 동산이 도품(盜品. 절도나 강도에 의하여 점유를 상실한 물건)이나 유실물(遺失物. 점유자의 의사에 의하지 않고서 그의 점유를 이탈한 물건으로서 도품이 아닌 것)인 때에는, 피해자나 유실자는 도난 또는 유실한 날부터 2년 동안에는 그 물건의 반환을 청구할 수 있다(제250조 본문). 그러나 도품이나 유실물이 금전인 때에는 반환청구를 하지 못한다(제250조 단서). 그리고 양수인이 도품 또는 유실물을 경매나 공개시장에서 또는 같은 종류의 물건을 판매하는 상인에게서 선의로 매수한 때에는, 피해자 또는 유실자는 양수인이 지급한 대가를 변상하여야 그 물건의 반환을 청구할 수 있다(제251조). 선의의 매수인을 보호하기 위한 규정이다.

여기서 피해자 또는 유실자가 반환을 청구할 수 있는 2년 동안 그 소유권이 선의취득자와 원 소유자 누구에게 있느냐가 문제될 수 있는데, 선의취득자에게 있다고 봄이 옳다.

제5절 지상물에 관한 물권변동

I. 입목에 관한 물권변동

입목법에 의하여 소유권보존등기를 받은 수목의 집단은 '입목'(立木)이 되어 토지와 분리하여 양도하거나 저당권의 목적으로 할 수 있다(입목법 제2조, 제3조). 그런데 입목에 관한 물권변동을 어떻게 하는가에 입목법에 규정이 없다. 따라서 민법 제186조·제187조가 입목의 경우에도 적용된다고 보아야 한다.

Ⅱ. 명인방법에 의한 물권변동

명인방법은 수목의 집단과 미분리의 과실 등에 대하여, 판례에 의하여 인정된 공시방법이다. 즉 판례에 의하면 입목을 제외한 수목의 집단과 미분리의 과실 등의 지상물(地上物)은 명인방법이라고 하는 관습법상의 공시방법을 통하여 토지와는 별개의 부동산으로 되고, 또 물권변동도 일어날 수 있다. 공시방법으로서의 명인방법은 여러가지 형태가 있을 수 있다. 등산을 하다보면, 산에 있는 수목들의 여러 곳에 나무껍질을 깎고 '소유자 甲'이라고 먹물로 적어 놓은 것을 가끔 볼 수 있는데, 이러한 방법으로 소유권을 공시하는 것이 명인방법이다. 그 밖에 수목의 집단에 새끼줄을 치고, 군데군데 소유자를 표시한 팻말을 걸은 경우에도 명인방법으로 본다. 그런데 이러한 명인방법은 불완전한 공시방법이므로 소유권 및 그 양도만을 공시할 수 있고, 저당권 기타의 제한물권의 설정은 공시하지 못한다. 그리고 명인방법에 의한 물권변동에도 제186조·제187조의 원리가 적용된다. 따라서 물권행위와 명인방법이 갖추어지면 소유권이 이전된다.

제6절 물권의 소멸

Ⅰ. 서 설

물권의 소멸(절대적 소멸)원인에는 모든 물권에 공통한 것과 각각의 물권에 특유한 것이 있다. 그리고 모든 물권에 공통한 소멸원인으로는 목적물의 멸실, 소멸시효의 완성, 물권의 포기, 혼동, 존속기간의 만료 등이 있는데, 그 중에서 혼동에 관하여만 설명하기로 한다.

Ⅱ. 혼 동

1. 의 의

혼동(混同)이란 서로 대립하는 법률상의 지위 또는 자격이 동일인에게 귀속하는 사실을 말한다. **예를 들면** 채무자가 채권자를 상속하여 채권을 취득하는 경우, 저당권자가 소유권을 취득하는 경우에 그렇다. 이러한 경우 대립되는 양 지위를 병존시키는 것은 무의미하므로(앞서 본 바와 같이 채무자가 채권자를 상속한 경우 양 지위를 병존시키면 자신이 자신에게 채권을 가지고 있는 셈인데 이는 무의미하다) 어느 한 지위를 소멸시키는 것이 혼동이다. 혼동은 채권과 물권에 공통한 소멸원인이기도 하다. 민법은 혼동의 경우에는 원칙적으로 하나의 물권이 소멸하도록 하고, 예외적으로 소멸하지 않는 것으로 규정하고 있다.

2. 소유권과 제한물권의 혼동

동일한 물건에 대한 소유권과 제한물권이 동일인에게 귀속한 때에는, 그 제한물권은 원칙적으로 소멸한다(제191조 제1항 본문). 그리하여 가령 저당권자가 소유권을 취득하거나, 소유권자가 지상권을 상속받으면, 저당권이나 지상권은 소멸한다. 그러나 그 제한물권이 제3자의 권리의 목적이 된 때에는, 제한물권은 소멸하지 않는다(제191조 제1항 단서). **가령** A토지의 소유자는 甲이고, 乙은 위 토지 위에 지상권을 가지고 있으며, 丙은 乙의 지상권에 저당권을 설정했다고 할 때, 甲이 乙의 지상권을 상속받았다고 하더라도 지상권은 혼동을 원인으로 소멸하지 않고 존속한다. 지상권이 저당권의 목적이 되어 있기 때문에, 지상권이 소멸한다면 저당권도 소멸되어 저당권자 丙이 불측의 손해를 입게 되기 때문이다.

3. 제한물권과 그 제한물권을 목적으로 하는 권리의 혼동

가령 지상권 위에 저당권을 가진 자가 그 지상권을 취득한 때에는, 저당권은 소멸한다. 그러나 그 저당권 위에 제3자의 질권이 설정되어 있는 경우에는, 저당권은 소멸하지 않는다. 이러한 경우에도 위의 규정(제191조 제1항)

이 준용되기 때문이다(제191조 제2항).

4. 점유권의 경우

점유권은 본권과 관계없이 목적물에 대한 사실상의 지배상태로 인하여 생기는 권리이기 때문에, 다른 물권과 병존할 수 있는 것이다. 따라서 혼동으로 인하여 소멸하지 않는다(제191조 제3항).

제3장 기본물권(소유권과 점유권)

제1절 점 유 권

I. 서 설

1. 점유제도

민법은 물건을 사실상 지배하고 있는 경우에 사실상 지배를 할 수 있는 법적인 정당한 권한을 가졌느냐의 여부를 묻지 않고 사실상의 지배상태 그 자체에 여러가지의 법률효과(점유보호청구권, 자력구제, 권리의 적법 추정 등)를 주고 있다. 이것이 점유제도이다.

2. 점유와 점유권

민법은 '물건에 대한 사실상의 지배', 즉 '점유'가 있으면 '점유권'(占有權)을 인정한다(제192조 제1항). 이와 같이 점유권도 물건을 사실상 지배하는 때에 인정되는 권리로서 일종의 물권이다. 그런데 그 권리는 다른 물권과는 성질이 크게 다르다. 즉 일반적인 물권은 물건을 지배하고 있는가를 묻지 않고 종국적으로 지배를 정당화할 수 있는 권리인 데 비하여, 점유권은 물건을 지배할 정당한 권리(본권)를 가졌는가를 묻지 않고 '현재 지배하고 상태'에 법적인 보호를 주기 위하여 인정되는 권리이다.

이와 같이 점유권은 점유할 수 있는 권리(점유할 권리), 즉 본권과는 구별된다. 그 결과 '점유할 권리'와 '점유권'을 모두 가지고 있는 자가 있는가 하면(소유자가 점유하는 경우), 점유권은 없이 점유할 권리만 있는 자도 있고(도난 피해자), 점유권만 있고 점유할 권리는 없는 자도 있다(절취한 물건을 점유하고 있는 절도범).

Ⅱ. 점 유

1. 점유의 의의

가. 사실상의 지배

민법상 점유는 물건에 대한 사실상의 지배만 있으면 성립한다(제192조 제1항). 그 외에 어떤 특별한 의사(점유의사)가 필요하지는 않다. 그리고 여기서 '사실상 지배'라는 것은 사회관념상 물건이 어떤 자의 지배 안에 있다고 볼 수 있는 객관적인 관계를 말한다. 사실상의 지배가 있는지의 여부를 인정하는 기준은 물건에 대한 공간적·시간적 관계, 지배의 계속성, 타인의 간섭을 배제할 가능성, 본권관계 등을 고려하여 사회관념에 의하여 판단한다. 그 결과 여행을 떠난 사람이라고 하더라도 자기 집에 있는 물건을 점유하고 있다고 보게 된다. 또 임야에 관하여 소유권이전등기를 마치고 인도받았다면 그 임야 전부를 점유하고 있다고 할 것이다. 건물의 소유자는 그 건물이나 대지를 점거하고 있지 않더라도 건물대지에 대하여 점유가 인정되므로 타인의 대지 위에 자기소유의 가옥을 가진 자는 현실적으로 그 가옥을 점유하고 있지 않더라도 가옥의 부지인 타인의 대지를 점유하고 있다고 본다.

나. 점유설정의사(占有設定意思)

점유가 성립하기 위하여 일정한 점유의사는 필요하지 않다. 그러나 그 의미가 사실상의 지배가 성립하기 위하여서도 아무런 의사가 필요하지 않다는 의미는 아니다. 사실상의 지배가 인정되기 위하여서는 적어도 사실적 지배관계를 가지려는 의사는 있어야 한다. 그러한 의사를 '점유설정의사'라고 한다. 점유설정의사는 법적 의미에서의 의사가 아니라 자연적 의사이므로, 행위능력이 필요하지 않다. 따라서 행위무능력자나 의사무능력자라도 이러한 의사는 가질 수 있다. 이 의사는 명시적일 필요는 없고, 포괄적으로 표시될 수도 있다.

다. 점유의 관념화

사실상의 지배라는 개념을 사회통념에 의해 판단하게 됨으로써, 물건에 대한 사실상의 지배 여부는 물건을 물리적·현실적으로 소지하는 것에 의해서가 아니라, 사회관념상 점유자에게 점유권을 주어 보호할 가치가 있는지의 여부를 중심으로 하는 가치판단의 문제로 관념화되는 경향을 보이고 있다. 민법도 물건에 물리적으로 실력을 미치고 있음에도 불구하고 점유를 인정하지 않는 때가 있고, 또 실제로 실력을 미치고 있지 않음에도 불구하고 점유를 인정하는 때도 있다. 점유보조자(제195조)가 전자의 예이고, 간접점유(제194조), 상속인의 점유(제193조)가 후자의 예이다. 이러한 경우에는 사실상 지배와 점유가 일치하지 않고 있다.

2. 점유보조자

점유보조자(占有補助者)는 타인의 지시를 받아 물건에 대한 사실상의 지배를 하는 자이다(제195조). 가게의 점원이 전형적인 예이다. 이러한 점유보조자의 경우에는, 물건에 대하여 직접 실력을 행사하면서도 사실상의 지배를 인정받지 못하여 점유자로 되지 못한다. 그에게 지시를 하는 타인(가게의 주인)이 점유자(직접점유자)로 된다. 그 타인을 보통 점유주(占有主)라고 한다. 점유주와 점유보조자의 관계를 점유보조관계라고 하는데, 이는 사회적 종속관계 내지 지시·명령에 의한 복종관계를 내용으로 한다.

점유보조자에게 점유를 인정하지 않는 이유는 그를 점유자로서 보호하여야 할 필요성이 없을 뿐만 아니라, 그를 보호할 경우에는 그가 점유주에 대하여 점유권을 행사하는 등의 문제가 생길 수 있기 때문이다.

3. 간접점유

가. 의 의

甲이 그 소유의 가옥을 乙에게 임대해 주어 현재 위 가옥에 乙이 살고 있는 경우, 乙이 위 가옥을 (직접)점유하고 있음은 의문이 없다. 그런데 이 경우 甲도 위 가옥을 점유하고 있다고 볼 수 있는가? 甲도 위 가옥을 점유하고 있으며, 이러한 형태의 점유를 간접점유라고 한다. 이와 같이 간접점유는 점유매개관계(위의 경우 임대차)에 의하여 타인(위의 경우 乙)으로 하여금 물건을 점유하게 한 자(위의 경우 甲)에게 인정되는 점유이다(제194조).

간접점유는 직접점유와 대립되는데, 직접점유는 직접 또는 점유보조자를 통하여 물건을 지배하는 경우에 인정되는 점유인 반면, 간접점유는 점유매개관계에 의하여 타인으로 하여금 물건을 점유하게 한 자에게 인정되는 점유인 것이다. 직접점유자 외에 간접점유자에게도 간접점유라는 형태의 점유권을 인정하는 이유는, 그러한 경우에도 사회관념상 간접점유자가 점유매개자를 통하여 간접적으로 물건에 대하여 지배력을 미치고 있는만큼 점유자로서 보호할 필요가 있다고 보기 때문이다.

나. 효 과

간접점유자는 점유권이 있다(제194조). 따라서 점유에 관한 규정은 그 성질상 적용이 배제되어야 하는 것을 제외하고는 간접점유자에게도 적용된다.

4. 점유의 형태

가. 자주점유(自主占有), 타주점유(他主占有)

자주란 스스로 주인이 되는 것을 말한다. 따라서 자주점유는 소유자처럼 지배할 의사로써 하는 점유, 즉 '소유의 의사'를 가지고 하는 점유이다. 그리고 자주점유가 아닌 점유가 타주점유이다. 어떤 점유가 자주점유인지·타주점유인지를 어떻게 구별할 것인가에 관하여 많은 논란이 있다. **판례**는 '점유자의 내심의 의사에 의하여 결정되는 것이 아니라 점유취득의 원인이 된 권원의 성질이나 점유와 관계있는 모든 사정에 의하여 외형적·객관적으로 결정되는 것'이라고 한다. 따라서 물건의 소유자나 매수인의 점유는 권원의 성질상 자주점유이고, 임차인이나 전세권자의 점유는 권원의 성질상 '타주점유'이다.

점유자는 소유의 의사로 점유하는 것으로, 즉 자주점유로 추정된다(제197조 제1항). 따라서 점유자가 스스로 자신의 점유가 자주점유임을 입증할 책임이 없고, 점유자의 점유가 타주점유임을 주장하는 상대방에게 타주점유의 입증책임이 있다. **판례**는 '매매와 같이 소유권취득의 원인이 될 수 있는 법률행위나 기타의 법률요건이 없이 그와 같은 법률요건이 없다는 사실을 잘 알면서 타인 소유의 부동산을 무단점유한 것이 입증된 경우에는 자주점유의 추정은 깨어진다'고 한다.

자주점유와 타주점유의 구별은 취득시효, 무주물 선점, 점유자의 회복자에 대한 책임 여부를 판단할 경우에 실익이 있다.

나. 선의점유(善意占有), 악의점유(惡意占有)

선의점유는 '점유할 권리, 즉 본권'이 없음에도 불구하고 본권이 있다고 잘못 믿고서 하는 점유이고, 악의점유는 '본권이 없음을 알면서 또는 본권의 유무에 관하여 의심을 품으면서' 하는 점유이다. 점유자는 선의로 점유한 것으로 추정된다(제197조 제1항). 그러나 선의의 점유자가 본권에 관한 소(訴)에서 패소한 때에는, 그 소가 제기된 때부터 악의의 점유자였던 것으로 본다(제197조 제2항). 일반적으로 법률관계에서 선의는 어떤 사실에 대하여 알지 못하는 경우를 말하나, 선의점유에서 선의로 인정되기 위해서는 본권이 있다고 확신한 경우에만 인정되므로 인정범위를 좁히고 있다. 선의점유와 악의점유는 점유자의 과실취득, 취득시효, 선의취득 등의 경우에 구별할 실익이 있다.

다. 과실(過失) 있는 점유, 과실 없는 점유

선의점유에 있어서 본권이 있다고 잘못 믿은 데 과실이 있느냐의 여부에 의한 구별이다. 앞서 본 바와 같이 민법은 점유자에게 소유의 의사, 선의, 평온, 공연은 추정하고 있으나, 무과실에 관하여는 추정규정을 두고 있지 않다. 따라서 자신의 점유가 과실없는 점유라고 주장하는 자가 무과실을 입증하여야 한다는 것이 판례의 태도이다. 학설은 무과실도 추정된다고 보고, 판례의 태도에 반대하는 견해가 많다.

5. 점유권의 효력

가. 권리의 추정

점유자가 점유물에 대하여 행사하는 권리는 적법하게 보유하고 있는 것으로 추정된다(제200조). 한편 점유자는 소유의 의사로 점유한 것으로 추정되므로(제197조 제1항), 위 두 규정을 종합하여, 점유자는 원칙적으로 소유자로 추정된다. 이 점유자의 권리추정은 동산에만 인정되며, 등기된 부동산에 관하여는 등기의 추정력을 받게 된다. 다만 미등기의 부동산에 관해서는 점유의 추정력이 인정된다.

나. 점유자와 회복자(回復者)의 관계

(1) 서 설 타인의 물건을 소유권 기타의 본권 없이 점유하는 자는 본권자가 반환청구권을 행사하면 그 물건을 본권자에게 반환하여야 한다. 그런데 이때 점유자와 본권자(즉, 회복자) 사이에는 해당 물건의 반환 외에 처리하여야 할 문제가 남아 있다, i) 점유자가 점유중에 취득하거나, 취득하지 못한 과실의 처리문제, ii) 점유중에 물건을 멸실·훼손한 경우의 책임 범위 문제, iii) 점유중에 점유자가 그 물건에 비용을 지출한 경우에 본권자에게 상환을 청구하는 문제 등이 그것이다. 민법은 이들에 관하여 명문의 규정을 두고 있다(제201조~제203조). 아래에서 이들을 차례로 살펴보기로 한다.

(2) 과실취득 선의의 점유자는 점유물의 과실을 취득한다(제201조 제1항). 여기서 '선의의 점유자'라 함은 과실수취권을 포함하는 본권(소유권, 지상권, 전세권, 임차권 등)을 가지고 있다고 잘못 믿고 있는 점유자를 가리키며, 과실수취권을 포함하지 않는 본권(질권, 유치권 등)을 가지고 있다고 믿고 있는 자는 이에 해당하지 않는다. 선의의 점유자에게 과실취득권을 인정하는 이유는 이러한 점유자는 자신이 과실수취권이 있다고 믿은 결과 수취한 과실을 소비하는 것이 보통이므로, 나중에 본권자에게 원물을 반환하면서 과실까지 반환케 하는 것은 너무 가혹한 결과가 된다는 것을 든다.

그리고 선의의 점유자가 취득할 수 있는 과실은 천연과실뿐만 아니라, 법정과실이나 물건을 사용하여 얻은 이익도 포함된다. 이 규정이 선의의 점유자에게 적극적인 과실수취권을 인정한 것인가 소극적으로 반환의무를 면제한 것인가의 여부에 대하여 견해가 나뉘고 있으나, 적극적인 과실수취권을 인정한 것으로 보아야 한다. 따라서 소비하지 않고 가지고 있는 과실도 반환할 의무가 없다.

악의의 점유자(폭력 또는 은비에 의한 점유자를 포함)는 수취한 과실을 반환하여야 하며, 소비하였거나 과실(過失)로 인하여 훼손 또는 수취하지 못한 경우에는 그 과실의 대가를 보상하여야 한다(제201조 제2항·제3항). 그리고 선의의 점유자라도 본권에 관한 소에서 패소한 때에는 그 소가 제기된 때부터 악의의 점유자로 의제되므로(제197조 제2항), 패소의 경우에는 소가 제기된 후부터는 악의의 점유자로서의 책임을 진다.

(3) 점유물의 멸실·훼손에 대한 책임 점유물이 점유자의 책임있는 사유로 인하여 멸실 또는 훼손된 경우에는, 악의의 점유자는 그가 자주점유를 하고 있었든 타주점유를 하고 있었든 언제나 손해 전부를 배상하여야 한다(제202조 1문). 그런데 선의의 점유자는 그가 자주점유를 하고 있는 때에는 현존이익을 배상하면 된다(제202조 1문). 그러나 선의의 점유자일지라도 그가 타주점유를 하고 있는 때에는 악의의 점유자와 마찬가지로 손해 전부를 배상하여야 한다(제202조 2문).

(4) 점유자의 비용 상환청구권 점유자가 점유물에 관하여 비용을 지출한 경우에 그 반환을 청구할 수 있는지가 문제된다. 지출한 비용이 필요비이면 점유자는 원칙적으로 그것의 상환을 청구할 수 있다(제203조 제1항 본문). 필요비는 물건의 유지·보존을 위하여 지출한 비용이다. 다만 점유자가 과실을 취득한 때에는 필요비 가운데 통상의 필요비만은 상환을 청구할 수 없다(제203조 제1항 단서). 그에 비하여 점유자가 점유물을 개량하기 위하여 지출한 금액 기타 유익비는 그 가액의 증가가 현존한 경우에 한하여 회복자(본권자)의 선택에 따라 그 지출금액이나 증가액의 상환을 청구할 수 있다(제203조 제2항) 법원은 회복자의 청구에 의하여 상당한 상환기간을 허여할 수 있다(제203조 제3항).

6. 점유보호청구권

가. 의 의

점유보호청구권은 점유가 침해당하거나 침해당할 염려가 있는 때에 그 점유자에게 본권이 있는지를 묻지 않고 그 자체를 보호하기 위하여 인정되는 일종의 물권적 청구권이다. 점유보호청구권에는 다음의 세 가지가 있다.

나. 종 류

(1) 점유물 반환청구권 점유자가 점유의 침탈(侵奪. 점유자가 그의 의사에 의하지 않고서 사실적 지배를 빼앗기는 것)을 당한 경우에 그 물건의 반환 및 손해배상을 청구할 수 있는 권리이다(제204조 제1항). 점유가 침탈된 경우라야 하므로, 사기에 의하여 점유를 상실한 경우나, 간접점유자의 의사에 반하여 직접점유자가 점유를 이전하였을 경우에는 인정되지 않는다.

이 권리는 침탈자나 그의 포괄승계인(상속인 등)에게 행사할 수 있으며, 특정승계인이 악의인 때에는 예외적으로 그에게도 반환청구를 할 수 있다(제204조 제2항 단서). 그리고 이 권리는 침탈을 당한 날부터 1년 안에 행사하여야 한다(제204조 제3항).

(2) 점유물 방해제거청구권 점유자가 점유침탈이 아닌 방법으로 점유를 방해받고 있는 경우에 그 방해의 제거 및 손해배상을 청구할 수 있는 권리이다(제205조 제1항). 이 권리는 방해가 종료한 날부터 1년 안에 행사하여야 한다(제205조 제2항). 그리고 공사로 인하여 점유의 방해를 받은 경우에는, 공사착수 후 1년이 지나거나 그 공사가 완성된 때에는, 방해의 제거를 청구하지 못한다(제205조 제3항).

(3) 점유물 방해예방청구권 점유자가 점유의 방해를 받을 염려가 있는 경우에 그 방해의 예방 또는 손해배상의 담보를 청구할 수 있는 권리이다(제206조 제1항). 이 권리는 방해의 염려가 있는 동안에는 언제라도 행사할 수 있으나, 공사로 인하여 점유의 방해를 받을 염려가 있는 경우에는, 공사 착수 후 1년이 지나거나 그 공사가 완성된 때에는 행사할 수 없다(제206조 제2항, 제205조 제3항).

7. 점유의 소와 본권의 소의 관계

가. 두 소의 의의

점유의 소는 점유보호청구권에 기한 소이고, 본권의 소는 소유권·지상권·전세권·임차권 등 점유할 수 있는 권리에 기한 소이다.

나. 두 소의 관계

점유의 소와 본권의 소는 서로 영향을 미치지 않는다(제208조 제1항). 따라서 두 소를 동시에 제기할 수도 있고, 따로따로 제기할 수도 있다. 그리고 하나의 소에서 패소하여도 다른 소를 제기할 수 있다.

점유의 소는 본권에 관한 이유로 재판하지 못한다(제208조 제2항). 따라서 가령 점유물 반환청구에 대하여 점유침탈자가 점유물에 대한 본권이 있다는 이유로 반환을 거부할 수 없다. 다만 본권을 기초로 반소를 제기하는 것은 허용되므로, 본권자는 반소를 제기하여 권리를 보호받을 수 있다. 따라서 이 조항은 실효성이 별로 없는 조항이다.

8. 자력구제

가. 서 설

자력구제(自力救濟)란 사인이 자기 권리를 보호하거나 실현하기 위하여 국가의 힘을 빌리지 않고 사적 실력을 행사하여 강제하는 것을 말한다. 점유의 경우, 점유자가 자력으로 점유를 방위하거나 침탈당한 점유물을 탈환하는 것을 말한다. 자력구제는 원칙적으로 금지된다. 이를 허용할 경우 법질서 유지가 어렵게 되기 때문이다. 그런데 민법은 예외적으로 점유자에게 일정한 요건하에 자력구제를 허용하고 있다(제209조 참조). 이러한 점유자의 자력구제권은 그 성질상 점유에 대한 침해가 완료되기 전에 인정되는 것이며, 침해가 완료되면 자력구제권은 인정될 여지가 없고, 점유보호청구권이 문제로 된다.

나. 종 류

(1) **자력방위권(自力防衛權)** 점유자는 그 점유를 부정히 침탈 또는 방해하는 행위에 대하여 자력으로써 이를 방위할 수 있다(제209조 제1항). 가령 甲이 乙이 가진 물건을 빼앗아 가려고 하는 경우에는 乙은 당연히 자신의 힘으로 이를 막을 수 있다.

(2) **자력탈환권(自力奪還權)** 점유물이 침탈되었을 경우에 점유자는 일정한 요건하에 이를 탈환, 즉 다시 빼앗아 올 수 있다. 즉 점유물이 부동산인

경우에는 점유자는 침탈 후 '직시'(直時. 객관적으로 가능한 한 신속히) 가해자를 배제하여 이를 탈환할 수 있고, 동산인 경우에는 현장에서 또는 추적하여 가해자로부터 이를 탈환할 수 있다(제209조 제2항).

9. 준 점 유

민법은 물건에 대한 사실상의 지배를 '점유'라고 하여 보호하고 있다. 그런데 민법은 이러한 보호를 '재산권을 사실상 행사'하는 경우에도 인정하고 있다. 즉 '재산권을 사실상 행사'하는 것을 '준점유'(準占有)라고 하면서, 거기에 점유에 관한 규정을 준용하고 있다(제210조).

준점유의 요건은 '재산권'을 '사실상 행사'하는 것이다.

준점유의 객체는 '재산권'에 한한다. 따라서 가족권에는 준점유가 인정되지 않는다. 그리고 재산권이라도 점유를 수반하는 재산권(소유권, 지상권, 전세권, 질권, 임차권 등)은 본래의 점유로서 보호되므로 준점유가 인정될 여지가 없다. 준점유가 인정되는 권리로는 채권, 저당권, 특허권, 상표권, 광업권, 어업권, 지적재산권 등을 들 수 있다.

준점유는 재산권을 '사실상 행사'하여야 한다. 사실상 행사한다는 의미는 거래관념상 재산권이 어떤 자의 사실상의 지배 아래 있다고 볼 수 있는 객관적 사정이 있는 경우를 의미한다. **예를 들면** 채권증서를 소지하고 있거나 예금증서, 도장을 가지고 있는 경우에 예금채권의 준점유가 인정된다.

제2절 소 유 권

I. 총 설

1. 의 의

소유권은 물건의 사용가치와 교환가치를 전면적로 지배할 수 있다는 권리이다.

소유권은 다음과 같은 법적 성질을 가진다.

1) 관 념 성: 소유권은 물건을 현실적으로 지배하는 권리가 아니고 지배할 수 있는 관념적 권리이다.

2) 전 면 성: 소유권은 물건에 대한 총체적 지배권이기 때문에 물건이 가지는 사용가치와 교환가치 전부에 관하여 전면적으로 지배할 수 있는 권리이다.

3) 혼 일 성: 소유권은 여러 권능이 단순히 결합되어 있는 것이 아니고, 소유권이라는 총괄적 권리에서 구체적·개별적 권능이 파생되어 나오므로 혼일성(混一性)이 있다.

4) 탄 력 성: 소유권은 제한물권의 제한을 받으면 일시적으로 그 권능의 일부를 사용할 수 없지만, 그 제한이 소멸하면 본래의 모습으로 되돌아온다.

5) 항 구 성: 소유권은 존속기간이 없으며, 그 자체로 소멸시효에 걸리는 경우는 없다.

2. 소유권의 내용

소유자는 법률의 범위 안에서 그 소유물을 '사용·수익·처분할 권리'가 있다(제211조). 여기서 '사용·수익'이란 물건이 가지는 사용가치를 실현하는 것으로서 물건을 물질적으로 사용하거나 그로부터 생기는 과실(천연과실, 법정과실)을 수취하는 것이다. 그리고 '처분'은 물건이 가지는 교환가치를 실현하는 것인데, 처분에는 물건의 소비·변형·개조와 같은 사실적 처분과, 양도·담보물권의 설정 등과 같은 법률적 처분이 있다.

Ⅱ. 부동산 소유권의 범위

1. 토지 소유권의 경계

어떤 토지가 측량·수로조사및지적에관한법률에 의하여 지적공부에 1필의 토지로 등록되면 그 토지의 소재, 지번, 지목, 지적(토지의 면적) 및 경계는 이 등록으로써 특정된다. 그리하여 토지 소유권의 범위는 특별한 사정이 없는 한 현실의 경계와 관계없이 지적공부상의 경계에 의하여 확정된다.

2. 토지 소유권의 상하(上下)의 범위

토지 소유권은 정당한 이익이 있는 범위 안에서 토지의 상하(上下)에 미친다(제212조). 그러므로 토지 소유자는 지표면뿐만 아니라 지상의 공중이나 지하도 이용할 수 있다. 그러나 공중이나 지하는 정당한 이익이 있는 범위 안에서만 이용할 수 있으며, 정당한 이익이 없는 경우에는 타인의 이용을 금지할 수 없다(항공기의 고공 운행). 즉 소유자의 이익과 공공의 이익을 고려하여 소유자의 정당한 이익을 침해하지 않는 한도에서는 타인도 그 토지의 상공과 지하를 이용할 수 있다.

3. 건물의 구분소유

건물은 1동이 하나의 물건이다. 따라서 일물일권주의의 원칙상 소유권도 건물 1동 전체에 관하여 성립하는 것이 원칙이다. 그런데 아파트나 연립주택 등에서 보듯이, 민법은 1동의 건물을 구획을 나누어 여러 사람이 각각 구분된 부분을 소유하는 것을 인정하고 있다. 이러한 법률관계를 '구분소유'(區分所有)라고 한다. 민법 제215조는 이러한 구분소유에 관하여 소유자 상호간의 관계를 정하고 있다. 위 규정에 의하면, 건물의 공용부분(공동의 벽·계단 등)과 건물 부속물의 공용부분(화단 등)은 각 구분 소유자 전원의 공유로 추정되며(제215조 제1항), 공용부분의 보존비 기타의 부담은 각자의 소유부분의 가액에 비례하여 나누어 부담한다고 한다(제215조 제2항). 제215조는 과거에 규모가 작은 건물을 대상으로 하여 마련된 규정으로서 그 내용이 지나치게 간단하여 그 규정만으로는 오늘날의 중·고층의 대규모 구분소유는 합리적으로 규율할 수가 없다. 그리하여 이러한 구분소유관계를 적절하게 규제하기 위하여 특별법으로 '집합건물의소유및관리에관한법률'이 제정·시행되고 있으나, 이 또한 현실에 맞지 않는 규정이 많아 전면적 개정을 준비중이다.

4. 상린관계

가. 의 의

서로 인접하고 있는 부동산에 있어서 그 소유자가 각기 자기의 소유권을 무한정 주장한다면 소유권간의 충돌만 가져와 오히려 모두 부동산을 제대로 이용할 수 없게 된다. 여기서 서로 인접해 있는 부동산 소유자의 권리를 제한하여 부동산 상호간의 이용의 조절을 꾀할 필요가 있다. 그리하여 두게 된 제도가 상린관계(相隣關係)이다. 따라서 상린관계는 한편으로는 소유권의 제한이면서 다른 한편으로는 소유권의 확장의 의미를 가진다. 상린관계는 본래 부동산 상호간의 이용을 조절하는 것이므로 그에 관한 규정은 부동산의 점유를 기본으로 하는 지상권·전세권에도 준용된다(제290조, 제319조). 그리고 부동산의 임대차에 관하여는 명문규정이 없지만 이를 유추적용하여야 한다.

나. 내 용

(1) 인지 사용청구권(隣地 使用請求權)　　토지 소유자는 경계나 그 근방에서 담 또는 건물을 축조하거나 수선하기 위하여 필요한 범위 내에서 이웃 토지의 사용을 청구할 수 있다(제216조 제1항 본문). 그러나 이웃 사람의 승낙이 없으면 그 주거에 들어가지는 못한다(제216조 제1항 단서). 그리고 이들의 경우에 이웃사람이 손해를 받은 때에는 그는 보상(補償)을 청구할 수 있다(제216조 제2항).

(2) 생활방해(生活放害)의 금지　　토지소유자는 매연, 열기체, 액체, 음향, 진동 기타 이에 유사한 것으로 이웃토지의 사용을 방해하거나 이웃거주자의 생활에 고통을 주지 아니하도록 적당한 조처를 할 의무가 있다(제217조 제1항). 이를 생활방해의 금지라고 한다. 다만 이웃거주자는 위 사태가 이웃 토지의 통상의 용도에 적당한 것인 때에는 이를 인용할 의무가 있다(제217조 제2항).

민법은 위와 같이 생활방해에 관하여 이를 금지하되, 일정한 한도에서는 이를 인용(忍容)할 의무도 있음을 아울러 규정하고 있다.

(3) 수도 등의 시설권　토지소유자는 타인의 토지를 통과하지 아니하면 필요한 수도·소수관·가스관·전선 등을 시설할 수 없거나 과다한 비용을 요하는 경우에는 타인의 토지를 통과하여 이를 시설할 수 있다. 그러나 이로 인한 손해가 가장 적은 장소와 방법을 선택하여 이를 시설할 것이며 타 토지의 소유자의 청구에 의하여 손해를 보상하여야 한다. 또 시설을 한 후 사정의 변경이 있는 때에는 타 토지의 소유자는 그 시설의 변경을 청구할 수 있다. 시설변경의 비용은 토지소유자가 부담한다(제218조).

(4) 주위토지통행권　어느 토지와 공로 사이에 그 토지의 용도에 필요한 통로가 없는 경우에 그 토지소유자는 주위의 토지를 통행 또는 통로로 하지 아니하면 공로에 출입할 수 없거나 과다한 비용을 요하는 때에는 그 주위의 토지를 통행할 수 있고 필요한 경우에는 통로를 개설할 수 있다. 그러나 이로 인한 손해가 가장 적은 장소와 방법을 선택하여야 한다. 다만 통행권자는 통행지 소유자의 손해를 보상하여야 한다(제219조).

그리고 공로에 통하고 있던 토지가 분할이나 일부 양도로 인하여 공로에 통하지 못하게 된 때에는, 그 토지 소유자는 공로에 출입하기 위하여 다른 분할자 또는 양수인의 토지로 통행할 수 있다. 그리고 이 경우에는 보상의 의무가 없다(제220조 제1항·제2항).

(5) 물에 관한 상린관계

(가) 자연적 배수(승수의무와 소통공사권)　토지 소유자는 이웃 토지로부터 자연히 흘러오는 물을 막지 못한다(제221조 제1항). 그리고 높은 곳의 소유자는 이웃 낮은 곳에 자연히 흘러내리는 그 낮은 곳에서 필요로 하는 물을 자기의 정당한 사용범위를 넘어서 막지 못한다(제221조 제2항). 한편, 흐르는 물이 낮은 곳에서 막힌 때에는 높은 곳의 소유자는 자기의 비용으로 소통에 필요한 공사를 할 수 있다(제222조).

(나) 인공적 배수　인공적 배수를 위하여 타인의 토지를 사용하는 것은 원칙적으로 금지된다. 토지 소유자가 저수·배수·인수(引水. 물을 끌어옴)를

위하여 설치한 공작물이 파손되거나 막혀서 타인에게 손해를 가하거나 가할 염려가 있는 때에는, 그 타인은 공작물의 수리·소통 또는 예방에 필요한 청구를 할 수 있다(제223조). 그런데 예외적으로 인공적 배수가 인정되는 때가 있다. 높은 곳의 소유자는 침수된 땅을 말리기 위하여 또는 쓰고 남은 물을 빼기 위하여 공공도로나 하수도에 이르기까지 낮은 곳에 물을 통과하게 할 수 있다(제226조 제1항). 그리고 토지 소유자는 그 소유지의 물을 빼기 위하여 이웃 토지 소유자가 시설한 공작물을 사용할 수 있다(제227조 제1항). 그리하여 우선 토지 소유자는 처마물이 이웃에 직접 낙하하지 않도록 적당한 시설을 하여야 한다(제225조).

(다) 여수(남는 물)의 급여청구권　토지 소유자는 과다한 비용을 들이지 않고서 가용(집에서 쓸 물)이나 토지이용에 필요한 물을 얻기가 곤란한 때에는, 이웃 토지 소유자에게 보상하고서 여수(남는 물)의 급여를 청구할 수 있다(제228조).

(6) 유수(流水)에 관한 상린관계　구거 기타 수류지의 소유자는 대안(건너편 기슭)의 토지가 타인의 소유인 때에는 그 수로나 수류의 폭을 변경하지 못한다(제229조 제1항). 양안의 토지가 수류지 소유자의 소유인 때에는 소유자는 수로와 수류의 폭을 변경할 수 있다. 그러나 하류는 자연의 수로와 일치하도록 하여야 한다(제229조 제2항). 다만 다른 관습이 있으면 그 관습에 의한다(제229조 제3항).

수류지의 소유자가 언을 설치할 필요가 있는 때에는 그 언을 대안에 접촉하게 할 수 있다. 그러나 이로 인한 손해를 보상하여야 한다(제230조 제1항). 대안의 소유자는 수류지의 일부가 자기 소유인 때에는 그 언을 사용할 수 있다. 그러나 그 이익을 받는 비율로 언의 설치·보존의 비용을 분담하여야 한다.

공유하천(公有河川)의 연안에서 농·공업을 경영하는 자는 타인의 용수를 방해하지 않는 범위 안에서 필요한 인수(引水)를 할 수 있고, 이를 위하여 필요한 공작물을 설치할 수 있다(제231조 제1항). 이것이 공유하천용수권(公有河川用水權)이다. 그런데 공유하천용수권은 특정인에게만 인정되는 것이 아니고 공유하천의 연안에서 농·공업을 경영하는 모든 자에게 인정된다. 인수나 공작물로 인하여 하류 연안의 용수권이 방해된 때에는 그 용수권자가 방해의 제거 및 손해배상을 청구할 수 있다(제232조).

(7) 지하수 이용권 상린자는 그 공용에 속하는 원천이나 수도를 각 수요의 정도에 응하여 타인의 용수를 방해하지 아니하는 범위 내에서 각각 용수할 권리가 있다(제235조). 필요한 용도나 수익이 있는 원천이나 수도가 타인의 건축 기타 공사로 인하여 단수, 감수 기타 용도에 장해가 생긴 때에는 용수권자는 손해배상을 청구할 수 있고, 그 공사로 인하여 음료수 기타 생활상 필요한 용수에 장해가 있을 때에는 원상회복을 청구할 수 있다(제236조).

(8) 경계에 관한 상린관계

(가) 경계표·담 인접하여 토지를 소유한 자는 공동비용으로 통상의 경계표나 담을 설치할 수 있다(제237조 제1항). 이 경우 비용은 쌍방이 반씩 부담하나, 측량비용만은 토지의 면적에 비례하여 부담한다(제237조 제2항). 인지소유자는 자기의 비용으로 담의 재료를 통상보다 양호한 것으로 할 수 있으며 그 높이를 통상보다 높게 할 수 있고 또는 방화벽 기타 특수시설을 할 수 있다(제238조). 경계에 설치된 경계표, 담, 구거 등은 상린자의 공유로 추정한다. 그러나 경계표, 담, 구거 등이 상린자 일방의 단독비용으로 설치되었거나 담이 건물의 일부인 경우에는 그러하지 아니하다(제239조).

(나) 경계를 넘은 나뭇가지·나무뿌리 인접지의 수목가지가 경계를 넘은 때에는 그 소유자에 대하여 가지의 제거를 청구할 수 있고, 소유자가 청구에 응하지 아니한 때에는 청구자가 그 가지를 제거할 수 있다. 그리고 인접지의 수목 뿌리가 경계를 넘은 때에는 임의로 제거할 수 있다(제240조).

(다) 토지의 깊이파기 토지소유자는 인접지의 지반이 붕괴할 정도로 자기의 토지를 심굴하지 못한다. 그러나 충분한 방어공사를 한 때에는 그러하지 아니하다(제241조).

(라) 경계선 부근의 공작물 설치 건물을 축조함에는 특별한 관습이 없으면 경계로부터 반 미터 이상의 거리를 두어야 한다. 이를 위반한 경우에는 건물의 변경이나 철거를 청구할 수 있다. 그러나 건축에 착수한 후 1년을 경과하거나 건물이 완성된 후에는 손해배상만을 청구할 수 있다(제242조). 우

물을 파거나 용수, 하수 또는 오물 등을 저치할 지하시설을 하는 때에는 경계로부터 2미터 이상의 거리를 두어야 하며 저수지, 구거 또는 지하실공사에는 경계로부터 그 깊이의 반 이상의 거리를 두어야 한다. 그리고 그 공사를 함에는 토사가 붕괴하거나 하수 또는 오액이 이웃에 흐르지 아니하도록 적당한 조처를 하여야 한다(제244조). 경계로부터 2미터 이내의 거리에서 이웃 주택의 내부를 관망할 수 있는 창이나 마루를 설치하는 경우에는 적당한 차면시설을 하여야 한다(제243조).

Ⅲ. 소유권의 취득

1. 개 관

민법은 제245조 이하에서 소유권의 특수한 취득원인으로 취득시효·선의취득·선점·습득·발견·부합·혼화·가공 등을 규정하고 있다. 이들 가운데 선의취득은 동산 물권변동에서 이미 보았으므로, 그것을 제외한 나머지를 여기서 살펴보기로 한다.

2. 소유권취득의 형태

가. 취득시효

(1) 의 의　취득시효는 물건에 대하여 권리를 가지고 있는 듯한 외관이 일정기간 계속되는 경우에 그것이 진실한 권리에 기한 것인지를 묻지 않고 그 외관상의 권리자에게 권리취득의 효과를 생기게 하는 제도이다. 민법은 취득시효를 소유권에 명문으로 규정하고(제245조, 제246조), 그 밖의 재산권(제248조)에도 준용하고 있다. 소유권의 취득시효는 부동산 소유권의 경우(제245조)와 동산 소유권의 경우(제246조)로 나누어진다.

(2) 부동산 소유권의 취득시효

(가) 두 종류의 취득시효　민법은 제245조에서 부동산 소유권의 취득시효로서 두 종류를 규정하고 있다. 하나는 등기 없이 20년간 점유한 자가 일

정한 요건하에 소유권을 취득하는 것(이를 점유취득시효라고 한다. 제245조 제1항)이고, 다른 하나는 등기부에 소유자로서 등기한 자가 일정한 요건하에 소유권을 취득하는 것이다(이를 등기부 취득시효라고 한다. 제245조 제2항)이다.

(나) 부동산 소유권의 점유 취득시효

1) 요 건

(a) 대 상 물: 부동산 취득시효의 대상물은 부동산이면 된다. 타인의 부동산은 물론이고, 성명 불상자의 부동산, 그리고 자신 소유의 부동산도 대상이 된다.

(b) 점 유: 소유의 의사로 평온·공연하게 점유하여야 한다. 이들 점유는 추정된다(제197조 제1항). 그러나 판례는 점유자가 점유개시 당시에 소유권취득의 원인이 될 수 있는 법률행위 기타 법률요건이 없이 그와 같은 법률요건이 없다는 사실을 잘 알면서 타인 소유의 부동산을 무단점유한 것임이 입증된 경우에는 자주점유의 추정이 깨어지기 때문에, 스스로 자주점유하였음을 입증하지 못하는 한 취득시효를 하지 못하게 된다고 한다.

(c) 20년간의 자주점유: 점유취득시효가 인정되기 위해서는 평온·공연한 자주점유가 20년간 계속되어야 한다.

(d) 등 기: 본래 취득시효는 법률행위가 아닌 물권변동원인이어서 부동산의 취득시효라도 등기 없이 물권변동이 일어나야 한다(제187조 참조). 그런데 민법은 제245조 제1항에서 등기를 하여야 소유권을 취득한다고 규정하고 있어 위 규정의 예외를 두고 있다.

2) 효 과: 시효취득 완성자는 등기를 함으로써 해당 부동산에 대하여 소유권을 취득하게 된다. 본래 취득시효는 법률행위가 아닌 물권변동원인이어서 부동산의 취득시효의 경우 등기 없이 물권변동이 일어나야 하나(제187조 참조). 민법 제245조 제1항에서 등기를 하여야 소유권을 취득한다고 규정하고 있으므로, 등기를 제외한 취득시효의 요건을 모두 갖춘 자(이를 강학상 '취득시효 완성자'라 함)는 등기 전에는 소유권을 취득하지 못하고, 등기청구권을 취득할 뿐이다. 이 등기청구권을 행사하여 등기를 하여야 비로소 소유권을 취득하게 된다고 한다.

그리고 판례에 의하면, 취득시효가 완성되었으나 아직 등기를 하기 전에 제3자가 등기명의인으로부터 부동산을 양수하여 등기를 한 경우에는, 취득시효 완성자는 그 제3자에 대하여 취득시효를 주장할 수 없다고 한다. **예를 들면** 甲명의로 등기되어 있는 A토지에 관하여 乙이 20년 이상 일정한 점유를 하여 취득시효의 요건을 갖추었는데, 乙이 취득시효를 주장하여 자신의 명의로 등기를 하기 전에 甲이 그 토지를 丙에게 팔고 소유권이전등기를 해 주었다고 하자. 이러한 경우에 甲이 한 A토지의 매매는 유효하게 되고, 乙은 丙에게 취득시효를 주장하여 등기말소를 청구할 수 없다.

(다) 등기부 취득시효 등기부 취득시효는 부동산의 소유자로 등기한 자가 10년간 소유의 의사로 평온·공연하게 선의이며 과실없이 그 부동산을 점유한 때에는 그 부동산의 소유권을 취득하게 하는 제도다.

1) 요 건(제245조 제2항 참조)

(a) 주 체: 점유 취득시효와 같다.

(b) 객 체: 부동산이 객체로 된다.

(c) 부동산 소유자로 등기되어 있을 것: 이는 등기부 취득시효의 성질상 당연한 요건이다.

(d) 일정한 요건을 갖춘 점유: 자주점유와 평온·공연한 점유가 필요하다.

(e) 10년간의 점유: 위의 점유가 10년간 계속되어야 한다.

(f) 점유자의 선의·무과실: 여기의 선의는 점유자가 점유를 취득함에 있어서 자기가 소유자라고 믿고 있는 것을 말하며(양도인의 등기에 관한 것이 아님), 무과실은 그렇게 믿는 데 과실이 없는 것이다.

2) 효 과: 위의 요건이 갖추어지면 점유자는 곧바로 부동산의 소유권을 취득한다. 해당 부동산에 관하여 이미 소유자로 등기가 되어 있기 때문에 등기를 해야 하는 문제도 생기지 않는다.

(3) 동산 소유권의 취득시효 10년간 소유의 의사로 평온·공연하게 동산을 점유한 자는 그 소유권을 취득한다(제246조 제1항). 그리고 위의 점유가 선의이며 과실없이 개시된 경우에는 5년이 지난 때에 그 소유권을 취득한다(제

246조 제2항).

(4) 소유권 이외의 재산권의 취득시효 부동산·동산 소유권의 취득시효에 관한 규정(제245조~제247조)은 소유권 이외의 재산권의 취득시효에 준용된다(제248조). 재산권이어야 하므로, 부양청구권 등은 취득시효의 대상이 되지 않으며, 재산권이더라도 '점유를 수반하지 않는 권리'(저당권 등)는 시효취득의 대상이 아니다. 따라서 점유, 또는 준점유가 가능한 일정한 물권(지상권, 계속되고 표현된 지역권, 질권)과 그에 유사한 권리(광업법, 어업권, 지적재산권 등)만이 취득시효의 객체로 된다.

나. 선점·습득·발견

(1) 무주물(無主物)의 선점(先占) 무주(주인이 없는)의 동산을 소유의 의사로 점유한 자는 그 소유권을 취득한다(제252조 제1항). 야생하는 동물은 무주물이므로 야생동물을 잡은 자는 그것들의 소유권을 취득한다. 기르던 야생동물도 다시 야생상태로 돌아가면 무주물이 된다. 그러나 무주의 부동산은 국유(國有)이며(제252조 제2항), 선점의 대상이 아니다. 즉 주인 없는 땅은 국가소유로 되며, 먼저 차지한 사람의 소유로 되지는 않는다.

(2) 유실물의 습득 유실물은 점유자의 의사에 기하지 않고 점유를 이탈한 물건으로서 도품이 아닌 것을 말한다. 습득은 유실물에 대한 점유를 취득하는 것으로, 소유의 의사는 필요하지 않다. 이러한 유실물은 유실물법에 정해진 바에 따라 공고한 후 1년 안에 그 소유자가 권리를 주장하지 않으면 습득자가 그 소유권을 취득한다(제253조). 유실물의 소유자나 그 밖의 권리자가 나타나면 유실물은 그 자에게 반환되어야 하고, 습득자는 소유권을 취득하지 못한다. 그 경우 반환받는 자는 습득자에게 유실물 가액의 100분의 5 내지 100분의 20의 범위 안에서 보상금을 지급하여야 한다(유실물법 제4조).

(3) 매장물의 발견 매장물이라 함은 토지 기타 물건 중에 묻혀 있어서 외부에서 쉽게 발견할 수 없는 상태에 있고 현재 누구의 소유에 속하는지가 분명하지 아니한 물건을 말한다. 발견은 매장물의 존재를 구체적으로 인식함을 의미한다. 이러한 매장물은 유실물법에 정해진 바에 따라 공고한 후 1년

안에 그 소유자가 권리를 주장하지 않으면 발견자가 그 소유권을 취득한다(제254조 본문). 타인의 토지 기타 물건으로부터 발견한 매장물은 그 토지 기타 물건의 소유자와 절반하여 취득한다(제254조 단서). 보상금은 유실물법에서와 같다(유실물법 제13조).

(4) 예 외 학술·기예(技藝) 또는 고고(考古)의 중요한 재료가 되는 물건, 즉 문화재는 선점·습득·발견이 인정되지 않으며, 국유로 된다(제255조 제1항). 그리고 이 경우에 습득자, 발견자 및 매장물이 발견된 토지 기타 물건의 소유자는 국가에 대하여 적당한 보상(報償)을 청구할 수 있다(제255조 제2항).

다. 첨 부(添附)

(1) 의 의 첨부는 어떤 물건에 다른 물건이나(부합·혼화의 경우) 또는 노력이(가공의 경우) 결합하여 사회관념상 분리가 불가능하거나 그 분리에 과다한 비용이 드는 경우 그 물건을 어느 한 사람의 소유에 속하게 하는 법률요건을 말한다. 첨부의 경우에는 복구가 허용되지 않고 하나의 물건으로 다루어지므로, 새로운 소유자가 정해지게 된다. 따라서 당사자 사이의 이해조절, 제3자의 권리보호가 문제된다. 이러한 첨부에는 부합·혼화·가공의 세 가지가 있다.

(2) 종 류

(가) 부 합(付合) 부합은 소유자를 달리하는 수개의 물건이 결합하여 사회관념상 한 개의 물건으로 되고, 그 분리가 사회관념상 불가능하거나 극히 곤란하게 된 경우에 이를 분리시키지 않고 하나의 물건으로 어느 특정인의 소유에 귀속시키는 것을 말한다. 부합에는 부동산에의 부합과 동산 사이의 부합이 있다. 부동산에 다른 물건이 부합한 경우에는, 부동산 소유자가 부합한 물건의 소유권을 취득한다(제256조 본문). **판례**는 주유소의 지하에 매설된 유류저장탱크는 그 토지에 부합되는 것으로 보고 있다. 따라서 토지의 소유자가 유류저장탱크의 소유권을 취득한다. 그러나 임차인·전세권자 등과 같이 자기의 권원(權源)에 기초하여 물건을 부속시킨 경우에는 그 물건의 소유권은 부동산 소유자에게 속하지 않는다(제256조 단서). 다만 이 경우에도 그

물건이 부동산의 구성부분으로 되지 않고 독립성이 있어야 하고, 부속시킨 물건이 부동산의 구성부분이 된 경우에는 그 물건의 소유권은 부동산 소유자에게 귀속된다. 한편 우리 민법상 건물은 토지와 별개의 독립한 부동산이므로, 건물은 토지에 부합하지 않는다. **판례**는 농작물도 토지에 부합되지 않는다고 보고 있다.

동산과 동산이 부합하여 훼손하지 않으면 분리할 수 없거나 그 분리에 지나치게 많은 비용이 드는 경우에는, 부합한 동산들 사이에 주종(主從)을 구별할 수 있는 때에는 합성물의 소유권은 주된 동산의 소유자에게 속하고(제257조 1문), 주종을 구별할 수 없는 때에는 부합 당시의 가액의 비율로 합성물을 공유한다(제257조 2문).

(나) 혼 화(混和) 혼화는 동산과 동산이 서로 섞여서 원물을 식별할 수 없는 것이다. 혼화는 고체인 종류물(예: 곡물·금전)이 섞이는 혼합(混合)과 유동성 종류물(예: 술·기름)이 섞이는 융합(融合)의 두 가지가 있다. 혼화는 본질적으로는 동산간의 부합과 같으므로, 혼화에는 동산 사이의 부합에 관한 규정(제257조)이 준용된다(제258조).

(다) 가 공(加工) 가공은 타인의 동산에 노력을 가하여 새로운 물건을 만드는 것이다. 가공한 물건의 소유권은 원칙적으로 원재료의 소유자에게 속한다(제259조 제1항 본문). 그러나 가공으로 인한 가액의 증가가 원재료의 가액보다 현저히 다액인 때에는, 가공자의 소유로 된다(제259조 제1항 단서). 그리고 가공자가 재료의 일부를 제공하였을 때에는, 그 가액은 증가액에 포함시켜서 계산한다(제259조 제2항).

(라) 구 물건 소유자 및 제3자의 지위 첨부의 결과 소멸하게 되는 구 물건의 소유자는 새로운 소유자에 대하여 부당이득에 관한 규정에 의하여 보상을 청구할 수 있다(제261조).

첨부에 의하여 동산의 소유권이 소멸한 때에는 그 동산을 목적으로 한 다른 권리도 소멸한다. 동산의 소유자가 합성물, 혼화물 또는 가공물의 단독소유자가 된 때에는 구 물건 위의 제3자의 권리는 합성물, 혼화물 또는 가공물에 존속하고 그 공유자가 된 때에는 그 지분에 존속한다.

3. 소유권에 기한 물권적 청구권

가. 소유물 반환청구권

소유자는 그의 소유에 속하는 물건을 점유하는 자에 대하여 반환을 청구할 수 있다(제213조 본문). 그러나 점유자가 그 물건을 점유할 권리(지상권, 전세권, 질권, 유치권, 임차권 등)가 있는 때에는 반환을 청구하지 못한다(제213조 단서).

나. 소유물 방해제거청구권

소유자는 점유침탈 이외의 방법으로 방해하고 있는 자에 대하여 방해의 제거를 청구할 수 있다(제214조).

다. 소유물 방해예방청구권

소유자는 소유권을 방해할 염려가 있는 행위를 하는 자에 대하여 그 예방이나 손해배상의 담보를 청구할 수 있다(제214조).

4. 공동소유

가. 공동소유의 의의와 유형

(1) 의 의 공동소유(共同所有)는 하나의 물건을 2인 이상의 다수인이 공동으로 소유하는 것이다.

(2) 유 형 민법은 공동소유의 유형으로 공유·합유·총유의 세 가지를 규정하고 있다.

(가) 공 유(共有) 공유는 물건의 소유에 관해서만 공동관계에 있을 뿐, 공동소유자 사이에 아무런 인적 결합관계가 없는 공동소유형태이다. 공유에서는 각 공유자는 지분을 가지며, 그 처분은 자유이고, 언제라도 공유물 분할을 청구하여 공동소유관계를 소멸시키고 단독소유로 전환할 수 있다. 이는 개인주의적인 공동소유형태이다.

(나) 합 유(合有) 합유는 조합(합수적 조합)의 소유형태이다. 조합은 단체이기는 하지만 단체성이 약하여 각 구성원의 개성이 단체 속에 전면적으로 흡수되는 정도에 이르지는 않는다. 합유에서도 합유자가 지분을 가지고

있기는 하지만, 그 처분이 제한되고, 또 조합관계가 종료할 때까지는 분할청구도 하지 못한다. 이러한 합유는 총유와 공유의 중간적인 공동소유형태라고 할 수 있다.

(다) 총 유(總有)　총유는 법인 아닌 사단(종중, 교회 등)의 소유형태이다. 총유에서는 소유권의 내용이 관리·처분의 권능과 사용·수익의 권능으로 나뉘어, 앞의 것은 단체에 속하고 뒤의 것은 단체의 구성원에 속하여, 단체의 구성원들은 일정한 범위 내에서 사용·수익의 권능만 가진다. 총유의 경우에는 지분이라는 것이 없고, 구성원의 사용·수익권은 단체의 구성원의 자격이 있는 동안에만 인정된다. 총유는 단체주의적인 공동소유형태이다.

나. 공　유

(1) 공유 및 지분(持分)의 의의　공유는 수인이 지분에 의하여 물건을 소유하는 것이다(제262조 제1항). 甲·乙·丙이 서로 일정 몫의 돈을 내어 하나의 토지를 공동으로 매수하고, 돈을 낸 비율대로 등기를 한 경우 위 토지는 甲·乙·丙의 공유토지가 된다. 따라서 공유의 경우에는 1개의 소유권이 분량적(分量的)으로 나뉘어 여러 사람에게 속하게 된다(양적 분할설). 따라서 지분은 1개의 소유권의 분량적 일부분, 즉 지분은 각 공유자가 목적물에 대하여 가지는 소유의 비율이다. 앞의 예에서, 甲·乙·丙이 1:2:3의 비율로 토지의 구입대금을 부담하였다면, 특별한 사정이 없는 한 甲의 지분은 1/6, 乙의 지분은 2/6, 丙의 지분은 3/6이 되고, 甲·乙·丙은 위 토지의 소유권을 지분비율만큼 가지게 된다.

(2) 공유의 지분　각 공유자의 지분의 비율은 법률의 규정이나 공유자의 의사표시에 의하여 정하여지나, 이들이 없는 경우에는 지분은 균등한 것으로 추정된다(제262조 제2항). 이러한 지분은 실질적으로 소유권과 성질이 같아서 탄력성이 있기 때문에, 공유자가 그의 지분을 포기하거나 상속인이 없이 사망한 때에는 그 지분은 다른 공유자에게 각 지분의 비율로 귀속한다(제267조). 앞의 예에서, 만일 乙이 그 지분을 포기하면, 그의 지분이 국가에 귀속되지 않고, 甲·丙에게 그들의 지분의 비율로 귀속된다. 그 결과 甲의 지분은

'1/6(甲의 고유지분)+2/6×1/4(乙의 지분 2/6를 丙과 1:3의 비율로 나눈 것)'이 되고, 丙의 지분은 '1/6+2/6×3/4'이 된다. 공유자는 그의 지분을 처분할 수 있다(제263조). 그리하여 그의 지분을 양도하거나 담보로 제공하거나 포기할 수 있다. 이때 다른 공유자의 동의는 필요하지 않다.

(3) 공유물의 관리 등

(가) 공유물의 사용·수익　각 공유자는 공유물의 전부를 그의 지분의 비율로 사용·수익할 수 있다(제263조).

(나) 공유물의 관리　각 공유자는 단독으로 보존행위를 할 수 있으나(제265조 단서), 공유물의 이용 및 개량 등 관리에 관한 사항은 공유자의 지분의 과반수로써 결정한다(제265조 본문).

(다) 공유물의 처분·변경　공유물을 처분하거나 변경하려면 공유자 전원의 동의가 있어야 한다(제264조).

(라) 공유물에 대한 부담　공유자는 그 지분의 비율로 공유물의 관리비용 기타 의무를 부담한다. 공유자가 1년 이상 의무이행을 지체한 때에는 다른 공유자는 상당한 가액으로 지분을 매수할 수 있다(제266조).

(마) 공유물의 분할　각 공유자는 언제든지 공유물의 분할을 청구할 수 있다(제268조 제1항 본문). 공유의 경우에는 합유·총유와 달리 공유자 사이에 인적 결합관계가 없기 때문에 공유물 분할의 자유가 인정된다. 다만 민법은 5년 내의 기간으로 분할하지 아니할 것을 약정할 수 있다고 규정하여 최소한의 제한을 두고 있다(제268조 제1항 단서). 위 약정은 갱신할 수 있지만, 그 기간은 갱신한 날로부터 5년을 넘지 못한다(제268조 제2항). 공유물의 분할은 1차적으로 공유자의 협의에 의하여 한다(제268조 제1항, 제269조 제1항). 분할 방법에는 제한이 없으나, 일반적으로 공유물을 양적으로 나누는 방법(현물분할)을 취하지만, 공유물을 매각하여 그 대금을 나누는 방법(대금분할), 또는 공유자 중 한 사람이 다른 공유자의 지분을 양수하여 그 가격을 지급하고 단독소유권을 취득하는 방법(가격배상)으로도 협의할 수 있다. 분할의 방법에 관하여 협의가 되지 않은 때에는, 2차적으로 공유자가 법원에 분할을 청구하여 재판에 의하여 분할을 하게 된다(제269조). 공유물 분할의 소는 형성의 소

이고, 법원의 자유재량에 의한 분할이 허용되는 형식적 형성의 소이다. 분할로 인하여 공유관계는 종료되고, 지분의 교환 또는 매매가 있게 된다. 그리고 분할의 효과는 소급하지 않는다. 또한 공유자는 다른 공유자가 분할로 인해 취득한 물건에 대해 지분의 비율에 따라 매도인과 같은 담보책임을 진다.

다. 합 유

(1) 합유의 의의 합유는 수인이 조합체로서 물건을 소유하는 것이다(제271조 제1항 1문). 합유에 있어서도 공유에서처럼 합유자는 지분을 가진다. 그러나 지분처분의 자유와 분할청구권이 없는 점에서 공유와 다르다.

(2) 합유의 성립 합유가 성립하기 위하여서는 그 전제로서 인적 결합체로서의 조합이 존재하여야 한다. 그리고 조합이 어떤 물건에 대한 소유권을 취득하면 그 물건에 대하여 합유가 성립한다. 한편 조합의 성립원인에는 법률의 규정(신탁법상의 조합, 광업법상의 조합) 또는 계약(동업계약, 계)이 있다. 동업계약의 **예를 들어 보자**. 甲과 乙이 식당을 동업으로 하기로 하고, 甲·乙이 공동으로 돈을 투자하여 건물을 구입하였다. 이 건물이 조합의 합유재산이 되는 것이다.

(3) 합유의 법률관계 합유자의 권리, 즉 지분은 합유물 전부에 미친다(제271조 제1항 2문). 합유관계의 그 밖의 내용은 조합계약에 의하여 정하여진다. 조합계약에서 정한 바 없다면, 다음의 민법규정에 의한다. 합유물에 관한 보존행위는 합유자 각자가 단독으로 할 수 있으나, 합유물을 처분하거나 변경하려면 합유자 전원의 동의가 있어야 한다(제272조). 그리고 합유물에 대한 지분을 처분할 때에도 합유자 전원의 동의가 필요하다(제273조 제1항). 합유관계에서의 지분은 합유자의 권리, 의무의 총체로서, 바로 조합원의 지위를 말한다. 따라서 지분을 처분한다는 것은 조합원의 지위 양도를 의미하기 때문에 합유자 전원의 동의를 요하게 한 것이다. 또한 합유자는 합유물의 분할을 청구하지 못한다(제273조 제2항). 즉 합유재산 전체의 분할은 물론이고 개개의 합유물도 분할하지 못한다.

라. 총 유

(1) 총유의 의의 총유는 법인 아닌 사단(종중, 교회 등)의 사원이 집합체로서 물건을 소유하는 것이다(제275조 제1항). 총유에 있어서는 소유권의 내용이 관리·처분의 권능과 사용·수익의 권능으로 나뉘어, 앞의 것은 구성원의 총체(즉, 단체)에 속하고 뒤의 것은 각 구성원에게 속하게 된다. 총유재산이 부동산인 경우에는 등기하여야 하며, 이때 등기신청은 사단 명의로 그 대표자 또는 관리인이 한다(부등법 제30조).

(2) 총유의 법률관계 총유의 법률관계는 사단의 정관이나 그 밖의 규약에 의하여 규율되나, 이들에 정한 것이 없으면 다음과 같이 된다(제275조 제2항). 총유물의 관리 및 처분은 사원총회의 결의에 의하여 한다(제276조 제1항). 그러나 총유물의 사용·수익은 각 사원이 정관 기타 규약에 따라 이를 할 수 있다(제276조 제2항). 그리고 총유물에 관한 사원의 권리·의무는 사원의 지위를 취득·상실함으로써 당연히 취득·상실된다(제277조).

마. 준공동소유(準共同所有)

준공동소유란 소유권 이외의 재산권이 수인에게 공동으로 귀속하는 경우를 가리킨다. 준공동소유가 인정되는 재산권의 예로는 지상권·전세권·저당권 등의 물권과 주식·광업권·어업권·특허권을 들 수 있다. 그리고 채권에 관하여도 준공동소유가 인정된다. 준공동소유의 형태에는 공동소유와 마찬가지로 준공유·준합유·준총유의 세 가지가 있다. 그리고 이러한 준공동소유에는 공유·합유·총유에 관한 민법 규정이 준용된다. 다만 다른 법률에 특별규정이 있으면 그에 의한다(제278조).

제4장 용 익 물 권

제1절 지 상 권

I. 지상권의 의의와 법적 성질

지상권(地上權)은 타인의 토지에서 '건물 기타 공작물이나 수목을 소유하기 위하여' 그 '토지'를 사용하는 물권이다(제279조). 따라서 그 성질은 물권, 그 중에서도 '용익물권'(用益物權)이며, 타인의 토지상에 성립하는 '타물권'이다. 지상권의 객체는 '토지'에 한정된다. 토지는 일필의 토지임을 원칙으로 하나, 일필의 토지의 일부라도 무방하고, 다만 '등기'하여야 한다. 토지의 지상 또는 지하의 공간을 구분하여 지상권의 목적으로도 할 수 있다(이를 '구분지상권'이라고 한다). '공작물'은 인공적으로 설치된 모든 설비(지하공작물 포함)를 말하며, '수목'은 식림의 대상이 되는 식물로서, 경작의 대상이 되는 식물은 포함되지 않는다는 것이 다수설이다.

지상권에서 토지의 사용대가를 '지료'라고 하는데, 지료의 지급은 지상권의 (성립)요소가 아니다. 따라서 지료를 지급하지 않는 지상권도 있을 수 있다(이 점에서 민법상의 임대차와 차이가 있다. 민법상의 임대차는 반드시 임료가 지급되어야 성립할 수 있다).

II. 지상권의 취득

1. 법률행위에 의한 취득

지상권은 토지 소유자와 지상권자 사이의 지상권설정계약(물권행위)과 등기에 의하여 취득되는 것이 보통이다. 이미 성립된 지상권을 양수할 수도 있을 것이다.

2. 법률행위에 의하지 않는 취득

가. 제187조의 적용

지상권은 상속·공용징수·판결·경매 기타 법률의 규정에 의하여서도 취득될 수 있으며, 이때에는 등기를 필요로 하지 않는다(제187조).

나. 법정지상권(法定地上權)

동일인 소유에 속하였던 토지와 건물이 소유자를 달리하게 된 경우에 '건물소유자를 위하여' 법에 의하여 인정되는 지상권을 '법정지상권'이라고 한다. 법정지상권은 법률의 규정에 의하여 일정한 요건하에서 성립되는 지상권이므로, 등기 없이도 그 효력이 발생한다.

법정지상권이 성립되는 전형적인 **예를 보자**. 甲이 자신의 토지 위에 건물을 지어 소유하고 있던 중, 사업자금이 필요하여 乙은행으로부터 사업자금을 대여받으면서 토지에 대해서만 저당권을 설정해 주었다. 그런데 그 후 사업이 여의치 못하여 甲이 그 대여금을 변제하지 못하자 乙은행은 위 저당권을 실행하여 토지를 경매에 붙였다. 그리고 그 경매절차에서 丙이 위 토지를 경락받아 소유권을 취득하였다. 丙이 자신이 경락받아 소유권을 취득한 토지상에 건축되어 있는 甲의 건물을 철거하고 그 부지를 인도하라고 요구해 온다면, 甲은 丙의 청구에 응하여야 하는가? 위와 같은 문제가 발생하는 것은 토지와 건물의 소유자가 동일인에서 타인으로 바뀌었기 때문이다. 즉 처음에는 甲 소유 토지 위에 甲의 건물이 서 있었기 때문에 토지이용관계를 현실화할 필요가 없었으나, 토지와 건물의 소유자가 다르게 됨으로써 이를 현실화할 필요가 생긴 것이다. 이러한 결과는 토지 소유자였던 甲의 의사와는 관계가 없는 것이다. 만약 건물 소유자인 甲에게 토지를 사용할 권리가 인정되지 않으면, 甲의 건물은 불법한 것이 되어 철거되어야 한다. 이는 건물 소유자에게 극히 불리할 뿐 아니라, 멀쩡한 건물을 철거해야 하므로 사회 경제적으로도 비경제적이다.

이러한 고려에서, 민법은 이러한 경우에는 건물의 소유자에게 지상권을 부여하는 규정을 두고 있는데(따라서 건물의 소유자는 건물을 철거할 필요가 없고, 토지 소유자의 소유권은 그 범위에서 제한을 받는다), 이 지상권이 법정지상권이다.

법정지상권은 우리 민법이 건물을 토지와 별개의 부동산으로 다루고 있는 데서 연유한 제도이다. 현행법상 법정지상권이 성립하는 경우로는 민법이 규정하고 있는 두 가지와 특별법이 규정하고 있는 두 가지가 있다. 그 중 민법이 규정하고 있는 것은 i) 대지와 건물이 동일한 소유자에 속한 경우에 건물에만 전세권을 설정한 후 토지의 소유자가 변경된 때(제305조 제1항), ii) 토지와 그 지상건물이 동일인에게 귀속하는 경우에 토지와 건물 중 어느 하나 또는 둘 모두에 저당권이 설정된 후, 저당권의 실행으로 경매됨으로써 토지와 건물의 소유자가 다르게 된 때(제366조)이고, 특별법에 의한 것으로는 i) 토지 및 그 지상건물이 동일한 소유자에게 속하는 경우에 그 토지 또는 건물에 대하여만 가등기담보권·양도담보권 또는 매도담보권이 설정된 후, 이들 담보권의 실행으로 토지와 건물의 소유자가 다르게 된 때(가등기담보등에관한 법률 제10조), ii) 토지와 입목이 동일인에게 속하는 경우에 경매 기타의 사유로 토지와 입목이 다른 소유자에게 속하게 된 때(입목법 제6조 제1항)에 각 법정지상권이 성립한다고 규정하고 있다.

다. 관습법상의 법정지상권

위 민법과 특별법에서 인정되는 법정지상권 외에, 판례는 일정한 경우에 관습법에 의하여 법정지상권이 성립하는 경우를 인정하는데, 분묘기지권과 관습법상의 법정지상권이 그것이다.

Ⅲ. 지상권의 존속기간

1. 설정행위로 기간을 정한 경우

1) 지상권의 존속기간은 당사자가 설정행위로 자유롭게 정할 수 있다. 다만 지상권의 설정 목적을 실현하기 위하여 최단시간에 관하여는 제한을 두고 있다.

2) 당사자가 지상권의 존속기간을 정하는 경우에는, 그 기간은 다음의 연한보다 단축하지 못하며(제280조 제1항), 당사자가 존속기간을 그 기간보다 짧게 정한 때에는 존속기간이 그 기간까지 연장된다(제280조 제2항).

(a) 석조·석회조·연화조 또는 이와 유사한 견고한 건물이나 수목의 소유를 목적으로 하는 때에는 30년.

(b) 그 밖의 건물의 소유를 목적으로 하는 때에는 15년.

(c) 건물 이외의 공작물의 소유를 목적으로 하는 때에는 5년.

3) 최장기간에 대하여: 지상권에는 최단기간의 제한은 있지만, 최장기간에 대해서는 제한규정 없다. 이에 영구무한의 지상권이 인정되는지에 대해서 긍정하는 견해와 부정하는 견해가 대립되고 있다. 판례는 긍정설의 입장이다.

2. 설정행위로 기간을 정하지 않은 경우

설정행위로 존속기간을 정하지 않은 때에는, 지상물의 종류와 구조에 따라 위 최단 존속기간이 그 존속기간으로 되나(제281조 제1항), 지상권설정 당시에 공작물의 종류와 구조를 정하지 않은 때에는 그 지상권은 '석조, 석회조, 연와조 또는 이와 유사한 견고한 건물' 이외의 건물의 소유를 목적으로 하는 것으로 보므로 존속기간은 15년이 된다(제281조 제2항).

3. 계약의 갱신과 존속기간

가. 갱신계약

지상권의 존속기간이 만료된 경우에 당사자는 계약(갱신계약)에 의하여 이전의 계약을 갱신할 수 있다. 이때 갱신된 계약의 존속기간은 제280조의 최단 존속기간보다 길게 정하는 것은 무방하지만 짧게 정하지는 못한다(제284조).

나. 지상권자의 갱신청구권

지상권이 소멸한 경우에 건물 기타 공작물이나 수목이 현존한 때에는 지상권자는 계약의 갱신을 청구할 수 있다(제283조 제1항). 갱신청구권을 행사할 수 있는 경우는 지상권이 존속기간의 만료로 소멸한 경우에 한하며, 지상권자의 계약위반 등 채무불이행으로 지상권이 소멸한 경우에는 갱신청구권이 인정되지 아니한다. 이 갱신청구권은 형성권이 아니고 청구권이다. 따라서 갱신청구에 의하여 갱신의 효과가 생기지는 않는다. 계약갱신이 거절된 경우 지상권자는 상당한 가액으로 위 공작물이나 수목의 매수를 청구할 수 있다(제283조 제2항). 이 매수청구권은 형성권이므로, 지상권자가 이를 행사하면 매매계약이 성립한다.

Ⅳ. 지상권의 효력

1. 지상권자의 토지사용권

지상권자는 대상이 된 토지에 대하여 이를 사용할 권리가 있고, 토지소유자는 지상권자의 토지 사용을 방해하지 아니할 소극적인 인용의무를 부담한다. 그리고 지상권자에게는 상린관계규정이 적용된다. 지상권에 기초한 물권적 청구권도 인정된다.

2. 투하자본의 회수

지상권은 물권으로서 당연히 양도성을 가진다. 따라서 지상권자는 지상권을 양도할 수도 있고, 지상권의 존속기간중 타에 그 토지를 임대할 수도 있다. 지상권의 양도, 또는 임대를 금지하는 특약은 무효이다. 지상권 위에 저당권을 설정하는 것도 가능하다.

지상권자는 지상물과 지상권을 함께 처분할 수도 있고, 지상권 존속중

지상권을 처분할 수도 있으며, 지상권 소멸시 지상물의 수거와 지상물 매수청구권을 행사하여 투하자본을 회수할 수 있다.

V. 특수지상권

1. 구분지상권

건물 기타 공작물을 소유하기 위하여 타인의 토지의 지하 또는 지상의 공간을 그 상하의 범위를 정하여 사용하는 지상권을 (보통의)지상권과 구별하여 '구분지상권'(區分地上權)이라고 한다(제289조의2). 오늘날 토지의 이용이 입체적으로 이루어져, 그 지하 공간이나(지하상가조성 등), 지상 공간(고압선 시설 등)을 이용하는 일이 많다. 이러한 경우에 토지 전체를 사용하는 통상의 지상권을 설정할 수도 있겠지만, 지하나 지상 공중의 일부만 사용하려는 지상권의 설정 목적에 비추어 보면 낭비적 요소가 많다. 그리하여 고안된 제도가 토지의 지상 또는 지하의 일정한 범위만을 이용하는 것을 목적으로 하는 제도인 구분지상권이다.

2. 분묘기지권

분묘기지권(墳墓基地權)은 타인의 토지에서 분묘를 소유하기 위하여 분묘기지 부분에 해당하는 타인의 토지를 사용할 수 있는 지상권과 비슷한 물권이다. 이것은 관습법상의 물권으로서 판례의 의하여 확립된 것이다.

판례에 의하면, 다음의 세 경우에 분묘기지권이 인정된다고 한다.

1) 소유자의 승낙을 얻어 그의 소유지 안에 분묘를 설치한 경우.

2) 타인 소유의 토지에 그 소유자의 승낙 없이 분묘를 설치한 후 20년간 평온·공연하게 분묘의 기지를 점유함으로써 분묘기지권을 시효취득한 경우.

3) 자기 소유의 토지에 분묘를 설치한 자가 그 토지를 매매 등으로 처분하면서 그 분묘를 이장한다는 특약을 하지 않은 경우.

분묘기지권의 내용은 이미 설치되어 있는 분묘를 소유하기 위해서 분묘를 수호하고 봉제사하는 데 필요한 범위 내에서 해당 토지를 사용할 수 있는 것이다. 분묘기지권의 존속기간은 권리자가 분묘를 수호하고 그 분묘가 존속하고 있는 동안 존속한다고 본다.

3. 관습법상의 법정지상권

앞에서 본 바와 같이 민법과 특별법은 법률상 당연히 지상권이 성립하는 네 가지 경우를 규정하고 있다(법정지상권). 그런데 **판례**는 그 외에도 일정한 경우에는 관습법상 법정지상권이 성립한다고 한다. 판례에 의하면, 관습법상의 법정지상권은 토지와 건물이 동일인 소유에 속하였다가 그 건물 또는 토지의 매각 또는 그 외의 원인으로 인하여 그들의 소유자가 다르게 된 때에는 특히 그 건물을 철거한다는 특약이 없으면 건물 소유자가 당연히 취득하게 되는 법정지상권이다.

전형적인 **예를 들어 본다**. 자기 소유 토지 위에 건물을 소유하고 있던 甲이 乙에게 토지만을 매도하고 등기를 이전해 주었다. 매매계약 당시 토지상의 건물을 철거한다는 특약은 하지 않았다. 乙이 토지의 소유권을 취득한 후, 甲 소유의 건물이 자신의 토지 위에 건축되어 토지의 사용을 방해한다는 이유로 물권적 청구권을 행사하여 건물의 철거 및 부지의 인도를 청구해 오면, 甲은 이에 응하여야 하는가? **판례**에 의하면, 이 경우에 甲은 건물 소유를 위한 관습법상의 법정지상권을 취득하므로, 甲은 지상권자로서 여전히 위 건물을 소유하고 토지를 이용할 수 있다.

관습법상의 법정지상권의 내용은 보통의 지상권과 다르지 않다. 설정계약 없이 인정된다는 점에서 차이가 있을 뿐이다. 따라서 민법의 지상권에 관한 규정이 준용된다.

제2절 지 역 권

I. 지역권의 의의 및 내용

지역권(地役權)은 일정한 목적을 위하여 타인의 토지를 자기의 토지의 편익에 이용하는 물권이다(제291조). 甲토지의 소유자가 乙토지를 통행하거나, 乙토지를 통과하여 인수를 하거나, 甲토지의 전망을 위하여 乙토지상에 건축을 하지 못하게 함으로써 甲토지의 사용가치를 높일 수 있다. 이와 같이 지역권은 두 토지의 존재를 전제로 하며, 그 중 편익을 받는 토지를 요역지(要役地)라고 하고, 편익을 주는 토지를 승역지(承役地)라 한다.

편익의 종류에는 제한이 없으며 통행·인수·전망을 위한 건축금지 등 여러가지가 있다.

지역권은 두 토지의 소유자 사이에서만 인정되는 권리가 아니다. 지역권이 설정된 후의 요역지의 지상권자·전세권자·임차인도 지역권을 행사할 수 있고, 승역지의 지상권자·전세권자·임차인도 지역권의 제한을 받는다.

II. 지역권의 종류

1. 작위 지역권, 부작위 지역권

지역권의 내용이 지역권자가 일정한 행위를 할 수 있는 것이 작위 지역권이고(통행, 인수지역권), 승역지 이용자가 일정한 이용을 하지 않을 의무를 부담하는 것이 부작위 지역권이다(전망지역권).

2. 계속 지역권, 불계속 지역권

지역권의 내용 실현이 끊임없이 계속하는 것이 계속 지역권이고(일정한 통로를 개설한 통행지역권), 권리의 내용을 실현함에 있어서 그때그때 권리자의 행위를 필요로 하는 것이 불계속 지역권이다(통로를 개설하지 않은 통행지역권).

3. 표현 지역권, 불표현 지역권

지역권의 내용의 실현이 외부에 표현되는 것이 표현 지역권이고(통행지역권), 그렇지 않은 것이 불표현 지역권이다(전망지역권).

Ⅲ. 지역권의 취득

지역권은 설정계약과 등기에 의하여 취득되는 것이 보통이나, 지역권의 양수·상속 등을 통하여 취득할 수도 있고, 또한 취득시효에 의하여 취득할 수도 있다. 그런데 취득시효에 의하여 취득될 수 있는 지역권은 계속되고 표현된 것에 한정된다(제294조).

Ⅳ. 특수지역권

민법은 어느 지역의 주민이 집합체의 관계로 각자가 타인의 토지에서 초목·야생물 및 토사의 채취, 방목 기타의 수익을 하는 권리를 특수지역권으로 보고, 그에 대하여는 관습에 의하는 외에 지역권에 관한 규정을 준용하고 있다(제302조).

그러나 위와 같은 권리에 있어서는 편익을 얻는 것은 토지(요역지)가 아니고 어느 지역의 주민, 즉 사람이므로, 그 권리는 지역권이 아니고 일종의 인역권에 해당한다. 따라서 특수지역권이라는 명칭은 바람직하지 않으며, 토지수익권의 준총유라고 하는 것이 좋다.

제3절 전 세 권

I. 서 설

1. 전세권의 의의

전세권(專貰權)은 전세금을 지급하고 타인의 부동산을 점유하여 그 부동산의 용도에 좇아 사용·수익하고, 전세권이 소멸하면 그 부동산 전부에 대하여 후순위권리자 기타 채권자보다 전세금의 우선변제를 받을 권리가 있는 물권이다(제303조 제1항).

우리나라는 종래 타인의 주택이나 건물을 빌려 사용할 때, 사용료(임료)로서 매달 일정한 금액(월세)을 지급하는 대신 일시에 전세금이라는 목돈(주택이나 건물시가의 50~70%에 달할 때도 있다)을 지급한 후 전세기간이 종료하면 이를 돌려받는 관행이 있었다. 이를 전세라고 하는데, 전세권은 이를 물권으로 편성한 것이다. 즉 위와 같은 전세 중 전세권등기를 하면 물권법상의 전세권이 되고, 등기를 하지 않으면 채권적인 전세가 된다. 그리고 물권법상의 전세는 당연히 물권으로서 보호되며, 채권적 전세는 채권법상의 임대차에 해당하는 것인데, 이는 민법 및 주택임대차보호법, 상가임대차보호법 등의 특별법에 의하여 보호된다(동법 제12조 참조).

2. 전세권의 법적 성질

전세권은 물권 중에서 용익물권이므로, 타인의 부동산을 점유하여 그 용도에 좇아 사용·수익하는 권리를 가진다. 당연히 점유할 권리를 포함하며, 상린관계의 규정도 준용된다. 전세금의 지급은 전세권의 필수적인 요소이다(제303조 제1항). 따라서 전세금을 지급하지 않거나 지급하지 않는다고 특약을 한 경우에는, 전세권은 성립하지 않는다. 전세금은 전세권자가 설정자에게 교부하는 금전으로서, 전세권이 소멸하는 때에 다시 반환받는다. 한편 민법은 전세금반환채권의 만족을 위하여 전세권에 우선변제권과 경매청구권을 두고 있다. 이에 비추어 보면 전세권은 전세금채권(전세금반환청구권)을 피담보채권(담보하는 채권)으로 하는 담보물권적인 성질도 가지고 있다고 할 수 있다. 즉 전세권은 본질적으로는 용익물권이지만 담보물권적 성격도 아울러 가진다.

Ⅱ. 전세권의 취득과 존속기간

1. 전세권의 취득

전세권은 부동산 소유자(전세권설정자)와 전세권자 사이의 설정계약과 동기에 의하여 취득되는 것이 보통이다. 그리고 전세금은 전세권의 요소이므로 지급되어야 한다.

2. 전세권의 존속기간

가. 존속기간을 정한 경우

전세권의 존속기간은 당사자가 설정행위에서 임의로 정할 수 있으나, 최장기간과 최단기간에 관하여 일정한 제한이 있다.

전세권의 존속기간은 10년을 넘지 못한다. 당사자의 약정기간이 10년을 넘는 때에는 이를 10년으로 단축한다. 건물에 대한 전세권의 존속기간을 1년 미만으로 정한 때에는 이를 1년으로 한다(제312조 제1항·제2항). 또한 전세권의 설정은 이를 갱신할 수 있다. 그 기간은 갱신한 날로부터 10년을 넘지 못한다(제312조 제3항).

갱신의 특별한 경우로서 법정갱신제도가 있다. 즉 건물의 전세권설정자가 전세권의 존속기간 만료 전 6월부터 1월까지의 사이에 전세권자에 대하여 '갱신거절의 통지' 또는 '조건을 변경하지 아니하면 갱신하지 아니한다는 뜻의 통지'를 하지 아니한 경우에는 그 기간이 만료된 때에 전(前) 전세권과 동일한 조건으로 다시 전세권을 설정한 것으로 본다. 이 경우 전세권의 존속기간은 그 정함이 없는 것으로 본다(제312조 제4항).

나. 존속기간을 약정하지 않은 경우

전세권의 존속기간을 약정하지 아니한 때에는 각 당사자는 언제든지 상대방에 대하여 전세권의 소멸을 통고할 수 있고 상대방이 이 통고를 받은 날로부터 6월이 경과하면 전세권은 소멸한다(제313조).

Ⅲ. 전세권의 처분

전세권은 물권이므로, 당연히 양도성을 가진다. 따라서 전세권자는 전세권을 타인에게 양도 또는 담보로 제공할 수 있고 그 존속기간 내에서 그 목적물을 타인에게 전전세 또는 임대할 수 있다(제306조 본문). 다만 설정행위로 이를 금지할 수는 있다(제306조 단서). 그러나 그 금지의 특약은 등기하여야 제3자에게 대항할 수 있다(부등법 제139조 제1항). 전세권이 양도된 경우 전세권양수인은 전세권설정자에 대하여 전세권양도인과 동일한 권리의무가 있다(제307조). 전세권자가 전전세를 놓거나, 목적물을 타인에게 임대한 경우에는 전세권자의 책임은 가중된다. 즉 그 경우에는 전세권자는 전전세나, 임대하지 않았으면 면할 수 있는 불가항력으로 인한 손해에 대하여도 책임을 진다(제308조).

Ⅳ. 전세권 소멸의 효과

1. 전세금의 반환 및 목적부동산의 양도

전세권이 소멸한 때에는 전세권설정자는 전세권자로부터 그 목적물의 인도 및 전세권설정등기의 말소등기에 필요한 서류의 교부를 받는 동시에 전세금을 반환하여야 한다(제317조). 두 당사자의 의무는 동시이행관계에 있다.

2. 전세금의 우선변제권

전세권설정자가 전세금의 반환을 지체한 때에는, 전세권자는 민사집행법이 정한 바에 의하여 목적부동산의 경매(동법 제264조 제1항의 담보권 실행경매)를 청구할 수 있고(제318조), 후순위권리자 기타 채권자보다 전세금의 우선변제 받을 수 있다(제303조 제1항).

3. 부속물 수거권, 부속물 매수청구권

전세권이 소멸한 때에는 전세권자는 그 목적부동산을 원상으로 회복하여야 하며, 그에 부속시킨 물건은 수거(收去)할 수 있다(제316조 제1항 본문). 그러나 전세권설정자가 그 부속물의 매수를 청구한 때에는, 전세권자는 정당한 이유 없이 거절하지 못한다(제316조 제1항 단서). 이 매수청구권은 형성권이다. 그 부속물건이 전세권설정자의 동의를 얻어 부속시킨 것인 때에는 전세권자는 전세권설정자에 대하여 그 부속물건의 매수를 청구할 수 있다. 그 부속물건이 전세권설정자로부터 매수한 것인 때에도 같다(제316조 제2항).

4. 유익비 상환청구권

전세권자가 목적물을 개량하기 위하여 지출한 금액 기타 유익비에 관하여는 그 가액의 증가가 현존한 경우에 한하여 소유자의 선택에 좇아 그 지출액이나 증가액의 상환을 청구할 수 있다(제310조). 다만 전세권자는 필요비의 상환을 청구할 수는 없다. 전세권자는 목적물의 현상을 유지하고 그 통상의 관리에 속한 수선을 하여야 할 의무를 스스로 부담하기 때문이다(제309조).

제5장 담 보 물 권

제1절 서 설

I. 담보제도

채권은 채권자가 채무자에게 일정한 행위(급부)를 청구할 수 있는 권리이다. 채권은 채무자의 이행행위를 통하여 권리가 실현되고 만족을 얻게 된다. 따라서 채권자들은 채무의 이행을 확실하게 담보할 수 있는 방법이 필요하다. 이러한 제도로 고안된 것이 담보제도(擔保制度)이다. 채권자는 그 변제의 확실을 기하기 위하여 보증인 등의 인적담보를 세우기도 하고, 저당권을 설정하는 등의 물적담보를 취득하기도 한다.

1. 인적 담보

이는 채무의 담보로서 채무자의 책임재산에 제3자의 책임재산을 추가하는 방법에 의한 담보제도이다. 보증채무·연대채무 등이 그에 해당한다. 이러한 인적 담보는 담보목적물이 없어도 이용할 수 있고 또 절차가 간편한 장점은 있으나, 담보하는 사람의 재산상태에 의존하게 되어 담보로서의 효력은 확실하지 않다. 보증인이 파산한다든가, 재산을 타에 처분하는 등으로 빼돌렸을 경우에는 채권자는 담보제도를 이용하였음에도 불구하고 변제를 받을 수 없는 위험에 놓이게 된다.

2. 물적 담보

이는 채무자 또는 제3자의 특정한 재화(물건, 권리)를 가지고 채무의 변제를 담보하는 제도다. 즉 특정의 물건이 가지는 교환가치를 어느 채권자에게 독점적으로 인정하는 담보를 말한다. 물적담보가 설정된 경우, 담보된 범위 안에서는 채권자 평등의 원칙(채권들은 어느것이 우선하지 않고 효력이 같다는 원칙)을 깨뜨려서 다른 채권자보다 우선해서 변제를 받게 한다. 민법상의 담보물권이 그 전형적인 것이다. 이러한 물적 담보는 담보하는 사람의 인적 요소에 의존하지 않고 재화의 객관적 가치에 의하여 담보하게 되어 담보로서 효력이 확실하고, 그 결과 서로 알지 못하는 사람들 사이에서도 이용하게 할 수 있는 기능도 한다. 그러나 그 절차가 복잡하다는 단점도 있다.

Ⅱ. 물적 담보의 종류

물적담보에는 전형적인 담보제도와 비전형적인 담보제도로 나눌 수 있다.

전형적인 담보제도는 담보물의 가치 중 교환가치만 파악하여 제한물권의 형식을 취한다. 민법이나 특별법상의 담보물권이 그에 해당한다. 담보물권에는 당사자의 약정에 의하여 성립하는 약정 담보물권과 법률규정에 의하여 당연히 성립하는 법정 담보물권이 있다. 민법상의 담보물권 중 유치권은 법정 담보물권이나, 질권·저당권은 원칙적으로 약정 담보물권이다.

한편, 비전형적인 담보제도(변칙적 담보제도)는 소유권(또는 기타의 재산권)을 이전하는 방법으로 채권을 담보하는 것이다. **예를 들면** 甲이 乙에게 금전을 빌리면서, 乙의 채권을 담보하기 위하여 甲의 토지의 소유권을 乙에게 이전하되, 乙은 그 소유권을 채권담보의 목적으로 사용하도록 하는 경우이다. 그리고 甲이 乙에게 빌려온 돈을 변제하면, 다시 토지의 소유권을 회복하는 것이다. 이러한 형식의 비전형적인 담보제도는 본래 채권담보를 위한 것이 아닌 제도가 거래계의 필요에 따라 담보제도로서 발전, 이용되어 온 것이다.

Ⅲ. 담보물권

1. 본 질

담보물권은 목적물을 사용·수익하는 데 그 목적이 있는 것이 아니고, 목적물의 교환가치의 취득을 목적으로 하는 것이며, 그리하여 가치권(價値權)이라고 할 수 있다.

2. 특성(통유성: 通有性)

담보물권은 공통적으로 가지고 있는 성질이 있다. 그러나 이들은 모든 담보물권에서 똑같은 것은 아니며 구체적으로는 정도의 차이가 있다.

가. 부종성(附從性)

담보물권은 채권을 담보하기 위한 것이다. 따라서 담보할 채권이 없을 때에는 담보물권도 존재할 이유가 없다. 이와 같이 담보물권은 피담보채권을 전제로 하여서만 성립할 수 있는데, 이것을 담보물권의 부종성이라고 한다. 담보물권이 가지는 부종성 때문에, 피담보채권이 성립하지 않으면 담보물권도 성립하지 않고, 피담보채권이 소멸하면 담보물권도 소멸하게 된다. 부종성은 유치권 등의 법정 담보물권에서는 엄격하게 적용되나, 질권·저당권 등의 경우에는 완화된다.

채권담보를 위하여 저당권을 설정한 경우, 피담보채권이 변제되면 저당권도 소멸하게 되는데, 이는 담보물권의 부종성 때문이다. 이때 저당권설정등기가 말소되지 않았더라도 저당권은 소멸하게 되는 점에 유의해야 한다.

나. 수반성(隨伴性)

甲이 乙에게 대여금채권을 가지고 있고, 그 채권을 위하여 저당권을 설정해 두었다고 가정하자. 甲이 위 대여금채권을 丙에게 양도하면, 甲의 저당권도 丙에게 이전된다. 이와 같이 피담보채권이 이전하면 담보물권도 따라서 이전하고, 피담보채권에 부담이 설정되면 담보물권도 그 부담에 복종하는 성질이 수반성이다. 부종성과 수반성을 합하여 담보물권의 부수성이라고 하기도 한다.

다. 물상대위성(物上代位性)

甲이 乙의 토지에 저당권을 설정해 두었는데 乙의 토지가 수용되면서 보상금이 나오면, 甲의 저당권의 효력은 위 보상금에도 미치게 된다. 이와 같이 담보물권의 목적물의 멸실·훼손·공용징수로 인하여 그에 갈음하는 금전 기타의 물건이 목적물의 소유자에게 귀속하게 된 경우에 담보물권이 그 물건에 존속하는 성질이 있는데(제342조, 제355조, 제370조), 이를 물상대위성이라고 한다. 이 물상대위성은 유치권에는 인정되지 않는다.

라. 불가분성(不可分性)

甲이 乙에게 금 1억원을 빌려주고, 이를 담보하기 위하여 乙의 아파트에 저당권을 설정해 두었다고 가정하자. 乙이 변제기까지 9,500만원을 변제하였으나, 나머지 500만원을 변제하지 못하였을 때, 甲은 저당권을 실행할 수 있는가? 아니면 乙이 채무를 거의 다 변제하였으므로 저당권을 말소해 달라고 청구할 수 있는가? 담보물권자는 피담보채권의 전부를 변제받을 때까지 목적물의 전부에 대하여 담보권을 행사할 수 있다. 담보물권의 이러한 성질을 불가분성이라고 한다. 위의 예에서 甲은 채권 전부를 변제받을 때까지 저당권을 행사할 수 있다. 이 불가분성은 유치권·질권·저당권 모두에 인정된다(제321조, 제343조, 제370조).

제2절 유 치 권

I. 유치권의 의의와 법적성질

1. 의 의

유치권(留置權)이란 '타인의 물건 또는 유가증권을 점유한 자가 그 물건이나 유가증권에 관하여 생긴 채권이 변제기에 있는 경우에 그 채권의 변제를 받을 때까지 그 물건 또는 유가증권을 유치할 수 있는 물권'이다(제320조 제1항).

전형적인 **예를 들어 보자**. 자동차 수리업을 하는 甲은 乙이 수리를 의뢰한 자동차를 수리해 두었다. 그런데 乙이 수리비를 주지는 않으면서 그 자동차의 인도만 구하고 있다. 심지어 乙은 물권은 채권에 우선하는 효력을 가지는데, 자신이 가진 권리는 자동차의 소유권으로서 물권이고, 수리업자 甲이 가지는 권리는 수리비채권에 불과하므로, 甲은 乙의 자동차 인도청구에 응해야 할 의무가 있다는 이유까지 들고 있다. 이 경우 甲이 乙의 청구에 따라 자동차를 인도해 주어야 한다면, 甲으로서는 상당히 억울할 뿐 아니라, 수리비를 받기도 상당히 어려워질 것이다. 乙의 주장은 타당한가? 결론적으로 乙의 주장은 부당하며 甲은 수리비를 받을 때까지 乙에게 자동차를 돌려주지 않을 권리가 있다. 이 권리가 바로 유치권이고, 유치권은 수리비채권을 담보하게 되는 담보물권이다. 이러한 유치권을 인정한 이유는 공평의 원칙을 실현하기 위하여서이다. 즉 '타인의 물건을 점유하는 자가 그 물건 등에 관하여 생긴 채권을 가지는 경우'에 그 채권의 변제를 받기 전에 자기만 물건을 인도하게 하면 채권을 실현하기가 어렵게 되어 불공평하기 때문이다.

2. 법적 성질

가. 물 권

유치권은 단순한 인도거절권이 아니고 '목적물을 점유할 수 있는' 독립한 물권이다. 따라서 유치권자는 채무의 변제를 받을 때까지 '목적물의 소유권이 누구에게 속하든 상관없이' 누구에 대하여도 그 권리를 행사할 수 있다. **앞의 예에서** 실제 자동차의 주인은 丙이라고 가정하자. 丙이 나타나 수리를 의뢰한 사람은 乙이므로 수리비채권은 甲과 乙이 알아서 해결하고, 자신 소유인 자동차는 일단 자신에게 반환해 달라면 甲은 이에 응하여야 하는가? 결론적으로 그렇지 않다. 유치권자는 채무의 변제를 받을 때까지 목적물의 소유권이 누구에게 속하든 상관없이 누구에 대하여도 그 권리를 행사할 수 있기 때문이다. 그런데 유치권은 유치권자가 점유를 상실하면 소멸한다(제328조).

나. 법정물권

앞서 본 예에서 甲과 乙, 또는 甲과 丙은 위 유치권성립에 합의한 바 없다. 그럼에도 甲에게 유치권이 있는 이유는, 유치권은 당사자의 합의에 의하여 성립하는 물권이 아니라, 일정한 요건이 갖추어진 경우에 법에 의하여 당연히 성립하는 물권이기 때문이다. 따라서 유치권이 부동산 위에 성립하는 때에도 등기는 필요하지 않다.

다. 담보물권

유치권은 담보물권이다. 유치권은 목적물을 유치함으로써(반환을 거절하고 자신이 계속 점유함으로써 채무자의 사용기회를 박탈하게 된다) 채무자에게 심리적 압박을 가하여 변제를 간접적으로 강제하는 것을 본체로 한다. 채무자는 상당한 담보를 제공하고 유치권의 소멸을 청구할 수 있다(제327조).

Ⅱ. 유치권의 성립

유치권은 다음과 같은 요건이 갖추어지면 법률상 당연히 성립한다(제320조).

1. 목 적 물

(1) 물건이나 유가증권　　유치권의 목적물로 될 수 있는 것은 물건과 유가증권이다.

(2) 타인의 소유일 것　　유치권의 목적물은 유치권자의 소유이어서는 안 되고, 타인의 소유이어야 한다. 그 타인은 채무자인 것이 보통이겠으나, 제3자이어도 상관없다.

2. 목적물의 점유

(1) 목적물을 점유할 것　　유치권자의 점유는 계속되어야 하며, 유치권자가 점유를 잃으면 유치권은 소멸한다(제328조).

(2) 적법한 점유일 것 　점유가 불법행위에 의하여 시작되지 않아야 한다(제320조 제2항).

3. 변제기가 된 채권의 존재

점유자가 채권을 가지고 있어야 하고, 그 채권이 변제기가 되었어야 한다(제320조 제1항). 채권의 변제기가 되기 전에는 유치권이 생기지 않는다. 변제기가 도래하기 전에 물건을 유치할 수 있다면 실제로는 변제기 전에 선이행을 강요당하는 것과 같기 때문이다. 유익비상환청구에 대하여 법원이 상환기간을 허여한 경우 그 유익비에 관한 유치권은 성립하지 않는다.

4. 채권과 목적물 사이의 견련관계

유치권이 성립하기 위해서는 채권이 유치권의 목적물에 관하여 생긴 것이어야 한다(제320조 제1항). 즉 채권과 목적물 사이에 견련관계(牽連關係)가 있어야 한다. 어떠한 경우에 견련관계를 인정할 것인가에 관하여는 논란이 있으나, 채권이 목적물 자체로부터 발생한 경우와 채권이 목적물의 인도의무와 동일한 법률관계 또는 사실관계로부터 생긴 경우로 보는 것이 통설적 견해다. 판례는 물건으로 인한 손해배상청구권, 물건에 관한 비용상환청구권 등의 경우에 견련관계를 인정하고, 임차보증금 또는 권리금의 반환채권의 경우에는 부정한다.

Ⅲ. 유치권의 효력

1. 유치권자의 권리

가. 목적물을 유치할 권리

유치권자는 채권의 변제를 받을 때까지 목적물을 유치할 수 있다. '유치'한다는 것은 목적물의 점유를 계속하고 인도를 거절하는 것을 의미한다.

나. 경매권과 우선변제권

유치권자는 채권의 변제를 받기 위하여 유치물을 경매할 수 있다(제322

조 제1항; 민사집행법 제274조). 그렇지만 우선변제를 받을 권리는 없다. 다만 유치권자는 채권을 변제받을 때까지 누구에 대해서도 인도를 거절하고 목적물을 유치할 수 있기 때문에 사실상 최우선적으로 변제를 받게 된다.

한편, 유치권자는 정당한 이유있는 때(예를 들면, 경매비용이 목적물의 교환가치보다 더 클 때)에는 감정인의 평가에 의하여 유치물로 직접변제에 충당할 것을 법원에 청구할 수 있다. 이 경우에는 유치권자는 미리 채무자에게 통지하여야 한다(제322조 제2항).

다. 과실수취권

유치권자는 유치물의 과실(천연과실, 법정과실)을 수취하여 다른 채권보다 먼저 그의 채권의 변제에 충당할 수 있다(제323조 제1항 본문). 그런데 과실이 금전이 아닌 경우에는 그것을 경매하여야 한다(제323조 제1항 단서). 과실은 먼저 채권의 이자에 충당하고 그 잉여가 있으면 원본에 충당한다(제323조 제2항).

라. 비용 상환청구권

유치권자가 유치물에 관하여 필요비 또는 유익비를 지출한 때에는, 유치권자는 그 상환을 청구할 수 있다(제325조 제1항·제2항).

2. 유치권자의 의무

1) 유치권자는 선량한 관리자의 주의로 유치물을 점유하여야 한다(제324조 제1항).

2) 유치권자는 채무자의 승낙 없이 유치물을 사용·대여하거나 또는 담보로 제공하지 못한다. 그러나 유치물의 보존에 필요한 사용은 그러하지 아니하다(제324조 제2항).

3) 유치권자가 위의 의무를 위반한 때에는, 채무자는 유치권의 소멸을 청구할 수 있다(제324조 제3항). 이 소멸청구권은 형성권이며, 소멸청구의 의사표시만으로 효력이 생긴다.

제3절 질 권

I. 질권의 의의 및 종류

1. 의 의

질권(質權)이란 '채권자가 채권의 담보로서 채무자 또는 제3자(이를 물상보증인이라 함)가 제공한 동산 또는 재산권을 유치하고, 채무의 변제가 없는 때에는 그 목적물로부터 우선변제를 받는 물권'이다(제329조, 제345조). 질권은 전당포의 경우를 생각하면 이해하기가 쉽다. 甲이 乙의 전당포에 가서 자신의 반지를 담보로 맡기고 금전을 대여받는다. 乙은 甲이 대여금을 변제할 때까지 담보의 목적으로 반지를 점유하고, 만일 甲이 변제를 하지 못하면, 위 반지를 처분하여 그 처분대금으로부터 그의 채권을 우선변제받는다. 이러한 법률관계에서 인정되는 담보물권이 질권이다.

2. 종 류

민법상의 질권, 즉 민사질(民事質)은 여러가지 표준에 의하여 종류를 나눌 수 있다(상법은 상행위에 의하여 생긴 채권을 담보하기 위한 질권으로 이른바 상사질(商事質)을 규정하고 있다(상법 제59조 참조)).

가. 동산질권, 부동산질권, 권리질권

질권은 그것이 성립하는 목적물(객체)에 따라 동산질권·부동산질권·권리질권으로 나눌 수 있다. 그런데 민법은 이들 중 부동산질권은 인정하지 않고, 동산질권(제329조 이하)과 권리질권(제345조 이하)만을 인정한다.

나. 법정질권, 약정질권

질권에는 법률규정에 의하여 당연히 성립하는 법정질권과 당사자의 설정계약에 의하여 성립하는 약정질권이 있다. 그런데 질권은 원칙적으로 약정질권이다.

Ⅱ. 동산질권

1. 동산질권의 성립

동산질권은 예외적으로 법률규정에 의하여 당연히 성립하는 때도 있으나(법정질권. 제648조, 제650조), 원칙적으로는 질권설정 당사자 사이에서의 '질권설정계약과 목적물인 동산의 인도'에 의하여 성립한다('물권행위+공시방법→물권변동'과 같은 형식이다).

가. 동산질권설정계약

질권설정계약의 당사자는 질권자와 질권설정자이다. 질권자는 피담보채권의 채권자에 한정되나, 질권설정자는 채무자 외에 제3자라도 무방하다(제329조 참조). 그러한 제3자를 물상보증인이라고 한다. 甲이 丙의 반지를 乙에게 담보로 맡기고, 금전을 대여받을 경우, 丙이 물상보증인이다. 이와 같이 물상보증인이란 타인의 채무를 위하여 자기의 재산 위에 물적 담보(질권, 저당권, 가등기담보, 양도담보)를 설정하는 자이다. 물상보증인은 채권자에 대하여 채무를 부담하고 있지는 않다. 그러나 채무의 변제가 없으면 담보권의 실행에 의하여 질권 목적물에 대한 소유권 등의 권리를 잃게 된다. 이를 채권법상 '책임을 진다'고 표현한다. 물상보증인이 피담보 채무를 변제하거나 질권의 실행으로 인하여 질물의 소유권을 잃은 때에는 보증채무에 관한 규정에 의하여 채무자에 대한 구상권이 있다.

나. 목적물의 인도

동산질권이 설정되려면 목적물의 인도가 있어야 한다(제188조 제1항, 제330조). 여기의 인도는 반드시 현실의 인도일 필요는 없으며, 간이인도, 목적물 반환청구권의 양도에 의한 인도라도 무방하다. 그러나 질권자는 설정자로 하여금 질물의 점유를 하게 하지는 못하므로(제332조) 점유개정의 방법으로 인도할 수는 없다. 즉 甲이 채권자 乙에게 자신의 반지에 질권을 설정하면서 그 반지를 다시 甲이 빌려 사용하는 것으로 약정하는 경우에는, 질권은 성립하지 않게 된다. 질권은 설정자로부터 목적물의 점유를 빼앗아서 그것의 사용·수익을 금지케 함으로써 채무의 이행을 심리적으로 강제하는 것을 본체로 하는데, 질물을 설정자에게 반환하게 되면 그러한 유치적 효력이 형해화되기 때문이다.

다. 동산질권의 목적물(동산)

동산질권의 목적물은 동산이다. 그러나 양도할 수 없는 동산은 질권의 목적물로 될 수 없다(제331조). 질권에는 우선변제적 효력이 있는데, 양도할 수 없는 물건은 환가하여 우선변제를 받을 수 없기 때문이다.

라. 동산질권을 설정할 수 있는 채권(피담보채권)

피담보채권에 관하여 제한은 없다. 조건부 채권 또는 기한부 채권 등 장래의 채권도 피담보채권으로서의 적격성을 가진다. 일정한 계속적 거래관계로부터 장차 생기게 될 다수의 불특정채권을 담보하기 위하여 설정되는 질권을 '근질'이라고 하며, 그것은 근담보의 일종이다. 민법은 저당권에 관하여는 근저당을 인정하는 명문규정을 두고 있으나(제357조), 질권에 관하여는 규정을 두고 있지는 않다. 그러나 학설은 모두 근질을 인정하고 있다.

2. 동산질권의 효력

가. 질권에 의하여 담보되는 범위

질권은 피담보채권의 원본, 이자, 위약금, 질권실행의 비용, 질물보존의 비용 및 채무불이행 또는 질물의 하자로 인한 손해배상의 채권을 담보한다.(제334조 본문). 그러나 당사자가 다른 약정이 있는 때에는 그 약정에 의한다(제334조 단서). 피담보채권의 전부에 관하여 목적물 전부 위에 효력을 미친다(불가분성),

나. 유치적 효력

질권자는 유친권자와 마찬가지로, 피담보채권 전부의 변제를 받을 때까지 질물을 유치할 수 있다. 그러나 자기보다 우선권이 있는 채권자에게 대항하지 못한다(제335조). 따라서 선순위의 질권자나 기타의 우선권자의 청구로 경매에 붙여진 경우에는, 질권자는 배당만 받을 수 있고, 질물의 인도를 거절하지는 못한다.

다. 우선변제적 효력

동산질권자는 질물로부터 다른 채권자보다 먼저 자기의 채권의 우선변제를 받을 수 있다(제329조). 물론 질권자에 우선하는 다른 질권자나 우선특권자가 있는 때에는, 그 범위에서 질권자의 우선변제권은 제한된다. 수개의 채권을 담보하기 위하여 동일한 동산에 수개의 질권을 설정한 때에는 그 순위는 설정의 선후에 의한다(제333조).

질권자는 채권의 (우선)변제를 받기 위하여 질물을 경매할 수 있다. 다만 정당한 이유있는 때에는 질권자는 감정인의 평가에 의하여 질물로 직접변제에 충당할 것을 법원에 청구할 수 있다(간이변제충당). 이 경우에는 질권자는 미리 채무자 및 질권설정자에게 통지하여야 한다(제338조).

질권자는 질물에 의하여 변제를 받지 못한 부분의 채권에 한하여 채무자의 다른 재산으로부터 변제를 받을 수 있다. 다만 질물보다 먼저 다른 재산에 관한 배당을 실시하는 경우에는 적용하지 아니한다. 그러나 다른 채권자는 질권자에게 그 배당금액의 공탁을 청구할 수 있다(제340조).

라. 유질계약(流質契約)의 금지

질권설정자는 채무변제기전의 계약으로 질권자에게 변제에 가름하여 질물의 소유권을 취득하게 하거나 법률에 정한 방법에 의하지 아니하고 질물을 처분할 것을 약정하지 못한다(제339조). 앞서 본 예에서 甲이 채무를 변제하지 못하면, 乙이 그 반지의 소유권을 그대로 취득하기로 약정하는 것인데, 이러한 계약을 '유질계약'이라고 한다. 주의할 점은 변제기 전의 유질약정만 금지된다는 것이다. 변제기 후 질권자와 설정자가 질물의 처분에 관하여 합의하는 것은 금지되지 않는다.

마. 동산질권자의 전질권(轉質權)

(1) 의의 및 종류　'전질'이란 질권자가 질물 위에 새로이 질권을 설정하는 것을 말한다. 앞서 본 예에서 甲으로부터 질물인 반지를 인도받은 乙이 다시 이 반지를 丙에게 채무담보조로 맡기고 금전을 대여받는 것이다. 전질은

책임전질과 승낙전질의 두 가지가 있다.

(2) 책임전질　책임전질은 질권자가 질권설정자의 승낙 없이 자기의 책임하에 질물 위에 다시 질권을 설정하는 것이다(제336조, 제337조). 책임전질의 경우에는 원래의 '채권과 (원)질권이 함께' 후의 질권의 목적이 되는 것으로 해석된다(채권·질권 공동입질설). 전질권이 성립하기 위해서는 '전질권설정계약+질물의인도'가 필요하다. 그리고 전질권은 피담보채권의 입질을 포함하므로 권리질권 설정의 요건도 필요하다. 전질권은 (원)질권의 권리 범위 내에서 성립 가능하다. 따라서 피담보채권의 액 및 존속기간이 (원)질권의 그것을 초과할 수 없다. 원질권자는 전질하지 않았더라면 면할 수 있는 불가항력으로 인한 손해에 대한 책임을 진다(제336조). 원질권자에게 자신의 책임으로 전질을 할 수 있는 권리를 부여하되, 그러한 권리에 따르는 책임은 가중시키고 있다.

(3) 승낙전질　승낙전질은 질권자가 질권설정자의 승낙을 얻어 질물에 다시 질권을 설정하는 것이다. 앞의 예에서 乙이 甲의 승낙을 얻어 다시 丙에게 甲의 반지를 담보로 맡기고 돈을 대여받는 것이다. 승낙전질은 질물 위에 원질권과는 별개의 새로운 질권을 설정하는 것으로 보아야 한다(질물 재입질설). 따라서 책임전질의 경우와는 달리, 원질권에 의한 제한이 없다.

Ⅲ. 권리질권

1. 서　설

가. 의　의

민법은 질권은 재산권을 목적으로 할 수 있다고 규정하고 있다(제345조 본문). 이것이 권리질권이다. 다만 그러나 부동산의 사용·수익을 목적으로 하는 권리는 질권의 목적으로 할 수 없다(제345조 단서). 권리질권에 관하여는 특약이 없는 한 동산질권에 관한 규정을 준용한다(제355조).

나. 권리질권의 목적

권리질권의 목적이 되는 것은 양도성이 있는 재산권이다(제345조 본문, 제355조, 제331조). 그러나 부동산의 사용·수익을 목적으로 하는 권리(예: 지상권, 전세권, 부동산임차권)는 제외된다(제345조 단서). 따라서 권리질권의 목적이 되는 주요한 것은 채권·주식·무체재산권 등이다.

다. 권리질권의 설정방법

권리질권의 설정은 법률에 다른 규정이 없으면 그 권리의 양도에 관한 방법에 의하여야 한다(제346조).

2. 채권질권

가. 설정방법

채권질권도 권리질권이므로 그 설정은 채권의 양도방법에 의하여야 할 것이다(제346조). 채권증서가 있는 경우에는 그 증서를 교부하여야 한다(제347조).

나. 효력에 있어서 특이한 점

(1) 유치적 효력　　채권질권자도 피담보채권 전부의 변제를 받을 때까지 교부받은 채권증서를 유치할 수 있다(제355조, 제335조). 채권질권에서의 유치적 효력은 설정자로 하여금 그 권리를 행사하지 못하게 하고, 우선변제를 확보하기 위한 처분금지의 수단일 뿐, 목적물을 유치하여 그 사용·수익을 빼앗는다는 유치권 본래의 심리적 강제기능은 거의 없다. 채권은 동산과는 달리 사용으로 인하여 수익을 얻는 경우가 거의 없기 때문이다.

질권설정자는 질권자의 동의 없이 질권의 목적인 권리를 소멸하게 하거나(추심, 면제, 상계 등) 질권자를 해치는 변경(변제기의 연장·이율의 인하 등)을 하지 못한다(제352조).

(2) 우선변제적 효력　　채권질권자는 질권의 목적이 된 채권을 직접 청구할 수 있다(제353조 제1항). 또 민사집행법에 정해진 집행방법에 의하여 질권을 실행할 수도 있다(제354조). 채권질권자는 이 두 가지 방법을 이용하여 입질채권을 실행할 수 있다.

제4절 저 당 권

I. 저당권의 의의

저당권(抵當權)은 채권자가 채무자 또는 제3자(물상보증인)가 채무담보를 위하여 제공한 부동산 기타 목적물의 점유를 이전받지 않은 채 그 목적물을 관념상으로만 지배하다가 채무의 변제가 없는 경우에 그 목적물로부터 우선변제를 받을 수 있는 담보물권이다(제356조). 전형적인 가치권이다. 저당권은 원칙적으로 약정담보물권으로서 우선변제적 효력이 있는 점에서 질권과 같다. 그러나 목적물의 점유는 설정자가 계속하므로 유치적 효력을 가지지 않는 점에서 질권과 다르다.

II. 근대적 저당권의 특질

근대적 저당권은 다음과 같은 특질을 가진다고 본다.

(1) 공시의 원칙　저당권은 등기·등록에 의하여 공시되어야 한다는 원칙으로 민법은 이를 채택하고 있다.

(2) 특정의 원칙　저당권은 1개 또는 수개의 현존하는 특정의 목적물 위에만 성립할 수 있다는 원칙으로, 민법은 특정의 원칙을 따르고 있다.

(3) 순위확정의 원칙　저당권의 순위는 등기의 선후에 의하고, 일단 확정된 순위는 선순위 저당권이 소멸된 경우라도 그 순위가 승진하지 않는다는 원칙을 말하는데, 민법은 순위승진의 원칙을 채택하여 위 원칙 중 일부만 수용하고 있다. 민법의 경우를 **예를 들어** 설명해 본다. A부동산에 甲이 1번(1순위)저당권, 乙이 2번저당권, 丙이 3번저당권을 각각 가지고 있다고 하자. 이때 甲의 1번저당권의 피담보채권이 모두 변제되어, 1번저당권이 소멸하면, 순위 승진의 원칙에 의하여, 乙·丙의 저당권은 각 1순위씩 승진하여 이제는 乙이 1번 저당권, 丙이 2번저당권을 보유하게 된다.

(4) 기타의 특질로, 추상화의 원칙(부종성의 배제), 공신의 원칙과 저당권의 증권화를 통하여 유통성을 확보해야 한다는 원칙 등이 있으나 민법은 이를 채택하지 않고 있다.

Ⅲ. 저당권의 성립

1. 개 관

저당권은 법률규정에 의하여 성립하는 예외적인 경우도 있으나(제649조), 원칙적으로 당사자 사이의 '저당권설정의 합의와 등기'에 의하여 성립한다.

2. 저당권설정계약

저당권설정계약의 당사자는 저당권을 취득하는 자(저당권자)와 저당권의 목적물 위에 저당권을 설정하는 부동산 기타 목적물의 소유자(저당권설정자)이다. 저당권자는 원칙적으로 피담보채권의 채권자만이 될 수 있다. 저당권은 담보물권으로서 부종성이 있기 때문이다. 그런데 **판례**는 특별한 사정이 있는 경우에는 제3자 명의의 저당권설정등기도 유효하다고 한다. 저당권설정자는 피담보채권의 채무자인 것이 보통이겠으나, 제3자라도 무방하다(물상보증인의 경우).

3. 저당권설정등기

저당권이 성립하기 위해서는 저당권설정의 합의라는 물권행위 외에 등기를 하여야 한다(제186조).

4. 저당권의 객체(목적)

저당권은 등기 또는 등록으로 공시할 수 있는 것만이 그 객체로 될 수 있다. 따라서 부동산, 부동산 물권(지상권, 전세권), 기타 등기·등록에 의하여 공시되는 동산·재산권 등이 저당권의 객체가 된다.

5. 저당권을 설정할 수 있는 채권(피담보채권)

저당권에 의하여 담보할 수 있는 채권(피담보채권)은 특별한 제한이 없다. 장래의 채권이라도 무방하다. 민법은 '저당권은 그 담보할 채무의 최고액만을 정하고 채무의 확정을 장래에 보류하여 이를 설정할 수 있다'(제357조)고 규정하여, '장래의 불특정한 채권'을 담보하는 저당권인 '근저당'에 관하여는 명문의 규정을 두고 있다. 그러나 '장래의 특정한 채권'(조건부 채권, 기한부 채권 등)을 담보하는 저당권에 관하여는 명문의 규정을 두고 있지 않지만, 이를 인정하는 데 학설과 판례가 일치하고 있다.

Ⅳ. 저당권의 효력

1. 저당권의 효력이 미치는 범위

가. 목적물의 범위

저당권의 효력은 저당부동산에 부합된 물건과 종물에 미친다. 그러나 법률에 특별한 규정 또는 설정행위에 다른 약정이 있으면 그러하지 아니하다(제358조). 그리고 저당권의 효력은 저당부동산에 대한 압류가 있은 후에 저당권설정자가 그 부동산으로부터 수취한 과실 또는 수취할 수 있는 과실에 미친다. 그러나 저당권자가 그 부동산에 대한 소유권, 지상권 또는 전세권을 취득한 제3자에 대하여는 압류한 사실을 통지한 후가 아니면 이로써 대항하지 못한다. 저당부동산으로부터 생기는 과실(천연과실, 법정과실)은 예외적으로 효력이 미친다(제359조).

나. 저당권에 의하여 담보되는 범위

채권자가 저당권을 실행하여 받을 수 있는 금원의 범위를 말한다.

저당권은 원본, 이자, 위약금, 채무불이행으로 인한 손해배상, 저당권의 실행비용을 담보한다(제360조 본문). 원본과 이자는 그 액수에 상관없이 전액 받을 수 있다. 위약금은 위약금 약정이 있을 경우에 받을 수 있는데, 역시 전액을 받을 수 있다. 다만 채무불이행으로 인한 손해배상만은 제한이 있다. 채무불이행으로 인한 손해배상(지연배상)은 원본의 이행기일이 지난 뒤의 1년분에 한하여 담보된다(제360조 단서). 이와 같이 저당권에 의하여 담보되는 범위는 질권에서보다 좁다(제334조 참조). 그 이유는 저당권은 저당목적물에 대하여 저당권자가 점유를 하지 않고 이를 설정자측에서 사용 수익하므로, 후순위의 저당권이 설정되거나 목적부동산에 관하여 제3자가 이해관계를 갖는 경우가 많게 되므로, 그러한 제3자를 보호가기 위해서이다.

2. 우선변제적 효력

가. 저당권자가 변제를 받는 모습

(1) 서 설 저당권자가 그의 채권을 변제받는 방법으로는 저당권에 기초하여 우선변제를 받는 방법(저당목적물에 대하여 저당권을 실행하여 변제를 받는 방법)과 일반채권자의 자격에서 채무자의 일반재산으로부터 변제를 받는 방법의 두 방법이 있다. 즉 저당권에 의하여 담보되는 채권이 변제기가 되었음에도 불구하고 채무자가 변제하지 않는 경우에는, 저당권자는 저당권의 교환가치를 실현하여(즉, 목적물을 매각, 현금화하여) 그 대금으로부터 다른 채권자에 우선해서 변제를 받을 수 있다(제356조). 그런가 하면 저당권자는 저당권과 관계없이 하나의 채권자로서 채무자의 일반재산으로부터도 변제를 받을 수도 있는 것이다.

이들 가운데 저당권에 기초하여 우선변제를 받을 때에도 i) 저당권자가 스스로 저당목적물에 대하여 저당권을 실행하는 때와, ii) 다른 채권자가 경매신청을 할 때 배당에 참가하여 우선순위에 따라 배당을 받는 두 가지 경우가 있다. 그리고 i)은 다시 저당권자가 경매(담보권 실행경매)에 붙이는 경우와 당사자의 약정에 의하여 실행되는 경우(유저당)로 나누어진다. 차례로 살펴본다.

(2) 담보권 실행경매 민사집행법은 경매에 대하여 두 가지 종류를 규정하고 있다. 하나는 확정판결 등 집행권원에 기초하여 이루어지는 강제경매이고, 다른 하나는 유치권·질권·저당권 등의 담보권에 기초하여 하는 담보권 실행경매가 그것이다. 담보권 실행경매의 절차는 민사집행법이 정하고 있다(동법 제264조~제275조). 저당권자는 이 경매를 신청하여 저당부동산을 매각

하게 한 뒤, 그 매각대금으로부터 우선변제를 받을 수 있는 것이다.

담보권 실행경매에 의하여 저당부동산이 매각되면 그 위에 설정된 저당권은 소멸한다(민사집행법 제268조, 제91조 제2항). 그리고 지상권, 지역권, 전세권, 등기된 임차권은 저당권에 대항할 수 없는 경우에는 매각으로 소멸한다(민사집행법 제268조, 제91조 제3항). 지상권 등이 저당권에 대항할 수 있는지의 여부는 그 성립시기(설정등기를 한 때)에 의하여 결정된다(물권상호간의 우선적 지위는 성립순위에 따라 정해진다). 그리하여 최우선 순위의 저당권보다 후에 성립한 용익권은 모두 소멸한다(용익권이 소멸하지 않으면, 용익권에 제한을 받은 만큼 저당목적물의 재산가치가 감소되기 때문이다). 그러나 최우선 순위의 저당권보다 먼저 성립한 지상권 등은 소멸하지 않으며, 이들 권리는 매수인이 인수한 것으로 된다. 다만 전세권의 경우에 전세권자가 배당요구를 한 때에는, 예외적으로 매각으로 전세권이 소멸한다(민사집행법 제268조, 제91조 제4항).

(3) 유저당(流低當) 甲이 乙에게 금전을 대여하고, 乙의 토지에 대하여 저당권설정계약을 하면서, 만약 乙이 변제기에 돈을 변제하지 못하면, 위 토지를 경매절차없이 甲의 소유로 귀속시키는 특약을 할 수 있다. 또 甲이 위 토지를 임의로 제3자에게 매각할 수 있다는 특약도 할 수 있다. 이러한 계약이 유저당계약이다. 즉 저당권으로 담보된 채무의 변제기가 되기 전에, 저당채무의 불이행이 있으면 저당부동산의 소유권을 저당권자가 취득하는 것으로 하거나 또는 법률이 정하지 않는 방법(즉, 담보권 실행경매가 아닌 방법)으로 저당부동산을 환가 내지 현금화하기로 약정하는 것을 유저당계약이라고 하고, 그러한 방법에 의한 저당권의 실행이 유저당이다. 민법은 질권에 대해서는 유질계약을 금지하는 규정을 두고 있다(제339조). 반면 유저당에 관하여는 아무런 규정을 두고 있지 않다. 따라서 그것의 유효 여부가 문제되는데, 일반적으로 유저당계약의 유효성은 인정하되, 환가금 중 피담보채권을 초과하는 부분은 채무자에게 반환하여 청산하여야 한다고 해석하여야 할 것이다(즉, 위 토지의 가격이 3억원이고, 피담보채무의 원리금이 2억 5천만원이면, 5천만원은 소유자인 乙에게 반환되어야 한다는 것이다).

(4) 다른 채권자가 경매에 붙인 경우　저당부동산에 관하여 일반채권자가 강제집행을 하거나 저당부동산의 전세권자가 경매를 신청하는 경우, 또는 후순위 저당권자가 저당권을 실행하는 경우도 있다. 이때 선순위 저당권자라 하더라도 이들의 강제집행이나 경매를 막지는 못하며, 그가 가지는 우선순위에 따라 매각대금으로부터 당연히 변제를 받을 수 있을 뿐이다(민사집행법 제268조, 제91조 제2항, 제145조 참조).

나. 저당권자의 우선적 지위(우선순위)

(1) 일반채권자에 대한 관계　저당권자는 일반채권자에 우선한다. 다만 주택임대차보호법상 일정한 요건을 갖춘 주택의 임차인, 미등기 전세권자는 저당권자에 우선한다(동법 제8조, 제12조, 제3조의2).

(2) 전세권자에 대한 관계　저당권의 실행에 의하여 전세권이 소멸하는지의 여부는 최선순위저당권과 전세권과의 성립시기에 좌우된다. 최선순위 저당권보다 전세권이 먼저 성립되었으면, 전세권은 소멸되지 않고, 최선순위 저당권보다 전세권이 후에 성립되었으면, 비록 전세권보다 후에 성립한 저당권에 의하여 경매가 신청되었더라도 저당권은 소멸한다. **예를 들어** 甲의 1번 저당권 뒤에 乙의 전세권이 성립하고, 그 후 丙의 2번저당권, 丁의 3번저당권이 성립한 경우 甲의 신청에 의한 경우는 물론이고, 乙보다 후순위인 丙의 신청에 의하여 경매절차가 진행되더라도 乙의 전세권은 소멸한다. 한편 전세권자가 경매를 실행하면 저당권은 항상 소멸한다(저당권은 교환가치만을 파악하는 순수한 가치권이기 때문이다). 그리고 저당권·전세권이 모두 소멸하는 때에 배당순위는 등기의 선후에 의한다.

(3) 다른 저당권자에 대한 관계　동일한 부동산 위에 여러 개의 저당권이 설정되어 있는 경우에 그 순위는 설정의 선후, 즉 설정등기의 선후에 의한다(제370조, 제333조). 그리하여 후순위 저당권자는 선순위 저당권자가 변제받은 나머지에 관하여만 우선변제를 받을 수 있다. 경매가 후순위 저당권자의 신청에 의하여 행하여진 때에도 같다.

그리고 민법은 저당권에 대하여 순위승진의 원칙을 채택하고 있음은 앞서 설명한 바와 같다. 그리하여 선순위의 저당권이 변제 기타의 사유로 소멸하면 후순위의 저당권은 그 순위가 승진한다.

(4) 국세우선권과의 관계 국세는 원칙적으로 저당권에 의하여 담보된 채권에 우선한다(국세기본법 제35조 제1항 본문). 다만 저당권이 국세의 '법정기일' 전에 등기된 때에는 저당채권이 국세에 우선하게 된다(국세기본법 제35조 제1항 제3호).

3. 일괄경매권(一括競賣權)

토지를 목적으로 저당권을 설정한 후 그 설정자가 그 토지에 건물을 축조한 때에는, 저당권자는 토지와 함께 그 건물에 대하여도 경매를 청구할 수 있다(제365조 본문). 이것이 토지 저당권자의 일괄경매권(一括競賣權)이다. 이러한 일괄경매권이 인정된 주된 이유는, 저당권설정 후에 설정자에 의하여 건물이 신축된 경우에 경매를 쉽게 하고 담보가치를 유지하여 저당권자를 보호하려는 데 있다. 즉 토지에 대해서만 경매가 이루어진다면, 그 토지상에 이미 타인 소유의 건물이 축조되어 있으므로, 토지의 이용이 쉽지 않아 경매가 잘 이루어지지 않거나 토지의 담보가치가 낮아질 것이기 때문에 토지와 건물을 함께 경매를 청구할 수 있게 한 것이다. 그런데 일괄경매를 하는 경우에도 저당권의 우선변제적 효력은 건물에는 미치지 않으므로, 저당권자는 건물의 매각대가로부터는 우선변제를 받지 못한다(제365조 단서).

4. 제3 취득자의 지위

가. 서 설

저당부동산도 저당권이 설정된 것일 뿐 거래가 금지되는 것은 아니다. 그리하여 저당부동산도 타에 매각될 수 있고, 그 위에 지상권·전세권을 취득하는 자도 있을 수 있다. 이와 같이 저당부동산의 양수인이나 저당부동산에 대하여 지상권·전세권을 취득한 제3자를 저당부동산의 제3 취득자라 한다. 저당부동산에 제3 취득자가 있더라도, 채무자가 저당채무를 변제하면 저당권이 소멸하여 제3 취득자에게는 아무런 문제도 생기지 않게 된다. 그런데 채무자가 변제를 하지 못하여 저당권이 실행되면 제3 취득자는 저당부동산에 대한 자신의 권리를 잃게 된다. 이와 같이 제3 취득자는 채무자의 변제 여부에 따른 불안정한 지위를 가지기 때문에, 민법은 그러한 제3자를 보호하기 위하여 다음과 같은 특별규정을 두고 있다.

나. 경매의 매수인이 될 수 있는 자격

저당부동산의 제3 취득자는 저당권을 실행하는 경매에 참가하여 매수인이 될 수 있다(제363조 제2항). 민법은 경매에 참가하는 자에게 특별한 제한을 두고 있지 않으므로, 이는 당연한 조항이다.

다. 제3 취득자의 변제

저당부동산에 대하여 소유권, 지상권 또는 전세권을 취득한 제3자는 저당권자에게 그 부동산으로 담보된 채권을 변제하고 저당권의 소멸을 청구할 수 있다(제364조). 법 규정상으로는 채권을 변제하고 저당권의 소멸을 청구해야 하는 것처럼 되어 있으나, 저당권의 부종성에 의하여, 담보된 채권이 변제되면 저당권은 소멸의 청구에 관계없이 당연히 소멸한다. 그리고 변제한 제3 취득자는 채무자에 대하여 변제한 것의 상환을 청구할 수 있고(구상권), 또 변제에 정당한 이익을 가지는 자이므로 채권자의 권리(저당권)를 취득하게 된다(변제에 의한 대위 중 법정대위. 제481조 참조).

라. 비용 상환청구권

저당물의 제3 취득자가 그 부동산의 보존·개량을 위하여 필요비 또는 유익비를 지출한 때에는 저당물의 경매대가에서 우선상환을 받을 수 있다(제367조).

V. 특수저당권

1. 공동저당

가. 서 설

동일한 채권을 담보하기 위하여 수개의 부동산 위에 설정된 저당권이 공동저당권을 말하는 것으로 복수의 부동산이 동일한 채권의 담보로 되어 있다는 점에서 보통의 저당권과 차이가 있다.

예를 들면 800만원의 채권의 담보로 K부동산(시가 500만원)과 L부동산(시가 500만원)에 저당권을 설정하는 경우를 말한다.

이러한 공동저당권은 앞의 예에서도 보는 바와 같이 K부동산 하나만으로는 800만원 채권의 담보로서 부족하나, K, L 부동산을 함께 담보로 제공하면 위 채권의 담보로서 충분한 경우에 이용되기도 하고(이 경우에는 K, L 부동산을 담보로 제공함으로써 담보가치를 확대시키는 효과를 얻는다), 담보되는 피담보채권이 500만원인 경우에는 채권자로서는 K부동산이 향후에 멸실·훼손되더라도 L부동산으로부터 위 500만원을 회수할 수 있으므로 채권자로서는 위험을 분산시키는 효과도 얻을 수 있으며, 또 두 부동산 중 어느 하나만을 골라서 실행할 수 있는 편의도 있다.

특히 우리나라의 경우에는 서양과 달리 토지와 건물을 각각의 독립된 부동산으로 보기 때문에, 토지와 건물을 일체로서 파악되어야 할 필요가 있을 때에도 공동저당을 이용하게 된다.

공동저당권은 동시에 설정되어야 할 필요는 없으며(즉, K부동산에 대한 저당권은 2010년 1월 1일의 저당권설정계약에 의하여 성립되어 있었는데, 그 후 동일한 채권의 추가담보로 L부동산에 대하여 2010년 2월 1일 저당권설정계약이 체결되는 경우에도 공동저당이 성립된다는 것이다), 순위도 동일할 필요가 없다(즉, 동일한 채권이 K부동산에는 1순위로, L부동산에는 2순위로 저당권이 설정되어도 상관없다는 것이다).

공동저당권에 있어서의 법률관계는 수개의 부동산 위에 1개의 저당권이 있는 것이 아니라, 각 부동산마다 1개의 저당권이 있는 것으로 보므로, 담보물권의 불가분성 원칙에 따라 각 부동산은 동일한 채권 전액을 담보하게 된다.

따라서 앞의 예에서 공동저당권자는 피담보채권 800만원을 회수하기 위하여 K부동산에 대한 저당권을 실행할 것인지, 또는 L부동산에 대한 저당권을 실행할 것인지는 전적으로 공동저당권자의 자유이다. 그러나 K나 L 부동산에 후순위 저당권자가 있는 경우에는 공동저당권자가 K부동산에 대하여 피담보채권을 전액 회수하는 것으로 선택한 경우에는 K부동산의 후순위저당권자는 불이익을 받게 되는 반면, L부동산의 후순위저당권자는 이익을 받게 되는 결과가 된다. 그리하여 우리 민법은 이런 불합리를 해결하기 위하여 제368조를 두어, 공동저당권자의 선택을 존중함과 동시에 후순위채권자 내지 다른 채권자들(일반 채권자가 배당요구를 하여 온 경우 등)의 보호를 위한 대책을 강구하고 있다.

나. 배당에서의 법률관계

(1) 동시배당(**同時配當**)의 경우 민법 제368조 제1항은 공동저당된 각 부동산을 경매하여 그 경매대가를 동시에 배당하는 때에는 각 부동산의 경매대가에 비례하여 피담보채권의 분담을 정하도록 규정하고 있다.

예를 들면 채무자 홍길동 소유의 K부동산(시가 500만원)과 L부동산(시가 500만원)에 1순위로 甲에게 500만원의 공동저당권이 설정되어 있고, K부동산에는 乙이 2순위로 250만원, L부동산에는 丙이 2순위로 250만원의 채권이 있는 경우에 동시배당을 하게 되면(통상의 경우 경매대가와 시가가 일치하지 아니하나, 논의의 편의상 경매대가와 시가가 동일하다고 본다), K와 L 부동산의 피담보채권의 분담액은 경매대가 비율인 1:1(500:500)의 비율로 나뉘게 되므로 甲은 K, L 각 부동산에서 각 250만원(500만원×500/(500+500))을 배당받게 되고, 乙은 K부동산에서 나머지 250만원을, 丙은 L부동산에서 나머지 250만원을 배당받게 된다.

(2) 이시배당(**異時配當**)의 경우 민법 제368조 제2항은 공동저당된 각 부동산 중 일부 부동산이 먼저 경매되어 배당하게 되는 경우 그 경매대가로부터 공동저당권의 피담보채권 전부를 배당하고, 이 경우 차순위 저당권자는 선순위 저당권자가 동시배당시에 변제받을 수 있었던 금액의 한도 내에서 선순위자를 대위하여 저당권을 행사할 수 있다고 규정하고 있다.

위와 같은 규정이 없는 경우를 보자.

예를 들면 채무자 홍길동 소유의 K부동산(경매대가 600만원)과 L부동산(경매대가 400만원)에 1순위로 甲에게 500만원의 공동저당권이 설정되어 있고, K부동산에는 乙이 2순위로 250만원, 丙이 3순위로 100만원, L부동산에는 2순위로 丁이 200만원, 3순위로 戊가 100만원의 저당권을 설정하였다고 하자.

부 동 산	K	L
경매대가	600만원	400만원
1 순위	甲: 500만원	甲: 500만원
2 순위	乙: 250만원	丁: 200만원
3 순위	丙: 100만원	戊: 100만원

이 경우 K부동산이 먼저 경매되는 경우 甲은 500만원을 배당받고, 乙은 100만원을 배당받게 되고, 丙은 한 푼도 배당을 받지 못하게 된다. 그 후 L부동산이 경매되면 甲은 전액 배당받았으므로 丁이 200만원, 戊가 100만원을 배당받게 되고, 잔액 100만원은 소유자 홍길동에게 지급되게 된다.

그러나 만일 L부동산이 먼저 경매되면 甲은 400만원을 배당받게 되고, 丁과 戊는 배당을 받지 못하게 된다. 그 후 K부동산이 경매되면 甲은 나머지 100만원을 배당받게 되고, 乙은 250만원, 丙은 100만원을 각 배당받게 되고, 잔액 150만원을 소유자 홍길동에게 지급되게 된다.

이처럼 공동저당의 수개의 부동산 중 어느 부동산이 먼저 경매되느냐에 따라 각 부동산의 소유자, 후순위저당권자 기타의 이해관계인의 이해득실이 엇갈리게 되므로 이러한 이해관계인들의 이해를 조정하기 위하여 위와 같은 민법 규정을 두게 된 것이다.

위 민법 규정에 의하면, 공동저당된 각 부동산의 분담금액을 동시배당의 경우의 예에서 본 것과 같은 방법, 즉 경매대가의 비례에 따라 정하고, 이시배당시에 공동저당권자가 그 분담금액을 넘어 배당받게 된 부분과 관련하여 다른 저당물에 대하여 가지는 공동저당권자의 권리가 피해를 받은 후순위권리자에게 법률상 당연히 이전되어(위 공동저당권의 이전은 법률의 규정에 의한 것이므로 민법 제187조에 의하여 후순위권리자에게로의 이전등기가 없더라도 공동저당권을 취득한다), 그 후순위권리자가 공동저당권을 대위행사할 수 있도록 하고 있다.

위 예에서 보면, K, L 부동산의 공동저당권에 대한 분담액은 K가 300만원(500만원×600만원/(600만원+400만원)), L이 200만원(500만원×400만원/(600만원+400만원))인데, 甲이 K부동산에서 500만원을 먼저 배당받게 되면 乙은 100만원밖에 배당을 받지 못하게 된다. 이렇게 되면 K부동산의 본래 분담액이 300만원이었을 경우 乙은 250만원, 丙은 50만원을 받을 수 있었음에도 이를 받지 못하게 되는 피해를 보게 된다. 따라서 이 경우에는 민법 제368조 제2항 후문에 따라 乙과 丙은 자기가 피해를 본 150만원과 50만원을, L부동산의 甲에 대한 분담분 200만원을 한도로 하여 甲이 L부동산에 대하여 가지는 저당권을 이전받아 대위행사하게 되는 것이다(이 경우 乙과 丙 사이의 순위는 K부동산에서의 순위에 따라 乙이 丙보다 선순위이다).

이러한 효과는 공동저당권자가 먼저 배당받는 저당물에서 피담보채권을 전액 배당받지 못하고 일부만을 배당받게 되었더라도 당해 공동저당물의 분담금액을 넘어서 배당받기만 하면 발생하게 된다. 즉 위 예에서 보면 L부동산이 먼저 경매되어 甲이 400만원밖에 배당을 받아가지 못하였다고 하더라도 L부동산의 분담금액인 200만원을 초과한다. 이와 같이 甲이 채권액의 전부를 배당받아가지 못하게 되는 경우에도 甲이 L부동산의 분담금액인 200만원을 초과하기만 하면 丁은 민법 제368조 제2항 후단의 권리를 갖게 된다.

2. 근 저 당

가. 의 의

근저당(根抵當. 근저당권)이란 계속적 거래관계(당좌대월계약, 계속적 상품공급계약 등, 이를 기본계약이라고 한다)로부터 생기는 불특정 다수의 채권을 장래의 결산기에 일정한 한도액의 범위 안에서 담보하는 저당권이다(제357조). **예를 들면** 전자대리도매상 甲과 소매상 乙 사이에 甲이 乙에게 계속 상품을 공급하기로 약정되어 있는 경우에, 乙이 甲에게 지급해야 할 금액을 장래의 결산기에 1억원의 한도에서 담보하기로 하는 저당권이 그에 해당한다.

나. 특 질

근저당권은 장래의 증감·변동하는 '불특정·다수'의 채권을 담보하는 점에서, 현재 또는 장래의 '특정한' 채권만을 담보하는 보통의 저당권과 다르다. 그리고 근저당권은 보통의 저당권에서와 달리 소멸에 있어서의 부종성이 인정되지 않는다(제369조 참조). 그리하여 피담보채권이 확정되기 전에 그것이 일시적으로 소멸하더라도 근저당권은 소멸하지 않는다.

다. 근저당권의 설정

근저당권이 성립하기 위해서는 먼저, 채권자와 채무자간에 계속적으로 채권·채무가 발생하는 기본계약이 존재해야 한다. 그리고 설정 당사자 사이에서 그 채권을 담보하기 위한 근저당권 설정의 물권적 합의와 그에 따른 등기를 하여야 성립한다(제186조). 그리고 근저당권의 등기에서는 그것이 근저당권이라는 것을 반드시 등기하여야 한다. 또한 채권의 최고액도 등기하여야 한다(부등법 제140조 제2항 1문). 그런데 이자는 이 최고액에 포함되므로(제357조 제2항), 이자의 등기는 따로 할 수 없다.

라. 근저당권의 효력

근저당권은 피담보채권에 포함되는 채권을 최고액의 범위 안에서 담보한다. 즉 결산기에 확정된 채권액이 최고액을 넘고 있으면 최고액까지 우선변제를 받게 되고, 채권액이 최고액보다 적으면 구체적인 채권액에 관하여 우선변제를 받게 된다. 근저당에서는 채권이 발생·소멸을 되풀이하다가 그 채무가 확정되는 시점의 채무를 최고액의 범위 내에서 담보하는 것이므로 채무가 어느 시기에 확정되는지가 중요하다. 민법은 근저당에서의 피담보채무의 확정시기나, 확정사유에 관하여 아무런 규정을 두고 있지는 않다. 근저당 설정계약에서 원본의 확정시기를 약정한 때에는 그 기간이 만료한 때에 근저당권이 확정되는 것은 의문이 없으나, 그러한 확정시기를 정하지 않은 때에는 문제가 된다. 일반적으로 근저당권자의 경매신청(기본계약에 대한 해지의 의사표시로 볼 수 있기 때문이다), 제3자의 저당부동산에 대한 경매신청(이 경우에는 경락대금완납시에 확정된다는 것이 판례다), 채무자 또는 물상보증인의 파산선고 또는 회사정리절차개시결정이 있을 때 피담보채무가 확정된다고 보고 있다. 판례는 근저당에서 피담보채무가 확정되면, 근저당권은 일반저당권으로 전환된다고 본다.

마. 포괄근저당(包括根抵當)의 유효 여부

근저당에는 기본계약이 필요함은 앞서 설명한 바와 같다. 여기서 하나의 기본계약이 아니라, 거래관계(기본계약)의 종류를 지정하여 그로부터 발생하는 모든 채권을 담보하거나 또는 거래관계의 종류를 특정하지 않고서 채권자가 채무자에 대하여 취득하는 모든 채권을 담보하는 모습의 근저당권도 생각할 수 있는데, 이러한 근저당권을 포괄근저당권이라고 한다. 이러한 포괄근저당은 특히 은행거래에서 많이 이용되고 있다. 포괄근저당의 유효 여부에 관하여는 논란이 있기는 하나 대체로 그 유효성을 인정하고 있다.

제5절 비전형담보

1. 비전형담보의 의의

민법이 규정하는 담보물권이 아니면서 실제의 거래계에서 채권담보의 기능을 수행하고 있는 여러가지 제도를 모두 합하여 비전형담보(非典型擔保. 변칙담보)라고 한다.

2. 특 질

비전형담보의 특징은 채권담보의 목적으로 목적물에 대한 소유권을 채권자에게 이전하는 형태를 취한다. 이는 전형담보가 제한물권의 형식을 취하는 것과 대비되는 점이다.

담보목적으로 소유권을 이전하는 형태를 취하기 때문에 실질과 공시되는 내용이 다르므로 그 자체로 문제점을 내포하고 있다. 또 사적으로 담보를 실행하기 때문에 부당한 환가를 통하여 폭리를 취하기 쉽다는 점에서 규제가 요청된다.

3. 비전형담보의 유형

비전형담보는 여러 관점에서 분류가 가능하지만, 자금획득방법과 소유권 이전이라는 두 가지 점을 기준으로 하여 나누면 다음과 같다.

가. 자금을 매매에 의하여 얻는 것(매도담보)

자금이 필요한 자가 그의 물건(부동산 등)을 파는 형식을 취하여 자금을 얻고 후에 그가 그 물건을 되사오기로 하는 방법이다. **예를 들면** 1,000만원의 자금이 필요한 甲이 그의 소유 토지를 乙에게 1,000만원에 매도하고, 변제기에 1,000만원과 이자를 지급하고, 다시 그 토지를 찾아오는 방법으로 필요한 자금을 취득하는 것이다. 환매(還買)와 재매매(再賣買)의 예약이 그에 해당한다. 이들은 강학상으로 매도담보(賣渡擔保)라고 한다. 그리고 이 매도담보는 넓은 의미의 양도담보(讓渡擔保)에 포함된다.

나. 자금을 소비대차에 의하여 얻는 것

이는 필요한 자금을 금전소비대차의 형식으로 얻는 방법인데, 담보물의 소유권을 언제 채권자에게 이전하느냐에 따라 두 가지 방법, 즉 계약체결과 동시에 목적물의 소유권을 채권자에게 이전하는 경우와, 장차 채무불이행이 있을 때 목적물의 소유권을 채권자에게 이전하기로 미리 약속하는 경우(대물변제예약을 한 경우)가 있다. 그리고 뒤의 경우에는 대물변제예약을 원인으로 한 소유권이전청구권 보전의 가등기(담보가등기)를 하는 것이 보통이다. 후자의 경우를 가등기담보(假登記擔保)라고 한다. 그에 비하여 앞의 경우는 '좁은 의미의 양도담보'라고 한다. 좁은 의미의 양도담보는 매도담보와 함께 넓은 의미의 양도담보를 이룬다.

4. 비전형담보에 대한 규제

매도담보, 양도담보, 가등기담보와 같은 비전형담보는 의용민법(구민법) 시대에도 이미 이용되고 있었다. 그렇지만 그 시대에는 이들을 규제하는 법률규정이 전혀 없었다. 그런데 현행민법은 의용민법에는 없던 제607조·제608조를 신설하였다. 이들 규정은, 소비대차의 당사자가 차용액 및 이에 붙인 이자의 합산액을 넘는 물건에 관하여 담보의 목적으로 대물변제예약을 한 경우에는, 그 예약은 무효라고 규정한다. 판례는 이 규정들을 바탕으로 대물변제예약이 있는 경우든 양도담보의 경우든, 언제나 채권자가 채권의 초과액을 반환하여 정산하여야 한다고 해석하였다.

이와 같이 판례가 채권자의 정산의무를 인정하여 채권자가 폭리를 취할 수 없게 되자, 거래계에서는 폭리를 취할 수 있는 새로운 수단이 등장하였다(제소전 화해를 이용하는 방법). 그리하여 보다 철저하게 비전형담보를 규제하기 위하여 '가등기담보등에관한법률'이 제정·시행되었다. 이 법은 가등기담보뿐만 아니라 양도담보·매도담보에도 적용되도록 하고 있다. 그러나 이 법은 i) 소비대차에 의하지 않은 채권(매매대금채권, 공사대금채권 등)을 담보하기 위하여 재산권을 이전하는 경우, ii) 소비대차에 기한 채권을 담보하기 위한 것일지라도 대물반환의 약정이 없는 경우, iii) 대물반환의 예약이 있더라도 그 채권담보의 목적으로 가등기 또는 소유권이전등기가 경료되어 있지 않은 경우, iv) 목적물에 대해 가등기 또는 소유권이전등기를 할 수 없는 경우, 즉 동산의 경우에는 적용되지 않는다. 그 결과 가등기담보법이 적용되지 않는 위와 같은 여러 경우에는 종래의 판례이론이 그대로 적용된다.

3.

채 권 편

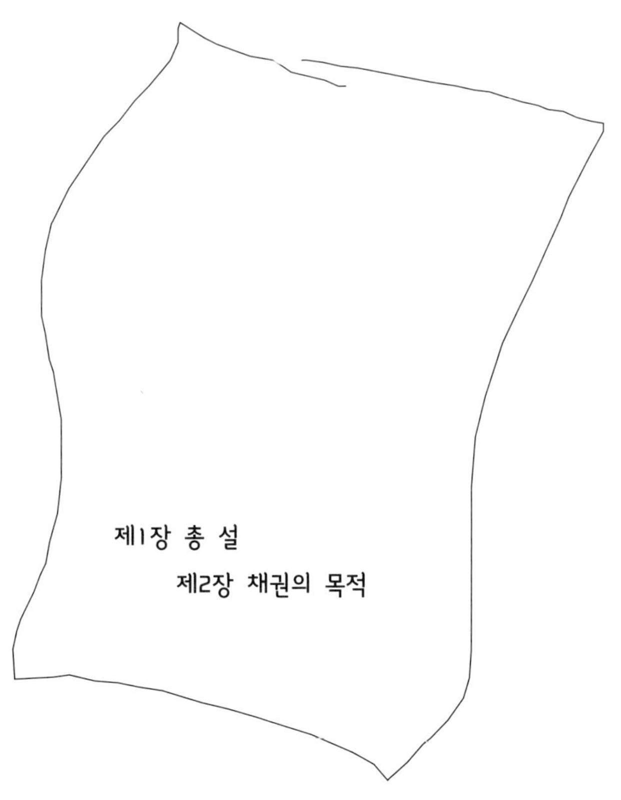

제1장 총 설

제2장 채권의 목적

제1장 총 설

제1절 채권 일반

I. 채권의 의의

채권은 특정인(채권자)이 다른 특정인(채무자)에게 채권의 내용으로 지정된 특정한 행위(이를 보통 급부(給付)라고 부른다)를 하도록 청구할 수 있는 권리이다. 채권의 의의에 대한 이와 같은 법률적 정의를 모르더라도 대부분의 사람들은 살아가면서 채권을 취득하고, 행사하고, 채무를 이행한다. 돈을 빌려 준 사람은 빌려간 사람에게 돈을 갚으라고 한다(대여금청구채권). 노트북을 판 사람은 산 사람에게 노트북 대금을 달라고 하고(매매대금채권), 산 사람은 판 사람에게 노트북의 소유권을 이전해 달라고 한다(노트북 소유권이전청구채권). 이러한 것들을 채권이라고 하는 것이다.

채권은 사회적으로 어떤 존재 의의를 가지는가? 인간은 사회적 존재이며 홀로 고립되어서는 살 수 없다. 그리고 이러한 인간의 사회성은 필연적으로 다른 사람의 협력을 전제로 한다. 혼자서 자신이 살아가는 데 필요한 모든 것을 생산하고 만들 수 있는 사람은 없을 것이다. 이와 같이 인간의 사회성이란 사회를 구성하고 있는 각 개인이 서로 필연적으로 다른 사람과 협력을 주고받아야 한다는 뜻을 가진다. 따라서 사람들은 자신이 다른 사람의 협력이 필요할 때 협력을 청구하고, 또 이러한 협력이 안정적으로 실현될 수 있도록 하는 수단이 필요하다. 채권이 바로 이러한 수단의 역할을 한다고 볼 수 있다. 즉 채권의 사회적 작용은 타인의 협력에 대한 안정적 확보 및 실현이라고 볼 수 있다.

Ⅱ. 채권의 특질

채권은 내용면에서는 재산권이고, 효력(작용)면에서는 청구권이며, 의무자의 범위를 표준으로 해서 보면 상대권이다.

1. 청 구 권

물권은 대상인 물건 기타의 객체를 직접 지배하는 권리인 데 비하여, 채권은 채무자에게 일정한 행위를 청구할 수 있는 권리에 지나지 않는다. 즉 채권자라고 하여 직접 채무자를 지배할 수는 없다. 이러한 채권의 성격으로 인해, 채권은 채무자의 이행행위가 있어야 채권자가 권리의 만족을 얻을 수 있다. 甲이 乙에게 돈을 빌려줘서 대여금채권이 있다고 가정하자. 이 경우 甲의 대여금채권이 만족을 얻기 위해서는(즉, 채권적 권리가 실현되기 위해서는), 乙이 빌려간 돈을 갚아야 한다. 乙이 돈을 갚지 않으면, 甲은 그저 대여금채권을 가지고 있다는 법률적 지위만 있을 뿐 甲에게 실질적인 이득은 없다. 반면 물권은 물건에 대한 직접적 지배권이므로, 물권자가 물권의 내용을 실현하기 위해서는 타인의 (이행)행위를 필요로 하지 않는다. 소유권을 가진 자는 자신의 소유물을 직접 사용·수익하거나 처분할 수 있고, 소유권자가 이러한 권리를 행사함에 타인의 도움이나 협력을 필요로 하지 않는다. 이러한 관점에서 채권은 그 효력면에서 청구권의 성격을 가지는 것이다.

2. 상 대 권

앞서 본 바와 같이 채권은 채무자의 이행행위를 통하여서만 만족을 얻을 수 있다. 채권자는 채권의 내용인 이행행위(급부)는 원칙적으로 채무자에게만 청구할 수 있고, 채무자가 아닌 제3자에게 이행을 하라고 청구할 수는 없다.

甲이 乙에게 돈을 빌려주고, 乙의 친구인 丙에게 돈을 갚으라고 할 수는 없다(물론 丙이 보증을 섰다면 丙에게 보증채무의 이행을 청구할 수 있으나, 이 경우에도 丙이 보증을 섰기 때문에, 즉 보증채권의 채무자이기 때문에 그 이행을 청구할 수 있는 것이다). 따라서 채권에 대한 침해상태, 즉 채무가 이행되지 않는 상태는 원칙적으로 채무자의 불이행에 의해서만 이루어진다. 채권은 원칙적으로 채무자에 의하여서만 침해될 수 있으며(채무불이행), 제3자가 그 채권의 실현에 지장을 주었다고 하더라도, 그러한 행위가 반드시 불법행위가 되는 것은 아니다. **예를 들어** 甲이 乙에게 그 소유의 아파트를 매도하였지만(따라서 乙은 甲에게 아파트에 대한 소유권이전등기청구권을 가진다), 甲이 丙에게 이를 다시 매도하고 丙에게 소유권이전등기를 이행해 주어 乙의 소유권취득이 불가능하게 되었다고 하더라도, 丙의 이중매수행위가 乙에 대하여 당연히 불법행위를 구성하는 것은 아니다.

이에 비하여, 물권은 절대권이어서 특정한 상대방이 없고 모든 자에 대하여 주장할 수 있다.

3. 비배타성(평등성)

물권은 특정의 물건을 직접 지배하여 이익을 얻는 권리이므로, 당연히 직접 지배권과 충돌되는 다른 권리는 존재할 수 없어 배타성이 인정된다. 그러나 채권은 채무자의 일정한 행위를 청구할 수 있는 권리이므로 배타성이 없다. 따라서 채권은 실질적으로 양립할 수 없는 것이라도 동시에 둘 이상 존재할 수 있다. 앞서 본 이중매매의 경우가 그러하다. 甲이 乙에게 자신의 아파트를 매도하였다. 그리고 乙에게 등기를 이전해 주기 전에, 다시 丙에게 이중으로 매도하였다. 이 경우 乙과 丙은 그들이 甲과 체결한 각각의 매매계약에 기하여 甲에게 아파트에 대한 소유권이전등기를 청구할 수 있다. 그리고 乙·丙의 甲에 대한 이들 권리는 우열이 없다. 우열이 없다는 뜻은 乙이 먼저 매매계약을 체결하였다고 하여, 乙의 권리가 우선한다고 볼 수는 없다는 뜻이다. 만약 甲이 丙에게 소유권이전등기를 경료해 준다면, 특별한 사정이 없는 한 丙은 아파트의 소유권을 취득한다. 이를 '채권자 평등의 원칙'이라고 한다. 이 원칙대로 할 경우 乙이 손해를 보게 되나, 이는 채권의 본질상 부득이 하다. 甲의 배임(배신)행위로 乙이 입게 된 손해는, 甲의 손해배상책임을 통하여 전보된다. 또한 甲은 형사상 책임을 질 수도 있다.

Ⅲ. 채권과 청구권

채권은 특정인(채권자)이 다른 특정인(채무자)에게 채권의 내용으로 지정된 특정한 행위를 하도록 청구할 수 있는 권리인데, 청구권의 정의도 이와 거의 같다. 따라서 채권과 청구권을 동일한 것이 아닌가 하는 의문이 있을 수도 있으나, 그렇지 않다. 청구권은 채권의 본질적인 내용(효력)을 이루고 있으나, 채권이 청구권만으로 이루어지는 것은 아니며 채권 안에는 다른 권능도 많이 있다(채권자취소권, 채권자대위권, 급부보유력 등). 또 청구권이 채권에만 내재하는 것도 아니다. 물권적 청구권에서 보듯이 물권에도 권리의 속성으로 일정한 청구권이 있다. 따라서 청구권은 그 속성상 모든 권리에 내재하며 권리의 실현을 도와주는 하나의 권능이라고 볼 수 있다.

Ⅳ. 채권의 효력

1. 채권의 효력의 의의

채권의 효력이란 '채권의 내용을 실현하게 하기 위하여 채권에 대하여 법이 인정하는 힘'이다. 이때 '법이 인정하는 힘'은 실체법상의 것뿐만 아니라 절차법(민사소송법, 민사집행법 등)상의 것도 포함한다고 하여야 한다.

채권의 효력에 어떤 것이 있고, 또 그것이 어떻게 분류되는지를 그림으로 표현하면 다음과 같다.

<채권의 효력 개관>

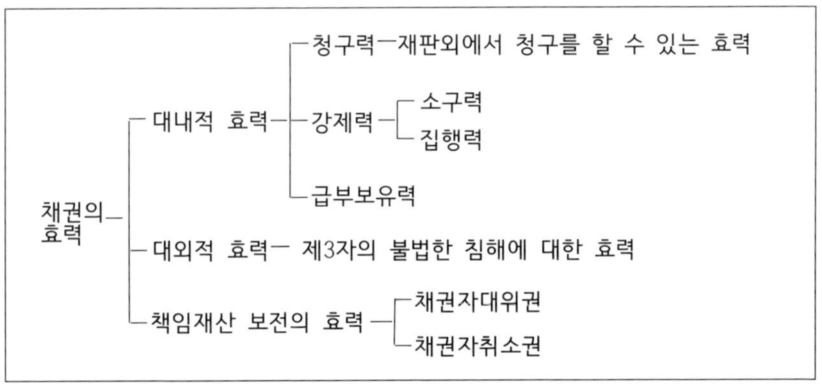

2. 대내적 효력

대내적 효력이란 채권자와 채무자 사이, 즉 채권관계의 당사자 사이에서 인정되는 효력이다. 채권의 대내적 효력에는 다음의 것들이 있다.

가. 청구력과 급부보유력

채권에는 당연히 채권의 내용으로 지정된 일정한 행위를 청구할 수 있는 효력, 즉 '청구력'이 있다. 다만 채무불이행이 생기면 손해배상의무에 대하여도 청구력이 생긴다. 채권자가 채무자에게 청구력을 행사할 수 있는 시기는 원칙적으로 채권의 변제기이다. 변제기가 되어야 채권이 청구력을 갖는다고 보는 견해가 있으나, 청구력은 채권 성립시부터 채권에 내재되어 있고 다만 그 행사 시기가 변제기로 제한을 받는다고 봄이 더 타당할 것이다.

채권에는 채무자의 이행행위가 있는 경우에 그것을 수령하고 적법하게 보유하는 효력, 즉 '급부보유력'이 있다. 채권에 급부보유력이 있기 때문에, 채권자가 채무자로부터 수령한 급부를 보유하는 것은 적법하고, 채무자에 대한 관계에서 부당이득이 되지 않는다. 청구력과 급부보유력은 채권의 기본적인 효력이 된다.

나. 강제력

(1) 의 의 채권은 채무자의 이행행위가 있어야만 그 권리가 실현된다. 따라서 채권이 채권으로서의 실효성을 가지기 위해서는 채무자가 채무를 이행하지 아니할 때, 이를 강제적으로 실현시킬 수 있어야 한다. 이와 같이 채무자가 청구권의 내용을 자발적으로 이행하지 않는 경우에 그것을 강제적으로 실현할 수 있는 힘을 채권의 '강제력'이라고 한다. 채권의 강제력에는 소구력과 집행력이 있다.

(2) 소구력(訴求力) 채무자가 채무를 이행하지 않는 경우에는, 채권자는 일정한 요건하에 채무자를 상대로 법원에 그 이행을 구하는 소를 제기할 수 있다. 이렇게 소송을 구할 수 있는 효력을 채권의 소구력이라고 한다. 채권자는 채권의 한 권능으로서 당연히 소권(訴權)을 가진다. 소구력을 행사하면 채권자는 법원으로부터 판결을 얻는데 그 판결의 내용은 이행판결이 된다. 즉

법원은 채무자에게 채무의 내용으로 된 급부를 이행하라고 판결하는데, 채권자가 얻은 이행판결은 강제집행의 전제인 '집행권원'(執行權原)이 된다. 이 집행권원은 민사집행법의 개정 전에는 '채무명의'라고 하였는데, 이는 '일정한 사법상(私法上)의 급부(이행)청구권의 존재 및 범위를 표시하고 그 청구권에 집행력을 인정한 공정(公正)의 문서'이다. 즉 집행권원이 되는 문서를 부여받은 자에게, 그 문서에 터잡아 타인(집행권원에서 의무자로 지정된 자)에게 의무이행을 청구할 수 있는 권리가 존재한다는 사실과 이행의무의 범위를 표시하고, 그 이행을 위하여 강제집행도 가능하다는 뜻이 표시되어 있고, 법률에 의하여 그러한 효력이 인정된 문서를 말한다. '이행판결'이 가장 대표적인 집행권원이다.

(3) 집 행 력 소구력을 행사하여 이행판결을 얻은 채권자는 채무자의 재산에 강제집행을 할 수 있다. '강제집행'은 '채권자의 신청에 의하여 국가의 집행기관이 채권자를 위하여 집행권원에 표시된 사법상의 이행청구권을 국가권력에 기하여 강제로 실현하는 법적 절차'이다. 강제집행은 '강제이행'이라고도 한다. 채권자가 이행판결 외의 다른 집행권원을 얻은 경우에도 강제집행을 할 수 있음은 물론이다.

(4) 강제이행의 방법 강제이행은 채무자가 채무를 임의로 이행하지 않는 경우에 채권자가 국가권력에 의하여 강제로 내용을 실현하는 것을 말한다. 강제이행에 관하여는 민법과 민사집행법에서 규율하고 있다. 강제이행의 방법은 직접강제, 대체집행, 간접집행의 3종류가 있다.

(가) 직접강제 직접강제는 국가기관이 유형력·실력을 행사하여 직접 채무의 이행상태를 실현하는 방법이다. **예를 들면** 甲이 乙에게 자동차를 매도하고서도 이를 인도하지 않을 때 국가기관이 직접 甲으로부터 자동차의 점유를 빼아 乙에게 인도하는 것이다. 직접강제는 채무의 이행이라는 측면에서 효과적이고 인격존중의 사상에도 적합하다. 그러나 이는 채무의 내용이 '주는 채무'에 있어서 그러하며, '하는 채무'의 경우에는 그렇지 않다. **예를 들어** 강연을 하기로 한 채무를 이행하지 않을 경우 직접강제를 통하여 강사를 연단에 강제로 세운다고 하여 본래 의도하였던 좋은 강연이 될 수는 없을 것이다. 이러한 취지에서 민법도 직접강제는 '주는 채무'에 대하여시만 허용

하고 있다(제389조 제1항). 그리고 직접강제가 인정되는 채무의 경우에는, 대체집행이나 간접강제는 허용되지 않는다.

(나) 대체집행(代替執行) 대체집행은 채무자로부터 비용을 추심하여 그 비용으로 채권자 또는 제3자로 하여금 채무자에 갈음하여 채권의 내용을 실현하게 하는 강제이행방법이다. 甲이 乙의 대지를 침범하여 가옥을 건축하여, 그 가옥 중 乙의 대지를 침범한 부분을 철거하고 대지를 인도하라는 판결을 하였음에도 불구하고 甲이 이를 이행하지 않을 때, 타인을 시켜 철거하게 하고, 甲으로부터 그 철거비용을 추심하는 것이 그 예가 된다.

대체집행은 '하는 채무' 중 제3자가 이행하여도 무방한 채무, 즉 대체적 작위를 목적으로 하는 채무에 관하여 허용된다(제389조 제2항 후단; 민사집행법 제260조). 그리고 이와 같은 채무에는 간접강제는 인정되지 않는다고 해석한다.

(다) 간접강제 간접강제는 손해배상의 지급을 명하거나 벌금을 과하는 등의 수단을 써서 채무자를 심리적으로 압박하여 채권의 내용을 실현시키는 방법이다. 의무의 이행을 명하고, 이를 이행하지 않을 경우에는 매일 100만원씩의 금원의 지급을 명하는 것이 그에 해당한다.

간접강제는 하는 채무 중에서 부대체적 급부를 내용으로 하는 채무 및 부작위채무의 불이행으로 인한 결과가 무형의 상태로 계속되는 경우(예: 소음을 내지 않을 의무를 계속 위반하는 경우)에 한하여 허용된다(제389조 제2항 후단 참조; 민사집행법 제261조).

일정한 경우에는 간접강제도 허용되지 않는 채무가 있다. 이행이 본인의 의사에만 달려있는 것이 아닌 채무(예: 제3자의 협력이나 특수한 설비 기능이 필요한 채무), 채무자의 자유의사에 반하여서는 채무의 내용에 좇은 급부를 기대할 수 없는 경우(예: 예술가의 창작), 강제하는 것이 인격존중의 사상에 반하는 채무(예: 부부간의 동거의무) 등이 그것이다. 이런 채무의 불이행이 있을 경우에는 강제이행은 문제되지 않고, 손해배상의 문제로 귀결된다.

(라) 기타의 방법

1) 법률행위(의사표시)를 목적으로 하는 채무의 경우에는 채무자의 의

사표시에 갈음할 재판을 청구할 수 있다(제389조 제2항 전단). 甲이 乙에게 토지를 매도하고 대금을 모두 지급받은 이후에도 소유권이전의무를 이행하지 않으면, 乙은 甲을 상대로 소유권이전등기이행청구의 소를 제기하여 승소한 후 그 판결로 단독으로 등기신청을 할 수 있다. 이때의 판결은 '위 토지에 대한 소유권을 乙에게 이전하는 甲의 의사표시'에 갈음하는 의미를 갖게 된다.

2) 부작위채무의 위반으로 유형적(有形的)인 결과가 생긴 경우에는, 채무자의 비용으로 그 위반한 것을 제거하고 장래에 대한 적당한 처분을 법원에 청구할 수 있다(제389조 제3항). 어느 토지에 시설물을 하지 않겠다는 채무를 위반하여 시설물을 설치한 경우가 그 예이다.

3) 강제이행의 청구는 손해배상의 청구에 영향이 없다(제389조 제4항). 따라서 채무자에게 유책사유가 있는 경우에는 강제이행을 청구하면서도 채무불이행을 이유로 손해배상(예: 지연배상)을 청구할 수도 있다.

(5) 강제력이 없는 채권 원칙적으로 채권에는 소구력과 집행력이 있다. 그러나 뒤에서 보듯이 채권 가운데에는 소를 제기할 수 없는 것과 강제집행을 할 수 없는 것도 예외적으로 있다. 그러므로 강제력은 채권의 본질적 성질(속성)이 아니다.

다. 자연채무(自然債務)

자연채무란 '채무자가 임의로 급부하지 않는 경우에도 채권자가 그 이행을 소(訴)로써 구하지 못하는 채무'이다. 계약자유의 원칙상 채권자와 채무자 사이에서 채권자가 채권에 관하여 소를 제기하지 않기로 약정하더라도, 그 약정은 원칙적으로 유효하다. 따라서 위와 같은 약정이 있는 경우에는 채권자는 채무자를 상대로 소를 제기할 수 없다. 또 채권자가 승소의 종국판결을 받은 후에 소를 취하하였다면, 이때는 같은 내용의 소를 다시 제기할 수 없다(민사소송법 제267보 제2항 참조). 자연채무의 대표적 예가 된다.

자연채무는 그 채무의 이행을 소로써 구할 수 없을 뿐, 법률상의 채무임은 분명하다. 따라서 채무자가 한 급부는 증여가 아니고 채무의 유효한 변제가 되므로 급부한 채무자는 채권자에게 급부한 것의 반환을 청구할 수 없다.

라. 채무와 책임

(1) 책임의 의의　　민법상 책임은 여러가지 의미가 있으나, 채무에 대비되는 개념으로서의 '책임'은 '채무자의 재산이 채권자의 강제집행에 복종하는 상태'를 말한다. 이에 반하여 '채무'는 급부를 이행하여야 할 법률상의 의무를 말한다. 책임이라는 용어는 민법상 고의나 과실을 의미하기도 하고(제546조), 의무(제750조)를 말하기도 하는 등 다양하게 사용되고 있음에 주의해야 한다.

(2) 채무와 책임의 관계　　일반적으로 채권에는 강제력의 한 내용으로서, 집행력이 있다. 그러나 채권 가운데에는 집행력이 없는 것도 있다. 그러므로 급부를 이행하여야 할 의무로서의 채무와 강제집행을 하는 것인 책임은 구별·분리된다고 할 것이다.

(3) 채무와 책임이 분리되는 경우

(가) 부집행특약의 경우　　채권자·채무자가 채권에 관하여 강제집행을 하지 않기로 하는 특약을 할 수 있으며, 계약자유의 원칙상 특별한 사정이 없는 한, 그 특약은 유효하다. 따라서 그러한 특약은 '책임없는 채무'에 관한 특약이 된다. 만일 채권자가 특약에 반하여 강제집행을 하면, 채무자는 법원에 집행에 관한 이의를 신청할 수 있다(민사집행법 제16조).

(나) 유한책임의 경우　　채무자는 채무의 전액에 관하여 자신의 모든 재산으로서 책임을 지는 것이 원칙이다. 이를 인적(人的) 책임 또는 무한책임이라고 한다. 그런데 법률규정 또는 당사자의 특약에 의하여 책임이 채무자의 일정한 재산에 한정되거나 일정한 금액의 한도로 제한되는 경우가 있다. 전자를 '물적 유한책임'(物的 有限責任), 후자를 '금액 유한책임'(金額有限責任)이라고 한다. 물적 유한책임의 예로는 상속의 한정승인(제1028조)을 들 수 있다. 한정승인의 경우에는 상속채무는 줄어들지 않고 그대로 존속하지만 책임이 상속재산의 한도에 한정된다.

예를 들어 甲이 乙로부터 1억원의 재산을 상속받았지만, 乙의 채무도 3억원이 상속되었다고 가정하자. 이 경우 甲이 상속에 관하여 한정승인을 했다면, 甲은 자신이 상속받은 재산인 1억원의 범위 내에서만 책임을 지게 된다. 즉 乙의 채권자들은 甲이 상속받은 1억원의 재산에 대해서만 강제집행을 할 수 있고, 甲의 다른 재산에 대해서는 강제집행을 할 수 없게 된다.

금액 유한책임의 예로는 합자회사의 유한책임사원의 책임(상법 제279조), 선박 소유자의 일정한 채무에 대한 책임(상법 제770조)을 들 수 있다.

(다) 물상보증인의 경우 물상보증인이나 저당부동산의 제3취득자는 채무를 부담함이 없이 책임만을 진다. 그러나 이 경우에도 채무가 전혀 존재하지 않고 책임만이 있는 것은 아니며, 채무의 주체와 책임의 주체가 분리되어 있다고 보아야 한다. 甲의 乙에 대한 1억원의 대여금 채무를 담보하기 위하여 丙이 자신의 소유 토지를 담보로 제공하여 그 토지에 乙의 저당권이 설정되었다고 가정하자. 이때 丙의 지위는 물상보증인이 된다. 그런데 이 경우 甲이 대여금 채무를 변제하지 않으면, 乙은 丙의 토지에 저당권을 실행하여 경매에 붙일 수 있다. 乙과 丙의 지위를 살펴보면, 丙은 乙에 대하여 채무는 부담하지 않는다(채무자는 어디까지나 甲이다). 그러나 그의 재산인 위 토지는 강제집행을 당하여 '책임'을 지게 된다. 이와 같이 물상보증의 경우에는 채무와 책임의 주체가 분리된다.

3. 대외적 효력(제3자에 의한 채권침해)

'채권침해'라 함은 채권의 내용실현이 방해되는 것을 말한다. 이러한 채권침해는 방해하는 자가 누구인가에 따라 채무자에 의한 침해와 제3자에 의한 침해로 나눌 수 있다. 채무자에 의한 침해는 채무불이행이 되므로, 보통 '채권침해'라고 하면 '제3자에 의한 침해'만을 말한다.

'제3자에 의한 채권침해'를 둘러싸고 종래부터 논의되고 있는 것은 두 가지이다. 그 하나는 '제3자의 불법한 채권침해 행위가 채권자에 대하여 불법행위'로 될 수 있는가이고, 나머지 하나는 '제3자가 채권자의 권리행사를 방해하는 경우에 채권자는 채권에 기하여 방해배제를 청구할 수 있는가'이다.

원칙적으로 상대권이라는 채권의 성질상 채권의 실현이 제3자에 의하여 저지되거나 방해를 받더라도 당연히 불법행위가 되는 것은 아니며, 그 침해가 불법행위의 요건을 갖춘 경우에만 불법행위가 된다고 보아야 한다. 제3자의 채권침해가 불법행위로 되는 때에는, 피해자인 채권자에게 손해배상청구권이 발생한다. 또 제3자가 채권자의 채권행사를 방해하는 경우에, 채권자가 그 채권에 기하여 방해배제를 청구할 수 있는지의 여부에 대해서는, 상대권에 불과한 채권의 속성상 원칙적으로 부정된다고 보아야 한다. 다만 채권이 대항요건을 얻어 물권적 지위를 획득한 경우(예를 들어, 채권인 부동산임차권에 대하여 등기가 경료된 경우. 제621조 참조)에는 물권에 준하여 방해배제청구권이 인정된다고 본다.

4. 책임재산 보전의 효력

이는 채권자대위권(제404조, 제405조), 채권자취소권(제406조, 제407조)을 가리킨다.

제2절 채권의 발생

I. 채권의 발생원인 개관

채권의 발생원인은 그 성질에 따라 '법률행위'에 의한 것과 '법률행위에 의하지 아니한 것'으로 나눌 수 있다. 법률행위에 의하지 아니한 채권의 발생원인은 법률에 규정되어 있으므로 결국 '법률규정에 의한 채권의 발생'이라고 볼 수 있다.

II. 법률행위에 의한 채권의 발생

법률행위에는 단독행위, 계약, 합동행위의 세 가지가 있으나, 합동행위(예: 사단법인 설립행위)는 채권의 발생원인으로서 문제가 되지 않으며, 단독행위와 계약만이 채권을 발생시킨다.

단독행위에 의한 채권발생의 경우로서 민법이 규정하고 있는 것은 '유언'과 '재단법인 설립행위'의 둘이 있을 뿐이다. 법률규정이 없는 때에는 단독행위에 의한 채권의 발생은 부정된다. 타인의 권리·의무에 영향을 미치는 것은 비록 그것이 타인에게 이익만을 주는 경우에도 법률이 허용하는 때에 한하여서만 가능하기 때문이다. 따라서 법률규정이 없는 때에는, 단독행위에 의한 채권의 취득이나 채무의 부담은 모두 부정된다고 봄이 옳다.

한편, 계약은 가장 대표적인 채권의 발생원인이다. 민법은 제3편 제2장에서 계약에 관하여 자세히 규정하고 있으며, 특히 증여·매매·교환 등 14가지에 대하여는 개별적인 규정도 두고 있다. 민법이 규정하고 있는 이들 14가지의 계약에 대해서는 이를 전형계약이라고 부른다. 그러나 계약자유의 원칙상 당사자는 다른 종류의 계약도 얼마든지 체결할 수 있고, 또 열거된 종류의 계약을 체결하는 경우에도 규정된 것과 다른 내용으로 체결할 수 있다. 이러한 종류의 계약들을 비전형계약, 무명계약이라고 부른다. 이와 같이 계약에 의하여 발생하는 채권관계를 '약정채권관계'라고 한다.

Ⅲ. 법률의 규정에 의한 채권의 발생

채권이 법률규정에 의하여 발생하는 경우가 있는데, 민법이 규정하고 있는 것은 사무관리, 부당이득, 불법행위이다.

'사무관리'는 법률상의 의무 없이 타인의 사무를 처리하는 행위이다(제734조 참조). 사무관리가 있으면 민법규정에 의하여 비용 상환청구권(일정한 경우의), 손해배상청구권, 관리계속의무, 기타의 채무가 발생한다. '부당이득'은 법률상 원인없는 이득이다(제741조 참조). 부당이득이 있으면 민법상 손실자에게 부당이득 반환청구권이 생기게 된다. '불법행위'는 고의 또는 과실로 인한 위법행위로 타인에게 손해를 가하는 행위이다. 불법행위가 있으면 피해자에게 손해배상청구권이 발생한다.

이와 같이 법률규정에 의하여 발생하는 것을 '법정 채권관계'라고 한다. 법정채권관계가 발생하는 법률규정은 민법 외에 특별법도 있음은 물론이다.

제2장 채권의 목적

제1절 총 설

I. 채권의 목적의 의의

채권은 채권자가 채무자에게 일정한 행위를 청구할 수 있는 권리이므로, 결국 채권의 목적은 '채무자가 하여야 하는 행위'로 귀결된다. 민법은 채권의 목적을 가리키는 통일적인 용어를 사용하지 않고, 이행(제375조), 행위(제380조), 지급(제276조), 급여(제466조), 변제(제742조) 등으로 다양하게 표현하고 있다. '급부'(給附)라는 용어를 쓰기도 한다. 채권의 목적은 채무의 내용으로 지정된 일정한 행위이고, 이는 결국 채무자가 이행을 하여야 하는 행위이므로, 채권의 목적(급부)은 '채무자의 이행행위'로 이해할 수 있다. 채무자가 이행하여야 할 채무의 내용은 일정한 결과를 실현해야 할 행위일 수도 있고(예를 들면, 매도인은 매수인에게 소유권이전이라는 결과를 실현시켜야 한다), 때로는 채무자의 행위 그 자체일 수도 있다(고용관계에서 피용자의 노무제공의무를 들 수 있다).

II. 채권의 목적의 요건

1. 적용범위

앞서 보았듯이 채권은 '법률행위'(주로 계약)와 '법률의 규정'(사무관리, 부당이득, 불법행위)에 의하여 발생한다. 그런데 채권이 법률규정에 의하여 발생하는 경우에는 채권의 목적도 법률에 의하여 정하여지고, 따라서 그 법률요건을 충족하면 당연히 채권이 발생하고, 요건이 충족되지 않으면 채권이 발생하지 않게 되므로 따로 유효요건이 문제되는 경우가 없다. 그러나 채권이 법률행위에 의하여 발생하는 경우에는 사적자치의 원칙상 당사자는 자유로운 의사에 기하여 채권의 목적(급부)을 정할 수 있다.

그렇다고 하여 채권의 목적이 전혀 무제한일 수는 없다. 법률행위가 유효하기 위해서는 일정한 유효요건을 갖추어야 하듯이 채권의 목적도 법률행위의 목적에 관한 일반적인 '유효요건'(적법성, 사회적 타당성, 실현가능성, 확정성)을 갖추어야 한다. 만약 채권의 목적이 법률행위의 목적의 일반적인 유효요건을 갖추지 못하면, 법률행위의 목적도 그 요건을 갖추지 못하게 되기 때문이다.

2. 요 건

'법률행위의 일반적 유효요건'인 '적법성, 사회적 타당성, 실현가능성, 확정성'은 법률행위(주로 계약)에 의하여 발생하는 채권의 목적의 요건에도 공통된다.

가. 적법성

급부는 적법한 것, 즉 강행법규에 위반하지 않는 것이어야 한다. **예를 들면** 범죄행위의 실행, 법률상 양도가 금지되어 있는 물건(마약 등)의 인도를 목적으로 하는 채권은 성립하지 않으며, 그와 같은 내용을 급부의 내용으로 한 계약은 무효이다.

나. 사회적 타당성

급부는 사회적 타탕성이 있는 것이어야 한다. 즉 급부의 내용은 선량한 풍속 기타 사회질서에 위반하지 않는 것이어야 하므로, 성매매, 첩계약 등과 같이 급부의 내용이 사회질서에 위반하는 것인 때에는, 채권은 성립하지 않으며, 그러한 계약은 무효이다.

다. 실현가능성

급부는 실현이 가능한 것이어야 한다. 실현이 불가능한 급부를 목적으로 하는 채권은 성립하지 않으며, 그러한 채권을 발생시키는 계약은 무효이다. 어떠한 급부가 실현이 가능한가의 여부는 사회통념에 의하여 정해진다. 실현 가능성의 판단시기는 채권이 성립한 때를 기준으로 한다. 따라서 채권 성립 시를 기준으로 하여 그때 이미 불능이 확정적인 경우에는 그 계약이 무효로 되고, 채권은 성립하지 않으나, 채권이 성립할 당시에 실현이 가능하다면, 그 후에 불능으로 되었다고 하더라도(후발적 불능), 채권의 성립에는 지장이 없으며, 계약도 무효가 아니다.

예를 들면 甲과 乙이 3월 1일 甲이 가진 이조백자 1점을 乙에게 매도하고, 도자기의 인도는 3월 15일 하기로 하는 매매계약을 체결하였다고 가정하자. 만약 위 계약체결일 전(예를 들면 2월 20일)에 위 도자기가 깨어져 버렸는데도 甲과 乙이 이를 모르고 매매계약을 체결하였다면 이는 계약체결 당시 이미 실현 가능성이 없는 계약으로 무효가 된다. 그러나 계약체결일 이후 도자기가 깨어졌다면, 계약체결 당시에는 이행이 가능하였으므로 일단 계약은 성립하고, 손해배상이나 위험부담의 문제가 된다.

라. 확정성

채권의 목적인 급부는 확정되어 있거나 적어도 확정될 수 있어야 한다. 그런데 물권은 특정의 물건을 지배하는 권리이므로 물권의 객체인 물건은 물권행위 당시 현존·특정되어 있어야 하지만, 채권의 목적인 급부는 이행기를 기준으로 구체적으로 실현되는 것이므로 채권의 성립 당시 확정되어 있어야 하는 것은 아니고, 이행기까지 확정할 수 있으면 된다. 다만 급부가 이행기까지 확정될 수 없는 경우에는, 채권은 성립하지 않고, 그 채권을 발생시키는 법률행위도 무효가 된다.

마. 급부의 재산적(금전적) 가치

민법은 '금전으로 가액을 산정할 수 없는 것이라도 채권의 목적으로 할 수 있다'(제373조)고 규정하고 있다. 이는 금전적 가치가 없는 급부에 대해서도 채무로서의 법률적 구속을 발생케 할 수 있다는 소극적 원칙을 밝힌 것이다. **예를 들면** 종교단체에 토지를 증여하면서, 일정기간 기증자가 지정하는 사람을 위하여 기도를 해 주기로 한 계약을 체결한 경우에, 기도를 해 주는 것은 금전으로 그 가격을 산정할 수는 없지만, 채권의 목적으로 인정하여 법률상 구속을 받게 한 것이다. 이와 같이 금전적 가치가 없는 것을 목적으로 하는 채권도 그 효력면에서는 보통의 채권과 다르지 않다. 그러한 채권도 불이행이 있으면 금전에 의하여 손해배상을 청구할 수 있기 때문이다.

Ⅲ. 급부의 종류

1. 강학상 종류

가. 작위급부, 부작위급부

급부의 내용이 채무자가 적극적으로 일정한 행위를 하여야 하는 것을 내용으로 하는 것, 즉 작위(作爲)인 경우를 '작위급부'라고 하고, 채무자가 소극적으로 일정한 행위를 하지 않아야 하는 것을 내용으로 하는 것, 즉 부작위인 경우를 '부작위급부'라고 한다. 매도인이 매매 목적물의 소유권을 이전할 의무는 작위급부의 예이고, 일정한 토지에 건물을 신축하지 않겠다는 계약을 체결한 경우 채무자가 건물을 신축하지 않을 의무는 부작위급부의 예이다.

나. 주는 급부, 하는 급부

작위급부는 다시 '주는 급부'와 '하는 급부'로 나눌 수 있다. 주는 급부는 물건의 인도를 내용으로 하는 것이고, 하는 급부는 그 밖의 작위를 내용으로 하는 것이다. 채무의 면에서 보면, '주는 채무', '하는 채무'가 된다.

다. 특정물급부, 불특정급부

'주는 급부'는 인도할 물건이 특정되어 있느냐의 여부에 의하여 '특정물급부', '불특정물급부'로 나눌 수 있다. 그리고 불특정물급부는 금전급부와 그 밖의 종류물의 급부로 세분될 수 있다.

라. 일회적 급부와 계속적 급부

급부가 실현되는 모습에 의한 분류로서, 급부의 이행이 1회의 행위에 의하여 끝나는 통상적인 경우(매매에 따른 물건의 인도, 대금의 지급의 경우 등)가

'일회적 급부'이고, 급부의 이행이 일정기간 동안 계속되어야 하는 경우(고용, 임대차 등)가 '계속적 급부'이다. 계속적 급부는 계약관계의 지속이라는 특성상 신의칙의 강한 지배를 받게 된다. 한편 회귀적 급부는 이 두 개의 급부 유형이 합쳐진 것으로, 월간잡지를 구독하는 경우처럼 일정한 시간을 두고 일정한 급부가 반복되는 경우를 말한다.

2. 민법상 종류

민법은 제3편 제1장 제1절 '채권의 목적'에서 특정물채권, 종류채권, 금전채권, 이자채권, 선택채권에 관하여 규정하고 있다. 이들 규정은 채권이 어떤 원인에 의하여 발생하였든 간에(이들 채권들은 계약에 의해서 발생할 수도 있고, 법률의 규정에 의해서도 발생할 수 있다) 채권의 목적, 즉 급부가 동일한 경우에 공통적으로 적용하기 위하여 둔 것이다.

제2절 채권의 목적에 따른 채권의 종류

I. 특정물 채권

1) 특정물채권은 특정물의 인도를 목적으로 하는 채권이다. 특정한 도자기, 특정한 그림 등을 매도한 사람이 매매 대상물인 '그 도자기', '그 그림'을 인도할 의무가 그 예이다.

2) 특정물채권의 채무자는 목적물을 인도할 때까지 '선량한 관리자의 주의'로 보존하여야 한다(제374조). 선량한 관리자의 주의, 즉 '선관주의'는 거래상 일반적으로 평균인에게 요구되는 정도의 주의, 다시 말하면 주의의무를 부담하는 자가 속하는 직업, 지역, 사회적 지위에 있는 사람들에게 평균적으로 요구되는 정도의 주의이다. 민법상 주의의무의 원칙적 모습이다. 이와 같

은 선관주의를 게을리하는 것을 '추상적 과실'이라고 한다. 선관의무의 발생시기는 채무가 성립한 때이고, 종료시기는 물건을 실제로 인도할 때이고 변제기가 아니다(예를 들어 그림을 4월 15일 인도하기로 했으나, 실제로는 5월 15일 인도하였을 때 선관주의의무는 5월 15일까지 지속된다) '보존'이라 함은 자연적 인위적인 멸실·훼손으로부터 물건을 보호하여 동일한 경제적 가치를 유지하는 것을 말한다.

3) 특정물채무자가 선관주의로 목적물을 보존한 경우에는, 설사 그 목적물이 멸실 또는 훼손되었다고 하더라도, 채무자는 그로 인한 책임을 지지 않는다. 그에 비하여 채무자가 목적물을 보존함에 있어서 선관주의를 다하지 못하여 목적물이 멸실·훼손된 경우에는, 채무자는 손해배상의무를 지게 된다. 다만 채무자는 특정물이 아닌 다른 물건으로 급부할 의무도 없고 권리도 없다. 특정물 채권에서의 인도 의무는 계약 당시 정해진 '그 특정물'에 한하기 때문이다.

Ⅱ. 종류채권

1. 의 의

1) 종류채권은 목적물이 종류와 수량에 의하여 정하여지는 채권, 다시 말하면 일정한 종류에 속하는 일정량의 급부를 목적으로 하는 채권이다. '20㎏짜리 이천쌀 10포대', '특정상표의 맥주 5상자' 등과 같이 일정한 종류에 속하는 물건의 일정량을 인도하면 되는 채권이다.

2) 종류채권에는 그 범위를 더욱 좁혀, 한정된 범위의 종류물 가운데 일정량의 물건의 급부를 목적으로 하는 채권이 있는데, 이를 '제한(한정)종류채권'(재고채권이라고도 부른다)이라고 한다. 100가마의 쌀이 들어 있는 A창고(특정창고) 내에 있는 쌀 중 30가마를 인도하기로 한 경우가 그 예이다. 제한종류채권도 일종의 종류채권이나, 처음부터 일정한 범위의 재고로만 급부의무를 부담하는 점에서 보통의 종류채권과 다르다.

2. 목적물의 품질

같은 종류에 속하는 물건의 품질도 고르지 않고, 상·중·하로 차이가 날 때가 있다. 이러한 경우 종류채권의 채무자는 어떤 품질의 물건으로 급부하여야 하는가? 민법은 '법률행위의 성질이나 당사자의 의사에 의하여 품질을 정할 수 없는 때에는 채무자는 중등품질(中等品質)의 물건으로 이행하여야 한다'고 규정하고 있다(제375조 제1항). 법률행위의 성질에 의하여 품질이 정해지는 경우를 **예로 들어 보자**. 민법상 소비대차의 경우에는 차주는 빌린 물건과 동등한 품질의 물건으로 반환하여야 한다(제598조). 따라서 가령, 쌀을 빌렸다면, 빌린 사람은 처음에 받은 물건과 동등한 품질의 쌀로 반환하여야 하는 것이다. 그리고 만일 당사자들이 목적물의 품질에 관하여 합의한 경우에는 그에 따라야 한다. 이들 방법으로도 목적물의 품질을 정할 수 없는 때에는 중등품질의 물건으로 급부하여야 한다.

3. 종류채권의 특정

가. 특정의 의의

종류채권의 목적물은 '종류와 수량'에 의하여 추상적으로 정하여져 있을 뿐이므로, 종류채무가 실제로 이행되려면, 그 종류에 속하는 물건 가운데 일정한 물건이 채권의 목적물로서 구체적으로 확정되어야 한다. 이를 '종류채권의 특정'이라고 한다. **예를 들면** 이천 쌀 10포대를 인도하기로 하였을 때 창고에 있는 수많은 이천 쌀 포대 중 구체적으로 인도할 10포대를 정해야 한다. 의식적으로 10포대를 정하여 따로 분리해 둘 수도 있겠으나, 인도할 10포대를 차나 수레에 싣는 경우에도 특정이 있게 된다.

나. 특정의 방법

먼저, 당사자들이 합의하여 목적물을 선정하면 특정이 생긴다. 민법은 이러한 합의가 없는 경우 특정되는 두 가지 방법을 정하고 있다. 하나는 '채무자가 이행에 필요한 행위를 완료할 때'이고, 나머지 하나는 채무자가 '채권자의 동의를 얻어 이행할 물건을 지정할 때'이다(제375조 제2항). 전자에 대해서는 변제 부분에서 자세히 나오므로, 그때 보기로 한다. 한편 후자의 의미에 대해서는 조심하여야 한다. 문언상으로는 마치 채무자가 구체적으로 특정한 물건에 대하여 채권자가 동의하는 것으로 이해되기 쉬우나, 그러한 의미가 아니고, 채무자가 '특정할 수 있는 지정권'을 갖는 데 채권자가 동의하는 것을 의미한다. 즉 지정권을 채무자가 행사하는 데 채권자가 동의해 주는 경우를 말하는 것이다. 따라서 계약자유의 원칙상 당사자가 계약으로 특정방법을 정한 경우에는 그때에는 제375조 제2항은 적용되지 않는다.

다. 특정의 효과

종류채권의 목적물이 특정되면 그 특정된 물건이 채권의 목적물로 된다(제375조 제2항). 즉 종류채권은 특정으로 그 동일성을 유지하면서 '특정물채권'으로 변한다. 따라서 채권자는 특정된 물건에 대하여 선관주의의무를 부담한다.

Ⅲ. 선택채권

1. 의 의

수개의 서로 다른 급부들 중 선택에 의하여 어느 급부가 채권의 목적이 되는 채권을 말한다. **예를 들면** 어떤 이벤트에 당첨되면, 냉장고(A전자, B모델형) 1대를 받거나, 3박4일 동남아 여행을 가거나, 현금 100만원을 받을 수도 있는데, 당첨자가 그 중 어느 하나를 선택할 수 있는 경우가 선택채권의 예이다. 선택채권은 수개의 급부가 서로 개성이 다르며, 선택되어야 할 급부의 수가 확정되어 있다는 점에서 급부의 목적이 종류물로 정해진 종류채권과는 구별된다.

2. 선택채권의 특정

선택채권에 있어서 채무가 이행되려면 급부가 하나로 확정되어 단순채권으로 변경되어야 한다. 이를 '선택채권의 특정'이라고 한다. 민법은 선택채권의 특정방법으로 선택권의 행사에 의한 경우와 급부불능에 의한 경우의 두 가지를 정하고 있다.

가. 선택에 의한 특정

(1) 선 택 권 선택채권의 목적인 수개의 급부 가운데 하나의 급부를 선정하는 의사표시가 선택이고, 이 선택을 할 수 있는 법률상의 지위가 '선택권'이다. 선택권은 일종의 형성권이다.

(2) 선택권자 누가 선택권을 가지는가는 당사자 사이의 약정이나 법률규정(제135조, 제203조 제2항, 제310조 등)에 의하여 정하여지는 것이 보통이다. 그런데 만약 선택권자를 정하는 법률규정이나 당사자의 약정이 없으면 선택권은 채무자에게 속한다(제380조). 당사자의 약정에 의하여 제3자가 선택권을 가질 수도 있다.

(3) 선택권의 이전 선택권은 권리이지 의무가 아니므로, 선택권자에게 선택권의 행사를 강요하지 못한다. 그러나 선택권자가 선택권을 행사하지 않으면 선택채권은 이행될 수 없으므로, 민법은 일정한 경우에는 선택권이 상대방에게 이전되는 것으로 정하고 있다.

(가) 선택권이 당사자 일방에게 있는 경우 선택채권행사의 기간이 있는 경우에 선택권자가 그 기간 내에 선택권을 행사하지 아니하는 때에는 상대방은 상당한 기간을 정하여 그 선택을 최고할 수 있고 선택권자가 그 기간 내에 선택하지 아니하면 선택권은 상대방에게 있다. 선택권행사의 기간이 없는 경우에 채권의 기한이 도래한 후 상대방이 상당한 기간을 정하여 그 선택을 최고하여도 선택권자가 그 기간 내에 선택하지 아니할 때에도 선택권이 상대방에게 이전한다(제381조).

(나) 선택권이 제3자에게 있는 경우 한편, 선택권이 제3자에게 있는 경우, 선택할 제3자가 선택할 수 없는 경우에는 선택권은 채무자에게 있다. 그리고 제3자가 선택하지 아니하는 경우에는 채권자나 채무자는 상당한 기간을 정하여 그 선택을 최고할 수 있고 제3자가 그 기간 내에 선택하지 아니하면 선택권은 채무자에게 있다(제384조).

(4) 선택의 효과 선택이 행하여지면 선택채권은 하나의 급부를 목적으로 하는 단순채권으로 변한다(반드시 특정물 채권이 되는 것은 아니다. 앞의 예에서 냉장고가 선택되었다면, 냉장고를 받을 채권은 종류채권이 된다). 그리고 선택은 그 채권이 발생한 때에 소급하여 효력이 생긴다(제386조 본문). 그 결과 채권이 발생한 때부터 선택된 급부를 목적으로 하는 채권이 성립하였던 것이 된다.

나. 급부불능에 의한 특정

(1) 원시적 불능의 경우 수개의 급부 가운데 채권이 성립할 당시부터 원시적으로 불능한 것이 있는 때에는, 채권은 잔존하는 급부에 관하여 존재한다(제385조 제1항). 즉 잔존급부에 특정이 일어난다. **예를 들면** A그림이나 B도자기 중 하나를 받기로 했는데, 계약체결 당시 이미 A그림이 훼손되어 멸실되었다면, 선택채권의 목적물은 잔존해 있는 B도자기로 특정된다.

(2) 후발적 불능의 경우

1) 선택권 없는 당사자의 과실로 급부가 후발적으로 불능(이행불능)으로 된 때에는, 잔존급부에 특정되지 않는다(제385조 제2항). 위의 예에서 선택권이 채권자인 甲에게 있는데, 채권성립 후에 채무자 乙의 과실로 A그림이 멸실되었다면, 甲은 남은 B도자기를 선택할 수도 있지만, A그림을 선택하고, 乙에게 이행불능을 원인으로 한 손해배상을 받을 수도 있다.

2) 선택권이 있는 당사자의 과실에 의하거나, 또는 당사자 쌍방의 과실없이 급부가 후발적으로 불능으로 된 때에는, 채권의 목적은 잔존하는 급부에 존재한다(제385조 제1항).

Ⅳ. 금전채권

1. 의 의

금전채권은 일정액의 금전의 급부(인도)를 목적으로 하는 채권이다. 금전채권에서는 금전 자체가 가지는 개성보다는 그것이 가지는 일정한 가치가 중시되는 특징이 있다.

2. 금전채권의 종류

가. 금액채권(金額債權)

금액채권은 일정액의 금전의 인도(지급)를 목적으로 하는 채권이며, 이것이 본래의 의미의 금전채권이다. 100만원의 지급을 목적으로 하는 채권이 그 예이다. 금액채권은 급부되는 금전 자체보다는 그것이 표시하는 금액, 즉 화폐가치에 중점이 두어져 있다. 따라서 금액채권은 다른 특약이 없는 한, 채무자의 선택에 따라 각종의 통화로 변제할 수 있다(제376조 참조). 즉 100만원을 지급할 때 만원권 100장으로 지급할 수도 있고, 5만원권 20장으로 지급할 수도 있으며, 이들을 혼합하여 지급해도 무방하다. 금액채권은 화폐제도가 존재하는 한 급부의 이행불능은 있을 수 없고, 단지 이행지체만 있을 수 있다.

나. 금종채권(金種債權)

금종채권은 '일정한 종류에 속하는 통화의 일정량'의 급부를 목적으로 하는 채권이다. 5만원권으로 100만원을 지급하여야 하는 채권이 그 예이다. 금종채권의 경우 채무자는 정하여진 종류의 통화로 변제하여야 한다. 그런데 그 종류의 통화가 변제기에 강제통용력을 잃은 때에는(예를 들면 5만원권 화폐제도가 폐지되어 5만원권이 유통될 수 없을 때), 강제통용력 있는 다른 통화로 변제하여야 한다(제376조). 그러나 당사자는 일정한 종류의 통화가 강제통용력을 상실하든 않든 반드시(즉, 절대적으로) 그 종류로 급부하도록 약정할 수 있다. 이러한 채권을 '절대적 금종채권'이라고 한다. 이 절대적 금종채권은 금전을 가치 척도의 수단이 아니라, 하나의 종류물로 다루는 것으로서 금전채권이 아니고 '종류채권'에 지나지 않는다.

다. 특정금전채권

이는 '특정한 금전'의 급부를 목적으로 하는 채권이다. 가령 5만원권 지폐 중 특정 번호가 있는 지폐를 교부하기로 한 경우이다. 이러한 특정금전채권은 그 특정된 화폐만이 급부의 목적물이 되므로, '특정물채권'에 해당한다.

라. 외국금전채권(외화채권)

외국금전채권은 외국의 금전(예를 들면, 미화 100만달러)의 급부를 목적으로 하는 채권이다. 외국금전채권도 외국금액채권, 외국금종채권(상대적 외국금종채권, 절대적 외국금종채권), 특정 외국금전채권으로 나눌 수 있다. 외화채권의 경우 당사자 사이에 특약이 없으면 채무자는 당해 외국의 각종의 통화로 변제할 수 있다(제377조 제1항). 그리고 채권의 목적이 '어느 종류'의 다른 나라 통화로 지급할 것인 경우에 그 통화가 변제기에 강제통용력을 잃은 때에는 그 나라의 다른 통화로 변제하여야 한다(제377조 제2항). 한편, 채권액이 다른 나라 통화로 지정된 때에는 채무자는 외국의 통화로 지급하는 대신, 지급할 때에 있어서의 이행지의 환금시가에 의하여 우리나라 통화로 변제할 수 있다(제378조).

3. 금전채무불이행의 특칙

금전채권(특히 금액채권)의 경우에는 화폐제도가 존재하는 한, 이행불능은 있을 수 없고 이행지체만이 생길 수 있을 뿐이다. 그런데 민법은 이 금전채권의 이행지체에 관하여 제397조의 특칙을 두고 있다.

가. 손해의 증명불요

일반적으로 채무불이행의 경우에 채권자가 손해배상을 청구하려면 그가 손해의 발생사실 및 손해액을 입증하여야 한다. 그런데 금전채무의 불이행(이행지체)에 있어서는 채권자는 손해를 증명할 필요가 없다(제397조 제2항 전단).

나. 채무자의 무과실 항변불허

채무자는 금전채권의 이행지체에 대하여 자신의 과실이 없음을 항변하지 못한다(제397조 제2항 후단). 일종의 무과실책임을 지는 것이다.

다. 법정이율의 손해배상

금전채무를 불이행한 경우의 손해배상액은 법정이율에 의하는 것이 원칙이다(제397조 제1항 본문). 그러나 법령의 제한에 위반하지 않는 약정이율이 있으면 그 이율에 의한다(제397조 제1항 단서).

V. 이자채권

1. 이자의 의의

이자채권(利子債權)은 이자의 급부를 목적으로 하는 채권이다. 그리고 이자는 금전 기타의 대체물의 사용대가로서 원본액과 사용기간에 비례하여 지급되는 금전 기타의 대체물을 말한다. 따라서 원본채권을 전제로 하지 않는 주식의 배당금이나 투자금에 대한 이윤 등은 이자가 아니다. 이자는 금전인 것이 보통이나, 금전이 아닌 대체물도 이자가 될 수 있다. 이자는 이자를 발생시키기로 하는 당사자 사이의 특약이 있거나 법률규정이 있는 경우에만 발생한다. 전자를 약정이자라고 하고, 후자를 법정이자라고 한다.

2. 이 율

이자는 보통 원본액에 대한 비율, 즉 이율(利率)에 의하여 산정된다.

가. 약정이율

약정이율은 당사자의 약정에 의하여 정하여진 이율이다. 당사자는 원칙적으로 자유롭게 이율을 정할 수 있으나, 특별법에 의하여 금전소비대차에 관하여는 이율이 제한되고 있다. 약정이자는 약정이율에 의하여 산정된다. 이자를 지급하기로 약정하였으나, 그 이율을 정하지 않은 경우에는 법정이율에 의한다(제379조; 상법 제55조).

나. 법정이율

법정이율은 법률이 정한 이율인데, 민사(民事)에 있어서는 연 5푼이고(제379조), 상사(商事)에 있어서는 연 6푼이다(상법 제54조).

법정이율은 이자의 산정 외에 '금전채무불이행으로 인한 손해배상'(이를 '지연배상'이라고 한다. 지연배상을 '지연이자'로 부르기도 하나 이는 손해배상의 일종일 뿐 이자는 아니다)의 산정에도 쓰인다(제397조 i1항).

3. 이자의 제한

고리대금업자들이 금전대차시 과도한 고이율의 이자를 지급하도록 약정하는 경우가 많아 특별법에 의하여 이자를 제한하고 있다. 현재 우리나라에서 이자를 제한하는 법률로는 이자제한법과 대부업의등록및금융이용자보호에관한법률(아래에서는 '대부업법'이라 함)의 두 가지가 있다. 이자제한법은 일반인 사이의 이자를 제한하는 것이고, 대부업법은 대부업자의 대부에 있어서 이자를 제한한다.

이자제한법상 금전대차에 관한 계약상의 최고이자율은 연 40퍼센트를 초과하지 않는 범위 안에서 대통령령으로 정한다(동법 제2조 제1항). 그리고 대통령령에 의하면 현재의 최고 이자율은 연 30퍼센트이다(이자제한법 제2조 제1항의 최고이자율에 관한 규정). 그리고 금전의 대차와 관련하여 채권자가 받는 것은 할인금·수수료 그 밖의 명칭에도 불구하고 이를 이자로 본다(동법 제4조). 이것이 '간주이자규정'이다. 제한 이율을 초과하는 부분의 이자는 무효이다(동법 제2조 제3항). 그리고 채무자가 제한초과이자를 임의로 지급한 경우에는 초과지급된 이자 상당금액은 원본에 충당되고, 원본이 소멸한 때에는 그 반환을 청구할 수 있다(동법 제2조 제4항).

한편 대부업자가 대부하는 경우의 이자율은 연 100분의 50의 범위 안에서 대통령령이 정하는 이율을 초과할 수 없다(대부업법 제8조 제1항). 그리고 현재의 최고이율은 연 100분의 49이며, 월 이자율 및 일 이자율은 연 100분의 49를 단리로 환산한다(대부업법시행령 제5조 제2항). 이를 위반한 경우의 효과는 이자제한법의 경우와 같다(대부업법 제8조 제3항·제4항).

제3절 채무불이행

제1관 총 설

I. 채무불이행의 의의

1. 개 념

채무불이행은 광의와 협의로 나눌 수 있다. 이 중 '광의의 채무불이행'은 채무가 그의 내용에 따른 이행이 되지 않고 있는 객관적 상태를 말한다. '협의의 채무불이행'은 광의의 채무불이행 중 그 불이행에 채무자의 고의·과실이 있고, 또 위법성을 가지는 경우를 말한다. 일반적으로 채무불이행이라 함은 협의의 채무불이행을 말한다. 채무불이행의 있으면 채권자가 손해배상청구권을 취득하는 등의 일정한 법률효과가 발생한다.

2. 채무불이행의 유형

채무불이행의 유형은 대체로 이행지체, 이행불능, 불완전이행의 세 가지로 나눈다. 다만 일부 견해에 의하면, 불완전 이행 중 '부수적급부의무의 위반'의 경우를 따로 떼어 내, 이도 채무불이행의 한 유형으로 보고 있다.

II. 채무불이행의 유형별 검토

1. 이행지체

가. 의 의

이행지체라 함은 '채무의 이행기가 도래했고 또 그이행이 가능함에도 불구하고 채무자의 책임있는 사유(유책사유)로 이행을 하지 않고 있는 것'을 말한다. 금전을 빌린 사람이 변제기가 지났는데도 갚지 않고 있는 경우가 그 예이다.

나. 요 건

(1) 채무의 이행기가 도래하였을 것 이행지체가 성립하려면 우선 채무의 이행기가 되었어야 한다. 이행기가 도래한 시점을 어떻게 정할 것인가에 대하여 민법은 몇 가지 기준을 규정하고 있다.

i) 채무의 이행에 관하여 확정기한이 있는 경우에는, 그 기한이 도래한 때부터 지체책임이 있다(제378조 제1항 1문). ii) 채무의 이행에 관하여 불확정기한이 있는 경우에는, 채무자는 그 기한이 도래하였음을 안 때부터 지체책임이 있다(제378조 제1항 2문). iii) 채무의 이행에 관하여 기한이 없는 경우에는 채무자는 이행청구를 받은 때부터 지체책임이 있다(제387조 제2항). 기한이 없는 채무는 발생과 동시에 이행기에 있게 되나, 이행지체로 되려면 채권자의 최고가 있어야 하는 것이다. 기한이 있는 채무의 경우에도 채무자는 일정한 경우(제388조) 기한의 이익을 상실하는데, 이와 같이 채무자가 기한의 이익을 상실한 경우에는 채권자는 기한의 도래를 기다리지 않고 이행을 청구할 수 있고, 채무자는 기한의 이익을 주장하지 못한다. 따라서 이행이 없으면 이행지체가 성립한다. 다만 채권자는 채무의 이행을 청구하지 않고 이행기까지 기다릴 수도 있다.

(2) 이행이 가능할 것 채무의 이행이 불가능하면 이행지체가 아니라, 이행불능으로 된다.

(3) 이행이 없을 것 채무자가 채무의 이행을 하지 않아야 한다. 이는 이행지체에서 당연한 요건이다.

(4) 이행하지 않는 데 대하여 채무자에게 책임있는 사유(귀책사유)가 있을 것 채무불이행이 성립하기 위해서는 채무자에게 귀책사유로서의 고의나 과실이 있어야 한다. 이 요건에 대해서 민법상 명문은 없으나, 학설과 판례가 일치하여 필요성을 긍정한다. 고의라 함은, 행위의 결과를 인식하고도 그 행위로 나가는 행위자의 심리상태를 말하고, 과실은 행위의 결과 발생사실을 인식(또는 예견)하고 그 결과를 회피하였어야 함에도 불구하고 일반적으로 요구되는 주의의무를 소홀히하여 결과가 발생한 것을 말한다. 귀책사유로서의 고의·과실에는 채무자의 고의·과실이 있는 경우는 물론이고, 채무자의 법정대리인·이

행보조자의 고의·과실이 있는 경우도 포함된다. 채무자의 법정대리인이 채무자를 위하여 이행하거나 채무자가 타인을 사용하여 이행하는 경우에는 법정대리인 또는 피용자의 고의나 과실은 채무자의 고의나 과실로 보기 때문이다(제391조). 귀책사유에 대한 입증책임 문제는, 일반적으로 채무자가 채무불이행에 귀책사유가 없었음에 대하여 입증책임을 부담하는 것으로 본다.

(5) 이행하지 않는 것이 위법할 것　위법성은 채무불이행을 정당화시키는 사유, 즉 위법성 조각사유가 없으면 당연히 인정되는 소극적인 요건이다. 이행지체의 위법성을 조각시키는 사유로는 유치권, 동시이행의 항변권, 기한유예의 항변 등이 있다.

다. 효　과

(1) 강제이행청구권의 발생　이행지체는 채무의 이행이 지체되고 있을 뿐 이행은 가능하므로, 채권자는 채무의 내용에 따른 일정한 강제이행을 할 수 있다.

(2) 담보권의 실행가능　채무에 대해 담보가 설정되어 있는 경우 담보권을 실행할 수 있다.

(3) 위약금의 효력발생　위약금의 약정이 있는 경우 그 효력이 발생한다(제398조).

(4) 손해배상청구권의 발생　채권자는 이행지체로 인해 입은 손해에 대해 그 배상을 청구할 수 있다. 이행지체에 있어서의 손해배상은 원칙적으로 이행의 지체로 인하여 생긴 손해의 배상, 즉 지연배상에 한한다. 그러나 일정한 경우 이행에 갈음하는 손해의 배상, 즉 전보배상(塡補賠償)을 청구할 수도 있다. 즉 채권자가 상당한 기간을 정하여 이행을 최고하여도 그 기간 내에 이행하지 않거나 지체 후의 이행이 채권자에게 이익이 없는 때에는, 민법은 예외적으로 이행에 갈음하는 손해의 배상(전보배상)을 청구할 수 있도록 규정하고 있다(제359조). 채권자를 보호하기 위한 규정이다. 일정한 경우에는 채무자의 책임이 가중된다. 즉, 채무자는 자기에게 과실이 없는 경우에도 이행지체중에 생긴 손해를 배상하여야 한다(제392조 본문). 다만 채무자가 이행기에 이행하여도 손해

를 면할 수 없는 경우에는 예외로서 가중책임을 지지 않는다(제392조 단서).

(5) 계약해제권의 발생　　계약상의 채무가 이행지체로 된 경우에는, 채권자는 일정한 요건하에 계약의 해제권을 취득하게 된다(제544조, 제545조).

2. 이행불능

가. 의　의

이행불능이란 '채권이 성립한 후에 채무자에게 책임있는 사유로 이행할 수 없게 된 것'을 말한다. **예를 들면** 도자기에 대하여 매매계약을 체결하였는데, 그 도자기가 계약성립 후 매도인의 귀책사유(고의나 과실)로 깨어지거나 멸실된 경우이다.

나. 요　건

(1) 채권의 성립 후에 이행이 불능으로 되었을 것(후발적 불능)

(가) 불능의 개념　　이행불능에서의 불능의 개념은 절대적·물리적 불능을 의미하는 것은 아니다. 사회생활에 있어서의 경험칙, 또는 거래상의 관념에 비추어 볼 때 채권자가 채무자의 이행의 실현을 기대할 수 없는 경우를 말한다. 따라서 이행불능인지의 여부는 사회통념 내지 거래관념이라는 단일한 기준에 의하여 판단된다. 따라서 물리적으로 이행이 불가능한 경우는 물론이고, 물리적으로는 가능하지만 지나치게 많은 비용과 노력이 드는 경우도 불능으로 된다. **예를 들면** 깊은 바다에 빠진 반지를 찾아주기로 하는 채무도 물리적으로는 가능할지 몰라도 사회통념에 의하면 불능으로 보아야 한다. 또 甲이 자신의 부동산을 乙에게 매도한 후 다시 丙에게 이중으로 팔고 丙에게 소유권이전등기를 해 준 경우를 가정해 보자. 甲의 乙에 대한 소유권이전등기 의무는 이행불능으로 되는가? 이 경우 甲이 위 부동산을 丙으로부터 다시 되사서 乙에게 이전등기를 해 줄 수도 있으므로 이행불능이 아니라는 견해도 있을 수 있다. 그러나 사회통념상 甲이 丙으로부터 다시 위 부동산을 되사면서까지 乙에 대한 채무를 이행할 가능성은 없기 때문에, 특별한 사정이 없는 한, 甲의 乙에 대한 소유권이전등기 의무는 이행불능이 되었다고 본다.

(나) 후발적 불능 이행불능으로 되려면 채권이 성립한 후에 불능으로 되었어야 한다. 즉 후발적 불능이어야 한다. 채권의 성립 당시에 이미 불능인 원시적 불능의 경우에는 채권은 성립하지 않게 되고, 계약체결상의 과실이 문제될 뿐이다(제535조).

(2) 채무자에게 책임있는 사유로 불능으로 되었을 것 이행불능이 채무자에게 유책사유 없이 발생한 경우에는, 채무자는 채무를 면하게 된다(제390조 단서). 그리고 이 경우에 불능으로 되어 소멸한 채무가 쌍무계약에 의하여 발생한 것일 때에는 상대방의 채무도 소멸하는가의 문제가 생기는데, 그것이 곧 위험부담의 문제이다(제537조, 제538조).

(3) 이행불능이 위법할 것 이행불능이 되려면 위법성 조각사유가 없어야 한다. 그런데 이행불능에 있어서는 위법성 조각사유가 거의 없다.

다. 효 과

(1) 손해배상청구권의 발생 이행불능의 요건이 갖추어진 경우에는, 채권자는 손해배상을 청구할 수 있다(제390조). 이때의 손해배상은 그 성질상 이행에 갈음하는 손해배상, 즉 '전보배상'이며, 이행지체에서의 손해배상인 '지연배상'과 구별된다.

(2) 계약해제권의 발생 계약에 기하여 발생한 채무가 채무자의 책임있는 사유로 이행이 불능으로 된 때에는, 채권자는 계약을 해제할 수 있다(제546조). 이때 최고는 필요하지 않다.

(3) 대상청구권(代償請求權) 甲이 乙에게 자신의 A토지를 매도하였는데, 매매계약 후에 그 토지가 국가에 의하여 수용되었다고 가정하자. 이 경우 甲은 乙에게 A토지에 대한 소유권이전의무를 면하게 된다. 토지가 수용됨으로써 이행불능이 되었지만, 수용에 의한 것이므로 甲에게 귀책사유는 없기 때문이다. 그런데 한편 甲은 수용으로 인하여 토지수용보상금을 받게 된다. 즉 이행불능을 일으키는 사정과 동일한 사정으로 수용보상금을 받게 되는 것이다. 이때 甲에게 위 토지수용보상금을 그대로 취득하게 하는 것이 옳은 것인가?

대상청구권은 이와 같이 이행불능을 발생케 한 것과 동일한 원인에 의하여 채무자가 이행의 목적물(앞의 예에서 A토지)의 대상(代償, 목적물 '대'신 보 '상'으로 받는 것)인 이익을 취득하는 경우(앞의 예에서 토지수용보상금)에 채권자(앞의 예에서 乙)가 채무자(앞의 예에서 甲)에게 그 이익의 상환을 청구할 수 있는 권리를 말한다. 대상청구권을 인정하면 매수인은 매도인에게 수용보상금청구권(또는 수용보상금)의 이전을 청구할 수 있다. 즉 앞의 예에서 乙은 甲에게 甲이 취득하는 수용보상금청구권이나, 수령한 토지수용보상금의 상환을 청구할 수 있는 것이다.

민법은 채권자의 대상청구권을 명문으로 규정하고 있지 않다. 그렇지만 통설·판례가 대상청구권을 인정하는 데 일치하고 있다. 한편 대상청구권을 인정하는 경우에는, 불능이 후발적인 것인 한 그 불능에 대하여 채무자에게 책임이 있든 없든 그 권리가 인정된다. 앞의 예는 유책사유가 없는 경우이다.

채무자의 귀책사유로 인하여 불능이 된 경우에는 채권자는 손해배상청구권과 대상청구권을 경합하여 가지게 되고, 채권자의 선택에 따라 어느 청구권이든 행사할 수 있다. 단 중복적 사용은 불가하다.

3. 불완전이행

가. 의 의

불완전이행은 채무자가 채무의 이행으로서 이행행위를 하였으나, 그것이 채무내용에 좇은 이행이 아닌 경우, 또는 그보다 좁게 그로 인하여 채권자에게 추가적 손해(확대손해, 부가적손해)가 발생한 경우를 말한다.

사과 100상자를 인도해야 하는데 90상자만 인도한 경우나 인도한 사과에 흠이 있는 경우가 전자의 예라면, 사료를 공급할 채무가 있는 채무자가 독성이 있는 사료를 공급하여 사료를 먹은 가축들이 사망한 경우, 병든 강아지를 인도하여 채권자 소유의 다른 강아지가 전염된 경우 등이 후자의 예다.

채무불이행으로서 '불완전이행'을 인정하는 이론적 근거에 관해서는, 일반적으로, 채무자는 (본래의) 급부의무 외에 신의칙상 부수적 주의의무 내지 보호의무가 있으며 이러한 의무의 위반이 불완전이행의 본질이라고 설명한다. 불완전이행에 대해서는 민법상 명문의 규정이 없어 학자들 사이에서도 이를 적극적으로 인정하는 견해와 불법행위로 해결할 수 있으므로 이를 인정할 필요가 없다(논의할 실익이 없다)는 견해로 나뉘고 있다. **판례**는 제한적으로 인정하는 입장이다.

나. 효 과

불완전이행이 있을 때, 추완이 가능한 경우라면, 추완청구권 및 손해배상청구권(특히 확대손해의 경우)이 발생한다. 추완이 불가능하거나 추완이 채권자에게 이익이 없는 경우는 계약의 해제 및 손해해상 청구가 가능하다.

Ⅲ. 손해배상

1. 서 설

1) '손해배상'은 불법한 원인으로 발생한 손해를 피해자 이외의 자가 전보하는 것(손해가 없는 상태로 되돌리는 것)을 말한다. 이에 반하여, 적법한 원인에 의하여 발생한 손해를 전보하는 것은 '손실보상'이라고 한다.

2) 채무자의 채무불이행으로 인해 채권자에게 손해가 발생한 때에는 채권자는 채무자에게 손해배상을 청구할 수 있다(제390조). **예를 들면** 이행지체의 경우에는 '지연배상'을, 이행불능의 경우에는 '전보배상'을 청구할 수 있다. 민법은 채무불이행으로 인한 손배배상의 범위 및 방법, 배상액의 예정, 과실상계 및 손익상계, 손해배상자의 대위 등에 관하여 명문의 규정을 두고 있다(제393조 이하). 한편 손해배상책임은 불법행위의 경우에도 인정된다. 그리고 채무불이행으로 인한 손해배상에 대한 규정의 대부분은 불법행위로 인한 손해배상에도 준용된다(제763조). 따라서 채무불이행의 손해배상에 관한 설명은 불법행위에도 원칙적으로 적용된다.

2. 손해배상의 의의

가. 손해의 의의

손해는 일정한 원인(채무불이행, 불법행위 기타)에 의하여 피해자가 받은 불이익이다. 이는 그 본질상 피해자의 의사에 반하는, 피해자가 의도하지 않은 불이익이다.

손해의 판단방법으로서는 일반적으로 차액설에 의한다. 이 설에 의하면 손해는 채무의 이행이 있었더라면 존재하였을 상태에서 현재의 상태를 빼는 방법으로 산정된다. **예를 들면** 채무의 이행이 있었더라면 채무자의 재산이 3억원이었을텐데, 채무가 불이행된 지금의 재산은 2억 5천만원이라면, 손해는 5천만원이라고 산정하는 것이다. 차액설은 비재산적 손해의 개념으로는 부적합하고, 특별손해에 대해서는 일정한 경우 배상책임을 부정하는 민법의 태도와 모순된다는 비판을 받고 있기는 하지만, 통설적인 입장을 차지하고 있다.

나. 손해의 종류

(1) 재산적 손해와 비재산적 손해 일반적으로, 재산적 법익에 대하여 발생한 손해를 '재산적 손해'라고 하고, 비재산적 법익(생명, 신체, 명예 등)에 대하여 발생한 손해를 '비재산적 손해'라고 한다. 침해행위의 결과로서 발생하는 불이익이 재산적인 것인가 비재산적인 것인가에 따라 재산적 손해와 비재산적 손해로 나누는 견해도 있다. 비재산적인 손해를 '정신적 손해'라고도 한다. 그리고 비재산적인 손해에 대한 배상을 '위자료'(慰藉料)라고 한다.

(2) 이행이익의 손해와 신뢰이익의 손해 이행이익은 채무자가 채무를 이행하였더라면 채권자가 얻었을 이익을 말하는 것이므로, 이행이익의 손해는 '채무자가 채무를 이행하지 아니하였기 때문에 채권자가 입은 손해'이다. 그리고 신뢰이익의 손해는 법률행위의 당사자가 무효인 법률행위를 유효하다고 믿었기 때문에 입은 손해이다. 이 두 이익의 손해에 대한 구체적인 계산방법은 다음과 같다.

'이행이익'은 법률행위가 이행되었으면 있었을 채권자의 재산상태에서 현재의 재산상태를 빼는 방법으로 계산한다. 그리고 '신뢰이익'(예를 들면, 계약이 유효할 것으로 믿고 계약을 체결하기 위하여 지출한 교통비, 계약서 작성비 등 계약체결비용)은 피해자가 문제되는 법률행위에 관하여 아무것도 듣지 않았으면 있었을 재산상태에서 현재의 재산상태를 빼는 방법으로 계산한다.

(3) 적극적 손해와 소극적 손해 　적극적 손해는 기존재산(이익)의 멸실·감소로 인한 손해이고, 소극적 손해는 얻을 수 있었던 이익을 얻지 못한 손해(일실이익의 손해)를 말한다. **예를 들면** 교통사고에 의해 입원했을 경우, 입원비·치료비 등은 적극적 손해이고, 입원기간 동안 일을 하지 못해 수입을 상실한 손해는 소극적 손해(일실이익)가 된다.

(4) 직접적 손해와 간접적 손해 　직접적 손해는 침해된 법익 자체에 대한 손해이고, 간접적 손해(후속손해)는 법익침해로 인하여 피해자의 다른 법익에 발생한 결과적 손해를 말한다. **예를 들면** 신체침해의 경우 신체침해 자체는 전자에 해당하고, 신체침해로 인한 노동수입의 감소는 후자의 예이다.

3. 손해배상의 방법

손해배상의 방법에 관한 입법주의는 원상회복주의와 금전배상주의가 있다. 독일민법은 원상회복주의를 원칙으로 하나, 우리 민법은 '다른 의사표시가 없으면 손해는 금전으로 배상한다'고 규정하여 금전배상주의를 취하고 있다(제394조. 금전배상주의). 다른 의사표시가 있거나(제394조) 법률에 다른 규정이 있는 때(제764조 등)에는 예외이다.

4. 손해배상의 범위

가. 서

'채무불이행으로 인해 손해'가 발생한 경우 과연 어느 범위까지 손해를 배상할 것인지 결정하는 것은 쉽지 않은 문제다. 손해는 무한히 확장될 수 있기 때문이다. **예를 들어 보자**. 수험생이 시험을 치르러 가기 위해 택시를 탔는데, 택시 운전사의 과실로 교통사고가 난 바람에 시험을 못 봐 부득이 재수를 하게 된 경우, 택시 운전사가 재수를 위해 필요한 모든 비용을 다 손해로서 배상을 하여야 하는가? 수험생의 입장에서는 다 배상하여야 한다고 주장할 수 있겠지만, 택시 운전사로서는 만약 그러한 손해를 모두 배상하여야 한다면, 앞으로 수험생이나 기타 예상치 못할 손해를 가져올 수 있는 승객에 대해서는 탑승을 거부할 수도 있을 것이다. 따라서 채무불이행으로 인한 손해의 배상은 어느 정도의 범위에서 제한되어야 한다.

제한의 근거로서 현재 가장 유력한 학설은 '상당인과관계설'이다. 이 학설은 채무불이행과 '상당인과관계'(相當因果關係)에 있는 손해만을 배상하게 하려는 입장이다. 동일한 조건이 존재하면 동일한 결과가 발생하는 것이 보통인 경우에 한하여 손해와 원인 사이의 인과관계가 인정되어야 한다는 것이다. 이 학설에 의하면, 앞서 본 예의 경우는 택시승객이 수험생인 경우가 통상의 경우는 아니므로 교통사고로 인하여 시험을 보지 못한 결과(또한 그로 인한 손해)는 교통사고와 상당인과관계가 없어서 배상해야 할 손해의 범위에 들어가지 않는다고 본다. 따라서 수험생인 승객은 치료비 등의 손해의 배상은 통상의 손해로서 배상받을 수 있으나, 재수비용 등의 손해는 특별한 사정이 없는 한 손해배상을 받을 수 없게 된다.

나. 민법의 규정

민법은, i) 채무불이행으로 인한 손해배상은 통상의 손해를 그 한도로 한다. ii) 특별한 사정으로 인한 손해는 채무자가 그 사정을 알았거나 알 수 있었을 때에 한하여 배상의 책임이 있다(제393조)고 하고 있다.

이 규정의 의미에 대해서도 학자들 사이에 논란이 있으나, 대체로 제393조 제1항은 상당인과관계 원칙을 규정하고 있고, 제2항은 상당인과관계 인정의 기초가 되는 특별한 사정의 범위를 규정하고 있다고 해석하고 있다.

다. 통상손해와 특별손해

(1) 통상손해(通常損害) 통상의 손해라고 하는 것은, 특별한 사정이 없는 한 그 종류의 채무불이행이 있으면 통상 발생하는 것으로 인정할 수 있는 손해를 말한다. 경험칙에 비추어 볼 때 그러한 종류의 채무불이행에서는 일반적으로 생길 것이라고 인정되는 손해, 즉 채무불이행과 상당인과관계에 있는 손해이다.

통상손해가 되기 위해서는 두 가지 요건이 필요하다. 즉 A라는 채무불이행이 있고, B라는 손해가 있는 경우, B가 통상손해로서 인정되기 위해서는, i) A라는 채무불이행이 없었으면 B라는 손해가 생기지 않았어야 하고(구체적

관계), ii) 일반적으로도 A라는 채무불이행이 있으면 보통 B라는 손해가 발생하여야 한다(일반적 관계).

예를 들면 이자를 받기로 하고 돈을 빌려줬는데, 변제기에 변제를 못할 경우에는 지체된 기간만큼의 이자 상당액, 임차인이 임차물을 멸실하였을 때에는 임차물의 시가, 신체 침해의 경우 수입을 올리지 못한 일실이익 등이 통상손해에 속한다.

(2) 특별손해 특별손해는 당사자 사이의 개별적·구체적 사정에 의하여 발생한 특별한 경우의 손해를 말한다. **예를 들면** 甲이 乙로부터 도자기를 1,000만원에 매수하여 다시 丙에게 1,500만원에 전매할 예정이었다면, 전매차익인 500만원이 특별손해가 된다. 특별한 사정으로 인한 손해는 원칙적으로 배상할 필요가 없다. 다만 채무자가 그 사정을 알았거나 알 수 있었을 때에 한하여 배상의 책임이 있다(제393조 제2항). 즉 특별손해는 채무자의 예견 또는 예견가능성이 증명된 경우에는 귀책범위에 포함되고, 이 경우 상당인과관계는 문제되지 않는다.

5. 손해배상의 범위에 관한 특수문제

가. 손익상계(損益相計)

손익상계는 채무불이행(또는 불법행위)으로 손해를 입은 자가 같은 원인으로 이익을 얻고 있는 경우에, 그의 손해배상액의 산정에 있어서 그 이익을 공제하는 것이다. 이익공제라고도 한다. 가령 상품을 지방에서 인도하고, 매수인은 이를 서울로 운반하기로 하였는데 매도인이 채무를 불이행하였다면 매수인은 운반비를 지출할 필요가 없게 된다. 이 경우 매수인이 지출을 면하게 된 운반비를 매수인의 손해액에서 공제하는 것이 그 예가 된다. 그리고 교통사고로 피해자가 사망한 경우, 그가 생존했다면 마땅히 지출되는 생활비를 손해배상액에서 공제하는 것도 그 예가 된다. 손익상계는 민법에 명문의 규정은 없지만 통설·판례는 손해배상의 형평상 당연한 것으로 인정하고 있다.

나. 과실상계(過失相計)

과실상계는 손해의 발생 또는 확대에 관하여 피해자에게도 과실이 있는 경우에 손해배상의 범위를 정함에 있어서 그 과실을 참작하는 제도이다. 민법은 '채무불이행에 관하여 채권자에게 과실이 있는 때에는 법원은 손해배상의 책임 및 그 금액을 정함에 이를 참작하여야 한다'(제396조)고 규정하고, 이를 불법행위에도 준용하고 있다(제763조).

예를 들면 교통사고가 나서 승객이 다쳤는데, 승객도 안전벨트를 하지 않아 중상을 입은 경우, 또 다친 승객이 치료를 게을리하여 상처가 악화된 경우 등이 그 예가 된다. 신의칙, 공평의 원칙, 과실책임의 원칙 등에 기초하여 인정된다. 법원은 심리결과 인정되는 채권자의 과실의 정도를 참작하여 손해배상액을 감면하게 된다. 손해배상에서 과실상계와 손익상계 사유가 다 있을 때에는 먼저 과실상계를 한 후 손익상계를 해야 한다. **예를 들면** 총 손해가 100만원, 손익상계 사유가 20만원, 과실비율이 20%라고 한다면, 구체적 손해의 산정은 '100만원×80/100-20만원=60만원'이 된다(손익상계를 먼저 한 경우에는 '(100만원-20만원)'×80/100=64만원이 된다).

다. 손해배상액의 예정

(1) 의 의 손해배상액의 예정은 채무불이행의 경우 채무자가 지급해야 할 손해배상액을 채무불이행 사실이 있기 전에 미리 정하여 두는 채권자·채무자 사이의 합의(계약)를 말한다(제398조 제1항). **예를 들면** 집을 짓기로 하는 계약에서, 10월 31일까지 집의 건축을 완성하기로 약정하면서, 만일 그때까지 완성하지 못하면, 매일 10만원씩을 배상하기로 미리 합의한 경우가 그 예가 된다.

채무불이행이 있기 전에 미리 이러한 합의를 하는 이유는 손해의 발생사실과 손해액의 입증 곤란을 회피하고, 분쟁을 예방하여 법률관계를 쉽게 해결하며, 채무자에게 심리적 경고를 통해 채무의 이행을 확보하려는 데 있다.

(2) 효 과 일반적으로 손해의 배상을 청구하기 위해서는 피해자가 손해의 발생사실과 그 범위를 입증하여야 한다. 그러나 손해배상액의 예정이 있는 경우에는, 채권자는 채무불이행의 사실만 증명하면 손해의 발생 및 그 액(범위)을 증명하지 않고서 예정된 배상액을 청구할 수 있다. 다만 손해배상

의 예정액이 부당히 과다한 경우에는, 법원은 직권으로 적당히 감액할 수 있다(제398조 제2항). 당사자 사이의 실질적 불평등을 제거하고 공정을 보장하기 위해서다. '부당히 과다하다'는 의미는 사회관념에 비추어 예정액의 지급이 경제적 약자의 지위에 있는 채무자에게 부당한 압박을 가하여 공정을 잃는 결과를 초래한다고 인정되는 경우를 말한다. 한편 손해배상의 예정액이 부당하게 과소하다고 하여 법원이 직권으로 증액을 할 수는 없다.

(3) 위약금(違約金) 위약금은 채무불이행의 경우에 채무자가 채권자에게 지급할 것을 약속한 금전이다. 위약금에는 위약벌(違約罰, 위약시에 '벌'의 의미로서 지급하기로 약정한 금전 등)의 성질을 가지는 것과 '손해배상액의 예정'의 성질을 가지는 것의 두 가지가 있다. 민법은 위약금은 손해배상의 예정으로 추정한다(제398조 제4항).

6. 손해배상자의 대위

甲이 乙에게 노트북을 맡겨 두었는데, 乙이 노트북을 분실하여, 甲에게 노트북 대금 200만원을 모두 배상하였다. 그런데 그 후 노트북을 찾았을 경우, 그 노트북은 누구의 소유로 하여야 하는가? 만일 甲이 여전히 노트북의 소유권을 가진다면, 甲은 乙로부터 200만원도 받고, 노트북도 소유하게 됨으로써 부당한 이득을 얻게 된다. 이 경우 甲이 乙로부터 받은 200만원을 반환하는 것으로 해결할 수도 있겠지만, 그보다는 노트북의 소유권을 乙이 가지는 것으로 하는 것이 간명한 해결책이 된다. 민법은 이러한 취지로, '채권자가 그 채권의 목적인 물건 또는 권리의 가액 전부를 손해배상으로 받은 때에는 채무자는 그 물건 또는 권리에 관하여 당연히 채권자를 대위한다'(제399조)고 규정한다. 위 규정에서 '채권자를 대위(代位)한다'는 것은 채권의 목적인 물건이나 권리가 '법률상 당연히'(당사자 사이의 약정없이) 채권자로부터 배상자에게 이전된다는 의미이다. 앞의 예에서 乙은 당연히 노트북의 소유권을 취득하게 된다. 甲의 동의나 허락을 받을 필요가 없음은 물론이고, 甲이 반대를 하더라도 乙의 소유권취득에는 지장이 없다. 민법은 배상자 대위를 불법행위에도 준용하고 있다(제763조).

제2관 채권자지체

I. 의 의

채권자지체는 채무의 이행에 있어서 급부의 수령 등 채권자의 협력이 필요한 경우에 채무자가 채무의 내용에 좇은 변제의 제공을 하였음에도 불구하고 채권자가 이를 수령하지 않거나 필요한 협력을 하지 않는 경우, 또는 협력을 할 수 없기 때문에 이행이 지연되고 있는 상태를 말한다. '수령지체'라고도 한다.

채권은 그 대부분이 채무의 이행에 채권자의 협력을 필요로 한다. **예를 들면** 채권자가 원재료를 공급하기로 하고 채무자는 이를 가공하기로 한 경우, 먼저 채권자가 원재료를 공급하여야 채무의 이행이 가능하므로, 채권자는 재료를 공급할 의무가 있다. 이러한 의무까지는 아니더라도 채권자는 채무자가 인도하는 물건을 수령함으로써 채무의 완성에 협력할 의무는 있다. 이러한 채무의 경우에 채권자가 고의, 또는 과실로 협력을 하지 않아서 채무의 이행이 완료되지 않은 때에는 그 불이익을 모두 채무자에게 지우는 것은 옳지 않다. 여기서 민법은 채권자지체라는 제도를 두어 일정한 요건하에 채권자가 불이익을 받게 하고 있다(제401조~제403조).

II. 법적 성질

채권자지체의 법적 성질에 관하여는 견해가 대립된다. 그리고 그 주요 논점은, 채권자에게 일반적으로 법적 의무로서의 수령의무를 인정할 것인가 하는 점이다. 다수의 견해는 법적 의무로서의 '협력의무' 내지 '목적물의 수령의무'를 인정하며, 그 근거로는 신의칙을 든다. 즉 채권자도 채권관계의 완성을 위하여 협력해야 할 신의칙상의 의무를 가지고 있다고 보는 것이다. 그리고 채권자지체는 이러한 협력(수령)의무를 부담하는 채권자가 그 협력의무를 불이행하는 것이므로 채권자지체도 그 성질은 채무불이행에 해당한다고 본다. 이에 반하여 소수의 견해는 법적의무로서의 수령의무를 부정하고, 채권자지체는 채무불이행책임이 아니라 민법이 특별히 정한 법정책임으로 본다.

Ⅲ. 요 건

1) 채무의 성질상 이행에 채권자의 협력을 필요로 할 것 따라서 부작위채무와 같이 채무의 이행에 채권자의 협력이 요구되지 않는 경우에는, 채권자지체가 문제되지 않는다.

2) 채무의 내용에 좇은 이행의 제공이 있을 것 채무자의 이행의 제공이 없거나 이행의 제공이 채무의 내용에 좇은 것이 아닌 때에는, 채권자지체는 성립하지 않는다.

3) 채권자의 수령불능 또는 수령거절 채권자지체로 되려면 채무자가 이행을 받을 수 없거나(수령불능) 또는 수령을 받지 않아야 한다(수령거절)(제400조).

4) 채권자의 귀책사유 채권자의 수령거절 또는 수령불능에 채권자의 고의·과실에 의한 귀책사유가 있어야 한다. 이 요건은 채권자지체를 채무불이행으로 볼 때 필요한 것이다. 만일 채권자지체를 채무불이행책임으로 보지 않고, 법정책임으로 보는 설에 의하면 이 요건이 필요하지 않다.

Ⅳ. 효 과

1) 급부의무의 존속 채권자지체가 있더라도 채무자가 급부의무를 면하는 것은 아니다. 채무자는 여전히 급부를 해야 할 의무를 진다. 다만 채무자는 변제공탁에 의하여 급부의무를 면할 수는 있다.

2) 채무자의 주의의무 경감 채무자는 채권자지체중에는 고의 또는 중대한 과실이 있는 때에만 책임을 지고, 경과실이 있는 때에는 면책된다(제401조).

3) 채무자의 이자의 지급정지 채무자는 채권자지체중에는 채권이 이자가 있는 것일지라도 이자를 지급할 의무가 없다(제402조).

4) 증가비용의 채권자부담　채권자지체로 인하여 그 목적물의 보관 또는 변제의 비용이 증가된 때에는, 그 증가액은 채권자가 부담한다(제403조).

5) 계약해제권과 손해배상청구권　채권자지체를 채무불이행책임으로 보는 입장에서는 이를 긍정한다. 그러나 채권자지체를 법정책임으로 보는 견해에서는 손해배상청구권이나 계약해제권은 인정되지 않는다고 본다.

제4절 책임재산의 보전

I. 서 설

민법은 손해에 대하여 금전배상주의를 취하여, '다른 의사가 없으면 손해는 금전으로 배상한다'(제394조)고 규정하고 있다. 따라서 처음부터 금전급부를 목적으로 한 채권은 물론이고, 그렇지 않은 채권이라고 하더라도 채무자의 채무불이행이 있으면 손해배상청구권으로 변하게 되므로 결국 모든 채권은 종국적으로 금전채권이 된다고 볼 수 있다. 그리고 이러한 금전채권은 임의로 이행될 경우는 물론이고, 임의로 이행되지 않아 강제집행을 실행할 때에도 채무자의 일반재산에 대하여 실행하게 되므로, 결국 '채무자의 일반재산'은 모든 채권에 대한 최후의 보장책이라고 할 것이다. 이와 같이 채무자의 일반재산이 최후에 책임을 진다는 의미에서 그 재산을 '책임재산'이라고 한다. 채무자의 책임재산은 모든 채권자를 위한 공동담보가 되므로, 그 재산의 양이 많을수록 변제받을 가능성이 높아짐은 당연하다. 따라서 채권자로서는 채무자의 책임재산이 부당하게 감소되지 않도록 방지할 제도의 존재를 필요로 하게 된다. 채권은 채무자의 재산을 직접 지배하는 권리가 아니고 채무자에 대한 급부의 이행청구권에 불과하다. 따라서 채권자라고 하더라도 채무자의 일반적 경제행위를 채권자가 일일이 간섭할 권리는 없다. 그러나 채무자가 재산을 빼돌린다든가 하는 방법으로 부당하게 그 책임재산의 감소를 시도할 경우에는 채권의 효력으로써 이를 방지할 제도가 필요한 것이다. 민법은 이러한 제도로 '채권자대위권' 제도와 '채권자취소권' 제도를 두고 있다. 이들은 모두 채무자의 책임재산을 보전하기 위한 것이다.

Ⅱ. 채권자대위권

1. 의 의

채권자대위권(債權者代位權)이란 채권자가 자기의 채권을 보전하기 위하여 그의 채무자에게 속하는 권리를 행사할 수 있는 권리이다(제404조 제1항 본문).

예를 들어 甲이 乙에게 금 2,000만원 대여금 채권을 가지고 있고, 乙은 丙에게 1,000만원의 물품대금채권을 가지고 있고, 乙은 다른 재산이 없다고 가정하자. 乙이 변제기가 되었음에도 불구하고, 甲에게 변제를 하지 않을 뿐 아니라, 丙에 대한 물품대금채권도 행사를 하지 않고 있다면(乙로서는 丙에게 물품대금을 받아 봐야 그 돈으로 甲에게 대여금 채권을 변제해야 하므로, 丙에 대한 물품대금의 추심에 적극성을 보이지 않을 수도 있다), 甲이 직접 丙에 대하여 乙이 가지고 있는 물품대금 채권을 행사하여 추심을 할 수 있는데, 이러한 권리가 채권자대위권이다.

2. 요 건

가. 채권자가 자기의 채권을 보전할 필요가 있을 것

여기서 채권을 보전할 필요가 있다는 것은, 채무자의 권리를 대신 행사하지 않으면 채무자의 재산이 감소하고 채권의 변제를 받을 수 없게 될 우려가 있는 것을 말한다. 다시 말하여 채무자가 무자력(無資力)으로 될 염려가 있는 경우이다. **종래 판례**는 채권자의 채권(피보전채권)이 금전채권이거나 금전채권이 아니라도 손해배상채권으로 귀착할 수밖에 없는 것인 때에는, 채무자가 무자력으로 될 위험이 있는 경우에 보전의 필요성이 있다고 한다.

한편 **판례**는, i) 채무자의 등기청구권을 채권자가 대위행사하는 경우, ii)

임대목적물 침해자에 대하여 임대인이 가지는 방해제거청구권 또는 방해예방청구권을 임차인이 대위행사하는 경우에는 채무자인 임대인의 무자력 여부에 관계없이 채권자대위권의 행사가 가능하다고 한다. **예를 들면** 다음과 같다. i)의 예로서, 甲이 그 소유의 A토지를 乙에게 팔고, 乙은 이를 다시 丙에게 팔았는데, 토지의 소유권은 여전히 甲명의로 등기되어 있는 경우를 가정하자. 이 경우 乙은 甲에게, 그리고 丙은 乙에게 각 위 토지에 대한 소유권이전등기 청구권을 가진다. 따라서 乙이 甲에게 소유권이전등기청구권을 적극 행사하여 그 명의로 등기를 넘겨와야 하는데, 乙은 이미 丙에게 토지를 매도하였으므로, 적극적으로 자신의 권리를 행사하지 않을 가능성이 많다. 따라서 丙은 채권자대위권을 행사하여 자신이 乙에 대하여 가지는 등기청구권을 보전하기 위하여 乙이 甲에 대하여 가지는 등기청구권을 대위행사할 수 있다. ii)의 예로서, 건물소유자 甲이 그의 건물을 乙에게 임대하는 계약을 체결하였는데, 그 건물을 丙이 무단으로 점유하고 있다고 하자. 이 경우에 甲은 소유자로서 丙에 대하여 건물에서 퇴거하고 건물을 반환하라는 물권적 청구권을 행사할 수 있는데, 甲이 丙에 대해 이 권리를 적극적으로 행사하지 아니할 때 乙은 임차권자로서 그의 채무자인 甲(甲은 임대인으로서, 乙이 위 임차한 건물을 사용·수익케 해 줄 의무가 있다. 따라서 甲은 乙에 대한 채무자이다)이 丙에 대하여 가지는 위 권리를 대위행사할 수 있다.

나. 채무자가 제3자에 대하여 대위 행사에 적합한 권리를 가지고 있을 것

채권자대위권은 채권자가 채무자의 권리를 행사하는 것이므로, 당연히 채무자가 제3자(일반적으로 이러한 채무자를 '제3채무자'라고 한다)에 대하여 일정한 권리를 가지고 있어야 한다. 그리고 그 권리는 대위행사에 적합한 것이어야 한다. 그리하여 권리행사 여부가 권리자에 의하여 결정되어야 하는 권리('행사상의 일신전속권'이라고 한다. 친족간의 부양청구권, 위자료청구권, 이혼청구권 등이 이에 속한다)나 압류가 금지되는 권리(민사집행법 제246조 등)가 아니어야 한다. 대위행사에 적합한 것이면 채권적 청구권에 한하지 않으며, 물권적청구권, 형성권, 채권자대위권, 채권자취소권이라도 무방하다.

다. 채무자가 스스로 그의 권리를 행사하지 않을 것

채무자의 권리행사가 있는 이상 그 행사가 불완전(부적절하거나, 채권자에게 불리)하더라도 대위권행사는 불가하다. 채무자가 스스로 그의 권리를 행사하고 있는데도 대위를 허용하는 것은 채권의 속성에 반하고 채무자에 대한 부당한 간섭이 되기 때문이다.

라. 채권자의 채권이 이행기에 있을 것

채권이 이행기에 있지 않음에도 채권자대위를 허용한다면, 기한에 대한 채무자의 이익이 부당하게 박탈당하여 채무자가 변제기 전에 선이행을 강요당하는 결과가 되기 때문이다. 다만 법원의 허가가 있는 경우와 시효중단과 같은 보존행위의 경우에는 이행기가 되기 전이라도 대위행사할 수 있다(제404조 제2항).

3. 채권자대위권 행사의 효과

채권대위권을 행사하면 그 효과는 직접 채무자에게 귀속하고 대위권의 행사로 보전된 재산은 모든 채권자를 위한 공동담보가 된다. 즉 대위채권자가 보전된 재산에 관하여 우선적 지위를 가지는 것은 아니다. **예를 들어** 乙의 채권자 甲이, 乙이 丙에 대하여 가지는 대여금채권을 대위행사하여 丙으로부터 대여금 500만원을 받았다고 하더라도, 위 500만원이 甲에게 귀속하는 것은 아니다. 甲은 乙을 대신하여 수령한 것에 지나지 않는다. 甲이 위 돈으로 자신의 채권의 변제를 받으려면 乙로부터 임의변제를 받거나, 강제집행절차를 밟아야 한다. 강제집행절차시, 대위권을 행사하지 아니한 다른 채권자도 배당신청을 할 수 있다. 다만 甲이 乙에 대한 채권과 상계(제492조 참조)할 수 있으면 상계를 하는 방법으로 사실상 우선변제를 받을 수는 있다.

Ⅲ. 채권자취소권

1. 의 의

채무자가 채무를 변제하지 않기 위해 자신의 재산을 빼돌리는 경우는 비일비재하다. 채권자취소권(債權者取消權)은 이와 같이 '채무자가 채권자를 해치는 것을 알면서 행한 법률행위(사해행위)'를 '취소'하고 빼돌려진 '채무자의 재산을 원상으로 회복'하는 것을 목적으로 하는 채권자의 권리이다(제406조 제1항). **예를 들면** 甲이 乙에 대하여 1억원을 대여해 주었는데, 乙이 자신의 채무를 변제하지 아니한 채 오히려 자신의 유일한 재산인 아파트를 그의 친척 丙에게 증여하는 방법으로 빼돌린 경우에, 甲이 乙과 丙 사이의 증여계약을 취소하고 그 아파트를 다시 乙의 명의로 되돌려 원상으로 회복할 수 있는데, 이러한 제도가 채권자취소권 제도이다.

채권자취소권은 채권자대위권과 같이 채무자의 책임재산을 보전하는 제도다. 그런데 채권자대위권은 채무자가 본래 행사하여야 할 권리를 행사하지 않는 때에 채권자가 대신 행사하여 채무자의 책임재산을 늘리는 것이므로, 채무자나 제3자에게 미치는 영향이 적다. 그에 비하여 채권자취소권은 채무자가 제3자와 행한 거래 등의 법률행위를 취소하고 재산을 회복시키는 것이어서, 채무자, 특히 거래 당사자인 제3자에 대하여 미치는 영향이 크다. 그러한 이유로, 민법은 채권자취소권의 행사를 재판상으로 하게 하는 등 일정한 규제를 가하고 있다.

2. 요 건

가. 채권자의 채권(피보전채권)의 존재

채권자취소권을 행사하기 위해서는 그 행사로 인하여 보전될 채권, 즉 피보전채권이 존재해야 함은 너무나 당연하다. 일반적으로 금전채권이 피보전채권이 될 것이다. 그런데 금전채권이 아닌 채권, 특히 '특정채권을 보전하기 위하여 채권자취소권을 행사'할 수 있는지가 문제된다. **판례**는 이를 부정한다. **예를 들어 보자**. 甲이 乙에게 자신의 소유인 A토지를 매도하는 계약을 체결하였다. 그런데 乙에게 소유권이전등기를 해 주지 않고 이를 다시 丙에게 매도하고, 丙명의로 소유권이전등기를 경료해 주었다. 이 경우에 乙은 자신이 甲에 대하여 가지는 위 토지에 대한 소유권이전등기청구권(특정채권)을 보전하기 위하여 甲과 丙 사이의 매매계약을 취소하고 丙명의의 등기의 말소를 청구할 수 있는가? 이 문제가 채권자취소권을 행사함에 있어 특정채권을 피보전채권으로 할 수 있는지의 문제이다. 앞서 보았듯이 판례는 이를 부정하고 있다. 상대권인 채권의 속성상 타당한 결론이다. 그런데 특정채권이 불이행으로 인하여 손해배상의 금전채권으로 된 경우 피보전채권이 될 수 있음은 물론이다.

한편 '피보전채권의 성립시기'는 '사해행위가 행하여지기 전에 발생한 채권'이어야 한다. **예를 들어** 乙이 5월에 재산처분행위를 하였고, 甲은 7월에 乙에 대하여 금전을 대여하였다면(따라서 甲은 7월에 대여금채권을 취득하였다), 5월의 재산처분행위가 7월에 취득한 채권에 대한 사해행위가 될 수는 없기 때문이다. 다만 **판례**는 다음과 같은 요건을 갖춘 경우, 즉, i) 사해행위 당시에 이미 채권성립의 기초가 되는 법률관계가 발생되어 있을 것, ii) 가까운 장래에 그 법률관계에 터잡아 채권이 성립하리라는 점에 대한 고도의 개연성이 있을 것, iii) 실제로 가까운 장래에 그 개연성이 현실화되어 채권이 성립하였을 것 등의 요건을 갖추었다면 예외적으로 사해행위 이후에 발생한 채권도 피보전채권이 될 수 있다고 한다.

예를 들면 甲이 신용보증회사인 乙회사와 신용보증약정을 체결하고, 乙회사의 보증을 받아 丙은행으로부터 사업자금으로 1억원을 빌렸다. 그리고 丁은 甲과 乙 사이의 신용보증약정에 보증인이 되었다. 그리고 甲의 丙은행에 대한 대여금 채무의 변제기는 5월이라고 가정하자. 甲의 사업 부진으로 甲이 변제기가 되어도 위 대여금채무를 변제하지 못하면, 丙은행은 乙회사에 대하여 보증채무의 이행을 구하게 된다. 이에 乙신용회사는 신용보증약정에 따라 丙은행에 대하여 甲의 대여금채무를 대위변제하고, 甲에 대하여 소위 구상금채권을 취득하게 된다. 시간의 흐름상, 乙회사가 甲에 대하여 소위 구상금채권을 취득하게 된 시가는 대여금채무의 변제기인 5월 이후가 될 것임은 자명하다. 그런데 甲과 절친한 친구인 丁은 주채무자인 甲의 사업이 부진하여 위 대여금채무를 변제하지 못하게 될 것이고, 乙회사가 위 대여금채무를 대위변제하여 구상금채권을 취득하면, 甲과 乙 사이의 보증약정에 보증을 선 자신이 보증책임을 져야 할 것을 간파한 후 乙회사의 구상금채권이 발생하기 전인 4월쯤 미리 자신의 재산을 타에 처분해 버렸다면, 채권자의 피보전채권이 성립하기 전에 채무자의 재산처분행위가 있었던 경우가 된다. 그런데 이러한 경우에 채무자 丁의 재산처분행위를 정당하다고 할 수는 없으므로, 앞서 본 바와 같이 판례는 재산처분행위가 채권자의 피보전채권 이전에 있었더라도, 이러한 경우에는 예외적으로 채권자취소권을 행사할 수 있다고 본 것이다.

나. 채무자의 사해행위(詐害行爲)

채권자취소권이 성립하려면, 사해행위가 있어야 한다. 사해행위라 함은 재산권을 목적으로 하는 법률행위로서 채무자의 책임재산을 감소시킴으로써 채권자를 해하는 행위, 즉 채무자의 무자력을 가져오는 행위를 말한다. 그런데 그 사해행위는 직접 재산권을 목적으로 하는 법률행위이어야 하며(제406조 제1항 본문), 혼인·입양과 같이 직접 재산권을 목적으로 하지 않는 행위는 취소할 수 없다. 부동산을 증여하거나 헐값에 파는 행위나 채권의 포기가 사해행위의 전형적인 예이다. **판례**는 유일한 재산인 부동산을 매각한 경우에는 특별한 사정이 없는 한(예를 들면, 정당한 변제에 충당하기 위하여 상당한 가격으로 매각이 이루어졌다는 등의) 사해성을 인정한다.

다. 채무자 등의 사해의사

(1) 채무자의 악의 　채권자취소권이 인정되려면, 채무자가 사해행위에 의하여 채권자를 해함을 알고 있었어야 한다(제406조 제1항 본문). 채무자가 자신의 재산처분행위에 의하여 그 재산이 감소되어 채권의 공동담보에 부족이 생기거나 이미 부족상태에 있는 공동담보가 한층 더 부족하게 됨으로써 채권자의 채권을 완전히 만족시킬 수 없게 된다는 사실을 인식하는 것이 필요하다. 다만 인식으로 충분하며 적극적인 의욕까지는 불필요하다. 이러한 채

무자의 의사를 '사해의 의사'라고 한다.

(2) 수익자 또는 전득자의 악의 사해행위 취소가 가능하려면, 사해행위로 인하여 이익을 받은 자(수익자)나 전득한 자(전득자)가 그 행위 또는 전득 당시에 채권자를 해함을 알고 있었어야 한다(제406조 제1항 단서). 즉 수익자만이 있을 때에는 그 수익자가 악의이어야 하고, 전득자도 있는 때에는 그들 중 적어도 하나가 악의이어야 한다. 판례와 다수의 견해에 의하면, 수익자 또는 전득자의 악의는 추정되므로, 수익자 또는 전득자가 자신의 선의를 입증해야 한다고 보고 있다.

3. 채권자취소권의 행사

채권자취소권은 반드시 법원에 '소를 제기'하는 방법으로 행사하여야 한다(제406조 제1항 본문). 그 이유는 채권자취소권이 제3자의 이해관계에 영향을 크게 미치기 때문이다. 채권자취소권행사의 상대방, 즉 취소소송의 피고는 이익반환청구의 상대방인 수익자 또는 전득자이며, 채무자만이 피고로 되거나 채무자를 피고에 추가할 수 없다.

4. 채권자취소권 행사의 효과

채권자취소권을 행사하여 수익자 또는 전득자로부터 받은 재산이나 이익은 채무자의 일반재산으로 회복되고, 모든 채권자를 위하여 공동담보가 된다(제470조). 따라서 취소채권자가 자기에게 인도하도록 한 경우에도, 그것으로부터 우선변제를 받는 것은 아니다. 그가 변제를 받으려면, 다시 집행권원에 기하여 강제집행을 하여야 한다. 다만 상계를 할 수 있는 때에는 상계를 함으로써 사실상 우선변제를 받을 수 있다.

한편 취소의 효과는 채권자와 수익자(또는 전득자)와의 사이에서만 생기므로, 취소로 인하여 채무자가 목적물에 대한 권리를 회복·취득하는 것은 아니며, 사해행위도 채무자와 수익자·전득사 사이에서는 유효한 것으로 남는다.

5. 채권자취소권의 소멸

채권자취소권은 채권자가 취소원인을 안 날부터 1년, 법률행위가 있은 날부터 5년 내에 행사하여야 한다(제406조 제2항). 여기의 1년, 5년의 기간은 소멸시효기간이 아니고 제척기간이다.

제5절 채권양도와 채무인수

제1관 채 권 양 도

I. 채권양도의 의의

채권양도는 '채권이 동일성을 유지하면서 법률행위에 의해 제3자에게 이전되는 것'이다. **예를 들어** 乙에게 100만원의 대여금채권을 가지고 있는 甲이 丙과의 계약(합의. 채권양도계약이 된다)을 통하여 대여금채권을 그대로 丙에게 이전하는 것을 채권양도라고 하는 것이다. 채권의 이전은 법률규정(예: 제399조의 배상자 대위, 제481조의 변제에 의한 대위), 법원의 명령(전부명령. 민사집행법 제229조), 유언에 의하여서도 일어나지만, 그러한 경우는 채권양도라고 하지 않으며, '계약에 의해 이전하는 경우만'을 채권양도라고 한다.

II. 지명채권의 양도

1. 서

가. 지명채권의 의의

지명채권(指名債權)은 채권자가 특정되어 있는 채권이며, 우리가 보통 채권이라고 할 때는 이 지명채권을 가리킨다. 대여금채권, 물품대금채권, 손해배상채권 등이 모두 그 예이다. 지명채권의 경우에는 채권의 성립·존속·행사·양도에 어떤 증서의 작성·교부 등이 필요하지 않다. 이 점이 뒤에서 보는 증권적 채권과 다른 점이다. 지명채권에서도 증서(채권증서)가 작성되는 경우가 많다. **예를 들어** 차용금증서, 물품대금증서, 각서 등이 그러하다. 그러나 그러한 증서는 채권의 성립에 불가결한 것이 아니며, 단지 증서 작성 당사자 사이에 그러한 채권이 존재한다는 것을 증명하는 방법에 지나지 않는다.

나. 지명채권의 양도성

1) 지명채권은 원칙적으로 양도성을 갖는다(제449조 제1항 본문). 그러나 일정한 경우 양도가 제한된다.

2) 양도의 제한 채권의 양도가 제한을 받는 것은 다음과 같은 경우이다.

(a) 채권의 성질에 의하여 양도가 제한을 받는다. 특정인의 초상화를 그리게 하는 채권과 같이 채권자가 변경되면 급부의 내용이 전혀 달라지는 채권, 임차권의 경우와 같이 채권자가 변경되면 권리의 행사가 크게 달라지는 채권을 들 수 있다.

(b) 채권은 당사자가 반대의 의사표시를 할 경우에는 양도하지 못한다(제449조 제2항 본문). 그런데 채권양도금지의 의사표시가 있다고 하여도 그것으로써 그러한 특약이 있는 줄 모르는 선의의 제3자에게는 대항하지 못한다(제449조 제2항 단서).

(c) 법률의 규정에 의한 제한도 있다. 법률이 본래의 채권자에게 변제하게 할 목적으로 채권의 양도를 금지하는 경우가 있다. 부양청구권(제979조), 공무원연금법상의 급여청구권(동법 제32조), 근로기준법상의 재해보상청구권(동법 제89조) 등의 제한이 그것이다.

2. 지명채권 양도의 대항요건

가. 대항요건의 필요성

지명채권의 양도는 당사자인 양도인과 양수인의 합의에 의하여 행하여

지며, 양도를 위하여 채권증서의 교부나 배서가 필요하지 않다. 따라서 양도의 당사자가 아닌 채무자와 그 밖의 제3자는 채권양도의 사실을 알지 못하여 예측하지 못한 손해를 입을 가능성이 있다. **예를 들면** 채무자가 채권양도사실을 알지 못하면, 채무자는 원래의 채권자에게 변제할 것인데, 이미 채권은 양수인에게 이전하였으므로, 채무자는 이중변제의 위험을 안게 된다. 민법은 이러한 고려에서 채무자와 그 밖의 제3자를 보호하기 위하여 일정한 요건을 갖추지 못하면 채권양도를 가지고 이들에게 대항하지 못하도록 규정하고 있다(대항요건주의).

나. 채무자에 대한 대항요건

채권양도의 경우, 채무자에 대한 대항요건은 '채무자에 대한 양도인의 통지' 또는 '채무자의 승낙'이다(제450조 제1항). **예를 들어** 乙에 대하여 100만원의 대여금채권을 가지고 있는 甲이 이 채권을 丙에게 양도하는 경우에, 새로운 채권자인 丙이 채무자 乙에게 자신이 채권을 양수하였음을 주장하려면, 양도인인 甲이 그 사실을 채무자 乙에게 통지하든지, 또는 채무자인 乙이 甲이나 丙에게 채권양도에 대하여 승낙하였어야 한다.

통지는 양도인이 양수인에 대하여 채권을 양도하였다는 사실을 알리는 행위로서, 특별한 방식이 요구되지는 않는다. 통지는 양도인만이 할 수 있고(양도인의 사자나 대리인을 통하여 하는 것은 무방하다) 양수인이 양수인의 자격에서 할 수는 없다. 한편 승낙은 채무자측에서 채권양도 사실을 인식하고 있음을 알리는 것이며, 채권양도의 청약에 대한 승낙이나 동의가 아님을 주의해야 한다. 승낙은 양도인·양수인 누구에게나 해도 무방하다.

다. 채무자 이외의 제3자에 대한 대항요건

채권양도의 제3자에 대한 대항요건도 채무자에 대한 것과 마찬가지로 양도인의 통지 또는 채무자의 승낙이다(제450조 제1항). 다만 단순한 통지·승낙만으로 대항할 수 있게 하면 제3자의 지위가 불안할 수 있기 때문에, 민법은 제3자에 대항하기 위하여서는 통지 또는 승낙을 '확정일자 있는 증서'로써 하도록 규정하고 있다(제450조 제2항). 확정일자 있는 증서를 요구하는 취지는,

일자를 소급함으로써 제3자의 권리를 해하는 것을 방지하기 위함이다.

'확정일자'는 '당사자가 나중에 변경하는 것이 불가능한 것으로 확정된 일자'로서, **예를 들면,** i) 공정증서의 일자, ii) 법원서기 또는 공증인사무소에서 사서증서에 일자 있는 인장을 날인한 경우의 일자, iii) 확정판결서의 일자, iv) 내용증명우편의 일자 등이 그에 해당된다.

'채무자 이외의 제3자'라 함은, 채권양도의 당사자와 채무자를 제외한 모든 자를 가리키는 것이 아니고, '양도된 채권에 관하여 양수인의 지위와 양립할 수 없는 법률상의 지위를 취득한 자, 즉 그 채권에 관하여 법률상의 이익을 가진 자'만을 가리킨다. 그러한 제3자의 예로는 채권을 2중으로 양수한 자, 그 채권 위에 질권을 가진 자, 그 채권을 압류한 채권자를 들 수 있다.

그리고 채권양도를 가지고 제3자에게 '대항한다'는 것은 동일한 채권에 관하여 양립할 수 없는 법률상의 지위를 취득한 자들 사이에서 누가 양수인으로서의 권리를 우선적으로 가지는지의 여부, 즉 그들 사이의 우열을 정하는 것이다.

예를 들면 乙에 대하여 100만원의 대여금채권을 가지고 있는 甲이 그 대여금채권을 丙에게 양도한 후 전화로 乙에게 채권양도 사실을 통지했다. 그런데 그 후 甲은 다시 위 채권을 丁에게 이중으로 양도한 후, 이번에는 그 사실을 내용증명우편으로 알렸다고 가정하자. 이 경우, 丙과 丁은 모두 위 대여금채권을 양수받은 자로서, 이들의 법률상 지위는 서로 양립할 수 없다.

그래서 양수받은 채권에 대하여 채권자의 지위를 누리기 위해서는, 丙·丁 사이의 우열을 가려야 한다. 민법은, 제3자에 대항하기 위하여서는 통지 또는 승낙을 확정일자 있는 증서로써 하도록 규정하고 있다. 그런데 위 예에서는 丙에게 양도한 사실에 대한 통지는 전화로 하였고, 丁에게 양도한 사실에 대한 통지는 내용증명우편으로 하였다. 전화는 확정일자 있는 증서가 아닌 반면 내용증명우편은 확정일자 있는 증서가 된다. 따라서 채권양도에 있어서 丁의 지위가 丙의 지위보다 우월적 지위에 있고, 丙은 丁에 대하여 자신이 위 채권의 양수인이라고 주장(대항)하지 못한다. 그리하여 丁만이 적법한 채권양수인으로서의 우선적 지위를 누리게 된다.

Ⅲ. 증권적 채권의 양도

1. 서 설

증권적 채권은 채권이 증권으로 화체(化體)되어, 채권의 성립·존속·양도·행사 등이 그 증권(證券)에 의하여 행하여야 하는 채권을 말한다. 증권적 채권에는 채권자를 정하는 방법에 따라, 기명채권·지시채권·지명소지인출급채권·무기명채권의 네 가지가 있는데, 민법은 이들 중 기명채권(증권상에 기재되어 있는 채권자에게 변제하여야 하는 채권이다)을 제외한 나머지 세 가지에 관하여만 규정하고 있다.

2. 지시채권의 양도

지시채권(指示債權)은 특정인 또는 그가 지시(지정)한 자에게 변제하여야 하는 증권적 채권이다. 어음·수표·화물상환증·창고증권·선하증권 등이 모두 지시증권이다. 지시채권은 그 증서(증권)에 배서하여 양수인에게 교부하는 방식으로 양도한다(제508조).

3. 무기명채권의 양도

무기명채권(無記名債權)은 채권자가 특정되어 있지 않아, 증서(증권)의 소지인에게 변제하면 책임을 면하는 증권적 채권이다. 무기명채권의 예로는 무기명사채·상품권·철도승차권·극장의 입장권 등이 이에 속한다. 무기명채권의 양도는 증서를 교부하는 방식으로 행한다(제523조).

4. 지명소지인출급채권의 양도

지명소지인출급채권(指名所持人出給債權)은 증권에 특정한 채권자를 지명하는 한편, 그 증서(증권)의 정당한 소지인에게도 변제할 수 있다는 뜻을 기재한 증권적 채권을 말하며, 이는 무기명채권의 일종이다. 지명소지인출급채권의 효력(양도 등)은 무기명채권에서와 같다(제525조).

5. 면책증서(면책증권)

면책증서란 채무자가 증서(증권)의 소지인에게 선의로 변제하면 비록 그 소지인이 진정한 채권자가 아닌 경우에도 채무자가 면책되는 증권이다. 음식점의 휴대물보관증, 철도여객의 수하물상환증, 호텔의 휴대품예치증이 그 예이다. 면책증서가 발행된 경우에도 그 채권의 속성은 지명채권이다. 이러한 면책증권은 단순한 자격증서이며 유가증권이 아니다. 그렇지만 면책증서가 증권적 채권과 비슷한 측면이 있기 때문에, 민법은 지시채권에 관한 일부규정을 면책증서에 준용하고 있다(제526조).

제2관 채무인수

I. 채무인수의 의의

채무인수(債務引受)는 계약에 의하여 채무가 동일성을 유지하면서 제3자(인수인)에게 이전되는 것을 말한다. 채무인수는 면책적 채무인수와 병존적채무인수의 두 가지 모습이 있다. 통상 채무인수라고 하면, 면책적 채무인수를 가리킨다. **예를 들면** 乙에 대하여 100만원의 대여금채권을 가지고 있는 甲이 인수인인 丙과의 계약으로 乙의 위 대여금 채무를 丙이 인수한 경우이다. 채무인수가 이루어지면 종전의 채무자인 乙은 채무를 면하게 되고 인수인인 丙이 채무자가 된다.

II. 채무의 이전성과 그 제한

1. 이전의 원칙

채권이 만족을 얻는 것은 채무자의 이행행위를 통해서다. 그런데 채무자의 채무이행은 주로 채무자측의 사정에 많이 의존되어 있다. 채무자의 자력, 성품 등에 채무의 이행 여부가 달려 있는 것이다. 그리하여 채권자와 채무자 사이의 채권·채무관계는 서로에 대한 상당한 신뢰관계하에서 이루어진다. 따라서 채권양도와 달리 채무인수는 인정하기가 쉽지 않다. 그렇지만 계약에 의한 채무의 이전도 인정하여야 할 사회적 필요가 있을 뿐 아니라, 채권자가 채무자의 변경에 동의하고 있다면 구태여 이를 금지할 필요도 없다. 이에 민법은 '채권자의 관여하에 채무인수'를 할 수 있도록 규정하고 있다.

2. 이전의 제한

채무 가운데에는 그 성질상 이전할 수 없는 것이 있다. 채무자가 변경되면 급부의 내용이 전혀 달라지는 채무, 채무자가 변경되면 채무의 이행에 뚜렷한 차이가 생기는 채무(그림을 그려주기로 한 채무, 고용계약에 의한 채무, 유명배우의 영화출연채무 등) 등이 그렇다. 이러한 채무는 이전성이 없다(제453조 제1항 단서). 그리고 민법상 명문의 규정은 없지만, 당사자의 의사표시에 의한 제한도 가능하다. 즉 채권자·채무자 사이에 인수금지 특약을 체결할 수도 있다. 다만 그 특약은 선의의 제3자에게는 대항하지 못한다고 할 것이다(제449조 제2항 단서 참조).

Ⅲ. 인수계약의 당사자

채무인수는 당사자의 측면에서 볼 때 다음의 세 경우가 있다.

1) 채권자·채무자·인수인이 당사자로 되는 경우　이에 대하여 명문의 규정은 없지만, 계약자유의 원칙상 이러한 3면계약에 의한 채무인수는 당연히 인정된다.

2) 채권자와 인수인이 당사자로 되는 경우　이것이 채무인수의 기본적인 모습이다. 민법도 제3자는 채권자와의 계약으로 채무를 인수하여 채무자의 채무를 면하게 할 수 있다고 규정하고 있다(제453조 제1항). 이러한 채무인수의 경우에는 채무자의 동의 또는 수익의 의사표시는 필요하지 않다. 다만 '이해관계 없는 제3자는 채무자의 의사에 반하여' 채무를 인수하지 못한다(제453조 제2항). 채무자의 의사에 반한다는 의미는 채무자가 채무인수에 반대한

다는 의미다. 반대의 의미는 적극적으로 표시되어야 하는 것은 아니고 여러 사정에 비추어 판단한다. 채무자의 반대의사가 있으면 채권자와 인수인 사이의 채무인수계약은 효력을 상실한다.

3) 채무자와 인수인이 당사자로 되는 경우 채무인수는 채무자와 인수인 사이의 계약으로도 할 수 있다. 그러나 채무자가 누구냐에 따라 채무의 이행 여부가 상당히 달라지게 되어 채권자는 불이익을 당할 수가 있게 되므로, 이러한 채무인수는 '채권자의 승낙'이 있어야 효력이 생긴다(제454조 제1항). 채권자는 승낙과 거절 중 임의선택이 가능하다. 그리고 채무자나 인수인 중 아무에게나 승낙·거절의 의사표시를 할 수 있다. 채권자가 거절하면 채무인수계약의 효력은 확정적으로 소멸한다.

Ⅳ. 채무인수와 유사한 제도

1. 병존적 채무인수

병존적 채무인수는 채권자와 채무자 사이의 종래 채무관계는 그대로 유지되면서, 제3자(인수인)가 새로운 채무자로 채무관계에 가입하여 종래의 채무자와 함께 그와 동일한 내용의 채무를 부담하는 계약을 말한다. 중첩적 채무인수라고도 한다. **예를 들면** 乙에 대하여 100만원 대여금채권을 가지고 있는 甲이 인수인 丙과의 계약으로 丙이 乙과 함께 100만원의 지급채무를 부담하게 되고, 그리하여 두 채무가 병존하게 된다. 따라서 병존적 채무인수는 엄격한 의미에서는 채무인수가 아니며, 기능면에서 보증채무나 연대채무와 같이 인적 담보로서 기능을 하게 된다. 채무인수가 면책적 채무인수인지 중첩적 채무인지는 당사자의 의사해석의 문제이나 **판례**는 그 의사불명의 경우에는 원칙적으로 중첩적 채무인수로 본다.

2. 이행인수

이행인수는 인수인이 '채무자에 대하여' 그 채무를 이행할 것을 약정하는 채무자와 인수인 사이의 계약이다. 인수인은 직접 채권자에 대하여 채무를 부담하지 않고 단지 채무자에 대하여만 채무를 이행할 의무를 부담할 뿐이다. 따라서 인수인의 채무불이행이 있더라도 채권자가 인수인에게 직접 이행을 청구하지는 못한다. 실제 거래에서는 저당권이 설정되어 있는 부동산을 매매하면서 많이 이용된다. **예를 들면** 甲이 乙로부터 乙 소유의 아파트를 3억원에 매수하기로 하는 매매계약을 체결하였다. 그런데 위 아파트에는 丙이 저당권을 설정해 두고 있고 그 피담보채권은 1억원이라고 가정하자. 이 경우 甲은 乙에게 매매대금 3억원을 모두 지급하고, 乙이 그 대금 중 1억원을 丙에게 변제하게 할 수도 있다. 그러나 乙이 약정에 위반하여 丙에게 피담보채무를 변제하지 않으면, 甲이 아파트의 소유권을 잃을 수도 있으므로, 실제 거래시에는 甲이 위 피담보채무 1억원을 자신이 인수하여 변제하기로 하고, 乙에게는 매매대금 3억원에서 위 1억원을 공제한 2억원만 지급하게 된다. **판례**는 이 경우 특별한 사정이 없는 한 채무인수가 아니고 이행인수라고 한다.

3. 계약인수

계약인수는 계약 당사자의 지위(예: 임차인의 지위)의 승계를 목적으로 하는 계약이다. 이러한 계약인수가 있으면 종래 계약 당사자 일방이 가지고 있던 권리·의무가 모두 그대로 인수인에게 이전되고, 양도인은 계약관계에서 당사자로서의 지위에서 탈퇴된다.

4. 계약가입

계약가입은 종래의 당사자가 계약관계에서 벗어나지 않고 가입자와 더불어 당사자의 지위를 가지는 것을 말한다. 이는 병존적 계약인수라고 표현할 수 있다.

제6절 채권의 소멸

I. 채권 소멸의 의의와 원인

채권의 소멸이란 채권이 객관적으로 존재하지 않게 되는 것을 말한다. 채권의 소멸원인에는 여러가지가 있으나, 민법은 채권의 소멸원인으로 변제, 대물변제, 공탁, 상계, 경개, 면제, 혼동의 7가지를 규정하고 있다(제460조 이하). 한편 채권도 권리의 일종이므로, 권리일반의 소멸원인인 소멸시효완성, 목적의 소멸, 채권의 존속기간의 만료 등에 의하여서도 소멸하기도 한다.

II. 변 제

1. 변제의 의의

변제란 채무자(또는 제3자)가 채무의 내용인 급부를 실현하는 것을 말한다. 아파트매매계약에서 매수인이 대금을 지급하고, 매도인이 소유권이전등기 및 인도를 하는 것, 물품대금채무자가 물품대금 상당의 금전을 지급하는 것 등이 그 예가 된다. 변제를 채무자의 이행이라는 측면에서 보면 채무의 이행이 되고, 그로 인한 채권의 소멸이라는 측면에서 보면 변제가 되므로, 변제와 채무의 이행은 그 실질에 있어서 같다.

2. 변 제 자

채무자는 변제의무를 부담하는 자이므로 본래의 변제자는 채무자이다. 그런데 제3자도 원칙적으로 변제를 할 수 있다(제469조 제1항 본문). 그러나 다음 세 가지의 경우에는 제3자의 변제가 금지된다. i) 채무의 성질이 제3자의 변제를 허용하지 않는 때에는, 제3자가 변제할 수 없다(제469조 제1항 단서). 유명 가수의 공연, 저명한 학자의 강연과 같은 일신전속적 급부를 내용으로 하는 채무가 그에 해당한다. ii) 당사자의 의사표시로 제3자의 변제를 허용하지 않는 때에는, 제3자가 변제할 수 없다(제469조 제1항 단서). iii) 이해관계 없는 제3자는 채무자의 의사에 반하여 변제하지 못한다(제469조 제2항). 이의 반대해석으로 이해관계 있는 자는 채무자의 의사에 반하여서도 변제할 수 있다. 이해관계의 유무는 변제에 관하여 '법률상 이해관계를 가지는지의 여부'로 결정된다. 연대채무자, 보증인, 물상보증인, 저당부동산의 제3취득자 등은 변제에 법률상 이해관계 있는 제3자로 인정된다. 따라서 이들은 채무자의 의사에 반하여서도 변제할 수 있다.

3. 변제수령자

가. 의 의

변제수령자는 유효하게 변제를 수령할 수 있는 자이다. 원칙적으로 채권자가 변제수령자가 되나, 채권자라도 수령권한이 없는 경우가 있고, 채권자가 아니면서 수령권한이 있는 경우도 있다.

나. 수령권한이 없는 채권자

i) 채권이 압류된(또는 가압류된) 경우(민사집행법 제223조 이하), ii) 채권에 질권이 설정(입질)된 경우(제352조 이하), iii) 채권자가 파산선고를 받은 경우(채무자회생법 제382조, 제384조)에는 채권자에게 수령권한이 없다.

다. 표현수령권자(表見受領權者)

변제는 채권자에 대해서 해야 하며, 채권자 아닌 제3자에 대한 변제는 원칙적으로 변제로서의 효력이 없다. 그러나 민법은 선의의 변제자를 보호하기 위하여 일정한 경우에는 채권자가 아닌 자에 대한 변제도 그 유효성을 인정하고 있다. 이 경우의 수령자가 표현수령권자이다. 이때는 변제가 유효하게 되기 때문에, 채권은 소멸되고 그 결과 채권자는 채권을 잃게 된다. 다만 채권자는 수령자에 대하여 부당이득 반환청구권을 가진다.

(1) 채권의 준점유자(準占有者) 채권의 준점유자라 함은, 채권을 사실상 행사하는 자로서, 거래관념상 진정한 채권자라고 믿게 할 만한 외관을 갖춘 자를 말한다. 예금통장과 인장의 소지인, 무효 또는 취소된 채권양도의 양수

인, 표현상속인 등이 이에 해당한다. 민법은 채권의 준점유자에 대한 변제는 변제자가 선의이며 과실없는 때에는 효력이 있다고 규정하고 있다. **예를 들면** 통장과 인장을 모두 갖추고 예금청구서에 비밀번호도 기재하여 예금을 청구한 경우, 은행직원이 선의이며 과실이 없었다면 그 예금의 지급은 변제로서 유효하며, 은행은 채무를 면하게 된다. 이러한 자는 '채권을 사실상 행사하는 자', 즉 채권의 준점유자에 해당하기 때문이다.

(2) 영수증 소지자　영수증을 소지한 자에 대한 변제는 그 소지자가 변제를 받을 권한이 없는 경우에도 효력이 있다(제471조 본문). 그러나 변제자가 그 권한 없음을 알았거나 알 수 있었을 경우에는 그렇지 않다(제471조 단서).

영수증은 변제의 수령을 증명하는 문서인데, 이 규정에서의 영수증은 작성 권한이 있는 자가 작성한 진정한 것만을 가리키며, 위조된 것은 포함되지 않는다. 위조된 영수증의 소지자에 대한 변제는 경우에 따라서 채권의 준점유자에 대한 변제로 될 수는 있다. 영수증을 입수한 경위는 묻지 않는다.

(3) 증권적 채권의 증서의 소지인　지시채권, 무기명채권, 지명소지인출급채권과 같은 증권적 채권의 증서(증권)의 소지인에 대한 변제는, 그 소지인이 진정한 권리자가 아니더라도, 변제자가 악의이거나 그에게 중과실이 없는 한 유효하다(제514조, 제518조, 제524조, 제525조).

(4) 수령권한이 없는 자에 대한 변제　변제수령권한이 없는 자에 대한 변제는 무효이다. 그러나 그 변제로 인하여 채권자가 이익을 받은 때에는 그 한도에서 유효하게 된다(제472조). 채권자가 무권대리인에게 변제하여 그 변제가 무효인 경우라도, 무권대리인이 자기가 받은 변제를 본인(채권자)에게 전부 또는 일부를 인도하여 채권자가 이익을 받았다면 그 범위 내에서 유효한 변제로 인정을 받는다.

4. 변제의 목적물

가. 특정물 인도채무

민법은 '특정물의 인도가 채권의 목적인 때에는, 채무자는 이행기의 현상(現狀)대로 그 물건을 인도하여야 한다'(제462조)고 규정하고 있다.

따라서 채권성립 당시와 이행기 사이에 목적물의 현상이 변동한 경우라도 채무자는 이행기의 현상대로 그 물건을 인도하여야 한다. 다만 채무자는 그 특정물을 선량한 관리자의 주의로 보존할 의무가 있기 때문에 목적물에 생긴 변동이 채무자의 귀책사유로 인한 것이라면, 선관주의의무의 위반으로 채무불이행책임을 따로 부담하게 된다.

나. 타인의 물건의 인도

채무의 변제로 타인의 물건을 인도한 채무자는 다시 유효한 변제를 하지 않으면 그 물건의 반환을 청구하지 못한다(제463조). 즉 타인의 물건을 인도하면 그 물건에 대한 소유권을 이전할 수 없으므로 원칙적으로 유효한 변제로 되지는 않으며, 단지 그 반환청구만 제한될 뿐이다. 그러나 채권자가 변제로 받은 물건을 선의로 소비하거나 타인에게 양도한 때에는, 변제는 유효하게 된다(제465조 제1항). 위의 규정은 특정물채권에는 적용되지 않는다. 특정물채권에서는 '특정물'만이 변제의 대상물인 특성상 다시 유효한 변제를 할 수는 없기 때문이다.

다. 양도능력 없는 소유자의 물건인도

양도할 능력없는 소유자(무능력자 등)가 채무의 변제로 물건을 인도한 경우에는 그 변제가 취소된 때에도 다시 유효한 변제를 하지 아니하면 그 물건의 반환을 청구하지 못한다(제464조). 그러나 이러한 경우에도 채권자가 변제로 받은 물건을 선의로 소비하거나 타인에게 양도한 때에는, 변제는 유효하게 된다(제465조 제1항). 이 규정도 특정물채권에는 적용되지 않는다.

5. 변제의 장소

변제의 장소는 우선 당사자의 의사표시 또는 채무의 성질에 의하여 정하여진다(제467조 제1항). 그런데 이들 표준에 의하여 정하여지지 않는 경우에는 다음과 같이 된다. 특정물채무는 채권성립 당시에 그 물건이 있던 장소에서 변제하여야 하고(제467조 제1항), 그 이외의 채무의 변제는 채권자의 현주소에서 하여야 한다(제467조 제2항 본문). 이를 지참채무의 원칙이라고 한다.

다만 영업에 관한 채무의 변제는 채권자의 현영업소에서 하여야 한다(제467조 제2항 단서). 채무는 변제장소(급부장소)에 의하여 지참채무, 추심채무, 송부채무로 나누어진다. 지참채무는 채무자가 목적물을 채권자의 주소지 또는 합의된 제3지에서 급부하여야 하는 채무이다. 추심채무는 채권자가 채무자의 주소지 또는 합의된 제3지에 와서 목적물을 추심하여 변제받아야 하는 채무이다. 송부채무는 채무자가 목적물을 채권자의 주소지 또는 합의된 제3지에 송부하여야 하는 채무이다.

6. 변제의 시기

변제의 시기는 채무를 이행하여야 하는 시기, 즉 이행기 또는 변제기를 가리킨다. 이행기(변제기)는 당사자의 의사표시, 채무의 성질 또는 법률의 규정에 의하여 정하여진다. 그런데 이들 표준에 의하여 이행기가 정하여지지 않는 경우에는, 채권이 발생함과 동시에 이행기에 있는 것으로 해석된다.

채무자는 이행기에 변제하여야 한다. 그러나 당사자의 특별한 의사표시가 없으면, 채무자는 기한의 이익을 포기하여(제153조 참조) 변제기 전에 변제할 수 있다(제468조 본문). 그런데 이 경우 상대방의 손해는 배상하여야 한다(제468조 단서).

7. 변제비용의 부담

변제비용은 다른 의사표시가 없으면 채무자의 부담으로 한다. 그러나 채권자의 주소이전 기타의 행위로 인하여 변제비용이 증가된 때에는 그 증가액은 채권자의 부담으로 한다(제473조).

8. 변제의 증거

변제가 있으면 곧바로 채권·채무는 소멸한다. 그러나 변제가 있은 후에도 변제 여부를 둘러싸고 다툼이 생길 가능성이 있다. 민법은 그러한 경우를 위하여 몇 개의 규정을 두고 있다. 변제자는 변제를 받는 자에게 영수증의 교부를 청구할 수 있다(제474조). 영수증은 변제의 수령을 증명하는 문서로서,

그 형식에는 아무런 제한이 없다. 일부변제의 경우에도 영수증의 교부를 청구할 수 있다. 영수증 작성비용은 채권자측의 부담으로 해석하는 것이 일반적이다. 한편 채권증서가 있는 경우에 변제자가 채무 전부를 변제한 때에는 채권증서의 반환을 청구할 수 있다(제475조 1문). 채권이 변제 이외의 사유(대물변제, 상계, 면제 등)로 전부 소멸한 때에도 같다(제475조 2문). 일부변제를 한 경우에는 채권증서의 반환을 청구할 수는 없으나, 채권증서에 일부변제의 뜻을 기재할 것을 청구할 수는 있다(제484조 제2항).

9. 변제의 충당

가. 개 념

변제의 충당이란 채무자가 동일한 채권자에 대하여, i) 같은 종류의 목적을 가지는 수개의 채무(대여금채무, 물품대금채무 등)를 부담하거나(제476조), ii) 1개의 채무의 변제로서 수개의 급부(예: 수개월 분의 차임의 지급)를 하여야 할 경우(제478조), 변제로서 제공한 급부가 그 전부를 소멸하게 하는 데 부족한 때에 그 변제를 어느 채무에 충당할 것인지(어느 채무를 소멸시킬 것인지)를 결정하는 것이다.

예를 들면 甲은 乙에 대하여, 500만원의 대여금 채무와 1,500만원의 물품대금채무를 부담하고 있다. 대여금 채무는 월 2%의 이자를 지급하기로 약정하였다. 두 채무는 모두 변제기가 되었지만, 甲이 이들 채무 전부를 변제할 자금은 없어서 우선 700만원을 지급할 경우, 위 700만원을 어느 채무에 충당할 것인지를 결정하여야 한다. 이것이 변제의 충당의 문제이다.

채무들은 이자 여부, 담보 유무, 이행기 도래 여부 등에 관하여 차이가 있기 때문에, 변제로서 지급한 것이 어떤 채무에 충당되느냐는 당사자의 이해관계에 직접 영향을 미치게 된다.

나. 변제충당의 방법

민법은 변제충당의 방법으로 지정충당과 법정충당을 규정하고 있다(제476조~제479조). 그러나 당사자는 합의에 의하여 충당할 수 있으며(합의충당),

민법의 충당에 관한 규정은 임의규정이므로, 충당에 있어서는 당사자의 합의가 우선한다. 다만 판례는 담보권실행 등을 위한 경매의 경우에는 합의에 의한 변제충당이 인정되지 않고 법정변제충당에 관한 제477조 규정에 의해야 한다고 한다.

(1) **지정충당(指定充當)** 지정충당은 변제의 충당이 지정권자의 지정에 의하여 이루어지는 경우이다. 지정충당에 있어서 변제충당 지정권자는 1차적으로 변제자이다(제476조 제1항, 제478조). 변제자의 지정에는 변제수령자의 동의를 요하지 않고, 수령자는 이에 대해 이의할 수 없다. 그런데 변제자의 지정이 없으면 변제수령자가 지정할 수 있다(제476조 제2항 본문, 제478조). 그러나 이 변제수령자의 지정에는 변제자가 이의를 제기할 수 있으며(제476조 제2항 단서), 그때에는 법정충당을 하게 된다. 지정충당에는 예외가 있다. 즉 채무의 원본 외에 비용·이자가 있는 경우에는, 비용·이자·원본의 순서로 충당된다(제479조). 비용상호간, 이자상호간, 원본상호간에는 제477조의 법정변제충당의 순서에 따른다. 이자제한법상 제한초과이자는 원본에 충당이 가능하다.

(2) **법정충당(法定充當)** 합의충당도 지정충당도 없는 경우에는, 법률규정에 의하여 충당이 일어나게 된다. 이를 법정충당이라고 한다. 그 방법은 다음과 같다(제477조, 제478조).

1) 채무 중에 이행기가 도래한 것과 도래하지 아니한 것이 있으면 이행기가 도래한 채무의 변제에 충당한다.

2) 채무 전부의 이행기가 도래하였거나 도래하지 아니한 때에는 채무자에게 변제이익이 많은 채무의 변제에 충당한다. **예를 들면** 이자부 채무는 무이자의 채무보다, 고리의 채무는 저리의 채무보다, 담보부채무는 무담보부채무보다, 소멸시효가 나중에 완성되는 채무는 먼저 완성되는 채무보다 각 변제이익이 많다.

3) 채무자에게 변제이익이 같으면 이행기가 먼저 도래한 채무나 먼저 도래할 채무의 변제에 충당한다.

4) 전 2호의 사항이 같은 때에는 그 채무액에 비례하여 각 채무의 변제에 충당한다.

10. 변제의 제공

가. 의 의

변제의 제공은 채무의 이행에 채권자의 협력을 필요로 하는 경우에 채무자가 급부의 실현에 필요한 준비를 다하고 채권자의 협력을 구하는 것을 말한다. 채무는 채무자의 행위만으로 이행할 수 있는 것도 있지만(부작위채무, 의사표시를 하여야 할 채무 등), 대부분의 채무는 채무의 이행에 채권자의 협력이 필요하다. **예를 들면** 채권자가 공급하는 재료에 가공을 하여야 할 채무, 추심채무, 수령이 필요한 채무가 그렇다. 이러한 채권에서 채무자가 급부의 실현에 필요한 모든 준비를 다해서 채권자의 협력을 요구하였으나, 채권자가 협력을 하지 않아 채무의 이행이 지체되고 있을 때 그 지체책임을 채무자가 지는 것은 부당하다. 그리하여 민법은 성실한 채무자의 구제를 위하여 '변제의 제공'(이행의 제공) 제도를 규정하고 있다. 변제의 제공이 있으면, 채무자는 채무를 면하지는 못하지만 채무불이행책임은 면하게 된다(제461조).

나. 변제제공의 방법

변제의 제공은 원칙적으로 '현실의 제공'으로 하여야 한다(제460조 본문). 현실의 제공은 채권자의 단순한 수령만으로 변제가 완료되는 경우, 또는 채권자의 이행행위와 동시에 채권자의 협력이 있으면 변제가 완료될 수 있는 경우에 채무자가 변제를 위하여 할 수 있는 모든 행위를 완료한 것, 즉 채권자가 제공된 급부를 손을 내밀어 받기만 하면 될 정도로 이루어지는 급부의 제공을 말한다. 금전채무의 경우에 채무자가 금전을 가지고 채권자의 주소지에 가는 것이 현실제공의 예이다.

그런데 민법은 일정한 경우에는 현실의 제공을 강요하는 것이 채무자에게 가혹하다는 이유에서 '구두의 제공'만으로 충분한 것으로 정하고 있다. 채권자가 미리 변제의 수령을 거절하거나 채무의 이행에 채권자의 행위가 필요한 경우에 그렇다(제460조 단서). 구두의 제공은 채무자가 언제든지 변제를 할 수 있는 준비를 하고 이를 채권자에게 통지하여 수령이나 그 밖의 협력을 청구하는 것이다. 추심채무에 있어서 채무자가 급부할 물건을 모두 준비해 두고 채권자에게 와서 가져가라고 통지하는 것이 그 예이다.

그러나 채권자가 미리 협력행위를 하여야 할 일자가 확정되어 있는 경우나 채권자 수령거절의 의사가 명백한 경우, 분할적·회귀적 채무에 있어서 채권자의 수령지체가 성립한 경우에는 구두제공조차 필요하지 않다고 본다.

다. 변제제공의 효과

(1) 채무불이행책임 면제(제461조) 변제제공을 하더라도, 채무자가 채무 자체를 면하는 것은 아니나, 채무불이행으로 인한 손해배상, 지연이자, 위약금 등의 지급의무를 지지 않으며, 계약해제, 담보권실행, 강제집행 등의 불이익을 당하지 않게 된다.

(2) 채권자지체의 성립 채권자지체를 법정책임으로 파악하는 경우에는 변제제공만으로 채권자지체가 성립한다. 그러나 채권자지체를 채무불이행으로 파악하는 경우에는 채권자의 귀책사유가 추가로 필요하게 된다.

(3) 동시이행의 항변권 소멸 변제의 제공은 동시이행의 항변권(제536조 제1항 본문)을 소멸시키는 효력을 가지나, 이 효과가 지속되기 위해서는 변제의 제공이 계속되어야 한다.

(4) 약정이자의 발생정지 채권자지체가 성립되는 경우는 물론(제402조), 채권자지체의 성립 여하에 불구하고 변제의 제공이 있으면 약정이자의 발생은 정지된다고 해석한다.

(5) 공탁권의 발생 채무자는 채권자를 위하여 변제의 목적물을 공탁하여 채무를 면할 수 있다(제487조 이하).

11. 변제에 의한 대위(변제자 대위)

가. 의 의

채무자 이외의 제3자 또는 채무자와 함께 채무를 부담하는 공동채무자가, 채무자를 위하여 변제함으로써 채무자에 대하여 구상권을 취득하는 경우에, 그 구상권의 범위 내에서 종전에 채권자가 가지고 있던 채권 및 담보에 관한 권리가 법률상 당연히 변제자에게 이전하는 것을 '변제에 의한 대위'라고 한다.

예를 들면 甲이 丙의 보증하에 乙로부터 금원을 대여받았는데, 甲은 丙의 보증과는 별도로 자신의 아파트를 乙에게 담보로 제공하여 乙이 위 아파트에 저당권을 설정하였다고 가정하자. 丙이 보증인으로서 보증채무를 이행한 경우에, 채권자 乙이 가지고 있던 대여금채권 및 위 아파트의 저당권이 丙에게 이전하게 되는데, 이를 변제에 의한 법정대위라고 한다.

이와 같이 민법은 채권자를 대위한 자는 자기의 권리에 의하여 구상할 수 있는 범위에서 채권 및 그 담보에 관한 권리를 취득한다(제482조 제1항)고 규정하고 있다.

나. 변제에 의한 대위의 두 종류

변제에 의한 대위는 제3자가 변제할 정당한 이익이 있는지에 의하여 임의대위와 법정대위로 나누어진다.

(1) 법정대위 변제할 정당한 이익이 있는 자는 변제로 당연히 채권자를 대위한다(제481조). 이 경우에는 채권자의 승낙이 없어도 법률상 당연히 대위가 일어나기 때문에 법정대위라고 한다. '변제할 정당한 이익이 있는 자'는 변제를 하지 않으면 채권자로부터 집행을 받게 되거나 채무자에 대한 자기 권리를 상실하는 지위에 있는 자로서, 불가분채무자, 연대채무자, 보증인, 연대보증인, 물상보증인, 담보물의 제3취득자, 후순위 담보권자 등이 있다.

(2) 임의대위 변제할 정당한 이익이 없는 자는 채권자의 승낙이 있어야 채권자를 대위할 수 있다(제480조 제1항). 이것이 임의대위이다. 임의대위의 경우에 대위자가 채무자에 대하여 대위를 가지고 대항하려면 채권자가 채무자에 대하여 대위통지를 하거나 채무자의 대위승낙이 있어야 하며, 제3자에게 대항하려면 대위통지나 대위승낙이 확정일자 있는 증서에 의하여 행하여져야 한다(제480조 제2항, 제450조~제452조).

다. 효 과

변제에 의한 대위의 효과로 채권에 관하여 채권자가 가지고 있던 권리 및 인적·물적 담보에 관한 권리가 구상권의 범위 내에서 법률상 당연히 변제자에게 이전한다.

Ⅲ. 대물변제

1. 의 의

대물변제(代物辨濟)라 함은 채무자가 부담하는 본래의 급부에 갈음하여 '다른 급부를 현실적으로 함'으로써 채권을 소멸시키는 변제자와 채무자 사이의 계약을 말한다. **예를 들면** 1,500만원의 금전채무를 부담하고 있는 자가 채권자의 승낙을 얻어 위 돈의 지급에 갈음하여 자신이 소유하고 있던 자동차의 소유권을 이전한 경우가 그에 해당한다. 대물변제가 성립하려면 단순히 급부하기로 약속한 것으로는 충분치 않으며(그 경우는 경개임), 현실적으로 급부를 하였어야 한다. 대물변제는 변제와 같은 효력이 있다(제466조). 따라서 대물변제가 있으면 채권은 소멸하게 된다.

2. 대물변제예약

채무자가 원래의 급부에 갈음하여 장래 다른 급부를 할 것을 미리 약속하는 것을 대물변제의 예약이라고 하는데 이는 사실상 담보제도로 이용된다. 甲이 乙로부터 금원을 대여받으면서, 채무불이행시에는 甲의 아파트를 乙에게 양도하기로 하는 예약을 체결하고(대물변제예약), 한편 채권자 乙은 통상 소유권이전청구권 보전의 가등기를 하는데, 이것이 바로 가등기담보라고 불리는 것이다. 대물변제예약 내지 가등기담보에 있어서는 채권자의 폭리취득이 문제되므로, 민법은 제607조·제608조의 특별규정을 두고 있고, 또 특별법으로 가등기담보법을 제정·시행하고 있다.

Ⅳ. 공 탁

채무자가 변제를 하려고 하여도 채권자가 변제의 수령을 거절하거나, 또는 수령불능의 상태에 있으면 변제의 효력이 발생하지 않는다. 또한 채무자의 과실없이 채권자를 알 수 없어(채권자가 사망하고 그 상속인이 누구인지 알 수 없을 경우 등) 변제를 할 수 없는 경우도 있다. 그런데 이와 같은 때에 언제까지나 채무자가 변제를 할 수 없어 채무에 구속당하게 하는 것은 타당하지 않다. 그리하여 민법은 채무자나 그 밖의 변제자가 목적물을 공탁함으로써 채무를 면할 수 있도록 하였는데, 그것이 바로 변제공탁제도이다. 민법은 공탁과 관련하여 '채권자가 변제를 받지 아니하거나 받을 수 없는 때에는 변제자는 채권자를 위하여 변제의 목적물을 공탁하여 그 채무를 면할 수 있다. 변제자가 과실없이 채권자를 알 수 없는 경우에도 같다'(제487조)고 규정하고 있다.

일반적으로 공탁은 금전·유가증권, 기타의 물건을 공탁소에 임치하는 것이다. **예를 들면** 금전채권의 채권자가 수령을 하지 않으려고 하는 경우에 채무자가 금전을 공탁소에 맡기는 것이 그렇다. 이러한 공탁은 변제를 위하여 하기도 하지만(변제공탁), 담보(담보공탁)·집행(집행공탁)·보관(보관공탁) 등을 위하여서도 이용된다. 그런데 여기의 공탁은 변제를 위한 공탁, 즉 변제공탁을 가리킨다. 변제공탁이 있으면 변제가 있었던 것과 마찬가지로 채권이 소멸한다(제487조).

V. 상 계

1. 의 의

상계란 채권자와 채무자가 서로 같은 종류를 목적으로 하는 채권·채무를 가지고 있는 경우에, 그 채무들을 대등액에서 소멸하게 하는 당사자 일방의 단독행위이다(제492조 제1항 참조). **예를 들어** 甲이 乙에게 1000만원의 대여금 채권을 가지고 있고, 乙이 甲에게 500만원의 물품대금채권을 가지고 있을 경우, 甲이나 乙은 각각 상대방에 대한 일방적인 의사표시로 500만원의 금액에서 그들의 채무를 소멸시킬 수 있는데, 이를 상계라 한다.

상계제도는 대등액의 범위에서 급부를 주고받는 번거로움을 피하는 간이한 결제수단으로서의 기능도 가지지만, 담보적 기능도 가진다. 앞의 예에서 乙이 무자력이어서, 현실적으로 대여금 중 일부라도 갚을 능력이 전혀 없을 때 甲은 상계를 통하여 대여금 중 500만원이라도 변제받는 효과를 가질 수 있게 되는 것이다.

2. 상계의 요건

가. 상계적상(相計適狀)

상계가 유효하려면 당사자 쌍방의 채권이 다음과 같은 여러 요건을 갖추고 있어야 한다. 그것을 상계적상이라고 한다.

(1) 쌍방이 채권을 가지고 있을 것(제492조 제1항 본문) 이때 상계를 하려는 자의 채권을 자동채권이라고 하고, 상대방의 채권을 수동채권이라고 한다.

(2) 두 채권이 동종의 목적을 가질 것(제492조 제1항 본문) 따라서 우선 종류채권이어야 하고, 그것들이 같은 종류의 것이어야 한다. 그런데 보통은 금전채권이 상계에 이용된다. 양 채권의 채권액이 같을 필요는 없다. 또 양 채권 사이에 법적 관련이 있을 필요도 없다.

(3) 자동채권이 변제기에 있을 것(제492조 제1항 본문) 자동채권은 반드시 이행기에 있어야 한다. 그렇지 않으면 상대방은 이유없이 기한의 이익을 상실하여 부당하기 때문이다. 수동채권은 채무자가 기한의 이익을 포기할 수 있으므로 이행기 도래 전이라도 무방하다.

(4) 채권의 성질이 상계를 허용하는 것일 것(제492조 제1항 단서) 쌍방의 채권이 서로 현실의 이행이 있어야 채권의 목적을 달성할 수 있는 경우에는, 채권의 성질상 상계가 허용되지 않는다. 가령 서로 경업(競業)을 하지 않기로 한 경우(부작위 채무)나 서로 노무를 제공하기로 하는 채무 등과 같이 '하는 채무'는 성질상 상계가 허용되지 않는다. 자동채권에 동시이행의 항변권과 같은 항변권이 붙어 있는 경우도 마찬가지이다. 이 경우에 상계를 허용하면 상대방은 항변권 행사의 기회를 잃게 되기 때문이다. 그러나 수동채권에 항변권이 붙어 있으면 채무자는 항변권을 포기하면서 상계할 수 있다.

(5) 상계가 금지된 채권이 아닐 것 i) 당사자 사이에 상계를 금지하는 특약이 있는 때에는 상계를 하지 못한다(제492조 제2항 본문). 그러나 이 상계금지는 선의의 제3자에게 대항하지 못한다(제492조 제2항 단서). ii) 고의의 불법행위를 한 자는 피해자의 손해배상채권을 수동채권으로 하여 상계하지 못한

다(제496조). 이는 불법행위의 유발을 방지하고 불법행위의 피해자에게 현실의 변제를 받게 하려는 취지의 것이다. iii) 압류금지채권을 수동채권으로 하여 상계하지 못한다(제497조). iv) 지급금지명령을 받은 채권(압류 또는 가압류된 채권)의 채무자는 그 채권을 수동채권으로 하여 지급금지 후에 취득한 채권과 상계할 수 없다(제498조).

나. 상계적상의 현존(現存)

위와 같은 상계적상은 원칙적으로 상계의 의사표시를 할 당시에 현존하여야 한다. 따라서 일단 상계적상에 있었더라도 상계를 하지 않고 있는 동안에 변제나 그 밖의 사유로 상계적상이 소멸한 때에는 상계를 할 수 없게 된다. 다만 소멸시효가 완성된 채권이 그 완성 전에 상계할 수 있었던 것이면 그 채권자는 상계할 수 있다(제495조).

3. 상계의 효과

상계가 있으면, 당사자 쌍방의 채권은 대등액에서 소멸한다(제492조 제1항 본문). 그때 각 채무는 상계할 수 있는 때에 소멸한 것으로 본다(제493조 제2항). 즉 상계에는 소급효가 있다. 따라서 상계적상 이후부터 이자는 발생하지 않으며, 그때부터 이행지체도 소멸한다.

VI. 경 개

경개(更改)는 채무의 중요한 부분(채권의 발생원인, 채권자, 채무자, 채권의 목적 등)을 변경함으로써 신 채무를 성립시키는 동시에 구 채무를 소멸시키는 계약이다(제500조). 예를 들어 500만원의 대여금채무를 소멸시키고 자동차에 대한 소유권이전채무를 발생시키는 계약이 그에 해당한다. 경개에 의하여 구채무는 소멸하고 신채무가 성립한다(제500조). 구채무에 존재하였던 담보권, 보증채무, 위약금 기타 종된 권리도 소멸한다. 그런데 구채무가 존재하지 않거나 무효인 때에는 경개는 무효이고, 신채무도 성립하지 아니하게 된다. 한편 신·구 채무는 동일성이 없다고 본다.

Ⅶ. 면 제

면제는 채권자가 채무자에 대한 일방적 의사표시로 채무를 무상으로 소멸시키는 단독행위이다(제506조). 채권은 당사자 사이의 계약(면제계약)에 의하여서도 소멸시킬 수 있으나(계약자유의 원칙), 민법은 채무면제를 단독행위로 규정하고 있다.

면제가 있으면 채권은 소멸한다(제506조 본문). 담보권, 보증채무, 위약금 기타 종된 권리도 함께 소멸한다. 채권자는 자유롭게 면제할 수 있으나, 그 채권에 관하여 정당한 이익을 가지는 제3자에게는 면제를 가지고 대항하지 못한다(제506조 단서).

Ⅷ. 혼 동

채무소멸 원인으로서의 혼동(混同)은 채권과 채무가 동일인에게 귀속하여 채권이 소멸하는 것을 말한다. 예를 들어 채권자가 채무자를 상속하거나, 그 반대의 경우, 또는 채무자가 채권을 양수한 경우 등에 혼동이 일어난다.

혼동이 있으면, 채권은 원칙적으로 소멸한다(제507조 본문). 그러나 그 채권이 제3자의 권리의 목적인 때에는 소멸하지 않는다. **가령** 甲의 乙에 대한 대여금 채권에 대하여 丙이 질권을 가지고 있다면, 乙이 甲을 상속하더라도 대여금 채권은 소멸하지 않는다. 또한 상속인이 한정승인을 한 경우에도 피상속인에 대한 상속인의 재산상 권리의무는 소멸하지 않는다(제1031조). 지시채권은 채무자에 대해서도 배서하여 양도할 수 있기 때문에(제509조), 혼동으로 소멸하지 않는다.

제7절 수인의 채권자 및 채무자

I. 서 설

1. 의 의

민법은 제3절 '수인의 채권자 및 채무자'에서 분할채권관계(분할채권, 분할채무), 불가분채권관계(불가분채권, 불가분채무), 연대채무, 보증채무 등 네 가지 유형의 다수당사자의 채권관계를 규정하고 있다. 이들은 모두 당사자 수만큼의 복수의 채권·채무가 존재하는 경우이다.

2. 다수당사자의 채권관계의 기능

다수당사자의 채권관계의 실질적 기능은 인적 담보로서의 기능이다. 즉 책임재산의 집적을 통하여 채무의 담보력을 강화함으로써 인적 담보제도로서 기능하는 점에 그 실질적 의의가 있다.

3. 다수당사자의 채권관계의 기본내용

가. 대외적 효력

다수당사자의 채권관계의 대외적 효력은 각 채권자, 채무자와 상대방 사이에 이행청구나 이행이 어떤 효력이 있는지, 즉 복수 주체와 상대방 사이에 이행청구나 이행을 어떻게 하느냐 하는 문제이다.

나. 1인의 채권자 또는 채무자에게 생긴 사유의 효력

채권자 또는 채무자가 수인인 경우, 채권자 또는 채무자 1인에 대하여 생긴 사유(예를 들면 1인에 대한 청구, 채권포기, 채무변제)가 다른 채권자 또는 채무자에게 어떤 영향을 미치는지 하는 문제이다.

다. 대내적 효력

대내적 효력은 복수의 채권자들 또는 채무자들 사이의 내부관계로서, 채권자가 변제로서 수령한 것을 다른 채권자들과 어떻게 나누느냐 하는 문제(분급관계)와 다수의 채무자 중 어느 한 사람의 채무자가 채무를 전부 이행하거나, 또는 자신의 지분보다도 더 많은 채무를 이행한 경우 나머지 채무자들에게 어떻게 분담시켜 구상권을 행사할 것인지 하는 문제를 말한다(구상관계).

4. 채권·채무의 공동적 귀속

민법이 규정하는 다수당사자의 채권관계(제408조 이하)에서는 당사자 수만큼의 복수의 채권·채무가 존재한다. 그런데 이론상 하나의 채권·채무가 다수인에게 귀속할 수도 있다. 민법은 물건에 관하여 공동소유를 규정한 뒤(제262조 이하), 그 규정들을 다른 재산관계에 준용하고 있다(제278조). 민법이 규정하는 물건의 공동소유의 유형에는 공유·합유·총유의 세 가지가 있으므로, 채권·채무의 공동귀속에도 공유적 귀속(준공유), 합유적 귀속(준합유), 총유적 귀속(준총유)의 세 가지 모습이 있다.

Ⅱ. 분할채권관계

1. 의 의

분할채권관계는 하나의 가분적 급부에 관하여 채권자 또는 채무자가 수인이 있는 경우에, 그 채권이나 채무가 각 채권자 또는 채무자에게 분할되는 다수당사자의 채권관계이다. 민법은 이 분할채권관계를 다수당사자의 채권관계의 원칙으로 삼고 있다(제408조).

분할채권관계에는 채권자가 다수인 분할채권과 채무자가 다수인 분할채무가 있다. **예를 들면** 甲·乙·丙이 공유하는 토지를 丁에게 3,000만원에 매도한 경우 甲·乙·丙은 매매대금채권을 1,000만원씩 나눠가지게 되고, 반대로 甲·乙·丙이 건물을 6,000만원에 공동으로 매수하였다면, 원칙적으로 甲·乙·丙은 2,000만원씩 매매대금지급채무를 부담하게 된다. 전자가 분할채권의 예이고, 후자가 분할채무의 예이다.

2. 효 력

분할채권관계의 경우에 각 채권자 또는 각 채무자는 특별한 의사표시가 없으면 균등한 비율로 분할된 채권을 가지고 채무를 부담한다(제408조). 그리고 각 채권자는 자기가 가지는 채권액 이상의 것을 이행하도록 청구할 수 없고, 각 채무자도 자기가 부담하는 채무액 이상의 것을 변제할 필요가 없다.

Ⅲ. 불가분채권관계

1. 의 의

불가분채권관계(不可分債權關係)는 불가분의 급부를 목적으로 하는 다수 당사자의 채권관계이다. 불가분채권관계에는 채권자가 수인이 있는 불가분채권과 채무자가 수인이 있는 불가분채무가 있다.

불가분채권관계는 급부가 불가분인 경우에 성립하는데, 급부가 불가분인 경우는 급부의 목적물이 자동차 한 대, 건물 한 동처럼 그 성질상 불가분인 때와 성질상으로는 가분(可分)이지만 당사자의 의사표시에 의하여 불가분으로 된 때도 있다. **예를 들면** 甲·乙·丙이 건물을 매수하면서, 그 대금지급에 관하여 불가분으로 약정한 경우에는 의사표시에 의한 불가분채무의 예이다.

2. 불가분채권

가. 대외적 효력

각 채권자는 모든 채권자를 위하여 단독으로 급부 전부에 대하여 이행을 청구할 수 있고 채무자는 모든 채권자를 위하여 각 채권자에게 급부 전부를 이행할 수 있다(제409조).

나. 1인의 채권자에게 생긴 사유의 효력

채권자 1인의 청구는 다른 채권자에게도 효력이 있으므로, 청구가 있으면 다른 채권자를 위하여서도 이행지체·시효중단의 효력이 생긴다. 채권자 1인에 대한 이행은 다른 채권자에게도 효력이 있으므로, 이행에 의한 채권의 소멸이나 수령지체의 효과도 모든 채권자에 대하여 생긴다.

그러나 채권자 1인과 채무자 사이에 생긴 그 밖의 사유는 다른 채권자에게는 효력이 없다(제410조 제1항). 즉 상대적 효력만 가진다. 따라서 불가분채권자 중의 1인과 채무자 사이에서 경개나 면제가 행하여진 경우에도, 다른 채권자는 채무의 전부의 이행을 청구할 수 있다. 다만 이행을 받은 채권자는 그 1인의 채권자가 권리를 잃지 않았으면 그에게 나누어 주었을 이익을 채무자에게 상환하여야 한다(제410조 제2항).

전형적인 **예를 들어 보자**. 甲·乙·丙이 丁에 대하여 600만원의 불가분채권을 가지고 있고, 분급받을 비율은 동일하다고 하자. 만약 甲이 丁에 대해 채무를 면제하면 그 면제의 효과는 甲과 丁 사이에서만 생기고, 乙·丙에게는 영향이 없다(상대적효력). 따라서 乙이나 丙은 여전히 丁에게 600만원 전부의 이행을 청구할 수 있고 丁은 甲으로부터 면제받았음을 이유로 이를 거절할 수 없다. 다만 乙이나 丙이 丁으로부터 600만원을 받았다면, 甲이 권리를 잃지 않았을 경우에 받았을 甲의 몫 200만원을 채무자인 丁에게 되돌려주어야 한다.

다. 대내적 효력

민법은 채권자들 사이의 내부관계에 대하여는 규정을 두고 있지 않으나, 변제받은 채권자는 다른 채권자에게 정하여진 비율에 따라 급부받은 것을 나누어 주어야 한다. 그리고 분배 비율은 균등한 것으로 추정된다.

3. 불가분채무

가. 대외적 효력

민법은 불가분채무에 관하여는 불가분채권에 관한 제410조와 연대채무에 관한 규정들을 준용하고 있다(제411조).

채권자는 채무자 1인에 대하여 또는 채무자 전원에 대하여 동시에 또는 순차(順次)로 채무의 전부나 일부의 이행을 청구할 수 있다(제411조, 제414조). 그리고 채무자 1인이 그의 채무를 이행하면 모든 채무자의 채무는 소멸한다.

나. 1인의 채무자에게 생긴 사유의 효력

(1) 절대적 효력 채무자는 모든 채무자를 위하여 변제할 수 있고, 그에 따른 채무소멸, 변제제공과 채권자지체는 다른 채무자에게도 효력이 있다. 변제에 준하는 공탁·대물변제의 경우도 마찬가지다.

(2) 상대적 효력 그 밖의 다른 사유는 다른 채무자에게 효력이 없다. 소멸시효의 완성, 이행청구, 경개, 상계, 면제, 혼등 등의 사유는 상대적 효력만 가진다. 그리하여 채권자가 채무자 1인과 경개나 면제를 한 경우에도 다른 채무자는 채무의 전부를 이행하여야 한다. 다만 채권자는 면제를 받거나 경개를 한 채무자가 부담하였을 부분을 변제한 채무자에게 상환하여야 한다(제411조, 제410조 제2항).

다. 대내적 효력

불가분채무자들 상호간의 관계에 대하여는 연대채무에 관한 규정이 준용된다(제411조). 그리하여 변제를 한 채무자는 다른 채무자에 대하여 그들의 부담 부분에 관하여 구상(상환청구)할 수 있다(제422조~제427조 참조).

Ⅳ. 연대채무

1. 의 의

연대채무(連帶債務)란 수인의 채무자가 동일한 내용의 급부에 관하여 각각 독립해서 전부의 급부를 하여야 할 채무를 부담하고, 그 가운데 1인의 채무자가 전부의 급부를 하면 모든 채무자의 채무가 소멸하는 다수당사자의 채무이다(제413조). **예를 들어** 甲·乙·丙이 丁에 대하여 600만원의 연대채무를 부담하고 있다면, 甲·乙·丙은 각각 600만원의 채무 전부에 대하여 급부의무를 부담한다. 그리고 甲·乙·丙 중 누구라도, 위 600만원을 변제하면 甲·乙·丙 모두의 채무가 소멸하게 된다.

2. 작 용

연대채무의 경우에는 경제적·실질적으로는 하나의 채무인데도 모든 채무자가 전부급부의무를 부담함으로써 책임재산의 범위가 모든 채무자의 일반재산에까지 확장되므로 인적 담보의 기능을 하게 된다. 인적 담보의 전형인 보증채무보다 담보작용은 오히려 더 강하다.

3. 성 립

연대채무는 법률행위 또는 법률규정(민법 제35조 제2항, 제65조, 제760조, 제832조; 상법 제81조, 제138조, 제323조, 제333조 등)에 의하여 성립한다. 연대채무를 성립시키는 법률행위는 보통은 계약이지만, 유언과 같은 단독행위에 의해서도 성립할 수 있다.

4. 효 력

가. 대외적 효력

채권자는 연대채무자 가운데 어느 1인에 대하여 채무의 전부 또는 일부의 이행을 청구할 수 있고, 또한 모든 채무자에 대하여 동시에 또는 순차(차례)로 전부나 일부의 이행을 청구할 수 있다(제414조). 전형적인 경우의 **예를 들어 보자**. 甲·乙·丙이 丁에 대하여 600만원의 연대채무를 부담하고 있다고 가정하자. 이 경우 채권자 丁은 甲·乙·丙 모두에게 동시에 600만원을 청구할 수 있다. 또는 甲에게 먼저 600만원의 지급을 청구하고, 이어서 乙·丙에게도 600만원의 지급을 청구할 수도 있다. 또는 甲에는 100만원, 乙·丙에게는 600만원의 지급을 청구할 수도 있다. 甲·乙·丙에게 각 200만원씩의 지급을 청구할 수 있음은 물론이다. 채무자 중 누구라도(한 사람, 여러 사람) 채무 전부를 이행하면 채무는 모든 채무자를 위하여 소멸한다.

나. 연대채무자 1인에 관하여 생긴 사유의 효력

(1) 서 설 어느 연대채무자에게 생긴 사유가 다른 연대채무자에게도 효력이 인정되는 경우에 이를 절대적 효력이 있는 사유라고 한다. 민법은 제

416조 내지 제422조에서 7가지의 사유에 대하여 절대적 효력을 인정하고 있다. 이러한 명문의 규정이 없더라도 급부의 실현으로 채권의 만족을 가져오는 사유는 절대적 효력이 인정된다.

(2) 절대적 효력이 있는 사유

(가) **변제·대물변제·공탁** 이들은 모두 급부의 실현으로 채권자에게 만족을 주는 것이어서 명문규정이 없어도 당연히 절대적 효력이 있다.

(나) **이행청구** 어느 연대채무자에 대한 이행청구는 다른 연대채무자에게도 효력이 있다(제416조). 그 청구에 의한 이행지체, 시효중단도 절대적 효력이 있다.

(다) **채권자지체** 어느 연대채무자에 대한 채권자지체는 다른 연대채무자에게도 효력이 있다(제422조).

(라) **경 개** 어느 연대채무자와 채권자 사이에 채무의 경개가 있는 때에는, 채권은 모든 연대채무자의 이익을 위하여 소멸한다(제417조).

(마) **상 계** 어느 연대채무자가 채권자에 대하여 채권을 가지고 있는 경우에, 그 채무자가 상계를 한 때에는, 채권은 모든 연대채무자의 이익을 위하여 소멸한다(제418조 제1항). 상계할 채권이 있는 연대채무자가 상계하지 않는 때에는, 그 채무자의 부담 부분(연대채무자가 내부관계에서 출재를 분담하는 비율)에 한하여 다른 연대채무자가 상계할 수 있다(제418조 제2항).

(바) **면 제** 어느 연대채무자에 대한 채무면제는 그 채무자의 부담부분에 한하여 다른 연대채무자의 이익을 위하여 효력이 있다(제419조). **그리하여** 甲·乙·丙이 丁에 대하여 600만원의 연대채무를 부담하고 그들의 부담부분이 동일한 경우에, 丁이 丙에 대하여 채무를 면제하면, 丙은 채무를 면하게 되고, 甲·乙은 丙의 부담 부분인 200만원의 범위에서 채무를 면하고 400만원의 연대채무만을 부담하게 된다.

연대채무의 면제와 연대의 면제(제427조)는 구별된다. 연대의 면제는 채권자가 연대채무자에 대하여 연대하여 채무 전부를 이행할 의무를 면제시키는 것을 말한다. 연대의 면제는 절대적 연대의 면제와 상대적 연대의 면제가 있는데, 절대적 연대의 면제가 있으면 연대채무는 분할채무로 전환된다.

상대적 연대의 면제는 연대의 면제를 받은 채무자는 자기 부담 부분만을 목적으로 하는 분할채무를 부담하지만, 면제를 받지 않은 다른 채무자들은 여전히 채무 전부에 대하여 연대의 부담을 진다.

예를 들어 甲·乙·丙이 丁에 대하여 600만원의 연대채무를 부담하고 있고, 그들 내부의 부담이 균등하다고 가정하자. 丁이 甲에 대하여 연대의 면제를 하였다면, 甲은 200만원의 분할채무를 부담하게 되고, 나머지 乙·丙은 여전히 600만원 전부에 대한 연대채무를 부담하게 된다.

(사) 혼 동 어느 연대채무자와 채권자 사이에 혼동이 있는 때에는, 그 채무자의 부담 부분에 한하여 다른 연대채무자도 의무를 면한다(제420조).

(아) 소멸시효의 완성 어느 연대채무자에 관하여 소멸시효가 완성한 때에는, 그의 부담 부분에 한하여 다른 연대채무자도 의무를 면한다(제421조).

(3) 상대적 효력이 있는 경우 위 (2)에서 열거한 사유를 제외하고는, 어느 연대채무자에 관한 사항은 다른 연대채무자에게는 효력이 없다(제423조). 즉 상대적 효력만 가질 뿐이다. 이행청구 이외의 사유에 의한 시효중단(제168조 제2호·제3호 참조), 시효이익의 포기, 과실과 채무불이행, 확정판결 등이 그 예이다.

다. 대내적 효력(구상관계)

(1) 연대채무자 사이의 부담 부분 연대채무자가 내부관계에서 출재를 분담하는 비율을 연대채무자의 부담 부분이라고 한다. 부담 부분의 비율은 당사자의 특약으로 정하는 것이 보통이나 그러한 특약이 없는 경우에는 부담 부분은 균등한 것으로 추정된다(제424조).

(2) 구상권의 성립요건 어느 연대채무자가 변제나 기타 자기의 출재로 모든 채무자의 채무가 소멸하거나 감소된 때에는(공동면책), 다른 연대채무자의 부담 부분에 대하여 구상권(상환청구권)을 행사할 수 있다(제425조 제1항). 앞의 예에서 甲의 출재로 연대채무가 모두 소멸하였다면, 甲은 乙과 丙에게 그들의 부담 부분에 해당하는 200만원씩의 상환을 청구할 수 있다.

(3) 구상권의 제한 민법은 제426조에서, 변제 등의 면책행위를 한 연대

채무자가 면책행위에 앞서서 그러한 사실을 통지(사전의 통지)하지 않거나 면책행위 후에 그 사실을 통지(사후의 통지)하지 않은 일정한 경우에는 구상권을 제한하는 불이익을 규정하고 있다. 이는 이중변제의 위험을 방지하기 위한 것이다.

(가) 사전(事前)의 통지를 게을리한 경우　어느 연대채무자가 다른 연대채무자에게 통지하지 아니하고 변제 기타 자기의 출재로 공동면책이 된 경우에 다른 연대채무자가 채권자에게 대항할 수 있는 사유가 있었을 때에는 그 부담 부분에 한하여 이 사유로 면책행위를 한 연대채무자에게 대항할 수 있고 그 대항사유가 상계인 때에는 상계로 소멸할 채권은 그 연대채무자에게 이전된다(제426조).

예를 들어 甲·乙·丙이 丁에 대하여 600만원의 연대채무를 부담하고 있고 각자의 부담 부분이 균등하며, 한편 丙이 丁에 대하여 400만원의 채권을 가지고 있었다고 하자. 만약 乙이 丙에게 변제하겠다는 통지를 미리 하지 않고서 丁에게 600만원을 변제한 다음, 甲과 丙에게 각 200만원씩의 구상을 청구해 왔다면 丙은 그의 부담 부분인 200만원에 관하여 乙에게 상계 사유로써 대항할 수 있으므로, 乙은 丙에게 구상권을 행사하지 못한다. 그리고 이 경우에 丙이 丁에 대하여 가지고 있던 채권 중 200만원이 乙에게 이전되어 乙은 丁에게 200만원의 지급을 청구할 수 있다.

(나) 사후(事後)의 통지를 게을리한 경우　어느 연대채무자가 변제나 그 밖에 자기의 출재로 공동면책이 된 뒤에 그 사실을 다른 연대채무자에게 통지하지 않은 경우에, 다른 연대채무자가 선의로 채권자에게 변제나 그 밖에 유상(有償)의 면책행위를 한 때에는, 그 연대채무자는 자기의 면책행위의 유효를 주장할 수 있다(제426조 제2항).

(다) 복합적인 경우　하나의 채무자가 사후의 통지를 게을리하고 다른 채무자가 사전의 통지를 게을리한 경우에 대해서는 명문의 규정이 없다. 제426조는 사전의 통지나 사후의 통지 중 어느 한쪽만을 게을리한 경우에만 적용되는 것으로 보아야 하므로, 이러한 경우는 일반원칙에 따라서 제1의 출재행위만이 유효하다고 보아야 한다.

(4) 상환무자력자가 있는 경우의 구상권자의 보호 연대채무자 중에 상환할 자력이 없는 자가 있는 때에는, 그 채무자의 부담 부분은 구상권자 및 다른 자력이 있는 채무자가 그 부담 부분에 비례하여 분담한다(제427조 제1항 본문).

예를 들어 甲·乙·丙이 丁에 대하여 600만원의 연대채무를 부담하고 부담 부분이 균등한 경우에, 甲이 위 채무를 모두 변제하고, 乙·丙에 대하여 200만원씩 구상을 하는 때에, 丙이 무자력이면 丙의 부담 부분 200만원은 甲·乙이 100만원씩 부담하게 된다. 그러나 구상권자에게 과실이 있는 때(가령 甲이 제때에 구상을 했더라면, 丙이 무자력의 상태가 되지 않았을 경우)에는, 다른 연대채무자에게 분담을 청구하지 못한다(제472조 제1항 단서).

위의 경우, 상환할 자력이 없는 채무자의 부담 부분을 분담할 다른 채무자가 채권자로부터 연대의 면제를 받은 때에는, 그 채무자가 분담할 부분은 채권자의 부담으로 된다(제427조 제2항).

(5) 구상권자의 대위권 연대채무자는 타인(다른 연대채무자)의 채무를 '변제할 정당한 이익'이 있으므로, 그가 변제하면 그는 당연히 채권자를 대위하게 된다(제418조). 그리하여 채권자의 권리가 변제한 연대채무자에게 이전된다.

V. 부진정연대채무

1. 의 의

통설에 의하면, 부진정연대채무(不眞正連帶債務)는 '수인의 채무자가 동일한 내용의 급부에 관하여 각각 독립하여 전부급부의무를 부담하고, 그 중 1인의 전부급부가 있으면 모든 채무자의 채무가 소멸하는 다수당사자의 채무로서, 민법의 연대채무가 아닌 것'이다. 민법은 연대채무를 한 가지만 규정하고 있다. 그런데 통설·판례는 민법이 정하고 있지 않은 부진정연대채무의 개념도 인정하고 있다.

2. 인정되는 사례

판례는 i) 공동불법행위에 기한 가해자들의 손해배상의무 상호간, ii) 피용자가 사무집행에 관하여 불법행위를 한 경우 피용자의 불법행위로 인한 손해배상의무와 사용자의 손해배상의무 상호간, iii) 이행보조자 등의 과책에 기한 채무자의 채무불이행책임과 이행보조자의 불법행위책임 상호간, iv) 임치물을 도난당한 수치인의 채무불이행에 기한 손해배상의무와 절취자의 불법행위에 기한 손해배상의무 상호간, v) 법인의 대표기관이 직무에 관하여 불법행위를 한 경우에 법인의 손해배상의무와 이사 개인의 손해배상의무 상호간, vi) 책임무능력자의 불법행위에 대한 법정감독 의무자의 손해배상의무와 대리감독자의 손해배상의무 상호간에 부진정연대채무관계가 인정된다고 한다.

3 효 력

가. 대외적 효력

채권자의 이행청구와 채무자의 이행에 관련한 부분은 연대채무의 경우와 같다.

나. 채무자 1인에 관하여 생긴 효력

채권을 만족시키는 사유인 변제·대물변제·공탁·상계 등은 절대적 효력이 있으나, 그 이외의 것은 모두 상대적 효력만 있다. 이 점에서 부진정연대채무의 담보력이 연대채무보다 더 강하게 된다.

다. 대내적 효력

부진정연대채무자 사이에는 주관적 공동관계가 없어서 부담 부분이 없고, 따라서 구상관계가 생기지 않는다. 다만 통설·판례는 공동불법행위의 경우에는 형평의 관점에서 불법행위의 가담 정도에 따른 부담 부분을 가지는 것으로 보고, 구상을 인정하고 있다.

VI. 보증채무

1. 의 의

보증채무란 타인(주채무자)이 그의 채무를 이행하지 않는 경우에 이를 이행하여야 할 채무를 말한다(제428조 제1항). 보증채무는 다수당사자의 채무이나, 그 작용은 채권을 담보하는 데 있다.

2. 보증채무의 성립

보증채무는 채권자와 보증인 사이에 체결되는 보증계약에 의하여 성립한다. 주채무자는 보증계약의 당사자가 아니다. 민법상 보증계약은 방식에 제한이 없는 낙성·불요식의 계약이다.

3. 보증채무의 대외적 효력

가. 채권자의 권리

주채무와 보증채무의 이행기가 모두 된 때에는, 채권자는 주채무자와 보증인에 대하여 따로따로 또는 동시에 채무의 전부나 일부의 이행을 청구할 수 있다. 주채무의 이행이 거절된 때에만 보증인에 대하여 이행을 청구할 수 있는 것은 아니다. 그러나 채권자가 주채무자에게 청구하지 않고 보증인에게 청구하는 경우에는, 보증인은 일정한 항변권 기타의 권리를 행사할 수 있다.

나. 보증인의 권리

(1) 부종성(附從性)에 기한 관리

(가) 주채무자의 항변권의 행사 보증채무는 주채무의 이행을 담보하는 것이므로, 주채무에 종속하는 성질, 즉 부종성을 가진다. 이와 같이 보증채무는 부종성이 있기 때문에, 보증인은 주채무자가 가지는 항변(동시이행의 항변권, 주채무의 무효·취소와 관련한 항변, 변제기의 미도래·변제의 항변 등)을 가지고 채권자에게 대항할 수 있다(제433조 제1항). 그리고 주채무자가 항변을 포기하여도 그것은 보증인에게는 효력이 없다(제433조 제2항).

(나) 주채무자의 상계권의 행사 보증인은 주채무자의 채권에 의한 상계로 채권자에게 대항할 수 있다(제434조).

(다) 채무의 이행거절 주채무자가 채권자에 대하여 취소권 또는 해

제권이나 해지권이 있는 동안은 보증인은 채권자에 대하여 채무의 이행을 거절할 수 있다(제435조).

(2) 보충성(補充性)에 기한 권리 보증채무는 주채무가 이행되지 않는 경우에 이행할 의무이다(제428조 제1항). 따라서 보충성을 가진다. 보증채무의 이러한 보충성에 기한 권리로 보증인의 최고·검색의 항변권이 있다(제437조). 채권자가 보증인에게 채무의 이행을 청구한 때에는 보증인은 주채무자가 변제자력이 있고, 그 집행이 용이하다는 사실을 증명하여 먼저 주채무자에게 청구할 것과 그 재산에 대하여 집행할 것을 항변할 수 있다. 이 권리가 최고·검색의 항변권이다.

'주채무자에게 먼저 청구할 것'을 내용으로 하는 항변권을 '최고(催告)의 항변권'이라고 한다. 보증인이 권리를 행사하면 채권자는 주채무자에게 청구(최고)하지 않는 한 다시 보증인에게 이행청구를 할 수 없다.

'주채무자의 재산에 대하여 먼저 집행할 것'을 내용으로 하는 항변권을 '검색(檢索)의 항변권'이라고 한다. 보증인이 이 권리를 행사하면, 채권자는 주채무자의 재산에 대하여 집행하지 않고서는 보증인에게 다시 이행을 청구하지 못한다.

한편 보증인이 이들 항변권을 행사하였음에도 불구하고 채권자가 주채무자에 대한 이행의 청구를 게을리하거나, 또는 집행을 게을리하여 채무의 전부나 일부의 변제를 받지 못한 경우에는, 보증인은 채권자가 최고나 집행을 게을리하지 않았으면 변제받았을 한도에서 의무를 면한다(제438조).

(3) 채무의 이행 보증인이 보증채무의 전부를 이행하면 보증채무뿐만 아니라 주채무도 소멸한다. 주채무가 이행된 경우에도 같다.

4. 주채무자 또는 보증인에게 생긴 사유의 효력

채권자와 주채무자 사이에서 생긴 사유는 모두 보증인에 대하여 효력이 미친다. 즉 절대적 효력이 있다. 보증채무는 주채무에의 부종성이 있기 때문이다. 그런데 채권자와 보증인 사이에서 보증인에게 생긴 사유는 원칙적으로 주채무자에게 효력이 미치지 않는다(상대적 효력). 다만 변제·대물변제·공탁·

상계와 같이 채권을 만족시키는 사유만은 절대적 효력이 있다.

5. 보증채무의 대내적 효력(구상관계)

가. 보증인의 구상권

보증인이 자기의 출재로 공동의 면책을 얻은 때에는, 그는 당연히 주채무자에 대하여 구상권을 가진다. 그런데 구상의 범위는 보증인이 주채무자로부터 보증부탁을 받았는지의 여부에 따라 다르다.

(1) 주채무자의 부탁을 받은 보증인(수탁보증인)　주채무자의 부탁으로 보증인이 된 자가 과실없이 변제 기타의 출재로 주채무를 소멸하게 한 때에는 주채무자에 대하여 구상권이 있다(제441조). 다음과 같은 경우에는 주채무자에 대하여 미리 구상권을 행사할 수도 있다(제442조).

1) 보증인이 과실없이 채권자에게 변제할 재판을 받은 때.

2) 주채무자가 파산선고를 받은 경우에 채권자가 파산재단에 가입하지 아니한 때.

3) 채무의 이행기가 확정되지 아니하고 그 최장기도 확정할 수 없는 경우에 보증계약 후 5년을 경과한 때.

4) 채무의 이행기가 도래한 때.

(2) 주채무자의 부탁이 없는 보증인　주채무자의 부탁없이 보증인이 된 자는 변제 기타 자기의 출재로 주채무를 소멸하게 한 때에는 주채무자가 그 당시에 이익을 받은 한도에서 구상할 수 있다(제444조 제1항).

(3) 주채무자의 의사에 반하는 보증인　주채무자의 의사에 반하여 보증인이 된 자는 변제 기타 자기의 출재로 주채무를 소멸하게 한 때에는 주채무자의 현존 이익의 한도에서 구상할 수 있다(제444조 제2항).

나. 구상권의 제한

(1) 보증인의 통지의무　보증인이 주채무자에게 통지하지 않고서 변제나 그 밖에 자기의 출재로 주채무를 소멸하게 한 경우에, 주채무자가 채권자에게 대항할 수 있는 사유가 있었을 때에는, 이 사유로 보증인에게 대항할 수

있고, 그 대항사유가 상계인 때에는 상계로 소멸할 채권은 보증인에게 이전된다(제445조 제1항). 그리고 보증인이 변제나 그 밖에 자기의 출재로 면책되었음을 주채무자에게 통지하지 않은 경우에, 주채무자가 선의로 채권자에게 변제나 그 밖에 유상의 면책행위를 한 때에는 주채무자가 자기의 면책행위의 유효를 주장할 수 있다(제445조 제2항).

(2) 주채무자의 통지의무　　주채무자가 자기의 행위로 면책하였음을 '그의 부탁으로 보증인이 된 자에게' 통지하지 않은 경우에, 보증인이 선의로 채권자에게 변제나 그 밖에 유상의 면책행위를 한 때에는, 보증인은 자기의 면책행위의 유효를 주장할 수 있다(제446조).

다. 보증인의 변제에 의한 대위권

보증인은 변제할 정당한 이익이 있는 자이므로 변제로 당연히 채권자를 대위한다(제481조). 그리하여 채권자의 권리가 보증인에게 이전된다. 이 대위권은 주채무자의 부탁없이 보증인이 된 자에게도 인정된다.

Ⅶ. 특수한 보증

1. 연대보증

가. 서

보증인이 주채무자와 연대하여 채무를 부담함으로써 주채무자의 이행을 담보하는 보증채무이다. 보통의 보증에 비해 담보적 기능이 강화되어 나타난다. 수인의 보증인 사이에 연대의 특약이 있는 보증연대와는 부종성이 있고 분별이익이 없다는 점에서 같지만 보충성이 없다는 점에서 구별된다.

나. 성　질

보증채무로서의 일반적 성질인 부종성·수반성을 가지지만 분별의 이익은 없다. 보충성이 없으므로 최고·검색의 항변권이 인정되지 않는다.

다. 성　립

(1) 법률행위에 의한 성립　　보증인과 채권자간의 연대의 특약에 의해 성

립한다. 최고·검색의 항변권을 포기하는 경우에도 성립하지만, 공동보증인의 경우에는 분별이익을 여전히 가지므로 당연히 연대보증으로 되는 것은 아니다.

(2) 법률규정에 의한 성립 상사보증의 경우는 언제나 연대보증이다.

라. 효 력

(1) 대외적 효력 연대보증인은 부종성에 따른 항변을 할 수 있지만, 최고 검색의 항변권은 없다. 연대보증인이 수인이어도 분별의 이익은 없다.

(2) 주채무자 또는 연대보증인에게 생긴 사유의 효력

(가) 주채무자에게 생긴 사유 부종성의 결과 모두 연대보증인에게 효력이 미친다. 판례는 주채무자에게 시효중단사유가 생긴 때에는 그 효력은 연대보증인에게도 미친다고 한다.

(나) 연대보증인에게 생긴 사유 변제, 공탁, 상계 등 채권이 목적을 달성하는 경우 외에는 주채무자에 효력이 없다.

(3) 대내적 효력 보통의 보증과 같다.

2. 공동보증

가. 서 설

동일한 주채무에 대해 수인이 보증채무를 부담하는 보증의 모든 형태를 말한다. 공동보증에는 i) 보통의 보증, ii) 연대보증, iii) 보증연대의 세 가지가 있다. 보통의 보증인 경우에는, 분별이익·보충성·부종성이 있으나, 연대보증인 경우에는 분별이익·보충성은 없고 부종성만 있다. 그리고 보증연대인 경우에는 분별의 이익은 없고, 부종성과 보충성만 있다.

나. 채권자에 대한 관계— 분별의 이익

(1) 분별의 이익의 원칙 공동보증인은 원칙적으로 주채무액을 균등한 비율로 나눈 분할액에 대해서만 보증채무가 부담한다(제439조, 제408조). 이를 분별의 이익이라고 한다. 이 분별의 이익이 인정됨으로써 공동보증의 경우에는 채권의 담보력이 약화된다

(2) 예외적으로 분별의 이익이 없는 경우 i) 주채무가 불가분인 때, ii)

보증연대일 때, iii) 연대공동보증의 경우에는 분별의 이익이 없다.

다. 구상관계

(1) 주채무자에 대한 구상관계 공동보증인이 자기출재로 주채무의 면책을 얻은 경우 부담 부분을 불문하고 전액을 주채무자에 구상할 수 있다.

(2) 공동보증인 사이의 구상관계

(가) 분별의 이익이 있는 경우 자기의 부담 부분을 넘어서 변제한 경우 다른 보증인에 대한 관계에서 사무관리가 되고, 무수탁보증인의 구상권이 준용된다(제448조 제1항).

(나) 분별의 이익이 없는 경우 자기의 부담 부분을 넘어서 변제한 경우 연대채무자간의 관계와 비슷하므로, 연대채무자의 구상권에 관한 규정을 준용한다(제448조 제2항).

3. 계속적 보증

계속적 보증은 당좌대월계약·어음할인계약·고용계약·임대차계약 등 계속적 채권관계에 기하여 채무자가 부담하는 현재 또는 장래의 불특정한 채무에 대한 보증을 말한다. 즉 일정기간 또는 부정기간(不定期間) 동안 계속하여 피보증인의 채무를 보증하는 것을 가리킨다. 계속적 보증의 경우에는 보증인이 계약 당시 예기치 못한 과중한 책임을 지게 되는 경우가 많으므로, 보증인의 보호, 즉 보증인의 책임을 경감시키는 것이 특히 문제된다. 계속적 보증에는 i) 계속적 거래계약으로부터 발생하는 채무에 대해서 채무자의 신용을 보증하는 신용보증, ii) 계속적 사용관계에서 근로자에 의해 발생할 수 있는 손해에 대해서 보증하는 신원보증, iii) 임대차계약으로부터 발생하는 임차인의 채무에 대한 신원보증 등이 있다.

Ⅷ. 손해담보계약

1. 의 의

당사자 일방이 상대방에 대해 일정사항으로부터 생길 수 있는 손해를 전보할 것을 목적으로 하는 계약이다.

2. 성 격

원칙적으로 편무·무상·불요식계약이지만, 보험계약과 같이 쌍무·유상계약에 의하여 성립하는 경우도 있다. 손해담보계약에 의한 채무는 주채무의 존재를 전제하지 않고 담보자는 독립해서 전보배상책임을 진다. 그러나 그 책임은 채무자의 귀책사유를 요건으로 하는 채무불이행으로서의 손해배상책임이 아니라 계약내용을 실현하는 이행책임으로서의 성격을 가진다.

3. 효 력

손해담보계약의 위 특성상 부종성·보충성이 없고, 최고·검색의 항변권이 인정되지 않으며, 구상권도 발생할 여지가 없다.

4.

계약각론편

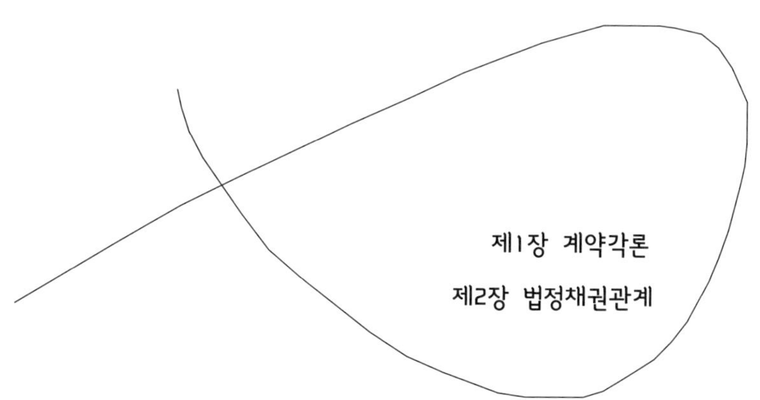

제1장 계 약 각 론

제1절 증 여

I. 증여의 의의

증여는 당사자 일방(증여자)이 무상으로 재산을 상대방(수증자)에게 수여하는 의사를 표시하고 이것을 상대방이 승낙함으로써 성립하는 계약이다(제554조). 흔히 증여는 증여자의 일방적인 행위라고 생각하기 쉬우나 민법에서는 이를 계약으로 규정하고 있다. 따라서 상대방의 승낙을 필요로 한다. 그리고 우리가 통상적으로 증여라는 말을 사용할 때에는 증여하는 행위를 가리키는 경우가 많지만, 민법에서의 '증여'는 '계약'을 의미한다. 증여계약의 성질은 무상·낙성·편무·불요식의 계약이다.

II. 증여의 효력

1. 증여자의 급부의무

증여자는 증여계약의 대상물에 대하여 재산권을 이전할 의무를 부담한다. 일반적으로 특정물 채권의 채무자는 선관주의의무를 부담하나, 증여의 경우에는 증여의 무상성을 고려하여 '자기 재산과 동일한 주의'로 보관할 의무를 부담한다. 증여자는 일정한 경우 담보책임을 진다. 즉 증여자는 원칙적으로 증여의 목적인 물건이나 권리의 흠결에 대하여 담보책임을 지지 않으나(제559조), 증여자가 하자나 흠결을 알고 고지하지 아니한 경우에는 예외적으로 담보책임을 진다(제559조 제1항 단서). 담보책임의 내용은 수증자가 하자나 흠결이 없다고 오신하였기 때문에 입은 손해(신뢰이익)의 배상으로 본다.

2. 증여의 해제

계약은 특별한 사유 없이는 해제하지 못함은 앞서 본 바와 같다. 그러나 민법은 다음과 같은 특별한 경우에는 예외적으로 증여계약을 해제할 수 있도록 하고 있다. 다만 어느 경우든 이미 이행된 부분에 대하여는 영향을 미치지 않는다(제558조).

1) 증여의 의사가 서면으로 표시되지 않은 경우(제555조). 증여자가 경솔하게 증여하는 것을 방지하고 증여의 의사를 명확하게 하여 증여로 인한 분쟁이 발생하는 것을 예방하기 위한 취지이다. 주의해야 할 것은 서면상 증여의 의사만 표시되면 족하고, 반드시 증여계약서를 필요로 하는 것은 아니라는 것이다.

2) 수증자의 일정한 망은행위가 있는 때(제556조). 수증자가 증여자 또는 그 배우나나 직계혈족에 대하여 범죄행위를 한 때, 또는 수증자가 증여자에 대하여 부양의무를 이행하지 아니한 때 증여계약을 해제할 수 있다. 이 해제권은 망은행위가 있었음을 안 날로부터 6개월이 경과하거나 증여자가 수증자에 대하여 용서의 의사를 표시한 때에는 소멸한다.

3) 증여계약 후 증여자의 재산상태가 현저히 변경되고 그 이행으로 인하여 생계에 중대한 영향을 미칠 경우(제557조).

Ⅲ. 특수한 증여

1. 부담부 증여

수증자가 일정한 의무를 부담하는 것을 조건으로 하는 증여이다. **가령** 도시에 살면서 먼 시골에 선산을 가지고 있는 甲이 선산에 딸린 자신의 집과 그 부지를 乙에게 증여하고 乙은 甲의 선산을 돌보기로 약속한 경우가 부담부 증여에 해당한다고 볼 수 있다.

부담부 증여에서 부담은 증여에 대하여 대가관계를 가지지 않으므로, 부담부 증여 계약이 쌍무계약이 되는 것은 아니다. 그러나 부담의무를 이행하지 않으면 해제권이 발생한다.

2. 정기증여

甲이 학생인 乙에게 매 학기 장학금으로 100만원을 무상으로 지급하기로 계약하는 것처럼, 증여자가 수증자에게 정기적으로 일정한 급부를 하기로 하는 증여이다. 정기증여는 증여자 또는 수증자가 사망한 때에는 효력을 잃는다(제560조).

3. 사인증여(死因贈與)

甲이 乙에게 자신의 집과 대지를 증여하기로 하되, 甲 생전에는 자신이 그대로 살고 甲이 사망하였을 때 증여의 효력이 발생하는 것으로 계약을 체결할 수도 있다. 이러한 증여가 사인증여(死因贈與)다. 이는 증여자가 사실상 유증을 하는 것이라고 할 수 있어서, 사인증여에는 유증에 관한 규정을 준용한다(제562조).

제2절 매 매

I. 매매의 의의

매매는 당사자 일방(매도인)이 재산권을 상대방(매수인)에게 이전할 것을 약정하고 상대방이 그 대금을 지급할 것을 약정함으로써 성립하는 계약이다(제563조). 매매의 당사자는 매도인과 매수인이다.

매매가 가장 대표적인 유상계약이므로, 민법은 매매에 대하여 자세한 규정을 두고, 그 규정들을 성질이 허용하는 한 다른 유상계약에 준용하고 있다(제567조).

Ⅱ. 매매의 성립

민법은 매매의 성립과 관련하여 몇 가지 규정을 두고 있다(제564조~제566조). 그것들에 관하여 살펴본다.

1. 매매계약의 예약

가. 매매예약의 종류

1) 어떤 물건을 사고 싶지만 당장은 돈이 부족하거나 또는 다른 여러가지 사정으로 곧바로 매매계약을 체결하지 못할 수도 있다. 그런데 나중에 형편이 될 때까지 기다린다면 그 물건을 다른 사람이 사 가 버릴 수도 있다. 이런 경우에 이용되는 것이 매매의 예약제도이다. 예약은 장차 본계약을 체결할 것을 약속하는 계약이다.

이러한 예약은 예약을 기초로 본계약을 성립시킬 때, 다시 본계약을 위한 청약과 승낙의 과정을 거쳐야 하는지의 구별에 따라 그러한 과정이 필요한 예약(승낙의무 제도로서의 예약)과 그러한 과정이 필요하지 않은(즉, 다시 청약과 승낙의 과정을 거칠 필요가 없는) 예약(예약 완결권 제도로서의 예약)의 두 가지 형태로 나눌 수 있다.

'승낙의무 제도로서의 예약'은 예약 당사자 중 어느 일방이 본계약을 하자고 청약을 하면 상대방은 반드시 이를 승낙하여 본계약을 체결할 의무를 부담하는 예약의 형태다. 이 예약은 다시 본계약 체결을 요구할 수 있는 권리를 당사자 중 어느 일방만이 가지는 경우(편무예약)와 쌍방이 모두 본계약 체결을 요구할 수 있는 권리를 가지는 경우(쌍무예약)로 나눌 수 있다. 본계약 체결권을 일방만 가진다면 상대방은 승낙의무만 부담하게 되므로 편무예약의 형태가 된다.

'예약완결권 제도로서의 예약'은 당사자 일방이 본계약 성립의 의사표시를 하기만 하면 (상대방의 승낙 없이도) 본계약이 당연히 성립하는 예약이다. 그리고 이 예약은 예약 당사자 모두가 본계약 성립의 의사표시를 할 수 있는 권리를 가지는 형태와 예약 당사자 일방만 그러한 권리를 가지는 경우를 나눌 수 있는데, 전자를 '쌍방예약', 후자를 '일방예약'이라고 한다.

2) 민법은 매매의 일방예약에 관하여만 규정하고 있다(제564조). 그렇지만 계약자유의 원칙상 위의 네 가지 예약이 모두 인정된다. 그러면 당사자가 예약을 한 경우에 구체적으로 네 가지 예약의 형태 중 어느 것에 해당하느냐 하는 문제가 발생할 수 있는데, 이는 예약내용의 해석에 의하여 결정된다.

나. 매매예약의 기능

앞서 본 바와 같이 매매의 예약은 현재에는 매매계약을 체결하기 어려운 사정이 있지만 장래에는 그 계약을 체결하고 싶은 경우 본계약의 체결을 확실하게 하기 위하여 이용되는 제도였다. 그런데 근래에는 이러한 목적으로 이용되는 경우보다 채권담보의 수단으로 더 많이 이용되고 있다. 즉 일정한 돈을 빌려주면서 그 돈을 돌려받지 못할 경우에 대비하여, 채무자 소유의 부동산을 일정한 금액으로 매수하기로 하는 예약(매매예약)을 체결하고 그 예약에 기하여 장차 가질 수 있는 소유권이전청구권을 보전하기 위한 가등기(담보가등기)를 해 둠으로써 채무변제의 확실성을 담보하는 것이다.

다. 매매의 일방예약

매매의 일방예약이 있는 경우에 예약상의 권리자가 예약완결권을 행사하여 매매완결의 의사표시를 하면, 그때 본계약인 매매가 성립하고 효력이 발생한다(제564조 제1항). 즉 예약완결권의 행사만으로 매매가 성립하며, 매매의 성립을 위하여 다시 상대방으로부터 청약에 대한 승낙을 받을 필요가 없다는 것이다.

2. 계 약 금

가. 의 의

계약금은 계약을 체결할 때 당사자 일방이 상대방에 대하여 교부하는 금전 기타의 유가물이다. 매매의 경우 계약금은 매수인이 매도인에게 교부하며 통상 총 계약금액의 10%를 지급하게 된다.

나. 계약금의 법적성질

(1) 증약금(證約金) 계약이 성립되었음에 대한 증거로서의 의미를 가지는 계약금이다. 계약이 성립되어야 계약금을 지급하므로, 계약금이 지급되었다는 것은 계약이 성립되었다는 것에 대한 좋은 증거가 된다. 따라서 계약금은 언제나 증약금으로서의 성질을 가지며, 증약금으로서의 성질은 모든 계약금에 내재하는 최소한의 성질이 된다.

(2) 위약계약금 계약 당사자의 일방이 채무불이행을 하였을 때에 몰취하기로 하는 계약금이다. 계약금이 위약금으로서의 성질을 가지기 위해서는 특약이 있어야 한다. 특약은 대체로 계약금을 교부한 자가 위약하면 계약금을 몰수하고, 계약금을 교부받은 자가 위약하면 계약금의 배액을 지급하기로 하는 내용을 가진다.

(3) 해 약 금 계약의 해제권을 보류하는 작용을 하는 계약금이다. 계약이 성립하면 당사자들은 계약에 구속되고 이를 함부로 해제할 수 없고, 당사자 일방이 채무를 불이행하였을 때 등 일정한 요건하에서만 할 수 있다. 그러나 해약금이 교부된 경우에는 상대방의 계약 불이행이 없더라도, 계약금의 교부자는 그것을 포기하면서 계약을 해제할 수 있고, 교부받은 자는 그 배액을 상환하면서 계약을 해제할 수 있다.

(4) 민법의 태도— 해약금의 추정 계약금이 어떤 성질의 것인지는 계약금 계약의 해석에 의하여 결정된다. 그런데 불분명한 때에는 민법은 이를 해약금으로 추정한다(제565조 제1항). 계약금이 해약금인 경우에는 당사자의 일방이 이행에 착수할 때까지 계약금 교부자는 이를 포기하면서, 수령자는 그 배액을 상환하면서 매매계약을 해제할 수 있다(제565조 제1항). 해약금에 기한 해제가 있으면, 계약(주된 계약)은 소급하여 무효로 된다. 해약금에 의한 해제는 채무불이행을 원인으로 한 것이 아니어서 손해배상청구권도 생기지 않는다(제565조 제2항).

Ⅲ. 매매의 효력

매매계약이 성립한 경우 매도인의 재산권 이전 의무와 매수인의 대금지급 의무가 발생한다(제568조 제1항). 그리고 민법은 매매의 목적인 재산권이나 목적물에 흠이 있는 경우에 매도인에게 일정한 담보책임을 지우고 있다(제570조 이하).

1. 매도인의 재산권 이전 의무

매도인이 매수인에게 매매의 목적이 된 재산권을 이전하여야 할 의무가 있음은 너무나 당연하다. 재산권 이전 의무의 이행을 위하여 매도인은 재산권 이전에 필요한 모든 행위를 하여야 할 의무도 있다. 목적재산권이 부동산 물권의 경우에는 등기, 동산 물권의 경우에는 인도도 하여야 한다. 목적재산권이 부동산의 점유를 내용으로 하는 경우에는 그 부동산의 점유도 이전(인도)하여야 함은 물론이다.

2. 매도인의 담보책임

가. 서 설

매매의 목적인 권리에 흠결이 있거나 물건에 하자가 있는 경우에 매도인이 매수인에 대하여 부담하는 책임을 '매도인의 담보책임'이라고 하는데, 이는 매매계약의 등가성(等價性)을 고려하여 매수인을 보호하기 위한 책임이다. 민법은 제570조 내지 제584조에서 매도인의 담보책임을 규정하고 있다.

통상의 경우 매매에 있어서 매매대금은 대체로 매매 목적물과 등가성을 가진다. 매도인의 담보책임은 유상계약인 매매계약에서 출연의 등가성을 고려하여 매도인에게 일정한 책임을 지움으로써 매수인을 보호하게 된다. 아래의 예를 보자.

예 1: 甲이 乙로부터 이조백자를 1,500만원에 산다고 가정해 보자. 甲은 그 백자의 객관적 가격이 어느 정도인지 평가하고, 乙이 제시한 가격 1,500만원이 자신의 평가 금액에 부합하였으므로 이를 매수한 것이다. 그런데 매매 당시 그 백자 내부에 금이 가 있었는데, 내부에 금이 가 있는 현 상태의 백자가격은 300만원 정도밖에 되지 않는다. 내부에 나 있는 금은 육안으로는 확인할 수 없고 X-Ray 검사를 해 보아야 알 수 있었다. 그래서 甲은 그 백자가 아무런 흠이 없는 백자로 알고 매수를 하였고, 乙도 백자에 금이 가 있는 사실을 몰랐다. 만약 甲이 백자에 금이 가 있는 것을 알았다면 당연히 백자를 1,500만원에 사지 않았을 것이다. 甲이 평가한 백자의 가격은 흠이 없는 백자를 가정한 것이고, 乙도 판매대금을 제시할 때 백자에 아무런 흠이 없다고 보았기 때문에 위 1,500만원에 매매가 이루어진 것이다.

그런데 만약 乙이 백자에 금이 가 있는 것을 알면서도 이를 속이고 팔았다면 甲은 乙에게 채무불이행책임을 물을 수도 있고, 기망에 의한 의사표시로서 이를 취소하여 보호를 받을 수 있으나, 이 사건에서는 甲·乙 모두 그러한 사실을 몰랐다면, 乙에게 이러한 책임을 묻기는 어렵다. 그렇지만, 甲이 지급한 대금과 甲이 취득한 매매 목적물의 객관적 가격 사이에는 등가성은 깨어졌으므로, 이 경우 甲이 보호를 받아야만 할 것이다.

예 2: 甲이 乙로부터 乙 소유 임야 3,000㎡를 ㎡당 만원으로 평가하여 3,000만원에 매수하였는데, 甲이 토지를 인도받은 후 다시 측량해 보니, 토지의 면적이 2,800㎡에 불과하였다고 가정을 해 보자. 이 경우에도 乙이 토지의 면적이 부족한 것을 알면서도 이를 甲에게 알려주지 않고 팔았다면, 甲은 乙에게 채무불이행, 또는 기망을 이유로 한 책임을 물을 수 있으나 乙도 위 임야가 3,000㎡로 믿고 팔았다면 위와 같은 책임을 묻기는 어렵다. 그러나 이 경우에도 甲이 출연한 매매대금과 임야의 객관적 가격 사이의 등가성은 깨어졌으므로 甲은 보호를 받을 필요가 있다.

정리: 이와 같이 매매의 목적인 재산권(예2)이나, 그 재산권의 객체인 물건(예1)에 하자(흠)가 있는 경우에 매도인이 매수인에 대하여 지는 책임을 통틀어서 '매도인의 담보책임'이라고 한다. 매수인이 매도인에게 물을 수 있는 담보책임의 내용은 하자나 흠이 어떤 것인가에 따라 다르나, 대체로 매수인은 계약해제권, 대금감액청구권, 손해배상청구권, 완전물 급부청구권 가운데 일부를 행사할 수 있다.

나. 유 형

(1) 권리의 하자에 대한 담보책임

(가) 권리의 전부가 타인에게 속하는 경우 甲이 乙로부터 매수한 토지가 실제로는 丙의 소유라고 하자. 이 경우에도 매매계약은 성립한다. 乙은 丙으로부터 위 토지의 소유권을 취득하여 다시 甲에게 이전해 주면 乙의 매수인으로서의 책임은 다 이행한 것이다. 그러나 乙이 丙으로부터 토지의 소유권을 취득할 수 없게 된 때에는 乙은 일정한 담보책임을 지게 된다.

즉 매도인이 그 권리를 취득하여 매수인에게 이전할 수 없는 때에는, 매수인이 그가 선의이든 악의이든 계약을 해제할 수 있다(제570조 본문). 매수인이 선의인 때에는, 해제를 하면서 동시에 손해배상도 청구할 수 있다(제570조 단서).

(나) 권리의 일부가 타인에게 속하는 경우 앞의 예에서 乙의 소유 토지 중 일부만 丙의 소유였고, 그래서 丙 소유 부분만 甲에게 이전해 줄 수 없는 경우를 가정해 보자. 이와 같이 매매의 목적이 된 권리의 일부가 타인에게 속함으로 인하여 매도인이 그 권리를 취득하여 매수인에게 이전할 수 없는 경우에는, 매수인은 그가 선의이든 악의이든 이전받을 수 없는 부분의 비율로 대금의 감액을 청구할 수 있다(제572조 제1항). 그런데 甲은 위 토지 전부가 필요하였고, 일부만 살 수 있었다면 위 토지를 매수하지 않았을 경우도 있을 것이다. 이러한 경우 선의의 매수인(즉, 甲이 위 토지의 일부가 丙 소유인 것을 몰랐을 경우)은 나머지 부분만이면 매수하지 않았을 때에는 계약 전부를 해제할 수 있고, 손해배상도 청구할 수 있다(제572조 제2항·제3항).

(다) 권리의 일부가 존재하지 않는 경우(목적물의 수량부족·일부멸실) 당사자가 수량을 지정해서 매매하였는데 그 목적물의 수량이 부족한 경우(즉 甲이 乙로부터 乙 소유 임야 3,000㎡를 ㎡당 만원으로 평가하여 3,000만원에 매수하였는데, 甲이 토지를 인도받은 후 토지를 다시 측량해 보니, 토지의 면적이 2,800㎡에 불과한 경우) 또는 매매 목적물의 일부가 계약 당시에 이미 멸실된 경우에는, 매수인이 선의인 때에 한하여 위 (나)에서와 같은 권리가 인정된다(제574조).

(라) 재산권이 타인의 용익적 권리에 의하여 제한받고 있는 경우 i) 매매의 목적물이 지상권·지역권·전세권·질권·유치권의 목적이 되어 있는 경우

(제575조 제1항), ii) 매매목적 부동산을 위하여 존재할 지역권이 없는 경우(제575조 제2항), iii) 매매목적 부동산에 등기된 임대차계약이 있는 경우(제575조 제2항)에, 매수인이 선의이고, 위 제약들로 인하여 매매계약의 목적을 달성할 수 없는 때에는 매수인은 계약해제와 함께 손해배상을 청구할 수 있고, 그렇지 않은 때에는 손해배상만을 청구할 수 있다(제575조 제1항).

(마) 재산권이 저당권·전세권에 의하여 제한받고 있는 경우 甲이 乙 소유의 토지를 매수하였는데, 위 토지에는 丙의 저당권이 설정되어 있었다고 가정하자(일반적으로 매수하고자 하는 토지에 이미 다른 사람의 저당권이 설정되어 있다면 이를 매수하는 경우는 드물기는 하다. 또 매수한다면 저당권상의 피담보채무를 매매대금에서 공제하여 매수하는 것이 관행이다. 즉 토지의 매매대금이 1억원인데 저당권으로 담보된 채무가 5,000만원이라면 매수대금 중 5,000만원은 저당권상의 피담보채무를 변제하는 데 사용하고, 실제로 매도인에게는 5,000만원만 지급하는 것이 매매관행이다). 乙이 자신의 책임하에서 丙의 저당권을 말소시키겠다고 굳게 약속하므로 甲은 乙의 말을 믿고 토지대금을 모두 지급하였는데, 乙은 약속과 달리 丙의 저당권을 말소시키지 않았다. 그 후 丙이 저당권을 실행하여 위 토지가 경매된 결과 丁이 경락을 받아 위 토지의 소유권을 취득하였고, 결국 甲은 위 토지의 소유권을 상실하였다**(예1)**.

또는 위와 같은 경우에 甲은 자신이 매수한 토지에 대한 경매절차의 진행을 막기 위해 丙의 저당권상의 채무를 대신 변제함으로써 겨우 토지의 소유권을 지키게 되었다**(예2)**.

이러한 경우 甲은 어떻게 보호를 받을 수 있는가?

민법은 i) 매매의 목적이 된 부동산에 설정된 저당권 또는 전세권의 행사로 인하여 매수인이 그 소유권을 취득할 수 없거나(위 '예1'에서 甲이 자신의 명의로 소유권이전등기를 하기 전에 丙의 저당권 행사로 토지가 경매되어 경락인 丁이 소유권을 취득한 경우), ii) 취득한 소유권을 잃거나(위 '예1'에서 甲이 자신의 명의로 소유권이전등기를 하고 난 후 丙의 저당권 행사로 토지가 경매되어 경락인 丁이 소유권을 취득한 경우처럼 매수인이 소유권을 취득한 후 경매절차가 진행되어 제3자에게 경락된 경우), 또는 iii) 매수인이 출재하여 소유권을 보존한 때(위 '예2'의 경우)에는, 매수인은 선의이든 악의이든, i), ii)의 경우에는 계약을 해제하면서 동시에 손해배상을 청구할 수 있고(제576조 제1항·제3항), iii)의 경우에는 출재한 것의 상환을 청구할 수 있고 아울러 손해배상도 청구할 수 있다(제567조 제2항·제3항).

민법은 저당권의 목적으로 되어 있는 지상권이나 전세권이 매매의 목적인 경우에 방금 설명한 제576조를 준용한다(제577조).

(2) 물건의 하자에 대한 담보책임(하자담보책임) 매매의 목적물에 하자가 있는 경우에(앞서 본 예에서 백자에 금이 가 있는 경우), 매수인이 하자 있는 것을 몰랐고(선의) 또 모른 데 과실도 없는 때(무과실)에는, 매수인은 매도인에게 담보책임을 물을 수 있다(제580조, 제581조). 이를 보통 '매도인의 하자담보책임'이라고 한다. 매도인의 하자담보책임은 특정물매매에서뿐만 아니라 불특정물매매(종류매매)에서도 인정된다(제581조, 노트북을 구입하였는데, 그 노트북의 스피커가 작동되지 않는 경우, 또는 책을 샀는데 낙장이 있는 경우 등이다).

위와 같은 경우 목적물의 하자로 인하여 계약의 목적을 달성할 수 없는 때에는, 매수인은 계약을 해제함과 동시에 손해배상을 청구할 수 있다(제580조 제1항 본문, 제581조 제1항, 제575조 제1항 2문). 그리고 불특정물매매에 있어서는 매수인은 계약의 해제 또는 손해배상을 청구하지 않고서 하자가 없는 물건, 즉 완전물의 급부를 청구할 수 있다(제581조 제2항).

(3) 채권매도인의 담보책임 채권은 재산권으로서 당연히 양도성을 가지므로, 채권을 매매하는 경우도 많다. 이와 같이 채권을 매도하는 경우에, 채권매도인은 원칙적으로 매매대상인 채권의 존재나 채권액에 대하여는 담보책임을 지나, 채무자에게 변제할 자력이 있는지에 대하여는 책임이 없다. 매수인이 자신의 책임하에서 판단하여 채권의 매수 여부를 결정하여야 한다. 다만 예외적으로 채권의 매도인이 매수인에 대하여 채무자의 자력을 담보한다는 특약(채무자의 무자력으로 인해 채권의 변제를 받지 못할 경우 이를 배상한다는 특약)을 한 경우에는 책임을 져야 한다. 그런데 문제는 채무자의 자력이 고정불변의 것이 아니라는 데 있다. 즉 채무자의 자력은 일정시기를 기준으로 하여 늘어날 수도 줄어들 수도 있는데 위와 같은 특약이 있는 경우에도 어느 시

기의 채무자의 자력을 담보한 것으로 보아야 하는지에 대한 문제가 발생한다. 이는 위 특약에 대한 해석문제이기는 하지만, 특약의 해석상 그 시기가 불분명한 때를 대비하여 민법은 제579조를 두고 있다. 위 규정에 의하면, '이미 변제기가 도달한 채권'(변제기의 약정이 없는 채권을 포함함)에 대하여 매도인이 채무자의 자력을 담보한 때에는, 매매계약 당시의 자력을 담보한 것으로 추정한다(제579조 제1항). 그리고 '변제기가 도달되지 않은 채권'에 대하여 매도인이 채무자의 자력을 담보한 때에는, 변제기의 자력을 담보한 것으로 추정한다(제579조 제2항).

(4) 경매에 있어서의 담보책임 경매절차에 참가하여 경매대상 목적물을 매수하였는데, 그 목적물에 앞서 본 바와 같이 권리나 물건에 하자가 있는 경우에도 매수자가 보호를 받을 필요가 있음은 물론이다. 민법은 국가기관이 하는 경매(공경매)에 관하여는 특별규정을 두고 있다.

공경매의 경우에는, 매수인(경락인)은 권리의 하자에 대하여만 담보책임을 물을 수 있고, 물건의 하자에 대하여는 책임을 묻지 못한다(제580조 제2항). 그리고 권리에 하자가 있는 경우에는, 앞서 본 제570조 내지 제577조에 의하여 제1차적으로는 '채무자'가 책임을 지고, 채무자가 무자력인 때에는 제2차적으로 '대금의 배당을 받은 채권자'가 배당받은 금액의 한도 내에서 책임을 지게 된다(제578조). 한편 공경매의 경우에는 권리에 하자가 있더라도 원칙적으로 손해배상책임을 지지 않으며, 채무자나 채권자가 악의인 때에만 예외적으로 손해배상책임을 진다(제578조 제3항).

3. 매수인의 의무

매매계약에서 매수인이 매매대상물에 대한 소유권을 취득하는 대가로 그 대금지급의무를 부담함은 너무나 당연하다(제568조 제1항). 대금의 지급시기나 장소 등은 통상의 경우는 당사자의 특약에 의하여 정해질 것이다. 민법은 특약이 없는 경우를 위하여 보충규정을 두고 있다.

가. 대금지급시기

매도인의 재산권이전 의무와 매수인의 대금지급 의무 중 어느 하나에 관하여 기한이 정해져 있는 경우에는, 다른 의무의 이행시기도 동일한 것으로 추정된다(제585조).

나. 대금지급장소

특정물채무가 아닌 일반의 채무는 원칙적으로 채권자의 주소지에서 변제하여야 한다(제467조 제2항. 지참채무의 원칙). 그런데 매매의 경우, 매매의 목적물의 인도와 동시에 대금을 지급할 경우에는 그 인도장소에서 이를 지급하여야 한다(제586조).

다. 대금의 이자

매수인은 목적물의 인도가 없는 한 이자를 지급할 필요가 없고, 목적물의 인도를 받은 날부터 이자를 지급하면 된다(제587조 2문). 그러나 대금의 지급에 관하여 기한이 정해져 있는 때에는 그렇지 않다(제587조 단서).

라. 과실의 귀속문제

물건으로부터 생기는 과실은 그것을 수취할 권리자에게 귀속하는 것이 원칙이다(제102조). 그런데 민법은 매매의 경우에는 목적물을 인도하기 전에는 그것으로부터 생긴 과실이 매도인에게 속한다고 규정한다(제587조 1문). 이는 매매 목적물 인도시까지 매수인이 대금의 이자를 지급할 의무가 없는 것(제587조 2문)에 대응하는 것으로 과실과 매매대금 이자의 복잡한 법률관계를 정리하기 위한 것이다.

마. 권리주장자가 있는 경우의 대금지급거절권

매매의 목적물에 관하여 자신의 권리를 주장하는 자가 있는 경우가 있을 수 있다. 즉 甲이 乙로부터 노트북을 매수하였는데, 丙이 그 노트북은 자신의 소유로서 乙에게 빌려준 것이라고 주장할 경우, 그럼에도 불구하고 甲이 乙에게 노트북의 대금을 지급하여야 한다면 이는 부당할 것이다. 실제로 노트북의 주인이 丙이라면 甲은 매매대금 상당의 손해를 입을 우려가 있기 때문이다. 이와 같이 매수인이 매수한 권리의 전부나 일부를 잃을 염려가 있는 때에는, 매수인은 그 위험의 한도에서 대금의 전부나 일부의 지급을 거절할 수 있다(제588조 본문). 다만 이 경우에도 매도인 보호를 위하여(매수인이 대금지급을 늦추기 위하여 제3자와 공모하여 제3자가 권리를 주장하고 나올 수도 있기 때문이다) 민법은 매도인이 매수인에 대하여 대금의 공탁을 청구할 수 있는 권리를 부여하고 있다(제589조). 또한 매도인이 상당한 담보를 제공한 때에는 매수인이 손해를 입을 가능성이 없게 되므로 매수인에게는 대금지급거절권이 없다(제588조 단서).

4. 특수한 매매

가. 환 매

(1) 개 념 매도인이 지금은 형편이 어려워 자신의 물건(예를 들어, 집안의 가보)을 팔지만, 이후 사정이 나아지면 다시 그 물건을 되사오고 싶을 수도 있다. 이러한 경우 매매계약에 다시 되사올 권리의 특약을 할 수 있을 것이다. 환매는 이와 같이 매도인이 매매계약과 동시에 매수인과의 특약에 의하여 환매하는 권리(환매권)를 보류한 경우에 그 환매권을 행사하여 매매의 목적물을 다시 되사오는 것을 말한다(제590조). 이러한 환매는 '매매계약과 동시에' 환매권 보류의 특약이 있는 때에만 행하여질 수 있는데, 그러한 매매를 '환매특약부 매매'라고 한다. 그리고 '환매'는 원래의 매매를 한 뒤 환매권을 행사하여 다시 사오는 것을 가리킨다.

(2) 작 용 환매특약부 매매는 원래는 장차 다시 매수하여야 할 필요성이 생길 수 있어서 그에 대비하기 위한 경우에 행해져 왔다. 그런데 이후 기능이 변질되어 금전대차를 하면서 채권담보를 위한 경우에도 행해진다. **예를 들어 보자.** 甲이 乙로부터 금 1,000만원을 빌리고 싶은데, 乙은 甲이 돈을 변제하지 못할 것을 걱정하여 돈을 대여하는 것을 꺼리고 있다. 그 경우 甲은 자신의 자동차를 1,000만원에 파는 것으로 하여 乙로부터 1,000만원을 수령하면서, 만약 甲이 3년 이내에 1,000만원을 변제하면 乙이 위 자동차를 甲에게 돌려주고(즉, 甲이 되사오고), 甲이 그 돈을 갚지 못하면 乙이 확정적으로

자동차의 소유권을 취득하는 방법의 약정을 한다면, 乙은 대여금에 대하여 자동차로 담보를 설정한 것과 같은 효과를 가질 수 있다. 이 경우 환매는 채권담보의 기능을 하게 되는 것이다.

나. 재매매의 예약

재매매의 예약은 어떤 물건 또는 권리를 타인에게 매각하면서 장차 그 물건이나 권리를 다시 매수하기로 하는 예약이다. 민법은 이에 대하여 명문의 규정을 두고 있지 않다. 그렇지만 계약자유의 원칙상 그러한 계약도 유효하다. 재매매의 예약의 작용은 환매의 경우와 같다. 다만 환매는 반드시 원래의 계약과 동시에 이루어져야 하나, 재매매의 예약은 그러한 제한이 없다는 점에서 구별된다.

제3절 교　　환

교환은 당사자 쌍방이 금전 이외의 재산권을 서로 이전할 것을 약정함으로써 성립하는 계약이다(제596조).

제4절 소 비 대 차

I. 소비대차의 의의 및 법적 성질

소비대차는 당사자 일방(대주)이 금전 기타 대체물의 소유권을 상대방(차주)에게 이전할 것을 약정하고 상대방은 그와 같은 종류(동종), 품질(동질), 수량(동량)으로 반환할 것을 약정함으로써 성립하는 계약이다(제598조). 甲이 乙에게 돈 1,000만원을 빌려준다거나, 쌀 100㎏을 빌려준다거나 하는 경우이다.

민법상 대차형 계약은 소비대차 외에 임대차, 사용대차 3종류가 있다. 그 중 소비대차는 '소비'라는 용어가 붙어 있는 의미 그대로 차주가 일단 빌린 물건의 소유권을 취득하여 소비하게 된다. 따라서 빌린 물건 자체를 반환하지 않고 동종·동질·동량의 다른 물건을 반환하게 된다. 이에 반해서, 임대차·사용대차는 차주는 빌린 물건 그 자체를 대주에게 반환할 의무를 진다. 이 점에서 소비대차는 다른 대차인 임대차·사용대차와의 차이가 있다.

민법은 소비대차를 원칙적으로 무상계약으로 보고 있으나(무이자 소비대차의 경우), 이자부 소비대차와 같이 유상계약으로 될 수도 있다. 실제 사회에서는 오히려 이자부 소비대차의 경우가 더 많이 행해질 것이다. 한편 상인간의 금전소비대차는 이자부가 원칙이다(상법 제55조).

소비대차는 낙성계약이므로 당사자의 일정한 합의만 있으면 성립하며, 차주가 실제로 금전 등을 받아야만 성립하는 것은 아니다. 돈을 빌리면서, 실제로는 돈 대신 어음이나 채권, 물건들을 일정한 금액으로 환산하여 대신 받는 경우도 있다. 그러한 경우를 '대물대차'(代物貸借)라고 하는데, 이러한 대물대차의 경우에는 그 물건의 인도시의 가액을 차용액으로 한다(제606조). 이는 당사자 사이의 다툼을 막고 대주가 폭리를 취하지 못하도록 하기 위한 것이다.

Ⅱ. 소비대차에서의 대물변제예약과 차주의 보호

돈 1억원을 빌리면서 자신의 아파트로 대신 변제하기로 약정하는 경우와 같이 채권·채무의 당사자 사이에 본래의 급부에 갈음하여 다른 급부를 하기로 예약하는 경우가 있다. 이를 '대물변제예약'이라고 하는데, 금전소비대차에 있어서 채권담보의 목적으로 많이 이용되어 왔다.

이러한 대물변제예약은 대주가 폭리를 취하기 위하여 행해지는 경우가 많다(예에서 아파트의 가격이 실제로 2억원일 경우를 생각해 보라). 그 때문에 민법은 제607조에서 대물변제예약의 경우에는 '그 재산의 예약 당시의 가액이 차용액 및 이에 붙인 이자의 합산액을 넘지 못한다'고 하고, 제608조에서 그에 '위반한 당사자의 약정으로서 차주에 불리한 것은 환매 기타 여하한 명목이라도 그 효력이 없다'고 규정한다. 여기서 효력이 없다는 것은 전면적인 무효가 아니고, 초과 부분을 채무자에게 반환하여 청산하여야 한다는 의미로 새기고 있다.

예를 들어 보자. 甲이 乙로부터 1억원을 연 10%의 이자를 주기로 하고, 1년간 빌리면서 만일 돈을 변제하지 못하면 자신의 아파트(시가 2억원)로 대물변제하기로 약정을 하였다. 이 경우 '차용액과 이에 붙인 이자의 합산액'은 1억 1,000만원이 된다. 그런데 대물변제하기로 한 아파트의 시가는 2억원이므로 9,000만원이 초과되었다. 제608조의 규정을 전면적 무효로 새긴다면 위 계약 자체가 무효가 된다. 그런데 이를 전면적 무효가 아니라 청산을 하여야 한다는 의미로 새긴다면, 乙에게 초과 부분인 9,000만원을 甲에게 반환하는 청산의무를 부과한 것으로 보게 된다.

그리고 청산을 하는 경우에도, 그 방법에는 귀속청산(취득청산. 즉 채권자가 재산권을 취득하고, 채무자에게 초과가치를 반환하는 방법)과 처분청산(채권자가 대물변제로 받은 재산을 제3자에게 매각하여 그 대금에서 차용액과 이자를 가져가고, 나머지 잉여가치를 채무자에게 반환하는 방법)의 두 가지가 있는데, 채권자는 어느 방법이든 자유롭게 선택할 수 있다고 할 것이다.

그리고 대물변제예약과 함께 가등기를 한 때에는 엄격한 청산절차를 거치도록 하는 내용의 가등기담보법을 제정·시행하고 있다.

Ⅲ. 준소비대차

계약 당사자 쌍방이 소비대차에 의하지 않고 금전 기타의 대체물을 지급할 의무가 있는 경우에, 당사자가 그 목적물을 소비대차의 목적으로 할 것을 약정한 때에는, 소비대차의 효력이 있다(제605조). **예를 들면** 부동산을 산 매수인이 자신이 지급해야 할 매매대금을 즉시 지급하지 못하여, 이를 소비대차의 목적으로, 즉 그 대금액을 매도인으로부터 빌린 것으로 약정하는 경우이다.

제5절 사용대차

친구가 노트북을 잠시 사용하자고 하여 이를 빌려주었다가 그 며칠 후 돌려받는 경우가 있다. 이러한 경우 대부분 무상으로 사용하게 하고 사용료를 받지 않는다. 이와 같은 경우가 사용대차에 해당한다. 즉 당사자 일방(대주)이 상대방(차주)에게 무상으로 사용·수익하게 하기 위하여 목적물을 인도할 것을 약정하고 상대방은 이를 사용·수익한 후 그 물건을 반환할 것을 약정함으로써 성립하는 계약이다(제609조).

사용대차는 차용물 자체를 그대로 반환하는 점에서 임대차와 같고 소비대차와 다르다. 한편 무상이라는 점에서 사용료를 받는 임대차와 다르다.

사용대차에서 대주는 차주에게 목적물을 인도하여 사용·수익하게 할 의무는 있으나, 이 의무는 차주의 정당한 용익을 방해하지 않을 소극적 의무에 지나지 않으며, 임대차에서처럼 사용·수익에 적합한 상태를 마련해 주어야 할 적극적 의무는 아니다. 이는 사용대차가 임료를 받지 않는 무상계약이기 때문이다.

제6절 임 대 차

I. 의 의

임대차는 당사자 일방(임대인)이 상대방(임차인)에게 목적물(임대물)을 사용·수익하게 할 것을 약정하고 상대방이 이에 대하여 '차임을 지급할 것'을 약정함으로써 성립하는 계약이다(제618조). 甲이 乙에게 월 임료를 받고 집을 세놓는 경우, 자동차나 기계 등을 사용료를 지급하고 빌리는 경우 등이 그 예이다. 임대차는 임차물 그 자체를 반환하여야 하는 점에서 소비대차와 다르고 사용대차와 같으며, 사용·수익의 대가를 지급하는 점에서 무상인 사용대차와 다르다.

II. 임대차의 존속기간

1. 계약으로 기간을 정한 경우

가. 계약으로 정한 기간

임대차기간은 당사자가 자유롭게 정할 수 있으나 민법은 최장기간에 관하여는 제한을 두고 있다(그에 비하여 최단기간에 관하여는 제한이 없다). 임대차의 존속기간은 20년을 넘지 못하며, 약정기간이 20년을 넘는 때에는 20년으로 단축된다(제651조 제1항). 다만 장기간의 사용 필요성이 있는 경우, 즉 견고한 건물이나 공작물의 소유를 목적으로 하는 토지임대차나 식물·채염(소금채취)을 목적으로 하는 토지임대차의 경우는 이러한 제한을 받지 않는다(제651조 제1항 전단).

나. 임대차의 갱신(기간의 연장)

당사자가 계약으로 정한 임대차의 존속기간은 갱신할 수 있다(제651조 제2항 1문). 그러나 그 기간은 갱신한 날부터 10년을 넘지 못한다(제651조 제2항 2문).

임대차기간이 만료한 후 임차인이 임차물의 사용·수익을 계속하는 경우에, 임대인이 상당한 기간 내에 이의를 제기하지 않는 때에는, 전 임대차와 동일한 조건으로 다시 임대차한 것으로 본다(제639조 제1항 단서). 이를 묵시적 갱신 또는 법정갱신이라고 한다.

2. 계약으로 기간을 정하지 않은 경우

임대차의 당사자가 그 존속기간을 계약으로 정하지 않은 때에는, 당사자는 언제든지 계약해지의 통고를 할 수 있고(제635조 제1항), 그 경우 해지의 효력은 상대방이 해고통고를 받은 날부터 일정한 기간이 경과한 후에 생긴다(제635조 제2항). 임대차기간의 약정이 있는 경우에도 당사자 일방, 또는 쌍방이 그 기간 내에 해지할 권리를 보유하여 해지통고를 한 경우도 같다.

3. 처분의 능력 또는 권한 없는 자가 하는 임대차

임대차는 목적물에 대한 종국적 처분행위가 아니고 일종의 관리행위이다. 따라서 처분의 능력이나 권한이 없는 자도 이를 할 수 있다. 그러나 이러한 자가 지나치게 장기로 임대차를 하는 것은 실질적으로는 처분행위와 같아지므로, 민법은 처분의 능력 또는 권한이 없는 자에 대하여는 임대물의 종류에 따라 일정한 기간을 넘는 임대차를 금지하고 있다(제619조, 제620조).

Ⅲ. 임대인의 의무

1. 목적물을 사용·수익하게 할 의무

임대인은 임대차계약이 존속하는 동안 임차인이 목적물을 사용·수익에 필요한 상태를 유지하게 할 (적극적) 의무를 부담한다(제623조).

가. 목적물 인도의무

임대인은 임차인이 사용할 수 있도록 목적물을 임차인에게 인도하여야 한다(제623조). 임대차계약의 목적상 가장 기본적인 의무라고 할 수 있다.

나. 수선의무

임대인은 임대차계약존속중 임대목적물에 대하여 임차인이 '사용·수익에 필요한 상태를 유지하게 할 의무'가 있는데, 상태유지 의무의 한 내용으로서 수선의무도 인정된다. 다만 임차인이 손쉽게 고칠 수 있는 목적물의 파손·장해로는 수선의무가 발생하지 않는다.

다. 방해제거의무

임대인은 제3자가 임대목적물에 대하여 점유를 빼앗는 등의 방법으로 임차인의 사용·수익을 방해하는 경우에는 제3자를 상대로 그 방해를 제거할 의무가 있다.

2. 비용 상환의무

임차인이 임차물에 필요비·유익비 등의 비용을 지출한 경우에는, 임대인은 일정한 범위에서 이를 상환하여야 한다(제626조 제1항·제2항). 임차인은 비용상환청구권에 기하여 임차물을 유치할 수도 있다.

3. 담보책임

임대차는 유상계약이어서 거기에는 매매에 관한 규정이 준용된다(제567조). 그 결과 임대인은 매도인과 같은 담보책임을 진다. **예를 들면** 임차목적물의 수량이 부족한 경우(100㎡로 계약하였는데, 실제로는 90㎡에 불과한 경우 등)에는 매매에서의 해당 규정을 준용하여, 임차인은 임료의 감액을 청구할 수 있다.

Ⅳ. 임차인의 권리·의무

1. 임차인의 권리

가. 임차권

(1) 의 의 임차인은 계약 또는 목적물의 성질에 의한 용법에 따라 목

적물을 사용·수익할 수 있는 권리, 즉 임차권을 가진다. 임차권은 채권이고 물권은 아니나 부동산임차권의 경우 물권화되는 경향에 있다.

(2) 임차권의 대항력 인정 여부

(가) 원 칙 임차권은 채권이므로 원칙적으로 목적물의 양수인 기타의 제3자에게 대항하지 못한다. 따라서 임차인의 지위가 불안정하므로, 임차인 보호의 필요성이 있다.

임차권의 채권적 성질과 관련하여 '매매는 임대차를 깨뜨린다'는 법언이 있다.

예를 들어보자. 甲은 乙에게 자신 소유의 가옥을 월 임료 150만원, 계약기간 2년으로 정하여 임대하였다. 그런데 甲은 사업상 급히 돈이 필요하게 되어 부득이 丙에게 위 가옥을 팔았고, 그 후 丙은 등기를 경료하여 가옥의 소유권을 취득하였다. 丙이 乙을 상대로 가옥의 명도를 요구해 온다면, 乙은 甲으로부터 위 가옥을 임차했음을 들어, 즉 자기에게 임차권이 있음을 이유로 丙의 요구를 거절할 수 있는가? 즉 대항력이 있는가? 乙은 丙에게 임차권을 주장하지 못하고 가옥을 인도하여야 한다. 이와 같이 '매매는 임대차를 깨뜨리는' 힘이 있다(다만 위 사례는 주택임대차보호법이 제정되기 전의 법률관계이며, 주택의 경우, 주택임대차보호법의 제정으로 임차인이 보호를 받을 수 있게 되었다).

(나) 예외적으로 대항력이 인정되는 경우 민법은 부동산 임차권에 관하여 일정한 경우에 예외적으로 대항력을 인정하고 있다.

1) 부동산임차인은 당사자 사이에 반대약정이 없으면 임대인에 대하여 그의 임대차 등기절차에 협력할 것을 청구할 수 있고(제621조 제1항), '부동산임대차를 등기한 때에는' 그때부터 제3자에 대하여 효력이 생긴다(제621조 제2항). 띠라서 등기된 부동산임차권은 제3자에게 임차권 주장이 가능하여, 신 소유자(제3자)의 명도청구에 대하여도 이를 거절할 수 있다(다만 거래의 실상은 임차인의 권리가 강화되는 것을 원치 않는 것이 임대인의 입장이므로, 임대인이 등기절차에 협력을 하는 경우는 드물다고 보아야 한다).

2) '건물소유를 목적으로 한 토지임대차'의 경우에는 임차인이 지상

건물을 등기한 때에는 토지임대차를 등기하지 않은 경우에도, 대항력을 가져서 제3자에 대하여 임대차의 효력이 생긴다(제622조 제1항). 건축을 목적으로 토지를 임차한 자가 토지 임차권등기는 하지 않았으나 건물에 관하여 보존등기를 한 경우이다. 다만 이 경우의 대항력은 건물이 임대차기간 만료 전에 멸실되거나 낡아서 못 쓰게 된 때에는 인정되지 않는다(제622조 제2항).

나. 부속물 매수청구권

건물 기타 공작물의 임차인이 그 사용의 편익을 위하여 임대인의 동의를 얻어 부속한 물건이 있거나 임대인으로부터 매수한 물건이 있는 경우에 그 물건의 매수를 청구할 수 있는 권리가 있다(제646조). 이 매수청구권은 형성권이다. 부속물의 소유권은 임차인에게 귀속되는데, 임대차 종료시에 언제나 철거하여야 한다면 그 가치가 감소되고 사회경제적 손실을 초래하게 되므로, 이를 막기 위한 취지로 인정되는 권리이다.

2. 임차인의 의무

가. 차임지급의무

차임의 지급은 임대차계약의 불가결의 요소로서, 임차인은 약정된 차임을 지급할 의무를 진다. 차임의 액은 임대차계약상의 약정에 의하여 결정된다. 2기의 차임이 연체되면, 임대인은 차임연체를 이유로 계약을 해지할 수 있다.

나. 임차물보관의무 및 목적물반환의무

임차인은 목적물을 반환할 때까지 선량한 관리자의 주의로 임차물을 보존하여야 하며, 임대차 종료시 임차인은 임차물을 반환하여야 할 의무를 부담한다. 목적물을 반환할 때에는 임차한 당시의 원상을 회복하여야 하는 원상회복의무를 진다.

V. 임차권의 양도와 임차물의 전대

1. 의 의

'임차권의 양도'란 임차권을 그 동일성을 유지하면서 이전하는 계약이다. 그리고 '임차물의 전대'는 임차인이 자신이 임대인이 되어서 자신이 임차한 임대목적물을 다시 제3자에게 임대를 하는 계약이다. 전대에서는 임차인이 종전의 계약상의 지위를 유지한다.

2. 임대인의 동의 없는 임차권의 양도, 임차물의 전대 금지

임차인은 임대인의 동의 없이 '임차권을 양도하거나 임차물을 전대'하지 못하며, 이를 위반한 때에는 임대인은 계약을 해지할 수 있다(제629조 제1항·제2항). 임대차의 전제가 된, 임대인과 임차인의 인적 신뢰관계에 기한 제한으로서, 임대인의 인적 신뢰나 경제적 이익을 보호하고자 함에 그 취지가 있다. 그러나 임차권의 양도나 전대가 인적 신뢰관계를 파괴하는 배신행위가 아닌 경우에는 임대인의 해지권은 발생하지 않는다고 보아야 한다. 민법은 그 경우의 하나로서, 건물의 임차인이 그 건물의 소 부분을 타인에게 사용하게 한 경우에는 예외적으로 해지권이 발생하지 않는 것으로 규정하고 있다(제632조).

3. 임대인의 동의 없는 양도·전대의 법률관계

가. 양도의 경우

임대인의 동의가 없어도 임차권 양도계약은 그 양도인·양수인 사이에서는 유효하여 양수인은 임차권을 취득한다. 즉 임차권의 양도인과 양수인 사이의 채권적 효력은 발생하며, 양도인은 양수인에 대하여 담보책임을 부담하여 임대인의 동의를 받아 줄 의무를 부담한다. 한편 임대인은 해지권을 가진다(제629조 제2항). 그러나 임대인이 해지를 하지 않는 한 임대차계약은 그대로 존속한다.

나. 전대의 경우

이 경우에도 전대차계약은 전대인·전차인 사이에서는 유효하다. 그러나 전차인은 그의 임차권을 가지고 임대인에게는 대항하지 못하며, 임대인은 임대차를 해지할 수 있다(제629조 제2항).

4. 임대인의 동의 있는 양도·전대의 법률관계

가. 양도의 경우

이때에는 임차권은 동일성을 유지하면서 양수인에게 이전된다. 그리고 양도인은 임대차관계에서 벗어난다. 다만 양도인(이전 임차인)의 연체차임채무 또는 손해배상채무는 이전되지 않는다.

나. 전대의 경우

전대차가 성립하여도 임대인·임차인의 관계는 영향이 없고 종전관계가 그대로 유지된다. 전대인(임차인은 전대차계약에서는 임대인(전대인)의 지위를 가진다)과 전차인 사이의 관계는 전대차계약의 내용에 따라 정해진다. 임대인과 전차인 사이에 임대차관계가 성립하지는 않으나, 전차인은 임대인에게 직접 의무를 부담한다(제630조 제1항 1문). 전차인은 변제기 전에 전대인에 대한 차임의 지급을 가지고 임대인에게 대항할 수 없다.

Ⅵ. 보증금 및 권리금

1. 보 증 금

가. 의 의

부동산임대차 특히 건물임대차에 있어서 임대인의 채권(차임채권, 손해배상채권 등)을 담보하기 위하여 임차인이나 제3자가 임대인에게 교부하는 금전 기타의 유가물을 '보증금'이라고 한다. 보증금은 차임채권, 임차물의 멸실·훼손 기타의 원인에 의한 손해배상채권 등 임대인의 모든 채권을 담보하는 기능이 있다. 임대차가 종료되어 목적물을 반환받을 때 임대인의 모든 채권액이 보증금으로부터 당연히 공제됨이 원칙이다.

나. 보증금의 반환

임차인은 임차물 반환시에 임대차와 관련하여 발생한 채무를 공제한 나머지 잔액에 관하여 이의 반환을 청구할 권리를 가진다. 임대인의 보증금 반환의무는 임차인의 임차물 반환의무와 동시이행관계에 있다. 보증금의 개념상 임차물반환의무를 선이행의무로 볼 수 있으나, 임차인 보호를 위하여 통설·판례가 그렇게 해석한다.

2. 채권적 전세에 있어서의 전세금

앞서 본 바와 같이 임대차는 당사자 일방(임대인)이 상대방(임차인)에게 목적물(임대물)을 사용·수익하게 할 것을 약정하고 상대방이 이에 대하여 '차임을 지급할 것'을 약정함으로써 성립하는 계약이다. 그리고 차임은 대개 월 단위, 또는 연 단위로 지급된다. 그런데 채권적 전세는 빌리는 자가 일시에 고액의 금원(전세금. 대개 임대목적물의 50~70% 정도에 이른다)을 건물 소유자에게 지급하고 이를 전세계약이 종료하는 때에 돌려받기로 하고, 임차인은 따로 차임을 지급하지 않고 전세금의 이자로 그것을 대신하는 건물 대차 방법이다. 다른 나라에서는 찾아보기 힘든 독특한 임대차계약 방법이다. 이 전세에는 주택임대차보호법이 준용된다(동법 제12조).

3. 권 리 금

목이 좋아 장사가 잘 되는 점포를 임차할 때 임대인에게 임대보증금을 주는 외에 기존의 임차인에게 '권리금'이라는 명목으로 일정한 돈을 주는 관행이 있다. 좋은 점포의 경우에는 이 권리금이 임대보증금보다 더 많을 때도 있다. 이와 같이 권리금은 주로 도시에서 토지 또는 건물(특히 점포)의 임대차에 부수하여 임차물이 가지는 장소적 이익의 대가로서 임차인이 종전 임차인에게(또는 임차권의 양수인이 양도인에게) 지급하는 금전이다. 임대차가 종료하더라도 임차인은 임대인에게 권리금의 반환을 청구하지 못한다. 그런데 실제에 있어서 임차인은 임차권을 타인에게 양도하거나 전대하면서 양수인이나 전차인으로부터 권리금을 받고 있다.

Ⅶ. 주택임대차 보호법

1. 부동산 임차권의 강화(물권화)

토지·건물과 같은 부동산은 공급보다는 수요가 많기 마련이고, 따라서 필요한 부동산을 소유하지 못한 자는 타인의 부동산을 사용하는 수밖에 없다. 타인의 부동산을 이용하는 방법은 용익물권과 임대차의 두 가지가 있고, 용익물권의 경우에는 이용자의 권리가 강하여 따로 용익물권자의 보호를 논할 필요가 없으나, 부동산의 소유권자들이 자신의 부동산에 물권을 설정하는 것을 꺼리는 경우가 많기 때문에 거래의 실제는 임대차가 많이 이용된다. 그런데 '매매는 임대차를 깨뜨린다'는 법언에서 보듯이, 임대차의 경우에는 임차인의 지위가 약하여 많은 문제를 발생시킨다. 그리하여 역사적으로 많은 나라들은 민법이나 특별법을 만들어 부동산임차인을 보호하는 규정을 두고 있다. 그리고 보호하는 내용은 물권에 대하여 인정되는 것들을 많이 사용하고 있다. 이러한 경향을 학자들은 '부동산 임차권의 물권화'라고 부르고 있다. 부동산 임차권의 강화의 내용 중 주요한 것은 임차권의 대항력을 강화시키고(임차권으로써 제3자에게 대항할 수 있도록 하고, 제3자의 침해시 침해배제를 할 수 있도록 하는 것), 임차권의 자유처분을 허용하며, 일정한 기간 임대차의 존속기간을 보장하는 것 등이 대표적이다.

우리 민법도 민법 규정 내에 부동산 임차인의 보호를 강화하는 규정을 두고는 있으나(예를 들면, 임대차의 등기에 관한 제621조 등이 있다) 그 규정만으로는 부동산 임차인 보호는 충분하지 않았으므로, 특별법으로 '주택임대차보호법'과 '상가건물임대차보호법'을 제정하여 주택의 임차인과 상가건물의 임차인을 보호하고 있다. 주택의 임차인(채권적 전세권자도 포함한다)을 보호하기 위한 특별법으로서의 주택임대차보호법은 주거용 건물의 임대차에 관하여 민법에 대한 특례를 규정한 것이다. 주요내용을 살펴보면 다음과 같다.

2. 부동산 임차권의 강화 내용

가. 대항력의 강화

주택임대차는 그 등기가 없는 경우에도 임차인이 주택을 인도받고 주민등록을 마친 때에는 그 다음날부터 제3자에 대하여 효력이 생긴다. 이 경우 전입신고를 한 때에 주민등록이 된 것으로 본다(동법 제3조 제1항). 주민등록을 요구하는 취지는 거래의 안전을 위하여 임대차의 존재를 제3자가 명백히 인식할 수 있도록 하기 위해서다. 여기서 제3자에게 효력이 생긴다 함은 제3자에게 대항할 수 있다는 의미로서, 후순위권리자에 대하여 임차목적물을 사용·수익하며 인도를 거절할 수 있다는 의미이다. 임차주택의 양수인(讓受人)(그 밖에 임대할 권리를 승계한 자를 포함한다)은 임대인(賃貸人)의 지위를 승계한 것으로 본다(같은 조 제3항). 따라서 주택임대차의 경우, '매매는 임대차를 깨뜨린다'는 법언은 위 조항에 의하여 더 이상 유효하지 않게 된다.

나. 존속기간의 보장

주택임대차에 있어서 당사자가 그 존속기간을 정하지 않았거나 2년 미만으로 정한 때에는, 존속기간은 2년으로 본다(동법 제4조 제1항 본문). 즉 임대차계약을 하면서 그 기간을 1년으로 정하였다고 하더라도 위 규정에 의하여 임대차기간은 2년이 된다. 2년 동안 임차인의 거주를 보호하는 것이다. 이는 임차인 보호를 위한 것이므로, 임차인은 2년 미만으로 정한 기간이 유효하다고 주장할 수 있다(동법 제4조 제1항 단서). 그리고 임대차가 종료한 경우에도 임차인이 보증금을 반환받을 때까지는 임대차관계는 존속하는 것으로 본다(동법 제4조 제2항). 이는 임차인의 보증금 반환채권을 보호하기 위하여 둔 특칙이다.

임차권의 묵시의 갱신에 대해서도, 임대인이 임대차기간이 끝나기 6개월 전부터 1개월 전까지의 기간에 임차인에게 '갱신거절(更新拒絶)의 통지'를 하지 아니하거나 '계약조건을 변경하지 아니하면 갱신하지 아니한다는 뜻의 통지'를 하지 아니한 경우에는 그 기간이 끝난 때에 전 임대차와 동일한 조건으로 다시 임대차한 것으로 본다. 임차인이 임대차기간이 끝나기 1개월 전까지 통지하지 아니한 경우에도 또한 같다(동법 제6조 제1항). 그리고 위와 같이 제6조 제1항에 의하여 묵시의 갱신이 된 경우 그 임대차의 존속기간은 2년으로 본다(동법 제6조 제2항). 다만 2기(期)의 차임액(借賃額)에 달하도록 임료를 연체하거나 그 밖에 임차인으로서의 의무를 현저히 위반한 임차인에 대하여는 제1항을 적용하지 아니한다. 임차인으로서의 의무를 다 이행한 선량한 임차인만 보호받을 자격이 있다고 본 것이다.

다. 차임 등의 증감청구권

당사자는 약정한 차임이나 보증금이 임차주택에 관한 조세, 공과금, 그 밖의 부담의 증감이나 경제사정의 변동으로 인하여 적절하지 아니하게 된 때에는 장래에 대하여 그 증감을 청구할 수 있다. 다만 증액의 경우에는 대통령령으로 정하는 기준에 따른 비율을 초과하지 못한다(동법 제7조 단서).

그리고 2011년 현재 시행되고 있는 대통령령은 차임이나 보증금(이하 '차임 등'이라 한다)의 증액청구는 약정한 차임 등의 20분의 1의 금액을 초과하지 못하고, 또 증액청구는 임대차계약 또는 약정한 차임 등의 증액이 있은 후 1년 이내에는 하지 못하도록 규정하고 있다(주택임대차보호법 시행령 제2조).

라. 보증금의 보호

(1) 보증금의 우선 변제　주택임차인이 대항력을 위한 요건을 갖추고 임대차계약증서에 확정일자를 받은 경우에는, 민사집행법에 의한 경매 또는 국세징수법에 의한 공매시 임차주택(대지포함)의 환가대금에서 후순위권리자 기타 채권자보다 우선하여 보증금을 변제받을 권리가 있다(동법 제3조의2 제2항).

(2) 임차권등기명령　주택임대차에서 주택의 점유는 대항력의 중요한 요소이다. 따라서 임대차가 종료되더라도 보증금을 반환받지 못한 임차인은 이사를 할 사정이 있어도, 해당주택의 대항력과 우선변제권을 잃을 염려 때문에 이사를 하지 못하게 된다. 주택임대차보호법은 이러한 임차인을 보호하기 위하여 '임대차가 끝난 후 보증금을 반환받지 못한 임차인은 임차주택의 소재지를 관할하는 지방법원·지방법원지원 또는 시·군 법원에 임차권등기명령

을 신청'할 수 있는 임차권등기명령 제도를 마련하고 있다(동법 제3조의3, 제3조의4 참조). 임차인은 임차권등기명령의 집행에 따른 임차권등기를 마치면 제3조 제1항 또는 제2항에 따른 대항력과 제3조의2 제2항에 따른 우선변제권을 취득한다. 다만 임차인이 임차권등기 이전에 이미 대항력이나 우선변제권을 취득한 경우에는 그 대항력이나 우선변제권은 그대로 유지되며, 임차권등기 이후에는 제3조 제1항 또는 제2항의 대항요건을 상실하더라도 이미 취득한 대항력이나 우선변제권을 상실하지 아니한다(동법 제3조의3 제4항).

(3) 보증금 중 일정액의 보호　임차인은 보증금 중 일정액을 다른 담보물권자보다 우선하여 변제받을 권리가 있다(동법 제8조 제1항 1문). 이 경우 임차인은 주택에 대한 경매신청의 등기 전에 주택임대차보호법 제3조 제1항의 요건(주택의 인도와 주민등록)을 갖추어야 한다(동법 제8조 제1항 2문). 그리고 이에 의하여 우선변제를 받을 임차인 및 보증금 중 일정액의 범위와 기준은 주택가액(대지 가액 포함)의 2분의 1의 범위 안에서 대통령령으로 정한다(동법 제8조 제3항).

2011년 현재 시행되고 있는 시행령에 따르면, 법 제8조에 따라 우선변제를 받을 보증금 중 일정액의 범위는 다음 각 호의 구분에 의한 금액 이하로 한다.

1) 서울특별시: 2,500만원.

2) 수도권정비계획법에 따른 과밀억제권역(서울특별시는 제외한다): 2,200만원.

3) 광역시(수도권정비계획법에 따른 과밀억제권역에 포함된 지역과 군지역은 제외한다), 안산시, 용인시, 김포시 및 광주시: 1,900만원.

4) 그 밖의 지역: 1,400만원.

그리고 임차인의 보증금 중 일정액이 주택가액의 2분의 1을 초과하는 경우에는 주택가액의 2분의 1에 해당하는 금액까지만 우선변제권이 있다. 또, 하나의 주택에 임차인이 2명 이상이고, 그 각 보증금 중 일정액을 모두 합한 금액이 주택가액의 2분의 1을 초과하는 경우에는 그 각 보증금 중 일정액을 모두 합한 금액에 대한 각 임차인의 보증금 중 일정액의 비율로 그 주택가액의 2분의 1에 해당하는 금액을 분할한 금액을 각 임차인의 보증금 중 일정액으로 본다. 하나의 주택에 임차인이 2명 이상이고 이들이 그 주택에서 가정공동생활을 하는 경우에는 이들을 1명의 임차인으로 보아 이들의 각 보증금을 합산한다(시행령 제3조).

마. 임차인의 사망과 주택임차권의 승계

임차인이 상속인 없이 사망한 경우에 그 주택에서 가정공동생활을 하던 사실상의 혼인관계에 있는 자는 임차인의 권리와 의무를 승계한다(동법 제9조 제1항). 임차인이 사망한 경우에 사망 당시 상속인이 그 주택에서 가정공동생활을 하고 있지 않은 때에는, 그 주택에서 가정공동생활을 하던 사실상의 혼인관계에 있는 자와 2촌 이내의 친족은 공동으로 임차인의 권리와 의무를 승계한다(동법 제9조 제2항).

바. 월차임 전환시 산정률의 제한

보증금의 전부 또는 일부를 월 단위의 차임으로 전환하는 경우에는, 그 전환되는 금액에 대통령령이 정하는 비율을 곱한 월차임의 범위를 초과할 수 없다(동법 제7조의2). 2011년 현재 시행되고 있는 시행령에 따르면, 법 제7조의2에서 '대통령령으로 정하는 비율'이란 연 1할4푼을 말한다(시행령 제2조의2).

[**상가건물임대차**]

상가건물임차인을 보호하기 위한 특별법으로 상가건물임대차보호법이 있다. 동법은 주택임대차보호법과 유사한 내용을 규정하고 있다.

제7절 고 용

고용은 당사자 일방(노무자)이 상대방(사용자)에 대하여 노무를 제공할 것을 약정하고 상대방이 이에 대하여 보수를 지급할 것을 약정함으로써 성립하는 계약이다(제655조). 근로관계와 관련해서는 근로기준법등의 노동법이 제정되어 있어 고용에 관한 민법규정은 그 의미가 그리 크지 않다.

제8절 도 급

I. 도급의 의의

甲이 건축업자 乙에게 자신의 전원주택을 지어달라고 하고 乙이 이를 약정하는 것과 같이, 도급은 당사자 일방(수급인)이 어떤 일을 완성할 것을 약정하고 상대방(도급인)이 그 일의 결과에 대하여 보수를 지급할 것을 약정함으로써 성립하는 계약이다(제664조). 도급도 고용처럼 노무공급계약에 해당하나, '일의 완성'을 목적으로 하는 데에 그 특색이 있다.

도급의 특수한 형태로 '제작물공급계약'이 있다. 甲이 乙의 양복점에 가서 양복을 맞추는 경우를 생각해 보자. 甲이 양복을 만들 원단을 가지고 乙에게 그 원단으로 양복을 맞추어 달라고 하는 경우가 없지는 않겠으나, 대부분의 경우는 乙의 양복점에 있는 원단으로 양복을 제작하게 된다. 이와 같이 당사자 일방(제작자)이 상대방(주문자)의 주문에 따라서 '전적으로 또는 주로 자기의 재료를 사용'하여 제작한 물건을 공급하기로 하고, 이에 대하여 상대방이 보수를 지급하기로 하는 계약을 제작물공급계약이라고 한다. 제작물공급계약에는 '물건의 제작'(이는 도급에서의 '일의 완성'에 해당한다고 볼 수 있다)과 이렇게 '제작된 물건의 공급'(이는 매매의 성질을 가진다고 볼 수 있다)의 요소가 있기 때문에, 그 성질이 도급인가, 매매인가에 대하여 논란이 있다. 일반적으로는 제작된 물건이 대체물일 때는 매매의 성질을 가지고, 부대체물일 때에는 도급의 성질을 가진다고 보고 있다.

Ⅱ. 수급인의 의무

1. 일을 완성할 의무

도급계약에서 수급인은 약정된 시기에 약정된 일을 완성할 의무가 있다. 도급은 일의 완성이라는 결과를 목적으로 하는 것이므로 일의 성질상 또는 당사자의 특약에 의하여 수급인이 직접 하여야 하는 경우가 아니면, 제3자로 하여금 하게 하여도 무방하다.

2. 완성물의 인도의무

도급의 목적인 일의 내용이 물건에 관한 것인 때에는 수급인은 완성물을 도급인에게 인도할 의무가 있다. 수급인의 완성물 인도의무와 도급인의 보수의 지급은 동시이행의 관계에 있다.

수급인이 제작한 완성물 소유권은 누구에게 귀속하느냐가 문제된다. 즉 도급인 또는 수급인이 재료를 공급하여 완성된 것이 독립한 존재를 가지게 되면 그 물건의 소유권의 귀속이 문제되는 것이다. 통상 도급인이 재료의 전부 또는 주요부분을 공급하는 경우에는, 완성된 물건의 소유권은 그것이 동산이든 부동산이든 모두 원시적으로 도급인에게 귀속한다. 반면 수급인이 재료의 전부 또는 주요부분을 제공한 경우에는 당사자 사이의 특약에 따라 달라진다고 본다. 당사자 사이에 소유권 귀속에 관하여 명시적 또는 묵시적 특약이 있는 때에는 그 특약에 의하여 소유권자가 정해진다. 그러한 특약이 없는 때에는, 완성물이 동산인 경우에는 수급인에게 속하나, 부동산인 경우에는 원시적으로 도급인에게 속하게 된다.

3. 담보책임

완성된 목적물 또는 완성 전에 성취된 부분에 하자(도급에서의 하자 개념은 '계약에서 정해진 내용과 다르게 일을 완성하는 것'을 말한다)가 있는 때에는, 도급도 유상계약이므로 매도인의 담보책임이 준용되어야 한다. 다만 도급의 특수성을 고려하여 민법은 수급인의 담보책임에 관하여 특별규정을 두고 있다.

가. 하자보수청구권

완성된 목적물 또는 완성 전의 성취된 부분에 하자가 있는 때에는 도급인은 수급인에 대하여 상당한 기간을 정하여 그 하자의 보수를 청구할 수 있다. 그러나 하자가 중요하지 아니한 경우에 그 보수에 과다한 비용을 요할 때에는 그러하지 아니하다. 이 경우 도급인은 하자의 보수에 갈음하여 손해배상을 청구할 수 있다(제667조 제1항·제2항).

나. 손해배상청구권

도급인은 하자보수가 가능하더라도 하자보수에 갈음하여 손해배상을 청구할 수 있고 또 하자보수와 함께 손해배상을 청구할 수 있다(제667조 제2항).

다. 계약해제권

도급인이 완성된 목적물의 하자로 인하여 계약의 목적을 달성할 수 없는 때에는 계약을 해제할 수 있다(제668조 본문). 그러나 건물 기타 공작물에 관하여는 하자가 중대하여도 계약을 해제할 수는 없고(제668조 단서), 손해배상만을 청구할 수 있을 뿐이다.

라. 담보책임의 면제

목적물의 하자가 도급인이 제공한 재료의 성질 또는 도급인의 지시에 기인한 때에는, 수급인의 담보책임은 생기지 않는다(제669조 본문). 그러나 수급인이 그 재료 또는 지시의 부적당함을 알고 도급인에게 고지하지 않은 때에는 담보책임이 생긴다(제669조 단서).

마. 책임의 존속기간

하자의 보수, 손해배상의 청구 및 계약의 해제는 목적물의 인도를 받은 날로부터 1년 내에 하여야 한다. 목적물의 인도를 요하지 아니하는 경우에는 전항의 기간은 일이 종료한 날로부터 기산한다.

단 토지, 건물 기타 공작물의 수급인은 목적물 또는 지반공사의 하자에 대하여 인도 후 5년간 담보의 책임이 있다. 그러나 목적물이 석조, 석회조, 연와조, 금속 기타 이와 유사한 재료로 조성된 것인 때에는 그 기간을 10년으로 한다. 또 하자로 인하여 목적물이 멸실 또는 훼손된 때에는 도급인은 그 멸실 또는 훼손된 날로부터 1년 내에 그 권리를 행사하여야 한다(제670조, 제671조 참조).

제9절 현 상 광 고

현상광고는 광고자가 어느 행위를 한 자에게 일정한 보수를 지급할 의사를 표시하고 이에 응한 자가 그 광고에 정한 행위를 완료함으로써 그 효력이 생기는 계약이다(제675조). 광고자는 불특정 다수인을 상대방으로 예정하여 광고의 방식을 통하여 청약을 하고, 상대방이 광고에서 정한 행위를 완료한 때에 계약이 성립한다. 따라서 현상광고는 당사자의 의사의 합치만으로 성립하는 민법상의 다른 전형계약과 달리, 계약의 성립을 위하여 '광고에 정한 행위의 완료'가 필요하기 때문에 그 성질을 요물계약이라고 보고 있다. 신문광고나 현수막 등을 통하여 교통사고 현장을 목격한 사람이 증언해 주면 사례금을 지급하겠다거나, 분실물을 찾아주면 일정한 사례금을 주겠다고 광고하는 경우가 현상광고에 해당한다.

제10절 위 임

I. 의 의

위임은 당사자 일방(위임인)이 상대방(수임인)에 대하여 사무의 처리를 위탁하고 상대방이 이를 승낙함으로써 성립하는 계약이다(제680조). 의뢰인이 변호사에게 소송을 의뢰하는 것, 환자가 의사에게 진료을 의뢰하는 것 등이 그 예에 속한다. 위임계약은 주로 타인의 전문지식 등을 이용하는 제도로 많이 이용되고 있다.

위임은 노무공급계약의 일종이나, 위임인이 신뢰를 바탕으로 맡긴 사무를 수임인이 자주적으로 처리하는 점에 특색이 있다. 위임의 경우에는 보통 대리권이 수여되나, 대리권 수여행위(수권행위)와 위임은 별개의 행위이다.

Ⅱ. 위임의 특질 (무상성)

수임인은 특별한 약정이 없으면 위임인에 대하여 보수를 청구하지 못한다. 따라서 위임은 원칙적으로 편무·무상계약이다(제686조 제1항). 그러나 보수지급의 특약을 하는 경우에는 쌍무·유상계약이 된다. 그리고 위임은 유상이든 무상이든 언제나 낙성·불요식의 계약이다. 실제에 있어서는 제3자에 대하여 수임인의 권한을 표시하기 위한 서면인 위임장을 교부하는 때가 많으나, 그것은 당사자 사이에 위임계약이 있었고 그 내용은 어떠하다는 사실에 대한 증거로서의 의미를 가질 뿐이다.

Ⅲ. 수임인의 의무

1. 수임사무의 처리의무

수임인은 위임의 본지에 따라 선량한 관리자의 주의로써 위임사무를 처리할 의무가 있다(제681조). 이는 수임인의 기본적 의무로서 위임이 유상이든 무상이든 차이가 없다. 여기서 위임의 본지에 따른다는 것은 위임계약의 목적과 그 사무의 성질에 따른다는 의미이다.

2. 복임권의 제한

위임은 당사자간의 특별한 신뢰를 바탕으로 하는 것이므로, 수임인은 원칙적으로 스스로 위임사무를 처리하여야 한다(자기복무의 원칙). 수임인이 이에 위반한 때에는 위임계약상의 채무불이행에 해당한다. 다만 민법은 일정한 범위에서 수임인이 다른 자에게 다시 위임(복위임)할 수 있도록 하고 있다.

즉 수임인은 위임인의 승낙이 있거나, 부득이한 사유(수임인의 질병에 걸려 수임사무를 이행할 수 없는 경우 등)가 있는 때에는 복위임을 할 수 있다(제682조 제1항). 이러한 사유가 있어 수임인이 제3자(복수임인)에게 위임사무를 처리하게 한 경우에, 복수임인의 행위에 의하여 위임인에게 손해가 생긴 때에는, 수임인은 그 복수임인의 선임 또는 감독에 과실이 있는 때에는 책임을 진다(제682조 제2항, 제121조 제1항). 다만 수임인이 위임인의 지명에 의하여 복수임인을 선임한 경우에는 복수임인이 적임자가 아니라는 것 또는 불성실하다는 것을 알고서도 위임인에게 통지나 해임하는 것을 태만히한 경우에만 책임을 진다(제682조 제2항, 제121조 제2항).

3. 수임사무의 처리에 부수하는 의무

가. 보고의무

수임인은 위임인의 청구가 있으면 위임사무의 처리상황을 보고하고, 위임이 종료한 때에는 지체없이 그 전말을 보고하여야 한다(제683조).

나. 취득물 등의 인도·이전 의무

수임인은 위임사무의 처리로 인하여 받은 금전 기타의 물건 및 수취한 과실을 위임인에게 인도하여야 한다(제684조 제1항). 또한 위임인을 위하여 수임인의 명의로 취득한 권리를 위임인에게 이전하여야 한다(제684조 제2항). 이는 대리권을 수반하지 않는 위임의 경우이며, 수임인이 대리권을 가지는 경우에는, 대리의 법리상 권리가 처음부터 위임인(본인)에게 귀속되므로 이 규정은 적용되지 않는다.

다. 금전소비의 책임

수임인이 위임인에게 인도할 금전 또는 위임인의 이익을 위하여 사용할 금전을 자기를 위하여 소비한 때에는 소비한 날 이후의 이자를 지급하여야 하며 그 외의 손해가 있으면 배상하여야 한다(제685조).

Ⅳ. 수임인의 권리

1. 보수지급청구권

수임인은 특별한 약정이 없으면 위임인에 대하여 보수를 청구하지 못한다(위임의 무상성). 그러나 보수지급의 특약이 있으면 보수지급을 청구할 수 있고, 위임인은 그 보수를 지급할 의무를 부담한다. 수임인이 보수를 받을 경우에는 위임사무를 완료한 후가 아니면 이를 청구하지 못한다. 그러나 기간으로 보수를 정한 때에는 그 기간이 경과한 후에 이를 청구할 수 있다. 또 수임인이 위임사무를 처리하는 중에 수임인의 책임없는 사유로 인하여 위임이 종료된 때에는 수임인은 이미 처리한 사무의 비율에 따른 보수를 청구할 수 있다(제686조).

위임사무의 처리에 비용을 요하는 때에는 위임인은 수임인의 청구에 의하여 이를 선급하여야 한다.

2. 비용청구권

위임사무의 처리에 비용을 요하는 때에는 위임인은 수임인의 청구에 의하여 이를 선급하여야 한다. 수임인이 위임사무의 처리에 관하여 필요비를 지출한 때에는 위임인에 대하여 지출한 날 이후의 이자를 청구할 수 있다(제687조, 제688조).

제11절 임　　치

Ⅰ. 의　　의

임치는 당사자 일방(임치인)이 상대방(수치인)에 대하여 금전이나 유가증권 기타 물건의 보관을 위탁하고 상대방이 이를 승낙함으로써 성립하는 계약이다(제693조). 甲이 乙에게 자신의 물건을 보관해 달라고 하는 경우가 그 예이다. 임치에서의 보관이라 함은 수치인이 임치물을 자기의 지배하에 두고 멸실·훼손을 방지하여 그 원상을 유지하는 것을 말한다. 임치도 노무공급계약에 해당하나, 타인의 물건 등을 보관하는 특수한 노무를 목적으로 하는 점에서 특색이 있다.

Ⅱ. 임치의 사회적 작용

타인에게 물건의 보관을 의뢰하는 일은 사회생활상 흔히 있는 일이나 실제로 민법의 임치에 관한 규정이 적용되는 경우는 그리 많지 않다. 창고에 물건을 맡기는 경우에는 대부분 상행위에 해당되어 창고업으로서 상법이 적용되고, 극장 등의 공중접객업소에서 고객이 맡긴 물건에 대해서도 상법의 적용을 받기 때문이다.

Ⅲ. 특수한 임치

1. 혼장임치

대체물(곡물이나 유류 등이 그 예이다)의 임치에 있어서 수치인이 임치된 물건을 동종·동질의 다른 임치물과 혼합하여 보관하다가 반환할 때에는 임치된 것과 동량을 반환하기로 하는 임치를 '혼장임치'(混藏任置)라고 한다. 혼장임치의 경우에는 수치인이 목적물의 소유권을 취득하지 않고, 따라서 소비할 수도 없다는 점에서 소비임치와 다르다. 혼장임치에서는 임치물은 임치인이 지분을 가지고 공유하는 것으로 해석된다. 혼장임치에서는 임치인이 재고채권(제한종류채권)을 가지게 된다.

2. 소비임치

소비임치(消費任置)는 임치를 함에 있어서 목적물(대체물에 한함)의 소유권을 수치인에게 이전하기로 하고 수치인은 그것과 동종·동질·동량의 것을 반환하기로 약정하는 경우를 가리킨다. 소비임치는 목적물의 소유권이 수치인에게 이전되고 수치인은 동종·동질·동량의 물건으로 반환하게 되는 점에서 소비대차와 같다(제598조 참조). 따라서 민법은 소비임치의 경우에는 소비대차에 관한 규정을 준용한다(제702조 본문). 그러나 소비대차는 차주의 이익을 위하여 목적물을 이용하게 하는 것인 데 비하여, 소비임치는 임치인을 위하여 임치물을 보관하게 하는 점에서 차이가 있다. 그 때문에 소비임치에 있어서의 반환시기에 관하여는 소비대차에서와 달리 특별규정을 두고 있다. 그에 의하면, 반환시기는 특약이 있으면 그에 의하되, 특약이 없으면 임치인은 언제든지 그 반환을 청구할 수 있다(제702조 단서). 예금자가 은행 기타 금융기관에 예금을 하는 계약은 소비임치에 해당한다.

제12절 조 합

I. 조합의 의의

조합은 2인 이상의 특정인이 서로 출자하여 공동사업을 경영할 것을 목적으로 결합한 단체이다. 甲·乙·丙이 서로 금전을 출자하여 식당을 운영하기로 한 경우를 들 수 있다.

'단체'는 일반적으로 공동의 목적을 위해 2인 이상이 결합한 공동체를 말하는데 그 단체성의 강약에 따라 '사단'과 '조합'으로 나눌 수 있다. 단체성이 강한 사단의 경우에는 그 구성원(사원)이 단체에 매몰되어 그 개성이 표면에 나타나지 않는 데 비하여, 단체성이 약한 조합의 경우에는 그 구성원(조합원)의 개성이 강하게 나타난다.

Ⅱ. 조합계약의 의의

조합계약은 2인 이상이 상호 출자하여 공동사업을 경영할 것을 약정함으로써 성립하는 계약이다(제703조 제1항). 조합계약은 조합이라는 단체를 성립·발생시키는 원인이 된다. 민법은 조합계약을 의미하는 뜻으로 '조합', '조합계약'을 혼용하여 사용하고 있다. 조합계약은 조합을 성립시키는 합의만을 가리키는 것이 아니고, 그 조합의 구성이나 운영에 관한 합의도 당연히 포함한다.

공동사업의 종류나 성질에는 제한이 없으며, 조합원 전원이 그 사업의 성공에 대하여 이해관계를 가지는 것이면 된다. 조합의 모든 조합원은 출자의무를 부담한다. 출자의 종류나 성질에도 제한이 없으므로, 금전뿐만 아니라 기타의 재산 또는 노무·신용으로도 출자가 가능하다.

Ⅲ. 조합의 대내관계

1. 모든 조합원이 업무를 집행하는 경우

조합원들은 조합계약에서 일부의 조합원을 업무집행자로 정할 수 있고, 그렇지 않았더라도 언제든지 조합원의 3분의 2 이상의 찬성으로 업무집행자를 선임할 수 있다(제706조 제1항). 그런데 이렇게 업무집행자가 선임되지 않은 경우에는 원칙적으로 조합원 각자가 조합의 업무를 집행한다(각자 집행의 원칙). 다만 이 경우에 조합원들의 의견이 일치되지 않는 때에는, 조합원의 과반수로써 결정한다(제706조 제2항). 다만 예외적으로 조합의 통상사무는 각 조합원이 단독으로 할 수 있다(제706조 제3항 본문). 그러나 그 사무의 완료 전에 다른 조합원의 이의가 있는 때에는 즉시 중지하여야 한다(제706조 제3항 단서).

2. 일부의 조합원을 업무집행자로 한 경우

조합원들은 조합계약에서 일부의 조합원을 업무집행자로 정할 수 있고, 그렇지 않았더라도 언제든지 조합원의 3분의 2 이상의 찬성으로 업무집행자를 선임할 수 있다(제706조 제1항). 업무집행자가 수인인 때에는, 업무집행은 그 과반수로써 결정한다(제706조 제2항 2문). 다만 조합의 통상사무는 각 업무집행자가 단독으로 할 수 있되(제706조 제3항 본문), 그 사무의 완료 전에 다른 업무집행자의 이의가 있는 경우에는 즉시 중지하여야 한다(제706조 제3항 단서).

Ⅳ. 조합의 대외관계(조합대리)

조합은 독립된 법인격을 인정받지 못하고 있기 때문에 대외관계에서 조합 자신의 명의로 거래행위를 할 수 없으며, 조합원 전원의 이름으로 하여야 한다. 그런데 이는 현실적으로 매우 번잡하여 실제에서는 대리의 방법을 이용하고 있다. 즉 대외적 업무를 집행할 때 업무를 집행하는 조합원은 다른 조합원들 모두로부터 대리권을 수여받아 한편으로는 다른 조합원을 대리하고 다른 한편으로는 자기 자신의 자격으로 제3자와 법률행위를 한다. 이와 같이 조합의 대외활동이 보통 대리의 형식에 의하고 있기 때문에, 조합의 대외관계를 '조합대리'라고 한다.

이 대리권은 내부적인 업무집행권과는 관념상 별개의 것으로서 대리권 수여행위(수권행위)에 의하여 발생한다. 그러나 실제에 있어서는 개개의 조합원으로부터 업무집행시마다 대리권을 수여받는 것은 아니다. 조합계약에는 각 조합원이 서로 대리할 수 있는 권한을 주는 의사표시가 포함되어 있다고 본다. 민법은 조합의 업무를 집행하는 조합원은 그 업무집행의 대리권이 있는 것으로 추정한다(제709조). 따라서 업무집행자가 정해지지 않은 때에는 각 조합원이, 업무집행자가 정해진 때에는 업무집행자로 된 조합원이 대리권이 있다는 추정을 받는다.

한편 조합은 소송상 당사자능력이 없으므로, 조합 자체가 소송의 당사자가 되지 못한다. 따라서 조합원 전원이 소송의 당사자로 참여할 수밖에 없는데, 이는 불편하므로, 선정당사자 제도를 이용하거나 변호사를 소송대리인으로 선임하여 해결하게 된다.

V. 조합재산의 법률관계

1. 조합재산의 합유관계

조합은 공동사업을 경영할 목적으로 조직된 단체이므로, 공동사업을 경영하기 위하여 출연된 재산은 조합원의 개인재산과는 별개의 독립한 재산으로서의 의미를 갖는다. 그런데 조합에는 법인격(권리능력)이 인정되지 않아서 조합재산이 조합 자체에 귀속될 수는 없다. 따라서 조합재산은 모든 조합원에게 속할 수밖에 없는데, 민법은 이러한 조합재산의 특수성을 합유관계로 보고 있다. 즉 '조합원의 출자 기타 조합재산은 조합원의 합유로 한다'고 규정하고 있다(제704조, 제271조~제274조).

조합재산을 이루는 물건(동산, 부동산)은 모든 조합원의 합유로 된다. 그리고 합유의 성질상 지분의 처분이 제한되고(제273조 제1항), 분할도 금지된다(제273조 제2항). 합유물을 처분 또는 변경함에는 합유자 전원의 동의가 있어야 한다. 다만 보존행위는 각자가 할 수 있다(제272조). 각 조합원은 언제든지 조합의 업무 및 재산상태를 검사할 수 있다(제710조). 조합재산에 속하는 소유권 이외의 재산권(예: 지상권, 주식, 광업권, 채권)은 모든 조합원의 준합유로 된다(제278조 참조).

조합원의 지분에 대한 압류는 그 조합원의 장래의 이익배당 및 지분의 반환을 받을 권리에 대하여 효력이 있을 뿐이다(제714조). 그리고 조합의 채무자는 그가 부담하는 채무와 조합원에 대한 채권을 상계하지 못한다(제715조).

2. 조합채무에 대한 책임

조합의 채무도 각 조합원의 개인 채무와는 구별되어 모든 조합원에게 합유적으로 귀속된다(준합유). 그리고 그에 대하여 조합재산이 책임을 지게 된다. 각 조합원도 조합원의 개인재산으로 조합의 채무에 대하여 책임을 진다.

가. 조합재산에 의한 공동책임

조합 채무에 대하여는 각 조합원이 그의 개인재산을 가지고 책임을 지는 외에 조합원 전원이 조합재산을 가지고 공동책임을 진다. 채권자는 채권 전액에 관하여 조합재산으로부터 청구할 권리가 있다.

나. 조합원 개인재산에 의한 책임

각 조합원은 조합원의 개인재산으로 조합채무에 관하여 분할채무를 부담한다. 즉 손실부담의 비율이 미리 조합계약에서 정해져 있었으면 그에 따라서 채무를 부담하고, 그 비율이 정해지지 않은 때에는 똑같은 비율로 채무를 부담한다. 비율 특약이 있었더라도 조합채권자가 그 채권발생 당시에 조합원의 손실부담비율을 알지 못한 때에는, 각 조합원에게 균분하여 그 권리를 행사할 수 있다(제712조). 조합원 중에 변제할 자력없는 자가 있는 때에는 그 변제할 수 없는 부분은 다른 조합원이 균분하여 변제할 책임이 있다(제713조).

3. 손익분배

조합의 사업으로 생긴 이익과 손실은 각 조합원에게 귀속하는데, 손익분배의 비율은 조합계약에서 정할 수 있다. 계약자유의 원칙상 그 비율을 정하는 데 특별한 제한은 없다. 민법은 손익분배비율을 약정하지 않은 경우를 위하여 특별규정을 두고 있는데, 우선 이익분배와 손실부담 중 어느 하나에 관하여 비율을 정한 때에는, 그 비율은 둘 모두에 공통하는 것으로 추정한다(제711조 제2항). 그리고 둘 모두에 대하여 비율을 정하지 않은 때에는, 각 조합원의 출자가액에 비례하여 이를 정한다(제711조 제1항).

손익분배의 시기도 조합계약에서 정해 놓은 경우에는 이에 따른다. 조합계약에서 정해진 바가 없으면, 영리목적의 조합의 경우에는 업무집행규정에 따라 일정결산기에 분배하여야 하고, 비영리목적으로 하는 경우에는 전 조합원의 합의에 의하거나 청산할 때에 분배하여야 한다.

4. 조합원의 탈퇴

조합원의 탈퇴는 임의탈퇴와 비임의탈퇴로 나눌 수 있다.

조합계약으로 조합의 존속기간을 정하지 아니하거나 조합원의 종신까지

존속할 것을 정한 때에는 각 조합원은 언제든지 탈퇴할 수 있다. 그러나 부득이한 사유 없이는 조합이 불리한 시기에 탈퇴하지 못한다(제716조 제1항). 조합의 존속기간을 정한 때에도 조합원은 부득이한 사유가 있으면 탈퇴할 수 있다(제716조 제2항).

비임의탈퇴는 조합원에게 'i) 사망, ii) 파산, iii) 성년후견의 개시, iv) 제명(除名)'의 사유가 발생하였을 때다(제717조)(이전에는 iii이 '금치산'이었으나, 2011년 3월 7일, 위와 같이 '성년후견의 개시'로 개정되었다. 다만 개정된 부분은 2013년 7월 1일부터 시행된다).

탈퇴한 조합원과 다른 조합원간의 계산은 탈퇴 당시의 조합재산 상태에 의하여 한다. 탈퇴한 조합원의 지분은 그 출자의 종류 여하에 불구하고 금전으로 반환할 수 있다. 탈퇴 당시에 완결되지 아니한 사항에 대하여는 완결 후에 계산할 수 있다

제13절 종신정기금

종신정기금계약은 당사자 일방이 자기, 상대방 또는 제3자의 종신까지 정기로 금전 기타의 물건을 상대방 또는 제3자에게 지급할 것을 약정함으로써 그 효력이 생기는 계약이다(제725조).

제14절 화 해

화해는 당사자가 서로 양보하여 그들 사이의 분쟁을 끝낼 것을 약정함으

로써 성립하는 계약이다(제731조). **예를 들면** 甲이 교통사고를 내는 바람에 乙이 크게 다친 경우를 가정해 보자. 乙은 자신이 입은 손해의 범위가 3,000만원이라고 주장하는 반면 甲은 그 손해가 2,000만원 정도라고 주장하는 경우, 甲·乙이 서로 양보하여 2,500만원으로 손해의 범위를 합의하는 것을 이른다.

제2장 법정채권관계

제1절 사 무 관 리

I. 사무관리의 의의 및 성질

1. 의 의

사무관리는 법률상의 의무없이 타인을 위하여 그의 사무를 처리하는 행위이다(제734조 제1항). 집잃은 아이를 돌보아 주거나, 이웃사람의 부재중에 그 집에 난 불을 진화하는 행위 등이 그 예가 될 수 있다. 본래 타인의 사무에 본인의 승낙이나 법률의 근거없이 간섭하는 것은 원칙적으로 허용되지 않는다. 그러나 위 예를 든 경우는 마땅히 사회생활에서의 상호부조의 실현이라는 관점에서 정당성을 가진다. '의무 없는 자의 관리행위로 타인의 이익을 증진하는 것'이 사회연대, 상호부조의 이상에 부합한다고 보아야 한다. 민법도 이러한 관점에서 사무관리를 적법행위로 평가하고, 일정한 요건을 갖춘 경우에는 관리자와 본인 사이에, 비용상환청구권, 손해배상청구권, 관리계속의무 등 일정한 채권·채무의 발생을 인정한다. 이와 같이 사무관리는 부당이득·불법행위와 더불어 법정채권 발생원인 중의 하나이다.

2. 법적 성질

사무관리는 적법행위이다. 그러나 의사표시를 요소로 하는 법률행위가 아니고, 준법률행위로서 그 중에서도 사실행위(혼합 사실행위)이다.

Ⅱ. 사무관리의 성립요건

1. 타인의 사무를 관리할 것

사무란, 사람의 생활에 재산적 이익을 주는 모든 행위를 말한다. 그리고 관리는 일의 처리를 의미하는데, 이는 보존·개량을 의미하는 관리행위뿐만 아니라 경우에 따라서는 처분행위도 포함한다. 한편 사무관리에서는 '타인의 사무를 관리'하는 것이 필요한바, 여기서 말하는 '타인'은 사무관리자(사무관리를 행하는 자) 외의 자로서 사무관리의 이익이 귀속되는 자를 말한다. 따라서 자기의 사무에 대해서는, 타인의 사무로 오인하고서 사무관리행위를 했더라도 사무관리가 성립하지 않는다.

공동소유자 상호간은 타인성이 인정되나, 대리관계에서 본인은 대리인에 대하여 타인이 아니다.

2. 타인을 위하여 하는 의사(관리의사)가 있을 것

사무관리가 성립하려면 관리자에게 타인을 위하여 하는 의사, 즉 '관리의사'가 있어야 한다. 관리의사는 관리의 사실상의 이익을 본인에게 귀속시키려는 의사로서, 외부적으로 표시되어야 하거나 관리 당시 확정되어야 할 필요는 없다.

3. 법률상의 의무가 없을 것

사무관리는 법률상의 의무없이 타인을 위하여 그의 사무를 처리하는 행위이다. 만일 관리자가 계약(위임, 고용, 도급 등) 또는 법률규정(친권이나 후견)에 의하여 본인에 대하여 그 사무를 관리할 의무를 부담하는 경우에는 그 사무의 관리행위는 자신의 채무의 이행일 뿐이다. 따라서 당연히 사무관리가 성립하지 않는다.

4. 본인의 의사에 반하거나 본인에게 불리한 것이 명백하지 않을 것

사무관리의 계속이 본인의 의사에 반하거나, 본인에게 불리한 것이 명백한 때에는 사무관리를 중지하여야 한다(제737조 단서).

Ⅲ. 사무관리의 효과

1. 위법성의 조각

사무관리는 적법행위로서 위법성을 조각한다. 따라서 사무관리를 위하여 필요한 행위를 한 경우(예를 들면, 불을 끄기 위해 주인의 허락을 받지 않고 그 집에 들어가는 행위)라도 불법행위가 되지 않는다.

2. 사무관리자의 의무

가. 관리계속의무

사무관리자가 일단 사무관리를 시작한 때에는, 관리자는 본인, 그 상속인이나 법정대리인이 그 사무를 관리하는 때까지 관리를 계속하여야 한다(제737조 본문). 마음대로 중단하면 본인에게 손해가 생길 수 있기 때문이다. 그러나 관리의 계속이 본인의 의사에 반하거나 본인에게 불리함이 명백한 때에는 관리를 중지하여야 한다(제737조 단서).

나. 통지의무

관리자가 관리를 개시한 때에는 지체없이 본인에게 통지하여야 한다. 그러나 본인이 이미 이를 안 때에는 그러하지 아니하다(제736조).

다. 관리의 방법

사무관리는 그 사무의 성질에 좇아 본인에게 가장 이익이 되는 방법으로 하여야 하나(제734조 제1항), 만약 관리자가 본인의 의사를 알거나 알 수 있는 때에는 그 의사에 적합하도록 하여야 한다(제734조 제2항).

관리자가 위와 같은 관리방법에 위반하여 사무를 관리한 결과 본인에게 손해가 발생하면, 관리자는 그에게 과실이 없는 때에도 손해를 배상하여야 한다(제734조 제3항 본문). 그러나 관리방법에 위반하여 관리를 하였더라도 그 관리행위가 공공의 이익에 적합한 때에는 중대한 과실이 있는 경우에만 책임을 진다(제734조 제3항 단서).

3. 본인의 의무

가. 비용상환의무

관리자가 본인을 위하여 필요비 또는 유익비를 지출한 때에는, 본인에 대하여 그 상환을 청구할 수 있다(제739조 제1항).

관리자가 본인의 의사에 반하여 관리한 때에는, 관리자는 본인의 현존이익의 한도에서 비용상환을 청구할 수 있다(제739조 제3항).

나. 손해배상의무

관리자가 사무관리를 함에 있어서 과실없이 손해를 받은 때에는, 본인의 현존이익의 한도에서 그 손해의 보상을 청구할 수 있다(제740조).

제2절 부당이득

I. 부당이득의 의의 및 성질

甲이 乙의 토지를 1년 동안 무단으로 사용하였는데, 그 토지를 정당하게 임차하여 사용하려면 매달 100만원의 임료(사용료)를 지급하여야 했다면, 甲은 1년 동안 1,200만원의 이익을 본 반면, 乙은 甲의 무단 점유로 인하여 1,200만원의 임대료를 손해본 것이 된다. 이 경우 甲에게 그 이익을 그대로 귀속시키는 것은 어느모로 보나 부당하므로, 甲은 자신이 본 이익을 乙에게 반환해야 할 것이다. 부당이득이란 이와 같이 법률상 원인없이 타인의 재산 또는 노무로 인하여 얻은 이익을 가리키는데 민법은 부당이득이 생긴 때에는 이득자가 손실자에게 그 이득을 반환하여야 하는 것으로 규정하고 있다(제741조). 그 결과 부당이득은 사무관리·불법행위와 더불어 법정 채권발생원인의 하나가 되고 있다.

Ⅱ. 부당이득의 일반적 성립요건

부당이득의 일반적 성립요건은 i) 타인의 재산 또는 노무에 의하여 이익을 얻었을 것(수익), ii) 그러한 이익을 얻음으로 인하여 타인에게 손해를 가했을 것(손실), iii) 수익과 손실 사이에 인과관계가 있을 것, iv) 법률상의 원인이 없을 것의 네 가지이다(제741조).

1. 수 익

수익은 수익자의 전체 재산에서 일어난 가치의 변동을 말하는데, 이는 재산이 증가하는 적극적이익뿐만 아니라, 당연히 발생하였을 재산의 감소를 면하는 소극적 이익도 포함한다. 적극적 이익에는 소유권, 제한물권의 취득, 채권의 취득, 지적 재산권(예: 특허권)의 취득뿐만 아니라, 점유의 취득, 무효인 등기의 취득도 이에 해당한다. 소극적 이익은 자기의 재산으로부터 지출하였어야 할 비용을 지출하지 않게 된 것인데 가령 타인이 자기의 물건을 대가없이 보관해 준 경우, 본래 부담하였어야 할 채무를 부담하지 않게 된 경우, 이미 부담하고 있던 채무를 면하게 된 경우가 이에 해당한다.

2. 손 실

부당이득이 성립하려면, 반환의무자의 이득에 의하여 상대방이 손실을 입어야 한다. 손실은 손실자가 금전이나 재화를 교부하는 것같이 손실자의 급부에 의하여 일어날 수도 있으나, 다른 자의 불법점유로 사용의 기회를 잃은 것도 손실에 해당한다.

3. 수익과 손실 사이의 인과관계

수익과 손실 사이에 인과관계가 있어야 한다. 다만 그 인과관계는 사회관념상 그 연락을 인정할 수 있으면 족하고, 직접적인 것일 필요는 없다.

4. 법률상 원인이 없을 것

부당이득이 인정되려면, 그 수익이 법률상 원인없이 생긴 것이어야 한다. 법률상 원인이 없다는 것은 수익자에게 수익을 그대로 보유케 하는 것이 법률상 정당화할 사유가 없다는 것을 의미한다. 그런데 위와 같은 표준은 구체적 내용이 없어 막연하므로 부당이득의 유형에 따라 그 내용을 구체적·개별적으로 명백히하여야 한다.

가. 이득이 손실자의 급부행위에 의하여 발생한 경우

당사자 한쪽이 그 스스로의 의사에 의하여 재산상의 손실을 입는 반면에 그로 인하여 다른 쪽이 이득을 얻게 된 경우이다. 이와 같이 손실자의 급부행위에 의하여 수익이 생긴 경우에는, 손실자가 급부를 하게 된 원인인 '채권의 존재'가 법률상의 원인이다. 따라서 아무런 채권이 존재하지 않음에도 불구하고 손실자가 급부한 경우에는 부당이득이 성립된다. 급부 당시에는 채권이 존재하였지만 후에 소급하여 소멸한 때에도 마찬가지이다. **예를 들면** 매매계약을 체결하고 매매대금을 지급하였는데, 후에 그 계약이 취소·해제된 경우가 이에 해당한다.

나. 침해 부당이득의 경우

무권리자가 타인의 물건을 사용·수익·처분함으로써 이득을 얻은 경우, 즉 침해 부당이득의 경우에는, '해당하는 권한의 존재'가 법률상의 원인이 된다. **예를 들면** 임차권 등의 적법한 점유권원 없이 타인의 토지를 무단으로 사용하였다면 그것의 사용에 따른 이득은 부당이득이 된다.

다. 비용부당이득의 경우

손실자가 급부 이외의 목적으로 금전지출 등의 출연행위를 한 경우이다. **예를 들면** 甲이 乙로부터 컴퓨터를 빌려 사용하다가 컴퓨터의 성능을 개선하기 위하여 자신의 비용으로 그 컴퓨터의 사양을 올린 경우가 이에 해당한다. 민법은 비용부당이득에 해당하는 대부분의 경우 특칙을 두고 있으므로(제210조, 제325조, 제688조 등), 이러한 특칙이 있는 경우에는 특칙이 우선하여 적용되고, 따로 특칙이 없는 경우에 부당이득의 일반규정이 적용된다.

라. 그 밖의 경우

그 밖의 부당이득에 대하여는 구체적인 경우에 있어서 이득의 귀속이 손실자와의 관계에서 볼 때 법적 정당성의 관념에 합치하는지의 여부를 검토하여야 하며, 이러한 정당성을 갖추지 못한 경우에는 법률상 원인이 없는 것이 된다.

Ⅲ. 부당이득의 효과

부당이득의 요건이 갖추어지면, 수익자는 손실자에 대하여 그가 받은 이득의 반환의무를 진다(제741조). 부당이득 반환의무의 범위는 수익자가 선의인지 악의인지에 따라 차이가 있다. 여기서 선의란 수익자가 자신이 취득한 수익이 법률상 원인 없는 이득임을 알지 못하는 것이고, 악의는 그 사실을 아는 것이다. 선의의 수익자는 그 받은 이익이 현존하는 한도에서 반환의무가 있다(제748조 제1항). 따라서 그는 받은 이익 가운데 원물 또는 그 모습을 바꾸어서 남아 있는 것만을 반환하면 된다. 악의의 수익자는 그 받은 이익에 이자를 붙여 반환하고, 손해가 있으면 이를 배상하여야 한다(제748조 제2항).

부당이득의 반환방법은 원물반환이 원칙이다. 즉 수익자는 취득한 구체적 이득을 그대로 반환하여야 한다. 취득한 것이 대체물이더라도 반환의 대상이 되는 것은 수익자가 얻은 바로 그 물건이다. 원물반환이 불능할 때에는 가액을 반환하게 된다. 여기서 원물의 반환불능이라 함은 사회관념상의 불능을 의미한다. 반환불능인지의 여부를 판단하는 시점은 반환청구시가 아니라 반환시(또는 사실심 변론종결시)로 보아야 한다. 가액산정의 기준시점은 원물반환이 처음부터 불가능할 때에는 부당이득 성립시가 기준이 되고, 사후적으로 불능이 되었을 때에는 반환불능으로 된 시점으로 보아야 한다.

Ⅳ. 부당이득에 관한 특례

민법은 부당이득 가운데 일정한 경우에 관하여 취득한 이득의 반환을 부정하는 특칙을 두고 있다.

1. 비채변제

널리 비채변제(非債辨濟)라고 하면, 채무가 없음에도 불구하고 변제로서 급부하는 것을 말한다. 이러한 비채변제는 부당이득이 되어 반환청구를 할 수 있음이 원칙이다. 그런데 민법은 여기에 관하여 특칙을 두어 일정한 경우에는 반환청구를 허용하지 않고 있다.

가. 악의의 비채변제

변제자가 채무가 없음을 알면서도 '채무자로서' 변제 한 경우인데, 이러한 경우에는 그 반환을 청구하지 못한다(제742조). 변제자가 자신이 아무런 채무가 없다는 사실을 알고 있었음에도 불구하고 굳이 채무자로서 변제한 경우이므로, 이러한 변제자를 보호할 필요가 없기 때문이다. 변제자가 자신이 채무가 있다고 생각하고(즉, 채무 없음을 알지 못하고) 변제하였는데 실제로는 채무가 없었던 경우에는 특별한 사정이 없는 한 반환청구를 할 수 있다.

나. 도의개념에 적합한 비채변제

채무 없는 자가 채무가 없음을 모르고 변제하였더라도 그 변제가 도의관념에 적합한 때에는 그 반환을 청구하지 못한다(제744조). 학설은 법률상 부양의무 없는 자가 그 의무가 있다고 잘못 생각하고 부양을 한 때와 시효로 소멸한 채권에 대하여 시효소멸사실을 모르고 변제한 경우에는 도의관념에 적합한 비채변제로 본다.

다. 타인의 채무의 변제

채무자 아닌 자가 타인의 채무를 '자기의 채무'라고 착오을 하고 이를 변제한 경우에는, 변제는 무효이고, 따라서 채권자는 부당이득을 한 것이 된다. 그리하여 변제자는 채권자에게 반환을 청구할 수 있다고 보아야 한다. 그런데 채권자로서는 채무가 변제되었으므로 채권관계가 종료된 것으로 오해하고 채권증서를 없애버리거나 담보를 포기하거나 하는 등의 행위를 할 수 있고, 그 경우 채권자에게 예측하지 못한 손해가 생길 가능성이 있다. 그리하여 민법은, 채권자가 선의로(즉, 변제가 유효한 것으로 믿고) 증서를 훼멸하거나 담보를 포기하거나 시효로 인하여 그의 채권을 잃은 때에는, 변제자가 반환을 청구할 수 없도록 규정한다(제745조 제1항). 그리고 이 경우에 변제자는 채무자에 대하여 구상권(상환청구권)을 행사할 수 있다(제745조 제2항)고 규정하여 이해의 조절을 하고 있다.

2. 변제기 전의 변제

채무가 존재하는 한 그것을 변제기 전에 변제하였다고 하여 부당이득이 되지는 않는다. 따라서 채무자가 변제기 전에 채무를 변제한 경우에는 그 반환을 청구할 수 없다(제743조 본문). 그러나 채권자로서는 변제기 전에 변제를 받음으로써, 급부받은 것을 변제기까지 이용할 수 있게 되는데, 이로써 얻게 되는 이익, 즉 중간이자는 부당이득이라고 할 수 있다. 민법은 채무자가 착오로 인하여 변제기 전에 변제한 때에는 채권자는 이로 인하여 얻은 이익을 반환하도록 규정하고 있다(제743조 단서).

3. 불법원인급여

가. 의 의

甲이 건축허가를 담당하는 공무원인 乙에게 건축허가를 낼 수 없는 지역에 건축허가가 나오게 해 달라는 부정한 청탁을 하면서 돈 1,000만원을 교부하였고 乙도 건축허가를 내 주기로 하면서 위 돈을 수령하였다. 그러나 결국 甲이 의도한 건축허가를 받지 못하였을 때 甲은 乙에게 부정한 청탁의 대가로 준 돈 1,000만원의 반환을 청구할 수 있을까?

민법은 이와 같은 경우 '불법의 원인으로 인하여 재산을 급여하거나 노무를 제공한 때에는 그 이익의 반환을 청구하지 못한다'(제746조)고 규정하여 그 반환청구권을 부정하고 있다. 그 이유는 법이 금지하는 사회적 타당성이 없는 행위를 스스로 한 자가 자기행위의 결과를 복구하려는데(즉, 돈을 되돌려 받으려는 데) 법이 조력을 해 준다면, 이는 법이 부정한 행위를 다시 시인해 주는 결과가 되기 때문이다. 즉 위의 예에서 甲에게 부당이득 반환청구권을 인정해 주면 甲의 사회적 타당성 없는 행위를 한 것에 대하여 법적인 안전망을 마련해 주는 것이나 다름없다. 즉 甲이 돈을 반환받을 수 있다면, 甲으로서는 사회적 타당성이 없는 행위를 통하여 의도한 것이 이루어지면 좋고, 이루어지지 않더라도 돈을 반환받아 아무런 피해를 입지 않는 것이니 이는 법이 스스로 불법을 조장하는 셈이 된다. 따라서 甲의 반환청구권을 부정하는 것이다. 그러나 위 규정이 甲의 행위를 부정하는 부분은 타당하나, 불법원인에 의한 이득을 수익자(乙)에게 그대로 보유시키는 문제는 여전히 남게 된다.

나. 요 건

불법원인급여가 되려면, 불법의 원인으로 인하여 재산을 급여하거나 노무를 제공하였어야 한다(제746조).

(1) 불 법 　제746조의 불법의 의미에 관하여는 논란이 있으나, 일반적으로 '선량한 풍속 기타 사회질서에 위반하는 것'을 의미하며, 그리하여 제746조는 제103조와 표리관계를 이룬다고 본다.

(2) 급부원인의 불법 　불법원인급여가 되려면, 급부의 원인이 불법이어야 한다. 급부가 어떤 원인관계에 기초하여 이루어진 때에는 그 원인관계가, 그러한 관계없이 급부가 이루어진 때에는 '그 급부에 의하여 달성하려고 하는 사회적 목적'이 급부원인이 된다.

(3) 급부의 완료 　불법원인급여가 성립하려면, 불법의 원인으로 재산을 급여하거나 노무를 제공하였어야 한다. 즉 급부가 완료된 것이어야 하고, 단지 채무를 부담하는 것만으로는 이에 해당하지 않는다. 급부의 대상이 동산일 경우에는 점유의 이전, 부동산일 경우에는 소유권이전등기가 이루어진 때에 급부가 있는 것으로 본다. 부동산등기가 경료된 경우 그것이 무효의 등기인 때에는 급부의 완료가 있다고 볼 수 없다.

다. 효 과

어떤 급부가 불법원인급여로 인정되면, 급부자는 원칙적으로 그 이익의 반환을 청구하지 못한다(제746조 본문). 그 반사적 효과로 급부는 수익자에게 종국적으로 귀속한다. 반환청구를 하지 못하는 것은 급부자 자신은 물론이고 그의 상속인과 같은 권리승계인도 마찬가지이다.

다만 불법원인급여라 할지라도 '불법원인이 수익자에게만 있는 때'에는 예외적으로 급부한 것의 반환을 청구할 수 있다(제746조 단서). 제104조의 폭리행위에 해당하거나, 범죄를 범하려는 자에게 이를 단념시키기 위하여 금전을 급부한 경우가 그 예이다.

제3절 불 법 행 위

제1관 총 설

I. 불법행위의 의의

불법행위는 고의 또는 과실로 인한 위법행위로 타인에게 손해를 가하는 행위이다. 과실로 교통사고를 내어 타인을 다치게 하거나, 고의로 타인의 물건을 손괴하는 행위 등이 그 예이다. 불법행위로 인하여 피해자가 손해를 입었으면, 가해자는 피해자에 대하여 손해를 배상할 책임이 있다(제750조). 따라서 불법행위는 사무관리, 부당이득 등과 같이 법정 채권발생원이이다.

II. 불법행위 책임과 다른 책임과의 관계

1. 채무불이행책임과 불법행위책임

채무불이행과 불법행위는 모두 위법행위로서 손해를 입게 한 자가 손해를 입은 자에게 그 손해를 배상해야 할 책임을 지는 것은 유사하지만, 채무불이행은 당사자 사이에 적법한 채권관계의 존재를 전제로 하여 채무자가 이를 이행하지 않는 경우를 대상으로 하는 점에서, 채권·채무관계가 없는 자 사이에서 발생한 가해행위의 책임을 문제삼는 불법행위와는 구별된다. 그러나 하나의 사실이 채무불이행과 불법행위의 요건을 모두 갖추는 경우도 많다. **예를 들면** 건물의 임차인이 과실로 임차건물을 소실시켰을 때, 임차인은 임대차계약상에 기한 임차물반환의무에 위반한 동시에 타인의 재물을 손괴시킨 불법행위를 저지른 것이 된다. 또 의사가 의료과실로 환자를 사망케 한 경우에도 진료계약상의 채무불이행임과 동시에 불법행위가 된다. 일반적으로 이러한 경우에는 채무불이행과 불법행위로 인한 손해배상청구권의 경합이 인정되어 채권자(피해자)는 어느 쪽의 권리를 행사하여도 된다고 본다.

2. 불법행위책임(민사책임)과 형사책임

불법행위가 되는 행위 가운데 동시에 형사책임까지 발생시키는 행위가 많다. **예를 들면** 타인의 물건을 절취하였을 때, 형사상 절도죄로 처벌받는 것과 별개로, 민사상 피해품의 배상이라는 손해배상책임도 동시에 발생한다. 그러나 양 책임은 구별되어야 한다. 민사책임으로서의 불법행위책임은 피해자의 손해를 전보하여 피해가 없는 상태를 만드는 데 그 목적이 있다면, 형사책임은 행위자에 대한 국가형벌권의 행사에 그 목적을 두고 있어 성립요건이나 효과면에서 서로 다르기 때문이다. 이들 두 책임은 근대 이전에는 결합되어 있었으나, 근대 이후에는 완전히 나누어져 있다.

두 책임이 모두 발생하는 경우에는, 어느 하나의 책임을 졌다고 하여 다른 책임을 면하는 것은 아니다. 즉 타인의 물건을 절취한 경우에 절도죄로 처벌받았다고 해서 손해배상책임을 면하는 것은 아니다. 그럼에도 불구하고, 사회일반의 인식은 형사처벌을 받으면 민사책임을 면하는 것으로 잘못 알고 있는 경우가 많다. 예를 들어 타인을 기망하여 재물을 편취한 자는 사기죄로 처벌을 받는 것과는 별도로 편취한 재물에 대한 손해배상책임을 당연히 부담함에도 불구하고, 자신이 사기죄로 처벌을 받은 사실을 내세워 민사책임(손해배상책임)은 이행되었거나 소멸하였다고 주장하는 경우가 많은데 이는 형사책임과 민사책임을 잘못 이해한 때문이다.

그런데 현행 배상명령제도에서는 두 책임이 관련되어 있다. 제1심 또는 제2심의 형사공판절차에서 일정한 범죄에 관하여 유죄판결을 선고할 경우에, 법원이 직권 또는 피해자나 그의 상속인의 신청에 의하여 피고사건의 범죄행위로 인하여 발생한 직접적인 물적 피해, 치료비손해, 위자료의 배상을 명할 수 있는데 이를 배상명령이라고 한다. 그러나 이는 일정한 목적을 위하여 특별히 만들어진 제도일 뿐이며, 두 책임의 합체를 의미하는 것은 아니라는 점에 유의하여야 한다.

Ⅲ. 불법행위에서의 과실책임과 무과실책임

1. 과실책임의 원칙

과실책임의 원칙은 개인이 타인에게 준 손해에 대하여는 그 행위가 위법할 뿐만 아니라 동시에 과책(고의 또는 과실)에 기한 경우에만 책임을 진다는 원칙이다. 민법의 기본원리 가운데 하나로서, 민법은 불법행위의 경우에는 제750조에서, 채무불이행의 경우에는 제390조에서 이 원칙을 천명하고 있다.

2. 무과실책임과 그 입법

예를 들어 어느 기업이 생산과정에서 오염물질을 배출하여 인근 주민이 피해를 입었다고 가정하자. 그런데 그 기업이 현대과학이 도달할 수 있는 최고의 기술과 생산시설을 갖추어 제품을 생산하였다면, 그 기업에 어떤 과실이 있다고 할 수는 없을 것이다. 과실이라는 개념이 일정한 주의의무를 전제로 그 주의의무를 게을리하는 경우를 의미하는 것이기 때문이다. 그러나 기업은 제품의 생산을 통하여 상당한 이익을 올리는데 주민은 피해를 입을 뿐 이를 전보받을 수단이 없다면 이는 법의 이념에 반하는 결론이 될 것이다. 여기서 과실이 없어도 책임을 져야 한다는 무과실책임론이 주장되기에 이르렀다.

민법은 과실책임의 원칙을 기초로 하고 있기 때문에 무과실책임을 부과할 경우에는 법률에서 이를 명시적으로 정하는 방식을 취하고 있다. 제조물의 결함으로 인한 손해에 대한 제조업자의 무과실책임(제조물책임법 제3조 제1항), 사업장 등에서 발생되는 환경오염 등으로 인하여 피해가 발생한 경우의 사업자의 무과실책임(환경정책기본법 제31조), 광해에 대한 광업권자 또는 조광권자의 무과실책임(광업법 제75조), 원자로의 운전 등으로 인한 손해에 대한 원자력사업자의 무과실책임(원자력손해배상법 제3조), 독점규제및공정거래에관한법률에 위반하여 손해를 준 사업자의 무과실책임(독점규제및공정거래에관한법 제56조) 등을 들 수 있다. 나아가 자동차의 운행으로 인한 타인의 사망·부상에 대한 자동차운행자의 책임(자동차손해배상보장법 제3조), 특허권의 침해(특허법 제130조) 등의 경우에는 과실의 입증책임을 전환하여 사실상 무과실책임주의에 접근하고 있다.

이러한 입법 경향은 손배배상의 공평분담이라는 측면에서 타당하다고 보여지나, 무과실책임은 과실책임에 의해서는 손해의 공평분담이라는 제도목적을 달성할 수 없는 경우에 예외적·보충적으로 사회적 손실분담의 차원에서 부과되는 책임이라는 내재적 한계도 아울러 가진다고 보아야 한다.

제2관 일반 불법행위의 성립요건

I. 서

민법상의 불법행위는 크게 일반불법행위와 특수불법행위로 나누어 볼 수 있다. 그 중 전자에 관한 규정이 제750조이고, 후자에 관한 규정이 제755조 내지 제760조이다. 특수 불법행위는 일반 불법행위의 요건 외에 다시 위 규정상의 추가 요건이 더 갖추어진 경우에 인정된다. 일반 불법행위의 성립요건을 먼저 살펴보자.

일반 불법행위의 성립요건은 i) 가해자의 고의 또는 과실에 의한 행위가 있을 것(가해자의 고의·과실), ii) 가해자에게 책임능력이 있을 것(가해자의 책임능력), iii) 가해행위가 위법할 것(가해행위의 위법성), iv) 가해행위에 의하여 손해가 발생할 것(가해행위에 의한 손해발생)의 네 가지이다(제750조, 제753조, 제754조 참조). 이 중에 i) ii)는 가해자를 표준으로 하여 판단하는 주관적 요건이고, iii) iv)는 객관적 요건이다.

Ⅱ. 가해자의 고의·과실에 의한 행위

과실책임주의의 원칙에 따라 행위자에게 귀책사유가 있는 경우에만 불법행위책임이 인정된다. 따라서 불법행위가 성립하려면, 가해자의 고의 또는 과실에 의한 행위가 있어야 한다(제750조).

고의는 자기의 행위로부터 일정한 결과가 발생할 것을 인식하면서도 그 행위에 나아가는 것이다(결과발생의 시인). 고의가 인정되기 위하여 결과의 발생을 의욕했을 것까지는 요구되지 않으며, 결과발생을 인식하는 것으로 충분하다. 과실은 자기의 행위로부터 일정한 결과가 발생할 것을 인식했어야 함에도 불구하고 부주의로 말미암아 인식하지 못하고 그 행위에 나아가는 것이다(결과발생의 부정).

불법행위의 경우에서 과실유무를 판단하기 위하여 기준이 되는 주의는 일반·평균인이 베푸는 정도의 주의(선량한 관리자의 주의)이다. 한편 가해자가 고의·과실이 있었음에 대한 입증책임은 불법행위의 성립을 주장하는 피해자에게 있다. 그러나 앞서 본 바와 같이 일정한 경우에 입증책임을 전환하여 가해자(피고)가 스스로 고의나 과실이 없었음을 입증하지 못하면 손해배상책임을 지도록 하는 경우도 많이 있다.

Ⅲ. 가해자의 책임능력

불법행위가 성립하려면, 가해자에게 책임능력이 있어야 한다(제753조, 제754조 참조).

책임능력은 자기 행위의 책임을 변식할 수 있는 정신적 능력, 즉 자기의 행위에 대한 책임을 인식할 수 있는 지능이다. 자기의 행위에 의하여 일정한 결과가 발생하는 것을 인식하는 능력(의사능력)과 달리, 그 결과가 위법한 것으로서 법률상 비난받는 것임을 인식하는 정신능력이다. 책임능력의 존재는 추정되므로, 민법은 책임능력에 대하여 소극적으로 규정하고 있다. 책임능력은 불법행위능력이라고도 하는데, 이 능력이 없으면 불법행위의 성립이 인정되지 않는다. 책임능력이 있는지의 여부는 행위 당시를 기준으로 하여 개별적·구체적으로 판단되며, 연령이나 지능 등에 의하여 획일적으로 결정되지 않는다.

1. 미성년자의 책임능력

미성년자가 타인에게 손해를 가한 경우에 그 행위의 책임을 변식할 지능이 없는 때에는 배상의 책임이 없다(제753조). 즉 책임능력이 없는 미성년자는 불법행위책임을 지지 않는다. 미성년자가 일반적으로 어느 정도의 연령에서 책임능력을 갖추는가에 관한 기준은 없으나 판례는 15세 정도를 기준으로 하여 그 이하면 책임능력을 부정하고, 그 이상이면 책임능력을 인정하는 듯하나 구체적인 사건에서 이와 달리 판단한 사건도 있다.

2. 심신상실자의 책임능력

심신상실중에 타인에게 손해를 가한 자는 배상의 책임이 없다(제754조 본문). 심신상실이란 판단능력이 없는 상태, 즉 행위의 책임을 변식할 지능이 없는 때를 의미한다. 다만 심신상실의 상태를 가해자가 고의 또는 과실로 초래한 때에는 면책되지 않는다(제754조 단서). **예를 들면** 술에 취하면 정신을 잃고 주사가 부리는 성향이 있는 사람이 자신이 술을 마시면 그렇게 될 것을 알면서도 술을 마시고 판단능력이 없는 상태에서 다른 사람을 때려서 다치게 한 경우에는 면책되지 않는다. 이러한 경우의 가해행위를 '원인에 있어서 자유로운 행위'라고 한다.

3. 감독자책임 문제

가해행위를 한 자가 책임능력이 없어서 면책되는 경우에 이를 감독할 법정 의무 있는 자는 그 무능력자의 제3자에게 가한 손해를 배상할 책임이 있다. 그러나 감독의무를 해태하지 아니한 때에는 그러하지 아니하다. 감독의무자에 갈음하여 무능력자를 감독하는 자도 책임을 진다(제755조).

Ⅳ. 가해행위의 위법성

불법행위가 성립하려면, 가해행위가 위법하여야 한다(제750조).

1. 위법성의 본질

가해행위가 '위법하다'는 것은 타인에 대한 가해가 사회생활상 허용되지 않는 성질, 즉 어떤 행위가 법체계 전체의 입장에서 부정적인 판단을 받는 것을 말한다. 위법성 판단은 당해 행위에 의하여 침해된 법익의 성질 또는 침해행위의 모습에 의하여 개별적으로 판단한다. 부작위가 위법성을 띠기 위해서는 작위의무를 위반하여야 한다.

2. 위법성의 조각

타인에게 손해를 발생시키는 행위라고 하더라도 일정한 사유가 있는 때에는 위법성이 없는 것이 되는데, 그러한 사유를 '위법성 조각사유'라고 한다. 민법은 위법성 조각사유로 정당방위(제761조 제1항)와 긴급피난(제761조 제2항)을 규정하고 있으나, 그 외에도 자력구제, 피해자의 승낙, 정당행위 등도 위법성을 조각한다.

가. 정당방위

타인의 불법행위에 대하여 자기 또는 제3자의 이익을 방위하기 위하여 부득이 타인에게 손해를 가한 자는 배상할 책임이 없다(제761조 제1항). 이러한 행위를 정당방위라고 한다. 甲이 乙을 칼로 찌르려고 하여 乙이 이를 방어하는 과정에서 甲에게 폭행을 가한 경우이다. 정당방위가 성립하면 위법성이 조각되어 방위행위자는 손해배상책임이 없다(제761조 제1항 본문). 다만 방위행위의 정도는 침해행위에 상응하는 정도가 되어야 한다. 상당한 정도를 넘는 방위행위는 과잉방위로 되어 위법성이 조각되지 않는다.

나. 긴급피난

급박한 위난을 피하기 위하여 부득이 타인에게 손해를 가한 경우에도 위법성이 조각된다(제761조 제2항). 자기쪽으로 돌진해 오는 자동차를 피하기 위하여 부득이 타인의 가게에 뛰어들면서 쇼윈도우를 파손한 경우가 그 예이다. 긴급피난이 성립하면 긴급피난행위의 위법성이 조각되어 행위자는 손해배상책임이 없다. 피해자인 제3자는, 위난을 일으킨 자가 불법행위의 요건을 갖추는 때에는 불법행위자에게 손해배상을 청구할 수 있다(제761조 제2항, 제761조 제1항 단서).

다. 자력구제

자력구제는 청구권을 보전하기 위하여 국가기관의 구제를 기다릴 여유가 없는 경우에 권리자가 자신의 실력으로 스스로 구제하는 행위이다. 물건을 빼앗아가는 자를 쫓아가서 되찾아오는 것이 그 예이다. 민법은 점유의 침탈 또는 방해가 있는 때에 관하여서만 이를 인정하는 명문규정을 두고 있고(제209조) 자력구제에 관한 일반규정을 두고 있지 않다. 그러나 일반적으로 자력구제를 위법성이 조각되는 사유로 인정하여 정당한 자력구제행위는 불법행위가 되지 않는다고 본다.

라. 피해자의 승낙

민법에 명문의 규정은 없으나, 일반적으로 피해자의 승낙이 있는 경우에도 위법성이 조각된다고 한다. 다만 그 요건은 피해자가 승낙의 의미를 이해할 만한 정신능력을 가져야 하고, 자유로운 판단에 의하여 승낙이 이루어져야 하며, 그 승낙이 사회질서에 위반되지 않는 것이어야 한다. 묵시의 승낙도 인정될 수 있다.

마. 정당행위

법령에 바탕을 둔 정당한 업무행위는 위법성을 조각한다. 권리남용에 이르지 않는 권리행사, 사무관리(제734조), 친권자·후견자의 징계행위(제915조, 제945조), 현행범인의 체포(형사소송법 제212조), 의사의 치료행위 등이 이에 해당한다.

V. 가해행위에 의한 손해발생

불법행위가 성립하려면 가해행위에 의하여 손해가 발생하였어야 한다(제750조).

1. 손해의 발생

어떤 가해행위가 불법행위로 되려면, 현실적으로 손해가 생겼어야 한다. 따라서 행위자가 손해를 발생시킬 의도로 어떤 행위를 하였더라도 그 행위로 인하여 실제로 손해가 발생하지 않았으면 손해배상책임을 지지 않는다. 손해의 발생과 그 범위에 관한 입증책임은 일반적으로 채권자인 피해자에게 있다.

2. 가해행위와 손해발생 사이의 인과관계

불법행위로 인한 손해배상책임이 인정되기 위해서는, 가해행위와 손해발생 사이에 인과관계가 있어야 한다. 즉 가해자의 가해행위라는 원인행위에 의하여 손해라는 결과가 발생하였어야 한다. 인과관계의 입증책임도 피해자에게 있다. 다만 환경오염이나 의료 피해 소송에서는 판례는 개연성 이론에 의하여 인과관계를 사실상 추정하기도 한다.

제3관 불법행위의 효과

I. 손해배상청구권의 발생

불법행위가 성립되면, 피해자는 가해자에 대하여 손해배상청구권을 취득한다(제750조). 따라서 불법행위는 사무관리·부당이득 등과 마찬가지로 법정채권 발생원인에 해당한다.

Ⅱ. 손해배상 청구권자

1. 원 칙

불법행위에 의하여 손해를 입은 자, 즉 직접적 피해자가 손해배상청구권을 가지게 된다(제750조 참조). 자연인뿐만 아니라 법인 및 권리능력 없는 사단도 포함되며, 태아는 손해배상청구권에 관하여는 이미 출생한 것으로 본다(제762조). 간접적 피해자는 법률에 명문규정(예를 들면 제752조)이 있는 경우에만 예외적으로 손해배상청구권을 갖는다. 간접피해자에게 제한없이 손해배상청구권을 인정하면 손해배상을 청구할 수 있는 자의 범위가 무한히 넓어질 수 있기 때문이다. **가령** 甲이 乙에게 물품대금채권을 가지고 있었는데, 乙이 丙에게 살해당함으로써 자신의 채무변제가 사실상 어려워져 재산적 피해를 입었다고 하더라도, 간접적 피해자인 甲이 丙을 상대로 손해배상청구를 할 수는 없다.

생명침해의 경우에 손해배상 청구권자가 누구냐에 관한 논란이 있다. 사람은 생존하는 동안만 권리·의무의 주체가 되는데, 생명침해의 경우에는 불법행위 성립시에 피해자가 사망하여 권리능력을 잃게 되기 때문이다. 그리하여 직접적인 피해자는 생명침해를 이유로 한 손해배상청구권을 취득할 수가 없게 된다는 견해도 있다. 그러나 불법행위로 인하여 피해자가 즉사하였다고 하더라도 불법행위와 사망 사이에는 어느 정도의 시간적 차이가 있을 수밖에 없다. 따라서 피해자에게 일단 손해배상청구권이 생겼다가 사망시에 손해배상청구권이 상속인에게 상속된다고 봄이 옳다. 따라서 생명침해의 경우에도 피해자는 일단 손해배상청구권을 취득한다고 보아야 한다.

2. 예 외— 피해자 이외의 청구권자

가. 생명침해로 인한 위자료

타인의 생명을 해한 자는 피해자의 직계존속, 직계비속 및 배우자에 대하여는 재산상의 손해가 없는 경우에도 손해배상의 책임이 있다(제752조). 이 규정은 생명침해의 경우 피해자의 직계존속, 직계비속 및 배우자에게 위자료

청구권을 인정한 조항인데, 판례는 그 범위를 넓혀, 생명침해의 경우뿐만 아니라, 신체상해의 경우에도 상해의 정도에 따라서는 상해를 입은 피해자의 부모, 배우자(사실혼 포함) 자녀 등에게 위자료 청구권을 인정하고 있다.

생명침해의 경우에 피살자에게도 생명침해로 인한 위자료청구권이 인정되는가? 앞서 본 바와 같이 즉사의 경우에도 치명상과 사망과의 사이에는 시간적 간격이 인정될 수 있음을 들어 **판례**는 이를 인정하고 있다. 그리고 이 위자료청구권은 피살자가 이를 포기했거나 면제했다고 볼 수 있는 특별한 사정이 없는 한 생전에 청구의 의사를 표시할 필요 없이 원칙적으로 상속된다고 본다.

나. 부양청구권자의 경우

부양 의무자(제974조 참조)가 불법행위로 생명을 침해당함으로써 부양 청구권자가 부양을 받지 못하게 되었다면, 부양 청구권자는 가해자에 대하여 부양을 받지 못한 것에 대한 손해배상청구권을 가진다고 보아야 한다. 역으로 피해자가 상해를 입은 경우, 피해자에 대한 부양 의무자는 피해자를 위하여 지출한 치료비·개호비 등을 가해자에게 청구할 수 있다. 이는 가해행위가 없었다면 지출하지 않았을 것이기 때문이다.

Ⅲ. 손해배상의 방법

민법상 손해배상은 금전으로 하여야 한다(금전배상의 원칙). 재산적 손해뿐만 아니라 정신적 손해도 금전으로 배상한다. 금전배상의 지급방법으로는 일시금배상과 정기금배상이 있다. 민법은 타인의 신체, 자유 또는 명예를 해하거나 기타 정신상 고통을 가한 자의 경우의 손해배상에 대하여 법원은 손해배상을 정기금채무로 지급할 것을 명할 수 있고 그 이행을 확보하기 위하여 상당한 담보의 제공을 명할 수 있다(제751조)고 규정한다.

한편 금전배상의 원칙에 대한 예외로서, 법률에 특별규정이 있거나 당사자의 다른 의사표시가 있는 때에는 예외적으로 원상회복청구가 인정된다(제

763조, 제394조).

타인의 명예를 훼손한 자에 대하여는 법원은 피해자의 청구에 의하여 손해배상에 갈음하거나 손해배상과 함께 명예회복에 적당한 처분을 명할 수 있다(제764조). 광업법에서도, 광해에 관하여 금전배상을 원칙으로 하면서, 예외적으로 배상금액에 비하여 과다한 비용을 요하지 않고 원상을 회복할 수 있는 원상회복을 청구할 수 있다고 한다(동법 제77조).

Ⅳ. 손해배상의 범위

1. 손해배상의 범위

채무불이행으로 인한 손해배상의 범위를 정한 민법 제393조는 불법행위로 인한 손해배상에도 준용된다(제763조). 따라서 불법행위로 인한 손해배상은 통상의 손해를 그 한도로 하고, 특별한 사정으로 인한 손해는 불법행위자가 그 사정을 알았거나 알 수 있었을 때에 한하여 배상의 책임이 있다. 불법행위로 인한 손해배상의 범위에 관한 이론은 채무불이행에 있어서와 같다.

2. 재산적 손해의 산정

손해배상은 금전배상이 원칙이다. 따라서 손해를 배상하기 위해서는 손해를 금전으로 평가하는 손해배상액의 산정 과정이 필요하다.

가. 기준시기

손해배상액 산정의 기준시기는 불법행위로 인한 손해의 발생시, 즉 불법행위시이다.

나. 배상액의 산정방법— 손해3분설

불법행위로 인한 손해는 재산에 대해 피해를 준 '재산적 손해'와 정신상 고통을 준 '정신적 손해'로 크게 나눌 수 있다. 그리고 다시 '재산적 손해'는 기존의 재산(이익)에 대하여 멸실 또는 감소를 주는 '적극적 손해'와 장래의 이익의 획득이 방해됨으로써 받는 손실인 '소극적 손해'의 둘로 나누어진다.

따라서 불법행위로 인한 손해는 적극적 손해, 소극적 손해, 정신적 손해의 3가지가 있게 된다.

다. 구체적·개별적인 경우의 산정방법

(1) 소유물이 멸실·훼손된 경우　불법행위로 인하여 소유물이 멸실되거나, 소유권이 상실된 경우에는 원칙적으로 불법행위 당시, 즉 멸실이나 소유권 상실 당시의 교환가격이 통상손해로서 배상액이 된다.

소유물이 훼손된 경우에는, 수선이 가능한지에 따라 다르다. 수선이 가능한 때에는, 그 수선비와 수선기간 중 통상의 방법으로 사용하지 못함으로 인한 손해가 통상의 손해가 된다. 수선이 불가능한 때에는 그 훼손 당시의 교환가치(시가)가 통상손해이다. 그리고 수선이 가능하더라도 수선비가 물건의 교환가치를 초과하는 경우에는, 형평의 원칙상 손해액은 그 물건의 교환가치의 범위 내로 제한되어야 한다.

(2) 부동산의 불법점유　타인이 자신의 부동산을 불법점유함으로 인하여 입은 손해는 특별한 사정이 없는 한 그 부동산의 임료 상당액이다.

(3) 생명침해　생명침해의 경우 피살자에게 발생한 손해로서의 일실이익·위자료 등의 청구채권은 유족에게 상속된다.

(가) 일실이익　생명침해에서의 일실이익이란, 생명침해가 없었다면 피살자가 장래 얻을 수 있었던 이익(수입)이다. 피해자의 가동기간(생명침해가 없었다면 피해가가 계속 일할 수 있었던 기간)과 그 기간 동안 얻을 수 있는 수입을 기준으로 산정하며, 생활비와 중간이자를 공제하여 계산한다. 생활비를 공제하는 이유는 사망으로 인하여 가동기간까지의 생활비지출을 면하게 되었기 때문이다.

(나) 위 자 료　즉사의 경우에도 침해행위와 사망과의 사이에는 시간적 간격이 있을 수밖에 없으므로, 피살자에게도 불법행위로 인한 위자료청구권이 발생하고, 그 후 피살자의 위자료청구권은 상속인들에게 상속된다. 피살자의 배우자 등 일정 관계에 있는 사람들도 자신들 고유의 위자료청구권이 있음은 앞서 본 바와 같다. 위자료의 산정은 피살자의 직업, 불법행위의 정도

등 여러 요소를 고려하여 법원이 어느 정도 재량적으로 정하게 된다.

(다) 장 례 비 장례비도 배상되어야 하는데, 청구권자는 피살자가 아니라 장례비 부담의무자가 된다. 주로 상속인·부양의무자가 될 것이다.

(라) 치 료 비 피살자가 중상을 당한 후 사망한 때에는 치료비도 배상하여야 한다. 치료비는 주로 부양의무자가 지출할 것이므로, 배상청구권은 부양의무자가 될 것이다.

(4) 신체침해

(가) 치료비·개호비 신체침해의 경우 치료비(입원비, 약값, 진료비 등)는 적극적 손해로서, 배상되어야 한다. 또한 신체침해로 인하여 개호인(환자 등을 보살펴 주는 사람)이 필요한 때에는, 그 비용도 배상하여야 한다. 개호가 필요한 기간은 치료기간 동안일 수도 있고, 피해자의 여생기간 동안일 수도 있다. 그리고 이들 배상청구권은 피해자와 부양의무자 모두가 가진다고 본다(부진정연대채권).

(나) 일실이익 피해자가 치료를 받는 동안 수입을 얻지 못한 것에 대한 손해는 당연히 배상의 대상이 된다. 그리고 피해자가 불법행위로 인하여 노동능력을 상실한 때에는 그 상실의 정도(일부 또는 전부), 상실기간(노동능력 상실이 일시적인가, 영구적인가)에 따라 그에 상응하여 일실이익을 배상하여야 한다.

라. 손익상계·과실상계

이들은 채무불이행에 있어서와 같다.

마. 배상액의 경감

불법행위에 있어서 손해의 배상의무자는, 그 손해가 고의 또는 중대한 과실에 의한 것이 아니고 또 그 배상으로 인하여 배상자의 생계에 중대한 영향을 미치게 될 경우에는, 법원에 그 배상액의 경감을 청구할 수 있다(제765조 제1항). 그리고 법원은 그 청구가 있는 때에는 채권자 및 채무자의 경제 상태와 손해의 원인 등을 참작하여 배상액을 경감할 수 있다(제765조 제2항).

한편 실화책임에관한법률은 실화(失火)의 특수성을 고려하여 실화자에게 중대한 과실이 없는 경우 그 손해배상액의 경감에 관한 민법 제765조의 특례를 정하고 있다(동법 제1조). 이에 의하면, 실화가 중대한 과실로 인한 것이 아닌 경우 그로 인한 손해의 배상의무자(이하 '배상의무자'라 한다)는 법원에 손해배상액의 경감을 청구할 수 있다. 법원은 위 청구가 있을 경우에는 i) 화재의 원인과 규모, ii) 피해의 대상과 정도, iii) 연소(延燒) 및 피해 확대의 원인, iv) 피해 확대를 방지하기 위한 실화자의 노력, v) 배상의무자 및 피해자의 경제상태, vi) 그 밖에 손해배상액을 결정할 때 고려할 사정 등을 고려하여 그 손해배상액을 경감할 수 있다.

V. 손해배상자의 대위

불법행위에 의하여 훼손된 물건 등에 대하여 불법행위자가 피해자에게 그 가액 전부를 배상한 때에는, 그 물건에 대한 권리는 손해배상을 한 불법행위자에게 이전한다(제763조, 제399조).

VI. 손해배상청구권의 소멸시효

불법행위로 인한 손해배상청구권은 피해자나 그의 법정대리인이 그 손해 및 가해자를 안 날부터 3년간 행사하지 않으면 시효로 인하여 소멸한다(제766조 제1항). 그리고 불법행위를 한 날부터 10년이 지난 때에도 같다(제766조 제2항). 이 두 기간 중 어느 하나가 만료하면 다른 기간의 경과를 기다리지 않고 권리는 소멸한다. 그리고 이 두 기간은 모두 소멸시효기간이라고 새겨야 한다.

제4관 특수 불법행위

I. 서 설

일반 불법행위의 성립요건과 달리, 해당 불법행위가 성립하기 위하여 다른 특수한 요건이 정하여져 있는 불법행위를 특수 불법행위라고 한다. 민법상 인정되는 특수불법행위는 책임무능력자의 감독자책임(제755조), 사용자책임(제756조, 제757조), 공작물 등의 점유자. 소유자의 책임(제758조), 동물점유자의 책임(제759조), 공동불법행위자의 책임(제760조)이 있다. 이 가운데 공동불법행위자의 책임은 공동불법행위자 모두에게 연대책임을 지우는 점에서 보통의 불법행위와 다르다. 그리고 나머지는 타인의 가해행위 또는 물건에 의한 손해에 대하여 배상책임을 지우는 점에서 자기의 가해행위에 의한 손해에 대하여 책임을 지우는 일반 불법행위와 다르다. 그리고 공작물 등의 소유자 책임과 공동불법행위자의 책임을 제외하고는, 고의·과실의 입증책임은 모두 가해자에게 있다. 즉 피해자가 감독자 등의 고의·과실을 입증할 필요가 없으며, 오히려 감독자 등이 자신에게 고의·과실이 없음을 입증하지 못하면 손해배상책임을 지게 된다. 그 결과 피해자가 두텁게 보호된다.

Ⅱ. 책임무능력자의 감독자책임

책임무능력자가 책임능력이 없어서(제753조, 제754조 참조) 불법행위책임을 지지 않는 경우에는, 이를 감독할 법정의무 있는 자(친권자, 후견인 등)가 그 무능력자가 제3자에게 가한 손해를 배상할 책임이 있다. 감독의무자에 갈음하여 무능력자를 감독하는 자(학교장, 유치원장 등)도 같은 책임을 진다(제755조). **예를 들어** 유치원생 甲이 같은 유치원생 乙을 계단에서 밀어서 乙이 다친 경우 甲의 부모나 유치원장이 乙의 손해에 대한 배상책임을 지는 것이다. 다만 부모나 유치원 원장과 같은 감독의무자가 감독의무를 게을리하지 않았음을 증명하면 배상책임을 지지 않는다(제755조 제1항 단서).

Ⅲ. 사용자의 책임

타인을 사용하여 어느 사무에 종사하게 한 자 또는 사용자에 갈음하여 그 사무를 감독하는 자는 피용자가 그 사무집행에 관하여 제3자에게 가한 손해를 배상할 책임이 있다(제756조). 이를 사용자 책임이라고 한다. **예를 들면** 주택의 수리를 의뢰받은 공사업체의 종업원이 수리과정에서 도자기를 깨뜨린 경우가 이에 해당한다. 사용자가 피용자의 선임 및 그 사무감독에 상당한 주의를 한 때 또는 상당한 주의를 하여도 손해가 있을 경우에는 손해배상책임을 지지 아니한다.

단, 사용자책임은 사용자 고유의 책임이 아니고 피용자의 불법행위책임을 사용자가 대신 지는 것이기 때문에(대위책임), 사용자책임이 성립하기 위해서는 피용자의 가해행위가 고의·과실과 책임능력 등의 불법행위의 성립요건을 갖추어야 한다.

한편, 사용자가 피용자의 선임 및 그 사무감독에 상당한 주의를 한 때 또는 상당한 주의를 하여도 손해가 있을 경우에는 사용자책임을 지지 않는다(제756조 제1항 단서). 면책사유에 대한 입증책임은 사용자가 진다.

도급인에게도 일정한 책임이 인정된다. 즉 도급인은 수급인이 그 일에 관하여 제3자에게 가한 손해를 배상할 책임이 없다. 그러나 도급 또는 지시에 관하여 도급인에게 중대한 과실이 있는 때에는 그러하지 아니하다(제757조).

Ⅳ. 공작물 등의 점유자·소유자의 책임

공작물의 설치 또는 보존의 하자로 인하여 타인에게 손해를 가한 때에는 공작물 점유자가 1차적으로 손해를 배상할 책임이 있다. 그러나 점유자가 손해의 방지에 필요한 주의를 해태하지 아니한 때에는 그 소유자가 손해를 배상할 책임을 진다(제758조 제1항). 소유자가 지는 이 책임은 면책이 인정되지 않는 무과실책임이다.

'공작물'이란 인공적 작업에 의하여 제작된 물건이다. 이에는 토지상의 공작물(건물, 도로, 축대, 교량 등), 건물 내외의 설비(천정, 계단, 엘리베이터, 건물에 부착된 광고판 등), 동적 설비(자동차, 항공기) 등이 있다.

'설치·보존상의 하자'라 함은, 공작물이 그 용도에 따라 객관적으로 요구되는 성질 및 설비를 설치 당시부터 갖추지 못하였거나 설치 후에 불완전하게 된 것을 말한다. 하자가 있는지의 여부는 사회통념상 일반적으로 요구되는 정도의 방호조치의무를 다하였는지의 여부에 따라 판단한다.

공작물의 점유자 또는 소유자가 피해자에게 배상한 때에는, 그 손해의 원인에 대하여 책임있는 자가 있는 경우 그 자에게 구상권을 행사할 수 있다(제758조 제3항). 예를 들어 공작물을 만든 수급인의 과실로 하자가 생겼다면, 그 수급인에게 구상권을 행사할 수 있을 것이다.

수목의 식재 또는 보존에 하자가 있는 경우에도 수목의 점유자와 소유자는 공작물에서와 같은 책임을 진다(제758조 제2항·제3항).

V. 동물 점유자의 책임

동물의 점유자 또는 점유자에 갈음하여 동물을 보관하는 자는 그 동물이 타인에게 가한 손해를 배상할 책임이 있다(제759조 제1항 본문, 동조 제2항). 그러나 동물의 종류와 성질에 따라 그 보관에 상당한 주의를 게을리하지 않은 때에는 배상책임이 없다(제759조 제1항 단서, 동조 제2항).

VI. 공동불법행위

공동불법행위는 여러 사람이 공동으로 불법행위를 하여 타인에게 손해를 가하는 경우를 가리킨다. 민법 제760조의 공동불법행위는 3가지 유형을 포함하고 있다.

협의의 공동불법행위는 수인이 공동의 불법행위로 타인에게 손해를 가한 경우이다(제760조 제1항). 여러 사람이 공모하여, 타인을 폭행한 경우를 예로 들 수 있다. 공동불법행위자는 연대하여 손해를 배상할 책임이 있다(제760조 제1항).

한편, 공동 아닌 수인의 행위 중 어느 자의 행위가 손해를 가한 것인지를 알 수 없는 경우도 공동행위자는 연대하여 손해를 배상할 책임이 있다(제760조 제2항). **예를 들면** 甲·乙·丙이 같이 던진 돌에 丁이 맞아 다쳤는데, 누구의 돌에 맞았는지 알 수 없는 경우이다.

그리고 교사자나 방조자는 공동행위자로 본다(제760조 제3항). 교사(敎唆)는 타인으로 하여금 불법행위에 대한 의사결정을 하도록 만드는 것이다. 그리고 방조(幇助)는 불법행위를 보조 내지 조력하는 행위로서, 불법행위를 용이하게 하는 직접·간접의 모든 행위를 말한다. 망을 보는 것, 조언, 격려, 흉기의 교부 등이 그 예이다.

교사자와 방조자는 직접 가해행위를 한 자와 공동불법행위책임을 진다.

5.

친족·상속편

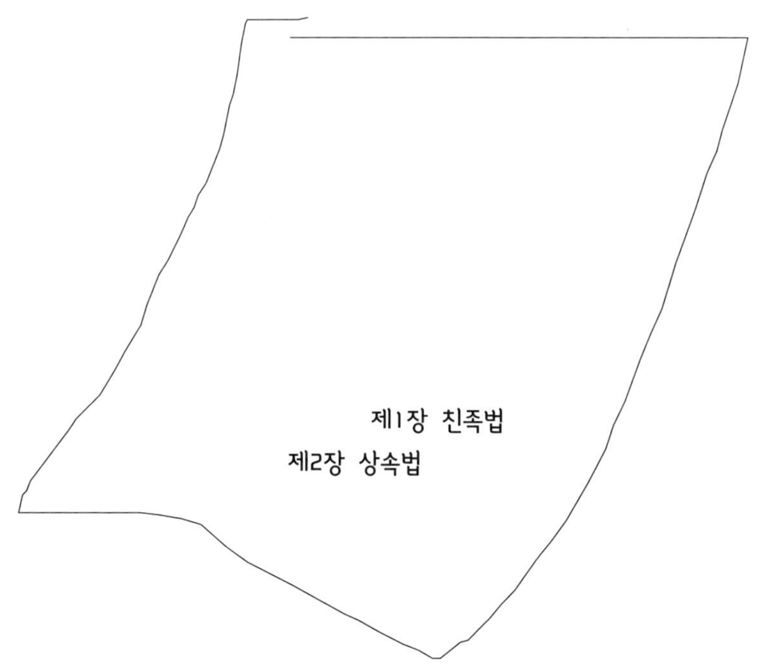

제1장 친 족 법

제1절 친족관계

I. 서

1. 친족의 의의

친족관계는 혈연과 혼인에 의하여 성립하는 것으로 부양·상속 등 일정한 법률관계의 기초가 된다. 민법은 제767조에서 '배우자, 혈족 및 인척을 친족으로 한다'고 친족(親族)의 정의를 내리고 있다. 따라서 친족은 배우자·혈족·인척을 통틀어 일컫는 말이다.

2. 친족의 종류

가. 혈 족

혈족은 혈연관계가 있는 친족이다. 혈족은 자연혈족·법정혈족(자연적인 혈연관계는 없으나 법률에 의하여 자연혈족과 같은 관계가 인정되는 혈족으로 입양에 의해서 발생), 직계혈족·방계혈족, 부계혈족·모계혈족으로 나눌 수 있다.

나. 인 척

인척은 혼인으로 인하여 성립하는 친족이다. 민법은 혈족의 배우자(형의 처, 누나의 남편, 고모·이모의 남편 등), 배우자의 혈족(배우자의 부모나 형제자매 등), 배우자의 혈족의 배우자(처제의 남편, 시동생의 처 등)을 인척으로 규정한다(제769조).

다. 배우자

혼인에 의하여 남녀는 서로 배우자가 되고, 친족의 범위에 속하게 된다.

3. 친족의 범위

민법 제777조에 의하면, 친족의 범위는 i) 8촌 이내의 혈족, ii) 4촌 이내의 인척, iii) 배우자이며, 친족관계로 인한 법률상의 효력은 민법 또는 다른 법률에 특별한 규정이 없는 한 이 범위에 미치게 된다.

Ⅱ. 친계와 촌수

1. 친 계

친계(親系)란 혈족의 연결, 즉 세대(世代)간의 혈통의 연결관계를 가리키며, 이것에 의하여 친족이 어떻게 혈연적으로 연결되어 있는지를 알 수 있다. 배우자는 친계가 없고, 인척은 직접 혈통이 연결되지 않기 때문에 배우자의 친계를 기준으로 판단한다.

2. 촌 수

촌수(寸數)는 친족관계의 멀고 가까운 정도를 나타내는 단위를 말한다. 촌(寸)은 원래 손마디를 의미하는 단어다. 민법은 촌(寸)과 같은 의미로 親等(친등)이라는 용어도 함께 사용하고 있다(제1000조 제2항). 민법은 친족 사이에서는 촌수가 작을수록 가까운 것으로 평가하며, 그에 기초하여 여러가지 법률효과를 부여하고 있다.

촌수를 계산하는 방법으로 민법은 직계혈족 사이에서는 자기로부터 직계존속에 이르는 세대수, 자기로부터 직계비속에 이르는 세대수를 계산하여 이를 각각 그 촌수로 한다(제770조 제1항)고 규정하고 있다. 한편 방계혈족 사이에서는 자기로부터 가장 가까운 공동의 직계존속에 이르는 세대수와 그 직계존속으로부터 그 직계비속에 이르는 세대수를 모두 합하여 이를 그 촌수로 한다(제770조 제2항). 배우자의 혈족에 대하여는 배우자의 그 혈족에 대한 촌수에 따른다(제771조 전단). 그리하여 처나 남편의 부모는 인척 1촌이고, 처나 남편의 형제자매는 인척 2촌이 된다. 혈족의 배우자에 대하여는 그 혈족에 대한 촌수에 따른다(제771조 후단). 양자와 양부모 및 그 혈족, 인척 사이의 친계와 촌수는 입양된 때부터 혼인중의 출생자와 동일한 것으로 본다(제772조 제1항). 양자의 배우자, 직계비속과 그 배우자는 양자의 친계를 기준으로 하여 촌수를 정한다(제772조 제2항).

제2절 혼 인

I. 약 혼

1. 약혼의 의의

약혼(約婚)은 장래에 혼인을 성립시키겠다는 당사자(한 쌍의 남녀, 즉 1남(男)·1녀(女)) 사이의 합의(계약)다. 약혼은 혼인예약이라고도 볼 수 있다.

2. 약혼의 성립

약혼은 장차 혼인을 하려는 당사자 사이의 합의가 있으면 성립하며, 혼인에 있어서의 신고와 같은 특별한 방식이 요구되지 않는다.

남녀 모두 만 18세에 달하여야 약혼을 할 수 있다(제801조). 따라서 성년자는 의사능력이 있으면 자유로이 약혼할 수 있다. 미성년자가 약혼을 하려면 남녀 모두 만 18세가 되어야 하고, 부모 또는 후견인의 동의를 얻어야 한다(제801조). 금치산자는 부모 또는 후견인의 동의를 얻어 약혼할 수 있다(제802조). 그러나 한정치산자는 후견인의 동의 없이 약혼할 수 있다.

3. 약혼의 효과

약혼이 성립하면 당사자는 성실하게 교제하고 가까운 장래에 혼인을 하여 부부공동체를 성립시킬 의무를 부담한다. 그러나 혼인의 의사가 없는 자에게 혼인을 강제하는 것은 혼인의 본질에 반한다. 따라서 약혼을 하였더라도 혼인을 하지 않을 수 있고, 상대방에게 혼인의무의 강제이행은 청구하지 못한다(제803조). 혼인의무의 이행이 없을 경우 약혼 당사자는 손해배상을 청구할 수 있을 뿐이다.

4. 약혼의 해제

가. 해제사유

약혼도 정당한 사유가 있으면 해제할 수 있다. 민법은 그 사유에 대하여 다음과 같이 규정하고 있다(제804조).

1) 약혼 후 자격정지 이상의 형의 선고를 받은 때.
2) 약혼 후 금치산 또는 한정치산의 선고를 받은 때.
3) 성병, 불치의 정신병 기타 불치의 악질(惡疾)이 있는 때.
4) 약혼 후 타인과 약혼 또는 혼인을 한 때.
5) 약혼 후 타인과 간음한 때.
6) 약혼 후 1년 이상 그 생사가 불분명한 때.
7) 정당한 이유 없이 혼인을 거절하거나 그 시기를 지연하는 때.
8) 기타 중대한 사유가 있는 때.

나. 해제방법

약혼의 해제는 상대방의 대한 의사표시로 한다(제805조 본문). 그러나 상대방에 대하여 의사표시를 할 수 없는 때(예를 들면, 위의 6)의 경우)에는, 해제의 원인 있음을 안 때에 해제된 것으로 본다(제805조 단서).

다. 해제의 효과

(1) 약혼의 소급적 무효　　약혼의 해제가 있으면, 약혼은 처음부터 없었던 것으로 된다.

(2) 손해배상의 청구　약혼이 상대방의 과실로 해제된 경우에는 당사자의 일방은 상대방에 대하여 손해배상을 청구할 수 있다(제806조 제1항).

(3) 예물(禮物) 등의 반환문제　약혼을 하는 경우 당사자들은 보통 반지 등과 같은 예물을 교환하게 된다. 따라서 약혼이 해제되면 이를 반환하여야 하는지가 문제된다. 판례는 약혼예물의 수수를 혼인의 불성립을 해제조건으로 하는 증여와 유사한 것으로 보고 있다. 따라서 약혼이 해제되면 해제조건이 성취되었으므로, 예물은 부당이득반환의 법리에 따라 반환되어야 한다. 다만 과실이 있는 당사자는 신의칙상 자신이 제공한 예물의 반환을 청구할 수 없다고 보고 있다.

Ⅱ. 혼　인

1. 혼인의 의의

혼인(婚姻)은 혼인 당사자(1남 1녀)가 평생 부부로서의 생활공동체를 형성하기로 하는 친족법(가족법)상의 합의이다. 혼인은 가족관계의등록등에관한법률에 의하여 일정한 방식으로 신고하여야 성립하는 요식행위이다(제812조 참조).

2. 혼인의 성립요건

가. 당사자의 혼인의 합의

혼인이 성립하려면, 당사자 사이에 혼인의 의사표시의 일치, 즉 합의가 있어야 한다. 혼인의 의사란, 일반적으로 혼인 당사자가 부부로서 정신적·육체적으로 결합하여 생활공동체를 형성할 의사라고 보고 있다.

나. 혼인신고

혼인이 성립하려면, 가족관계의등록등에관한법률에 정한 바에 의하여 신고하여야 한다(제812조 제1항). 즉 민법은 법률혼주의, 그 중에서도 신고혼주의를 채용하고 있다. 이 혼인신고는 혼인의 효력발생요건이 아니고 성립요건이다. 따라서 혼인신고는 보고적 신고가 아니라 창설적 신고가 된다.

다. 혼인의 장애사유

민법 제807조 내지 제810조는 혼인의 장애사유에 관하여 규정되어 있다. 이들 혼인장애사유는 i) 혼인적령(만 18세)의 미달(제807조), ii) 부모 등의 동의의 결여(제808조), iii) 근친혼(近親婚)(제809조), iv) 중혼(重婚. 배우자 있는 자가 다시 혼인하는 경우)(제810조) 등이다. 혼인의 신고는 위와 같은 장애사유나 기타 법령에 위반함이 없는 때에만 수리하여야 한다(제813조).

3. 혼인의 효과

혼인의 효력은 크게 일반적 효과와 재산상의 효과로 나눌 수 있다.

가. 일반적 효과

(1) 친족관계의 발생　혼인을 하면 부부는 서로 배우자인 신분을 가지고 친족이 된다(제777조 제3호). 그리고 서로 상대방의 4촌 이내의 혈족, 상대방의 4촌 이내의 혈족의 배우자와 인척이 된다(제777조 제2호, 제769조).

(2) 동거·부양·협조의 의무(제826조)　부부는 동거하며 서로 부양하고 협조하여야 한다. 다만 정당한 이유로 일시적으로 동거하지 아니하는 경우에는 서로 인용하여야 한다. 그리고 동거장소는 부부의 협의에 따라 정한다. 그러나 협의가 이루어지지 아니하는 경우에는 당사자의 청구에 의하여 가정법원이 이를 정한다.

(3) 부부의 성(姓)　민법은 부부의 성에 대하여 따로 규정하고 있지 아니하므로 부부는 각자 혼인 전의 성을 그대로 유지한다.

(4) 성년의제　미성년자가 혼인을 한 때에는 성년자로 본다(제826조의2). 혼인이 이후 해소되더라도 성년의제의 효과는 유지된다.

나. 재산적 효과(부부재산제)

혼인을 한 당사자가 혼인 당시에 재산을 가지고 있거나 혼인 후에 새로이 재산을 취득하는 경우, 그 재산의 귀속과 관리가 문제된다. 민법은 우선 당사자인 부부의 합의에 맡긴다는 태도를 취하고 있다(부부재산계약. 제829조), 그리고 그러한 합의가 없는 경우에는 일률적으로 적용되는 법정부부재산제로서 별산제를 규정하고 있다(제830조 이하).

(1) 부부재산계약 부부로 될 자는 혼인이 성립하기 전에 그 재산에 관하여 자유롭게 계약을 체결할 수 있다(제829조 제1항 참조). 그 계약을 부부재산계약이라고 한다. 계약의 방식은 아무런 제한이 없다. 단순히 구술에 의한 방식도 유효하다고 본다. 다만 이 제도는 실제로는 거의 이용되지 않는다.

(2) 법정재산제 부부가 혼인 전에 부부재산계약을 체결하지 않은 경우 그 재산관계는 민법 제830조 내지 제833조의 법정재산제에 의한다.

(가) 재산의 귀속과 관리 민법은 부부재산의 귀속에 관하여 부부 별산제(別産制)를 채택하고 있다. 부부의 일방이 혼인 전부터 가진 고유재산과 혼인중 자기의 명의로 취득한 재산은 그 특유재산으로 하고(제830조 제1항), 특유재산은 부부가 각자 관리·사용·수익하도록 규정하고 있다(제831조). 그리고 부부 중 누구에게 속하는 것인지 분명하지 않은 재산은 부부의 공유로 추정한다(제830조 제2항).

(나) 공동생활비용의 부담 부부의 공동생활에 필요한 비용은 당사자간에 특별한 약정이 없으면 부부가 공동으로 부담한다(제833조). 부부의 공동생활에 필요한 비용이란 부부를 중심으로 하는 가족공동체의 유지에 필요한 비용을 말한다. 가족의 의식주 비용, 자녀의 양육비·교육비 등을 예로 들 수 있다.

(다) 일상가사 대리권과 일상가사 비용의 연대책임 부부는 일상의 가사에 관하여 서로 대리권이 있다(제827조 제1항). 그리고 부부의 일방이 일상의 가사에 관하여 제3자와 법률행위를 한 때에는 다른 일방은 이로 인한 채무에 대하여 연대책임이 있다. 다만 이미 제3자에 대하여 다른 일방의 책임 없음을 명시한 때에는 그러하지 아니하다(제832조).

'일상의 가사'란 부부의 공동생활에서 필요로 하는 통상의 사무를 말한다. 그 구체적인 범위는 그 부부공동체의 생활 정도와 그 부부의 생활 장소인 지역적 사회의 관습 내지 일반견해에 의하여 결정된다. 따라서 이를 개별적으로 인정함에 있어서는 부부의 사회적지위·계급·직업·재산·수입능력 등 현실적 생활상태를 고려하여 객관적으로 결정해야 한다.

일반적으로 식료품·연료·의복의 구입, 주택의 임차, 집세·방세의 지급과 수령, 가재도구의 구입, 전기·수도·가스의 공급계약 체결 및 비용지급, 자녀의 양육비·교육비, 가족의 의료비 등의 지급 등은 일상가사의 범위에 속한다고 본다. 다만 금전차용행위는 부부의 공동생활에 필수적인 비용으로 사용하기 위한 것이라면 일상가사의 범위에 속하나, 그렇지 않으면 일상가사의 범위에 들어가지 않는다고 해석한다.

4. 혼인의 무효

민법은 다음의 각 경우를 혼인무효사유로 규정하고 있다(제815조).

1) 당사자간에 혼인의 합의가 없는 때.

2) 혼인이 제809조 제1항의 규정(8촌 이내의 혈족의 혼인금지)을 위반한 때.

3) 당사자간에 직계인척관계(直系姻戚關係)가 있거나 있었던 때.

4) 당사자간에 양부모계의 직계혈족관계가 있었던 때.

이러한 사유가 있을 때 당사자·법정대리인 또는 4촌 이내의 친족이 언제든지 혼인무효의 소를 제기할 수 있다(가소 제23조). 혼인무효판결이 확정되면, 처음부터 혼인이 없었던 것과 같이 된다. 따라서 혼인에 기한 권리변동은 무효로 되고, 출생한 자녀는 혼인외의 자(子)가 된다(제855조 제1항 2문). 그리고 당사자 일방은 과실있는 상대방에 대하여 이로 인한 손해배상(정신적 손해배상 포함)을 청구할 수 있다(제825조, 제806조).

5. 혼인의 취소

혼인 취소의 사유는 i) 혼인적령의 미달, ii) 부모 등의 동의를 결여한 혼인, iii) 근친혼, iv) 중혼, v) 혼인 당시 당사자 일방에 부부생활을 계속할 수 없는 악질 기타 중대 사유 있음을 알지 못한 때, vi) 사기 또는 강박으로 인하여 혼인의 의사표시를 한 때 등이다(제816조).

혼인취소의 효력은 취소판결이 확정된 때에 발생하며, 취소원인이 있는 혼인도 법원의 판결에 의하여 취소될 때까지는 유효한 혼인으로 다루어진다. 혼인취소의 효력은 소급하지 않는다(제824조). 따라서 그 혼인에서 출생한 자녀는 혼인중의 자(子)로 된다. 혼인이 취소되면 혼인관계 및 인척관계는 종료한다(제775조 제1항). 그리고 당사자 일방은 과실있는 상대방에 대하여 이로 인한 재산상·정신상의 손해배상을 청구할 수 있다(제825조, 제806조).

6. 혼인의 해소

가. 혼인의 해소(解消)

혼인의 해소란 완전히 유효하게 성립한 혼인이 그 후의 사유로 말미암아 소멸하는 것을 말한다. 혼인해소의 원인에는 배우자의 사망과 이혼이 있다. 실종선고는 사망을 의제하기 때문에 실종기간이 만료되었을 때 혼인도 해소된다. 한편 이혼에는 협의이혼과 재판상이혼의 두 가지가 있다.

나. 협의이혼

부부는 협의에 의하여 이혼할 수 있다(제834조). 그 경우의 이혼이 협의이혼이다. 협의이혼의 경우에는 이혼하려는 이유, 즉 혼인파탄의 원인이나 경위 등은 문제가 되지 않는다. 협의이혼은 넓은 의미에서 하나의 계약이며, 일정한 방식으로 신고하여야 하는 요식행위이다(제836조). 협의이혼이 성립하려면, 당사자 사이의 이혼의 합의와 이혼신고가 있어야 한다.

다. 재판상 이혼

(1) 서 설 재판상 이혼이란 일정한 사유가 있을 때 당사자 일방의 청구로 가정법원의 판결에 의하여 혼인을 해소시키는 것을 말한다. 이러한 재판상 이혼은 민법이 규정하고 있는 일정한 사유가 있는 경우에만 허용되는데, 그 사유(제840조 각호)가 재판상 이혼 원인이 된다.

재판상 이혼 원인을 어떻게 정할 것인가에 관하여는 두 가지의 입법주의가 있다. 하나는 부부의 일방에게 책임이 있는 경우에 한하여 다른 일방이 이혼을 청구할 수 있는 유책주의(有責主義)이고, 다른 하나는 책임과 관계없이 혼인이 파탄에 이르게 되면 이혼을 청구할 수 있는 파탄주의(破綻主義)이다. 우리 민법은 이 두 입법주의 가운데 대체로 유책주의의 기조 위에 서 있다고 본다.

(2) 이혼원인

(가) 배우자의 부정(不貞)한 행위 배우자의 부정한 행위란 배우자로서의 정조의무에 충실하지 않은 모든 행위를 포함하는 것으로 간통보다 넓은 개념이다. 부정한 행위를 이유로 한 이혼청구는 다른 일방이 사전 동의나 사후 용서를 한 때 또는 이를 안 날부터 6개월, 그 사유가 있은 날부터 2년이 경과하면 이혼을 청구하지 못한다(제841조).

(나) 악의(惡意)의 유기(遺棄) 악의의 유기란 정당한 이유없이 부부로서의 동거·부양·협조의무를 이행하지 않는 것이다.

(다) 배우자 또는 그의 직계존속에 의한 심히 부당한 대우(제840조 제3호) 부당한 대우란 혼인관계의 지속을 강요하는 것이 참으로 가혹하다고 여겨질 정도의 폭행이나 학대 또는 중대한 모욕을 받았을 경우를 말한다.

(라) 자기의 직계존속에 대한 배우자의 심히 부당한 대우 부당한 대우의 의미는 위에서 본 바와 같다.

(마) 3년 이상의 생사불분명 3년 이상 생사불명인 것과 현재도 생사불명일 것을 필요로 한다. 생사불명이란 생존도 사망도 증명할 수 없는 경우를 말한다. 이 사유로 인한 이혼판결이 확정된 후에는 배우자가 살아서 돌아오더라도 실정선고가 취소된 경우와는 달리 혼인이 부활하지는 않는다.

(바) 기타 혼인을 계혹하기 어려운 중대한 사유 이는 혼인관계가 심각하게 파탄되어 혼인공동체의 회복이 불가능할 정도에 이르고, 그 혼인생활의 계속을 강제하는 것이 당사자 일방에게 참을 수 없는 고통이 되는 경우를 말한다. **판례는** 배우자의 파렴치 범죄(강간, 강제추행 등), 합리적 이유 없는 성관계 거부, 성적불능, 불치의 정신병, 지나친 신앙생활, 알콜 중독, 상습도박, 의처증으로 인하여 혼인이 파탄된 경우는 중대한 사유에 해당하나, 성기능 불완전, 회복 가능한 정신질환, 임신불능 등은 중대한 사유가 아니라고 본다. 이 사유에 의한 이혼청구는 다른 일방이 이를 안 날부터 6개월, 그 사유가 있은 날부터 2년이 경과하면 이혼청구권이 소멸한다(제842조).

라. 이혼의 효과

(1) 일반적 효과　이혼이 성립하면, 혼인이 해소되어 혼인에 의하여 생긴 효과는 모두 소멸한다. 부부관계도 소멸하고, 혼인에 의하여 배우자 사이에 생겼던 인척관계도 소멸한다(제9775조 제1항). 한편 이혼한 부부는 재혼할 수 있다(제890조 제2항의 제한이 있음).

(2) 자녀에 대한 효과

(가) 자녀의 신분　부부 사이에 출생한 자녀는 그 부부가 이혼하더라도 혼인중의 출생자의 지위를 잃지 않는다.

(나) 자녀의 양육문제　이혼하는 경우에 그 자녀의 양육에 관한 사항(양육자의 결정, 양육비용의 부담, 면접교섭권의 행사 여부 및 그 방법 등)은 부모의 협의에 의하여 정한다(제837조 제1항). 위 협의가 자녀의 복리에 반하는 경우에는 가정법원은 보정을 명하거나 직권으로 그 자녀의 의사(意思)·연령과 부모의 재산상황, 그 밖의 사정을 참작하여 양육에 필요한 사항을 정한다. 또 양육에 관한 사항의 협의가 이루어지지 아니하거나 협의할 수 없는 때에는 가정법원은 직권으로 또는 당사자의 청구에 따라 이에 관하여 결정한다(제837조 제3항·제4항). 가정법원은 자(子)의 복리를 위하여 필요하다고 인정하는 경우에는 부, 모, 자(子) 및 검사의 청구 또는 직권으로 자(子)의 양육에 관한 사항을 변경하거나 다른 적당한 처분을 할 수 있다(제837조 제5항).

(다) 친권자의 결정　협의이혼의 경우에는 부모의 협의로 친권자를 정하되, 협의를 할 수 없거나 협의가 이루어지지 않는 때에는 가정법원의 직권으로 또는 당사자의 청구에 따라 친권자를 지정하여야 한다. 재판상 이혼의 경우에는 가정법원이 직권으로 친권자를 정한다(제909조 제4항·제5항).

(라) 면접교섭권　자녀를 직접 양육하지 아니하는 부모의 일방과 자녀는 상호 면접교섭할 수 있는 권리를 가진다. 가정법원은 자의 복리를 위하여 필요한 때에는 당사자의 청구 또는 직권에 의하여 면접교섭을 제한하거나 배제할 수 있다(제837조의2, 제843조).

(3) 재산분할청구권

(가) 의　의　재산분할청구권은 이혼을 한 당사자의 일방이 다른 일

방에 대하여 재산분할을 청구할 수 있는 권리이다(제839조의2, 제843조). 재산분할청구권은 부부가 혼인중에 이룩한 재산은 부부의 공동노력에 의한 것이라고 보아야 하고, 경제적 능력이 없는 배우자, 특히 직업을 포기하고 오랫동안 가사와 육아에 종사해 온 처의 희생에 대한 보상을 함으로써 이혼시 재산관계에서의 남녀평등을 실현하고, 이혼의 자유를 실질적으로 보장하려는 데 제도적 근거가 있다.

민법은 재산분할청구권을 협의이혼에 관하여 규정하고(제839조의2), 이를 재판상 이혼의 경우에 준용한다(제843조). 그리고 가사소송법은 그 규정을 혼인의 취소의 경우에도 준용하고 있다(가소 제2조 제1항 마류사건 제4호, 제50조). 그 밖에 그 규정은 사실혼의 경우에도 유추적용되어야 한다. 재산분할청구권은 혼인관계의 파탄에 대하여 책임이 있는 배우자도 가질 수 있다.

(나) 재산분할 청구권의 행사　재산분할은 먼저 당사자의 협의에 의하여 그 방법과 액수를 정한다. 이러한 협의가 되지 않거나 협의할 수 없는 때에는, 가정법원은 당사자의 청구에 의하여 당사자 쌍방의 협력으로 이룩한 재산의 액수 기타 사정을 참작하여 분할의 액수와 방법을 정한다(제839조의2 제2항).

부부의 일방이 다른 일방의 재산분할 청구권 행사를 해함을 알면서도 재산권을 목적으로 하는 법률행위를 한 때에는, 다른 일방은 제406조 제1항을 준용하여 그 취소 및 원상회복을 가정법원에 청구할 수 있다(제839조의3 제1항). 그리고 그 소는 제406조 제2항의 기간 내에 제기하여야 한다(제839조의3 제2항). 재산분할청구권은 이혼한 날부터 2년이 지나면 소멸한다(제839조의2 제3항).

(4) 손해배상청구권　재판상 이혼의 경우 당사자 일방은 과실있는 상대방에 대하여 재산상의 손해에 대하여뿐만 아니라 정신상의 고통에 대하여도 손해배상을 청구할 수 있다(제843조, 제806조 제1항·제2항). 즉 재산상의 손해배상청구권과 위자료 청구권이 발생한다.

Ⅲ. 사 실 혼

사실혼(事實婚)이란 사실상 부부로서 혼인생활을 하고 있으면서 단지 혼인신고를 하지 않았기 때문에 법률상의 혼인으로 인정되지 않는 부부관계를 말한다. 사실혼의 당사자도 일정한 보호를 받아야 함은 재론의 여지가 없다. 학설은 대체로 혼인의 효과 중 혼인신고와 불가분적으로 결합되어 있는 것을 제외하고는 모두 사실혼관계에서도 인정하여야 한다고 보고 있다. **판례는** 사실혼이 성립하기 위해서는 당사자 사이에 주관적으로 혼인의사의 합치가 있고, 객관적으로 부부공동생활이라고 인정할 만한 혼인생활의 실체가 존재하여야 한다고 본다.

제3절 부모와 자(子)

Ⅰ. 친자관계

1. 친자관계의 의의 및 종류

친자관계(親子關係)란 부모와 자녀라는 신분관계를 가리키며, 부부관계와 함께 친족적 공동생활의 기초를 이룬다. 친자관계에는 혈연에 기초한 친생(親生) 친자관계와 법률에 근거한 법정(法定) 친자관계가 있다.

2. 친자의 성

자녀는 부(父)의 성(姓)과 본(本)을 따른다. 다만 부모가 혼인신고시 모의 성과 본을 따르기로 협의한 경우에는 모의 성과 본을 따른다. 부가 외국인인 경우에는 자는 모의 성과 본을 따를 수 있다. 부를 알 수 없는 자는 모의 성과 본을 따른다. 혼인외의 출생자가 인지된 경우 자녀는 부모의 협의에 따라

종전의 성과 본을 계속 사용할 수 있다. 다만 부모가 협의할 수 없거나 협의가 이루어지지 아니한 경우에는 법원의 허가를 받아 종전의 성과 본을 계속 사용할 수 있다. 자녀의 복리를 위하여 성과 본을 변경할 필요가 있을 때에는 부, 모 또는 자녀의 청구에 의하여 법원의 허가를 받아 이를 변경할 수 있다. 다만 자(子)가 미성년자이고 법정대리인이 청구할 수 없는 경우에는 제777조의 규정에 따른 친족 또는 검사가 청구할 수 있다(제781조).

Ⅱ. 친 생 자

1. 혼인중의 출생자

가. 의 의

혼인중의 출생자란 혼인관계에 있는 부모 사이에서 태어난 자녀를 말한다.

나. 친생자의 추정을 받는 혼인 중의 출생자

친생자(親生子)의 추정이란 자녀가 모의 남편의 친생자로 추정되는 것을 가리킨다. 처가 혼인중에 포태한 자녀는 부의 자녀로 추정한다. 혼인성립의 날로부터 2백일 후 또는 혼인관계 종료의 날로부터 3백일 내에 출생한 자녀는 혼인중에 포태한 것으로 추정한다(제844조). 친생자의 추정은 반증이 허용되지 않는 강한 추정이어서, 그 추정을 번복하려면 부 또는 모가 친생부인의 소를 제기하여야 하고 친생자관계 부존재 확인의 소에 의할 수는 없다.

2. 혼인외의 출생자

가. 의 의

혼인외의 출생자는 부모가 혼인하지 않은 상태에서 출생한 자녀이다. 그리고 부모의 혼인이 무효인 때의 출생자는 혼인외의 출생자로 본다(제855조 제1항 2문).

나. 인지(認知)

인지는 혼인외의 출생자의 생부 또는 생모가 그를 자기의 자녀로 인정하여 법률상의 친자관계를 발생시키는 단독의 요식행위이다. 인지의 효력은 혼인외의 출생자와 부(또는 모) 사이에 친자관계를 발생시키는 것이다. 이러한 효력은 임의인지나 강제인지나 같다. 인지는 그 자녀의 출생시에 소급하여 효력이 생긴다(제860조 본문). 따라서 인지된 자녀는 태어날 때부터 인지자와의 사이에 친자관계가 있었던 것으로 된다. 그러나 인지의 소급효는 제3자가 취득한 권리를 해치지 못한다(제860조 단서). 자와 그 직계비속 또는 그 법정대리인은 부 또는 모를 상대로 하여 인지청구의 소를 제기할 수 있다(제863조).

3. 친생자관계 존부 확인의 소

친생자관계 존부 확인의 소는 특정인 사이에 친생자관계의 존재 여부가 명확하지 않은 경우에 그에 대한 확인을 구하는 소이다(제865조 참조). 이 소의 제소기간에 대하여는 제한이 없으므로 언제라도 소를 제기할 수 있다. 다만 당사자 일방이 사망한 때에는 그 사망을 안 날부터 2년 내에 검사를 상대로 하여 소를 제기하여야 한다(제865조 제2항).

Ⅲ. 양 자

1. 양자제도의 의의

양자제도는 자연혈연적 친자관계가 없는 사람들 사이에 인위적으로 법률상 친자관계를 가지게 되는 제도이다. 민법은 2005년 개정시에 기존의 양자제도 외에 양자와 친생부모의 친족관계를 단절시키고 양자가 양친(養親)의 성과 본을 따를 수 있는 친양자제도(완전양자제도)를 도입하였다(제908조의2 이하).

2. 입양의 성립

입양이란 양친자관계를 창설할 것을 목적으로 하는 양자와 양친 사이의 합의이다. 입양이 성립하려면, 당사자(양친과 양자) 사이에 입양의사의 합치가 있어야 한다. 또한 입양은 가족관계의등록등에관한법률에 의하여 일정한 방식으로 신고하여야 성립하는 요식행위이다. 따라서 입양의 성립에는 입양의 합의와 더불어 입양신고가 필요하다(제878조).

3. 입양의 효과

양자는 입양한 때(입양신고일(제878조))부터 양친의 혼인중의 출생자의 신분을 취득하고, 양부모의 혈족·인척과의 사이에도 친족관계가 발생한다(제772조). 양자의 친생부모 및 그 혈족·인척 사이의 친족관계는 입양에 의하여 영향을 받지 않는다. 그리고 입양 후에도 양자의 성은 변경되지 않는다.

그러나 친양자의 경우는 친양자의 입양 전의 친족관계는 친양자입양이 확정된 때에 종료하고, 친양자는 양친의 성을 따르게 된다.

제4절 친 권

I. 의 의

부모는 미성년의 자녀를 보호하고 교양할 권리와 의무를 가지고 있다(제913조). 이를 친권(親權)이라고 한다. 친권은 자녀에 대한 지배권이 아니며, 부모의 개인적 이익을 위한 권리도 아니다. 친권에 따르는 사람은 미성년의 자녀이지만(제909조 제1항) 혼인을 한 경우에는 성년자로 의제되므로(제826조의2) 친권에 따르지 않는다.

II. 친권의 내용

1. 자녀의 신분에 관한 권리·의무

가. 자녀의 보호·교양에 관한 권리·의무

친권자는 자녀를 보호하고 교양할 권리·의무가 있다(제913조). 보호하고 교양하는 데 필요한 비용은 부부의 공동생활에 필요한 비용부담원칙(제833조)이 적용되어, 특별한 약정이 없으면 부부가 공동으로 부담한다.

나. 거소(居所) 지정권

자녀는 친권자가 지정한 장소에 거주하여야 한다(제914조). 친권자가 자녀를 보호·교양하는 목적을 넘어서 자의로 거소를 지정하는 경우에는 친권남용이 될 수 있다.

다. 징 계 권

친권자는 그 자녀를 보호 또는 교양하기 위하여 필요한 징계를 할 수 있고, 가정법원의 허가를 얻어 감화(感化) 또는 교정기관(矯正機關)에 위탁할 수 있다(제915조).

라. 신분상의 행위에 대한 대리권 및 동의권

친권자는 미성년의 자녀의 법정대리인으로서 법률에 특별한 규정이 있는 경우에는 자녀의 신분상의 행위를 대리할 수 있다. 인지청구의 소제기(제863조), 상속회복청구권(제999조), 상속의 승인과 포기(제1019조, 제1020조), 혼인무효의 소(가사소송법 제23조), 인지무효의 소제기(가사소송법 제28조, 제23조)가 그 예이다.

부모는 자녀의 일정한 신분행위에 대한 동의권도 있는데, 이는 친권자로서보다는 부모의 지위에서 인정된다. 약혼이나 혼인에 대한 동의권(제801조, 제808조), 입양에 대한 동의권(제871조) 등이 그 예다.

2. 자녀의 재산에 관한 권리·의무

가. 재산관리권

자녀가 자기의 명의로 취득한 재산은 그 특유재산으로 하고 법정대리인인 친권자가 이를 관리한다(제916조). 친권자가 재산관리권을 행사함에는 자기의 재산에 관한 행위와 동일한 주의를 하여야 한다(제922조).

나. 재산상의 행위에 대한 대리권·동의권

(1) 대 리 권 　법정대리인인 친권자는 자녀의 재산에 관한 법률행위에

대하여 그 자녀를 대리한다. 그러나 그 자녀의 행위를 목적으로 하는 채무를 부담할 경우에는 본인의 동의를 얻어야 한다(제920조). 친권자가 그의 자녀에 대한 법률행위의 대리권을 행사함에 있어서도 자기의 재산에 관한 행위와 동일한 주의를 하여야 한다(제922조).

(2) 동 의 권　친권자는 미성년의 자녀가 재산상의 법률행위를 하는 데 대하여 동의권을 가진다. 다만 자녀가 권리만을 얻거나 의무만을 면하는 행위는 그 미성년의 자녀가 단독으로 할 수 있다(제5조 제1항).

(3) 이해 상반행위에 있어서 친권행사의 제한　법정대리인인 친권자와 그 자녀 사이에 이해 상반되는 행위를 함에는 친권자는 법원에 그 자의 특별대리인의 선임을 청구하여야 한다. 또 법정대리인인 친권자가 그 친권에 따르는 수인의 자녀 사이에 이해 상반되는 행위를 함에는 법원에 그 자 일방의 특별대리인의 선임을 청구하여야 한다(제921조). 친권자와 그의 자녀 사이 또는 친권에 따르는 자녀들 사이에 이해가 충돌하는 경우에는 친권의 공정한 행사를 기대하기 어렵기 때문이다.

이해 상반행위의 여부는 그 행위 자체의 외형을 객관적으로 관찰하여 판단하여야 하고, 그 행위의 동기나 연유를 고려하여 판단할 것은 아니다. **예를 들면** 친권자가 자기의 채무를 위하여 미성년자인 자녀의 소유부동산을 담보로 제공하는 행위는 이해 상반행위가 된다. 친권자가 미성년인 자녀와 이해 상반되는 행위를 특별대리인에 의하지 않고 스스로 대리하여 한 경우에는, 그 행위는 무권대리행위로서 적법한 추인이 없는 한 무효이다. 추인은 본인인 자녀가 성년이 된 후에 하여야 한다.

제5절 후 견

I. 후 견 인

후견(後見)이란 제한능력자를 보호하기 위하여 마련된 제도이다.

민법은 제한능력자로 미성년자·피성년후견인·피한정후견인·피특정후견인의 네 가지를 규정하고 있다.

> 2011.3.7에 민법이 개정되기 전에는 민법상의 (행위)제한능력자로 미성년자·한정치산자·금치산자의 셋이 있었다. 그런데 한정치산자·금치산자 제도에 관하여는 많은 비판이 제기되어 위 법률 개정으로 금치산·한정치산 제도와 후견제도를 현행 제한능력자제도로 변경하였다(개정민법 시행일: 2013.7.1.).

미성년자에게 친권자가 없거나 친권자가 법률행위의 대리권과 재산관리권을 행사할 수 없는 경우에는 미성년후견인을 두어야 한다(제928조). 미성년후견인의 수(數)는 한 명으로 한다. 미성년자에게 친권을 행사하는 부모는 유언으로 미성년후견인을 지정할 수 있다. 가정법원은 위 지정된 미성년후견인이 없는 경우에는 직권으로 또는 미성년자, 친족, 이해관계인, 검사, 지방자치단체의 장의 청구에 의하여 미성년후견인을 선임한다. 미성년후견인은 민법 제913조(보호교양의 권리의무), 제914조(거소지정권), 제915조(징계권)에 규정한 사항에 관하여는 친권자와 동일한 권리와 의무가 있다. 다만, 다음 각 호의 어느 하나에 해당하는 경우에는 미성년후견감독인이 있으면 그의 동의를 받아야 한다.

1) 친권자가 정한 교육방법, 양육방법 또는 거소를 변경하는 경우.

2) 미성년자를 감화기관이나 교정기관에 위탁하는 경우.

3) 친권자가 허락한 영업을 취소하거나 제한하는 경우.

한편, 미성년자의 친권자가 법률행위의 대리권과 재산관리권에 한정하여 친권을 행사할 수 없는 경우에 미성년후견인의 임무는 미성년자의 재산에 관한 행위에 한정된다.

가정법원의 성년후견개시심판이 있는 경우에는 그 심판을 받은 사람의 성년후견인을 두어야 한다(제929조). 성년후견인은 피성년후견인의 신상과 재산에 관한 모든 사정을 고려하여 여러 명을 둘 수 있으며, 법인도 성년후견인이 될 수 있다. 성년후견인은 가정법원이 직권으로 선임한다. 가정법원은 성년후견인이 선임된 경우에도 필요하다고 인정하면 직권으로 또는 일정한 자의 청구에 의하여 추가로 성년후견인을 선임할 수 있다. 가정법원이 성년후견인을 선임할 때에는 피성년후견인의 의사를 존중하여야 하며, 그 밖에 피성년후견인의 건강, 생활관계, 재산상황, 성년후견인이 될 사람의 직업과 경험, 피성년후견인과의 이해관계의 유무(법인이 성년후견인이 될 때에는 사업의 종류와 내용, 법인이나 그 대표자와 피성년후견인 사이의 이해관계의 유무를 말한다) 등의 사정도 고려하여야 한다.

성년후견인은 피성년후견인의 재산관리와 신상보호를 할 때 여러 사정을 고려하여 그의 복리에 부합하는 방법으로 사무를 처리하여야 한다. 이 경우 성년후견인은 피성년후견인의 복리에 반하지 아니하면 피성년후견인의 의사를 존중하여야 한다. 피성년후견인은 자신의 신상에 관하여 그의 상태가 허락하는 범위에서 단독으로 결정한다. 성년후견인이 피성년후견인을 치료 등의 목적으로 정신병원이나 그 밖의 다른 장소에 격리하려는 경우에는 가정법원의 허가를 받아야 한다. 성년후견인이 피성년후견인을 대리하여 피성년후견인이 거주하고 있는 건물 또는 그 대지에 대하여 매도, 임대, 전세권 설정, 저당권 설정, 임대차의 해지, 전세권의 소멸, 그 밖에 이에 준하는 행위를 하는 경우에는 가정법원의 허가를 받아야 한다.

Ⅱ. 후견감독인

2011.3.7 민법 개정 당시 민법은 피후견인의 보호를 위하여 후견감독인 제도를 신설하였다.

미성년후견인을 지정할 수 있는 사람은 유언으로 미성년후견감독인을 지정할 수 있다. 가정법원도 지정된 미성년후견감독인이 없는 경우에 필요하다고 인정하면 직권으로 또는 미성년자, 친족, 미성년후견인, 검사, 지방자치단체의 장의 청구에 의하여 미성년후견감독인을 선임할 수 있다.

성년후견의 경우에도 가정법원은 필요하다고 인정하면 직권으로 또는 피성년후견인, 친족, 성년후견인, 검사, 지방자치단체의 장의 청구에 의하여 성년후견감독인을 선임할 수 있다.

후견감독인은 후견인의 사무를 감독하며, 후견인이 없는 경우 지체 없이 가정법원에 후견인의 선임을 청구하여야 한다. 후견감독인은 피후견인의 신상이나 재산에 대하여 급박한 사정이 있는 경우 그의 보호를 위하여 필요한 행위 또는 처분을 할 수 있다. 후견인과 피후견인 사이에 이해가 상반되는 행위에 관하여는 후견감독인이 피후견인을 대리한다.

제2장 상 속 법

제1절 총 설

I. 상속의 의의

상속(相續)이란 사람이 사망한 경우에 그의 재산상의 권리·의무가 법률 규정에 의하여 다른 일정한 사람에게 포괄적으로 승계되는 것을 말한다. 이때 사망하여 그의 재산상의 지위가 승계당하는 자를 '피상속인'이라 하고, 그 지위를 승계하는 자를 '상속인'이라고 한다. 상속제도는 사유재산제를 근간으로 하고 있다.

II. 상속의 유형

1. 신분상속·재산상속

일정한 신분을 승계하는 것을 목적으로 하는 상속이 신분상속이고, 피상속인의 재산을 승계하는 것을 목적으로 하는 상속이 재산상속이다. 우리 민법은 신분상속(호주상속)과 재산상속을 모두 규정하고 있었으나, 2005년 법 개정시에 호주제도가 폐지되면서 호주승계제도도 삭제되어 재산상속만이 상속으로 남게 되었다.

2. 생전상속·사망상속

피상속인의 생존중에 상속이 개시되는 경우가 생전상속이고, 피상속인의 사망시에 상속이 개시되는 경우가 사망상속이다. 민법은 사망상속만 인정하고 있다.

3. 법정상속·유언상속

상속인이 될 자의 범위와 순위가 법률상 정해져 있는 상속이 법정상속이고, 상속인이 피상속인의 유언에 의하여 지정되는 상속이 유언상속이다.

4. 강제상속·임의상속

상속인의 상속포기를 허용하지 않음으로써 상속을 강제하는 것이 강제상속이고, 상속인의 상속포기를 인정하는 것이 임의상속이다. 민법은 임의상속제를 채택하고 있다.

제2절 상　　속

I. 상속의 개시

1. 상속개시의 원인

상속(相續)은 피상속인의 사망으로 인하여 개시된다(제997조). 사망에는 자연적 사망과 법원의 실종선고에 의한 의제사망 및 인정사망도 포함된다.

2. 상속개시의 시기

가. 서　설

상속개시의 시기는 상속원인이 발생한 때이다. 상속개시의 시기는 i) 상속인의 자격·범위·순위를 결정하는 기준이 되고, ii) 상속에 관한 소권과 청구권의 행사기간의 기산점이 되며, iii) 상속의 효력발생, 상속재산·상속분·유류분의 기준시기가 된다.

나. 구체적인 시기

(1) 자연사망　이 경우에는 피상속인이 실제로 사망한 시기, 즉 호흡과 혈액순환이 영구적으로 멈춘 때에 상속이 개시된다.

(2) 인정사망　관공서가 인정한 시기에 상속이 개시된다(가족관계의등록등에관한법률 제87조 참조).

(3) 실종선고　실종기간이 만료된 때에 상속이 개시된다(제28조 실종선고의 효과 참조).

(4) 동시사망의 추정　상속인은 피상속인이 사망한 때에 권리능력을 가지고 있어야만 한다는 동시존재의 원칙상, 동시사망의 추정을 받는 경우에는 사망자 상호간에는 상속이 개시되지 않는다. 그러나 **판례**는 대습상속은 받을 수 있다고 한다.

3. 상속개시의 장소

상속은 피상속인의 주소지에서 개시된다(제998조).

4. 상속에 관한 비용

상속비용은 상속재산 중에서 지급한다(제998조의2). 상속비용은 상속에 의하여 생긴 비용이며, 상속재산의 관리비용이나 경매비용, 소송비용, 상속재산에 대한 조세 등이 그에 속한다.

Ⅱ. 상 속 인

1. 상속인의 개념

상속인이란 피상속인의 재산상의 지위를 승계한 자를 말한다.

어떤 자가 상속인으로서 상속을 받을 수 있으려면 피상속인이 사망할 당시에 생존하고 있어야 한다. 이를 동시존재의 원칙이라고 한다. 태아는 상속에 관하여는 이미 출생한 것으로 본다(제1000조 제3항).

2. 상속인의 순위

가. 서 설

상속인에는 혈족상속인과 배우자상속인이 있으며, 그 가운데 혈족상속인은 피상속인과의 관계에 의하여 1순위부터 4순위까지 순위가 정하여져 있고(제1000조), 배우자는 혈족상속인과 더불어 언제나 상속인이 되는 것으로 정하여져 있다(제1003조).

상속인으로 될 수 있는 자가 수인 있는 경우에 그들 사이의 순위가 다른 때에는 최우선 순위자만 상속인이 되고 후순위자는 상속에서 제외되며(제1000조 제1항·제2항 참조), 동순위자가 수인 있는 때에는 공동으로 상속한다(제1000조 제2항).

즉, 혈족상속인으로서 제1순위자도 있고 그 후순위자도 있는 경우에는, 제1순위자만이 상속인이 되고, 나머지 순위자는 상속인이 되지 못한다. **예를 들어** 甲이 부 乙, 모 丙, 처 丁, 자녀 戊·己를 두고 사망하였다고 하자. 피상속인의 직계비속이 1순위 상속인이 되고, 직계존속은 2순위 상속인이 된다. 따라서 자녀인 戊·己가 1순위 상속인으로 상속을 받게 되고, 乙·丙은 선순위 상속인이 존재하므로 결국 상속을 받지 못하게 된다. 한편 배우자는 언제나 상속을 받는다. 따라서 위 예에서 상속인은 처인 丁, 자녀인 戊·己가 된다. 피상속인이 사망하기 전에 상속인으로 될 직계비속이나 형제자매가 사망하거나 상속결격자가 된 경우에는, 그의 직계비속과 배우자가 그에 갈음하여 상속하게 되는데(제1001조, 제1003조 제2항), 이를 대습상속이라고 한다.

나. 혈족상속인

(1) 제1순위: 피상속인의 직계비속(제1000조 제1항 제1호)　직계비속이면 모두 여기에 해당하며 직계비속의 성별, 혼인 여부, 혼인중의 자녀인지의 여부, 연령의 많고 적음 등은 묻지 않는다. 입양된 자도 같다.

직계비속이 수인 있는 경우에 피상속인과 그들 사이의 촌수가 다르면 최근친(最近親. 촌수가 가장 작은 자)이 선순위자로서 상속인이 되고(제1000조 제2항 전단), 최근친인 직계비속이 수인이 있는 때에는 그들은 공동상속인이 된다. **예를 들어** 사망한 甲에게 아들도 있고, 손자도 있다면, 아들과 손자는 모두 甲의 직계비속이지만, 아들의 촌수(1촌)가 손자의 촌수(2촌)보다 가깝기 때문에 아들만 상속인이 된다. 아들이나 딸이 여러 명일 경우에는 그들은 모두 촌수가 같으므로 공동상속인이 된다(제1000조 제2항 후단). 태아의 상속순위에 관하여는 이미 출생한 것으로 본다(제1000조 제3항).

(2) 제2순위: 피상속인이 직계존속(제1000조 제1항 제2호) 직계존속이 수인 있는 경우에는 최근친이 선순위가 된다는 점, 최근친인 직계존속이 수인 있으면 공동상속인이 된다는 점은 직계비속의 경우와 마찬가지이다(제1000조 제2항).

(3) 제3순위: 피상속인의 형제자매(제1000조 제1항 제3호) 형제자매이면 성별, 혼인 여부, 자연혈족인지 법정혈족(양자)인지 등을 묻지 않는다. 형제자매가 수인이 있으면 동순위로 상속인이 된다.

(4) 제4순위: 4촌 이내의 방계혈족(제1000조 제1항 제4호) 4촌 이내의 방계혈족이면 되고 부계인지 모계인지, 성별, 혼인 여부 등은 묻지 않는다. 4촌 이내의 방계혈족이 수인이 있는 경우에는 최근친자(피상속인과 3촌인 자)가 선쉬위로 되고, 선순위인 자(같은 촌수인 자)가 수인이 있으면 공동상속인이 된다(제1000조 제2항).

다. 배우자상속인

피상속인의 배우자는 피상속인의 직계비속이나 피상속인의 직계존속이 있는 때에는 그 상속인과 공동상속인이 되고, 그 상속인이 없는 때에는 단독상속인이 된다(제1003조 제1항). 여기의 배우자는 혼인신고를 한 법률상의 배우자만을 가리키며, 사실혼의 배우자는 포함되지 않는다.

3. 대습상속

상속인이 될 직계비속 또는 형제자매가 상속개시 전에 사망하거나 결격자가 된 경우에 그 직계비속이 있는 때에는 그 직계비속이 사망하거나 결격된 자의 순위에 갈음하여 상속인이 되는데, 이를 대습상속(代襲相續)이라고 한다(제1001조, 제1003조 제2항).

예를 들어 甲(피상속인)에게 아들 乙·丙이 있고, 乙에게는 처 丁과 아들 戊가 있다. 그런데 甲의 사망 전에 乙이 교통사고로 먼저 사망하였다고 가정하자. 甲이 사망하였을 때 乙은 甲의 사망 전에 이미 사망하였으므로 상속인이 되지 못한다. 이 경우 乙이 처인 丁과 아들 戊가 乙에 갈음하여 甲의 상속인이 되는 것이 대습상속이다. 만약 대습상속제도가 없다면 甲의 모든 재산은 丙이 단독 상속하게 된다.

민법상 대습상속이 인정되는 경우는 세 가지이다. i) 상속인이 될 피상속인의 직계비속이 상속개시 전에 사망하거나 결격된 때에는, 그의 직계비속이 대습상속한다(제1001조, 제1000조 제1항 제1호). ii) 상속인이 될 피상속인의 형제자매가 상속개시 전에 사망하거나 결격된 때에는, 그의 직계비속이 대습상속한다(제1001조, 제1000조 제1항 제3호). iii) 상속인이 될 피상속인의 직계비속 또는 형제자매가 상속개시 전에 사망하거나 결격된 때에는 그의 배우자는 그의 직계비속과 공동으로 대습상속하고, 직계비속이 없으면 단독으로 상속한다(제1003조 제2항).

4. 상속결격

가. 의 의

상속인의 자격이 있는 자에게 상속에 적합하지 않은 일정한 법정사유가 발생한 경우에 법률상 당연히 상속인으로서의 자격을 상실하게 하는 것을 상속결격(相續缺格)이라고 한다.

나. 결격사유

민법은 결격사유로 다음의 5가지를 규정하고 있다(제1004조).

1) 고의로 직계존속, 피상속인, 그 배우자 또는 상속의 선순위나 동순위에 있는 자를 살해하거나 살해하려 한 경우.

2) 고의로 직계존속, 피상속인과 그 배우자에게 상해를 가하여 사망에 이르게 한 경우.

3) 사기 또는 강박으로 피상속인의 상속에 관한 유언 또는 유언의 철회를 방해한 경우.

4) 사기 또는 강박으로 피상속인의 상속에 관한 유언을 하게 한 경우.

5) 피상속인의 상속에 관한 유언서를 위조·변조·파기 또는 은닉한 경우.

다. 결격의 효과

상속결격사유에 해당하는 행위를 한 자는 상속인이 되지 못한다(제1004조). 즉 그는 상속자격을 상실한다. 또 수증결격자가 되어(제1064조) 유증도 받지 못한다. 상속결격의 효과는 특정의 피상속인에 대한 관계에만 미치며, 다른 피상속인에 대한 상속자격에는 영향이 없다. 그리고 이 결격의 효과는 결격자 본인에게만 한정되므로 그의 직계비속이나 배우자가 대습상속을 하는 데는 지장이 없다.

Ⅲ. 상속의 효력

1. 재산의 승계

가. 상속재산의 포괄승계의 원칙

상속인은 상속이 개시된 때에 피상속인의 재산에 관한 모든 권리·의무를 포괄적으로 승계한다(제1005조 본문).

적극재산(권리)뿐만 아니라 소극재산(채무)도 승계된다. 다만 재산적인 권리·의무일지라도 피상속인의 일신에 전속한 것은 승계되지 않는다(제1005조 단서). 따라서 당사자간에 강한 신뢰를 바탕으로 하는 위임계약이나 고용계약상의 지위 등은 상속되지 않는다. 인격권(생명·신체권 등)이나 친족법상의 권리도 승계되지 않는다.

상속재산을 구성하는 개별적인 권리·의무는 포괄적으로, 즉 모두가 한꺼번에 승계된다. 개별적인 권리에 대한 이전절차나 채무인수를 필요로 하지 않으며 특별한 의사표시가 없어도 법률규정에 의하여 당연히 승계가 일어난다. 승계되는 시기는 상속이 개시된 당시(피상속인의 사망 당시)이며 상속인이 상속이 개시되었다든가 자기가 상속인이라는 사실을 몰랐어도 상속재산의 승계는 일어난다.

나. 제사용 재산에 대한 예외적 특별승계

다만 분묘에 속한 1정보 이내의 금양임야와 600평 이내의 묘토인 농지, 족보와 제구의 소유권은 제사를 주재하는 자가 승계한다(제1008조의3 참조). 누가 '제사를 주제하는 자'인지에 관하여는 논란이 있으나, 판례는 제사주재자는 i) 우선적으로 망인의 공동상속인들 사이의 협의에 의해 정해져야 하되, ii) 협의가 이루어지지 않는 경우에는 제사주재자의 지위를 유지할 수 없는 특별한 사정(예: 중대한 질병, 심한 낭비, 극심한 생계곤란, 부모 학대 등)이 있지 않은 한 망인의 장남(장남이 이미 사망한 경우에는 장남의 아들 즉 장손자)이 제사주재자가 되고, iii) 공동상속인들 중 아들이 없는 경우에는 망인의 장녀가 제사주재자가 된다고 한다.

2. 상 속 분

가. 상속분의 의의

상속분(相續分)은 각 공동상속인이 상속재산에 대하여 가지는 권리·의무의 비율을 말한다.

나. 상속분의 결정

(1) 혈족상속인의 상속분 동순위의 상속인이 수인인 때에는 그 상속분은 균분(똑같이 나눔)으로 한다(제1009조 제1항). 1990년의 민법개정으로 상속분이 동등하도록 수정되었다. 성별, 부계인지 모계인지, 혼인중의 자녀인지의 여부 등은 전혀 묻지 않는다.

(2) 배우자상속인의 상속분 피상속인의 배우자의 상속분은 직계비속과 공동으로 상속하는 때에는 직계비속의 상속분의 5할을 가산하고, 직계존속과 공동으로 상속하는 때에는 직계존속의 상속분의 5할을 가산한다(제1009조 제2항).

예를 들어 甲이 처인 乙과 장남 丙, 차남 丁, 딸 戊가 있는데, 장남 丙과

戊는 혼인을 하였다고 가정하자. 甲이 사망하면, 자녀인 丙·丁·戊는 균분하게 상속받으므로 그들의 상속분은 각 1이 된다. 그런데 처인 乙은 직계비속의 상속분의 5할을 가산하여 받으므로 乙의 상속분은 1.5가 된다. 그리하여 乙·丙·丁·戊의 상속분은 각 1.5:1:1:1가 된다. 이를 분수로 표현하면, 乙이 3/9 지분, 丙·丁·戊가 각 2/9 지분으로 상속하게 된다.

피상속인에게 배우자만 있고 직계비속도 직계존속도 없는 때에는, 배우자가 단독으로 상속한다(제1003조 제1항).

(3) 대습상속인의 상속분 　대습상속인의 상속분은 피대습자(즉, 사망 또는 결격된 자)의 상속분과 같다(제1010조 제1항). 그리고 대습상속의 경우에 대습상속하는 직계비속이 수인인 때, 그리고 대습상속하는 배우자(피대습자의 배우자)가 있는 때에는, 피대습자의 상속분을 상속재산으로 하여 법정상속분의 방법으로 상속분을 정한다(제1010조 제2항).

다. 특별수익자의 상속분

공동상속인 중에 피상속인으로부터 재산의 증여 또는 유증을 받은 자가 있는 경우에 그 수증재산이 자기의 상속분에 달하지 못한 때에는 그 부족한 부분의 한도에서 상속분이 있다(제1008조).

특별수익의 가액이 수익자의 상속분을 넘는 경우에는, 수익자가 상속재산으로부터 더 이상 상속받을 수는 없으나, 그 초과 부분을 반환하여야 하는지가 문제될 수 있다. 일반적으로 공동상속인의 유류분(제1112조 이하 참조)을 침해한 경우에는 반환하여야 한다고 해석한다.

라. 기여분(寄與分)

공동상속인 중에 i) 상당한 기간 동거·간호 그 밖의 방법으로 피상속인을 특별히 부양하거나(특별부양의 경우), ii) 피상속인의 재산의 유지 또는 증가에 특별히 기여한 자가 있을 때(재산상의 특별기여)에는 상속개시 당시의 피상속인의 재산가액에서 공동상속인의 협의로 정한 그 자의 기여분을 공제한 것을 상속재산으로 보고 제1009조 및 제1010조에 의하여 산정한 상속분에 기여분을 가산한 액으로써 그 자의 상속분으로 한다. 협의가 되지 아니하거나 협의할 수 없는 때에는 가정법원은 제1항에 규정된 기여자의 청구에 의하여 기여의 시기·방법 및 정도와 상속재산의 액 기타의 사정을 참작하여 기여분을 정한다. 다만 기여분은 상속이 개시된 때의 피상속인의 재산가액에서 유증의 가액을 공제한 액을 넘지 못한다(제1008조의2).

마. 상속분의 양수

공동상속인 중에 그 상속분을 제3자에게 양도한 자가 있는 때에는 다른 공동상속인은 그 가액과 양도비용을 상환하고 그 상속분을 양수할 수 있다. 이 권리는 그 사유를 안 날로부터 3월, 그 사유있은 날로부터 1년 내에 행사하여야 한다(제1011조).

3. 공동상속재산의 공동소유

민법은 공동상속의 경우에 상속인은 각자의 상속분에 따라 피상속인의 권리의무를 승계하지만(제1007조), 상속재산은 그들의 공유로 한다고 규정한다(제1006조).

이 규정의 의미에 관하여 합유설과 공유설의 대립이 있지만, 판례와 다수설은 공유설을 따르고 있다. 공유설에 의할 경우 물권편의 공유에 관한 규정이 적용된다.

4. 상속재산의 분할

가. 의 의

공동상속의 경우 상속이 개시되면 상속재산은 일단 공동상속인이 공유하게 된다(제1006조). 이러한 상속재산의 공유관계를 종료시키고, 상속분에 따라 이를 배분하여 각 공동상속인의 단독소유로 전환하기 위하여 행하여지는 포괄적 분배절차를 상속재산의 분할이라고 한다.

나. 분할의 방법

민법이 정하고 있는 분할방법은 세 가지이다.

(1) 유언에 의한 분할 　피상속인은 유언으로 상속재산의 분할방법을 정

하거나 이를 정할 것을 제3자에게 위탁할 수 있고 상속개시의 날로부터 5년을 초과하지 아니하는 기간 내의 그 분할을 금지할 수 있다(제1012조).

(2) 협의에 의한 분할　유언에 의한 지정이 없으면 공동상속인의 협의에 의하여 분할할 수 있다(제1013조 제1항). 분할의 협의는 공동상속인 사이에서 행하여지는 일종의 계약이므로 공동상속인 전원이 참석하여야 한다.

(3) 조정 또는 심판에 의한 분할　분할에 관하여 협의가 성립되지 않은 때(협의할 수 없는 때도 포함)에는 가정법원의 심판에 의하여 분할된다(제1013조 제2항, 제269조).

다. 분할의 효과

상속재산의 분할은 상속개시된 때에 소급하여 그 효력이 있다. 그러나 제3자의 권리를 해하지 못한다(제1015조). 공동상속인은 다른 공동상속인이 분할로 인하여 취득한 재산에 대하여 그 상속분에 응하여 매도인과 같은 담보책임이 있다(제1016조). 공동상속인은 다른 상속인이 분할로 인하여 취득한 채권에 대하여 분할 당시의 채무자의 자력을 담보한다. 변제기에 달하지 아니한 채권이나 정지조건 있는 채권에 대하여는 변제를 청구할 수 있는 때의 채무자의 자력을 담보한다(제1017조).

5. 상속회복청구권

가. 의 의

진정한 상속인의 상속권이 참칭상속인에 침해되었을 때, 일정한 기간 내에 자기의 상속권에 기한 재산의 회복을 소송으로써 구할 수 있는 권리이다(제999조).

나. 당사자

(1) 회복청구권자　상속재산의 침해를 받은 진정한 상속권자 또는 그 법정대리인이다. 진정상속인으로부터 상속분을 양수한 자, 포괄수증자 등도 당사자가 될 수 있으나 상속재산의 특정승계인은 청구권자가 될 수 없다.

(2) 상대방　상속권이 없음에도 불구하고 상속인과 같은 외관을 갖추

거나 상속인이라고 참칭하는 참칭상속인이 상대방이 된다. 공동상속인이라도 자기 지분을 넘어 다른 공동상속인의 상속분을 침해하면 참칭상속인에 해당한다. 한편 상속재산의 제3취득자도 상대방이 될 수 있다. 양수한 제3자에게 인정하지 않으면 거래관계의 조기 안정을 의도하는 단기제척기간이 무의미해지고, 참칭상속인에게는 소유권을 부정하면서 전득자에게는 소유권을 인정하는 모순이 생기기 때문이다.

다. 행사방법

반드시 재판상 행사할 필요는 없고, 재판외의 청구도 가능하다. 청구권자는 자신이 상속권자라는 점과 목적물이 상속개시 당시 피상속인의 점유에 속한 사실만 입증하면 되고, 상대방이 자신의 권원을 입증해야 한다.

라. 행사의 효과

상속회복청구가 받아들여지면, 참칭상속인은 진정상속인에게 그가 점유하는 상속재산을 반환하여야 한다. 반환의 범위에 관하여 참칭상속인이 악의이면 전부를 반환해야 하지만, 선의이면 실종선고의 취소에 준하여 현존이익을 한도로 반환하면 된다는 견해와 악의이든 선의이든 취득한 재산 전부는 물론 과실이나 사용이득도 상속재산에 속하므로 반환해야 한다는 견해가 있다.

마. 상속회복청구권의 소멸

상속회복청구권을 포기하거나, 제척기간이 경과하면 청구권은 소멸된다. 제척기간은 상속권 침해사실을 안 날로부터 3년, 상속권의 침해가 있은 날로부터 10년이다(제999조 제2항).

Ⅳ. 상속의 승인과 포기

1. 서 설

가. 상속의 승인·포기의 자유

상속인은 상속개시된 때로부터 피상속인의 재산에 관한 포괄적 권리의무를 승계한다(제1005조). 이러한 상속의 효과는 피상속인의 사망으로 당연히 발생하며, 상속인이 상속이 개시되었다든가 자기가 상속인이라는 사실을 몰랐어도 상속재산의 승계는 일어난다. 그러나 이러한 원칙을 무한정 고수한다면, 예를 들어 상속된 적극재산보다 소극재산이 많을 경우 상속인에게 예상치 못한 손해가 발생할 수도 있다. 그리하여 민법은 상속에 관하여 상속인이 자신의 판단에 의하여 이를 승인하거나 포기할 수 있도록 하고 있다(제1019조 이하).

민법이 규정하는 승인에는 단순승인과 한정승인의 두 가지가 있다. 단순승인은 권리·의무의 승계에 대한 전면적인 승인이고, 한정승인은 피상속인의 채무를 상속재산의 한도 내에서 변제하겠다는 조건하에 상속을 승인하는 것이다. 민법은 단순승인·한정승인·포기 가운데 단순승인을 원칙으로 한다(제1026조 참조).

나. 승인·포기 행위의 성질

상속의 승인·포기는 상대방 없는 단독행위이다. 그러나 상속의 한정승인과 포기는 가정법원에 대하여 신고로써 하여야 하는 요식행위이다(제1030조, 제1041조). 단순승인에 대하여는 제한이 없으므로 그것은 불요식행위가 된다. 승인과 포기는 단독행위이므로 조건이나 기한을 붙이지 못한다.

다. 승인·포기의 고려기간

상속인은 상속개시 있음을 안 날로부터 3월 내에 단순승인이나 한정승인 또는 포기를 할 수 있다. 그러나 그 기간은 이해관계인 또는 검사의 청구에 의하여 가정법원이 이를 연장할 수 있다(제1019조 제1항 본문). 이 3개월의 기간은 상속인이 상속재산을 조사해 보고 승인이나 포기를 할 수 있도록 부여된 것으로서 고려기간(또는 숙려기간)이라고 한다. 상속인이 이 기간 내에 승인이나 포기를 하지 않으면, 단순승인을 한 것으로 의제된다(제1026조 제2호). 그리고 상속인은 승인 또는 포기를 하기 전에 상속재산을 조사할 수 있다(제1019조 제2항).

상속인이 상속채무가 상속재산을 초과하는 사실을 중대한 과실없이 위 고려기간 내에 알지 못하고 단순승인(제1026조 제1호 및 제2호의 규정에 의하여 단순승인한 것으로 보는 경우를 포함한다)을 한 경우에는 그 사실을 안 날부터 3월 내에 한정승인을 할 수 있다(제1019조 제3항).

상속인이 무능력자인 때에는 위 고려기간은 그 법정대리인이 상속개시 있음을 안 날로부터 기산한다(제1020조).

라. 승인·포기의 철회금지와 취소

상속인이 상속의 승인이나 포기를 하였다면, 고려기간 내에도 이를 취소하지 못한다(제1024조 제1항). 다만 총칙편의 규정에 의한 취소는 가능하다(제1024조 제2항 본문). 예를 들면 미성년자나 한정치산자가 법정대리인의 동의 없이 승인·포기를 한 경우(제5조, 제10조), 착오·사기·강박에 의하여 승인·포기를 한 경우(제109조, 제110조)에는 승인·포기를 취소할 수 있다. 그러나 그 취소권은 추인할 수 있는 날로부터 3월, 승인 또는 포기한 날로부터 1년 내에 행사하지 아니하면 시효로 인하여 소멸된다(제1024조 제2항 단서).

2. 단순승인

가. 의 의

피상속인의 권리·의무를 무제한·무조건으로 승계하는 상속형태 또는 이것을 승인하는 상속인의 의사표시이다. 단순승인(單純承認)의 방식에는 제한이 없다(제1030조. 제1041조 참조). 따라서 그 의사가 어떤 형식으로든 외부에 표시되면 충분하다.

나. 법정 단순승인

민법은 다음의 사유가 있는 경우에는 상속인에게 단순승인의 의사가 있는지를 묻지 않고 단순승인을 한 것으로 본다(제1026조).

1) 상속인이 상속재산에 대한 처분행위를 한 때(제1026조 제1호).

2) 상속인이 3개월의 고려기간 내에 한정승인 또는 포기를 하지 않은 때(제1026조 제2호).

3) 상속인이 한정승인 또는 포기를 한 후에 상속재산을 숨기거나 부정하게 소비하거나 고의로 재산목록에 기입하지 않은 때(제1026조 제3호). 다만 위

2)항에 해당되어 단순승인한 것으로 보는 경우라도, 상속인이 상속채무가 상속재산을 초과하는 사실을 중대한 과실없이 그 고려기간 내에 알지 못하고 단순승인(제1026조 제1호 및 제2호의 규정에 의하여 단순승인한 것으로 보는 경우를 포함한다)을 한 경우에는 그 사실을 안 날부터 3월 내에 한정승인을 할 수 있다(제1019조 제3항).

다. 단순승인의 효과

단순승인의 경우에는 상속인은 피상속인의 권리·의무를 제한없이 승계한다(제1025조). 그 결과 상속인은 피상속인의 소극재산이 그의 적극재산을 넘는 때에도 변제를 거절하지 못한다. 상속채권자(피상속인의 채권자)는 상속인의 고유재산에 대하여 강제집행을 할 수 있으며, 상속인의 채권자는 상속재산에 대하여 강제집행을 할 수 있다.

3. 한정승인

가. 의 의

상속인은 상속으로 인하여 취득할 재산의 한도에서 피상속인의 채무와 유증을 변제할 것을 조건으로 상속을 승인할 수 있는데(제1028조) 이를 상속의 '한정승인'(限定承認)이라고 한다. 상속인이 수인인 때에는 각 상속인은 그 상속분에 응하여 취득할 재산의 한도에서 그 상속분에 의한 피상속인의 채무와 유증을 변제할 것을 조건으로 상속을 승인할 수 있다(제1029조). 상속재산이 채무초과 상태인지 불분명한 경우에 유용하게 이용할 수 있는 제도이다.

나. 한정승인의 방법

한정승인은 원칙적으로 상속인이 상속개시 있음을 안 날부터 3개월 내에 할 수 있다(제1019조 제1항 본문). 그 외에 상속채무가 상속재산을 초과하는 사실을 중대한 과실없이 고려기간 내에 알지 못하고 단순승인을 하였거나 또는 제1026조 제1호(상속재산에 대한 처분행위를 한 때)·제2호(고려기간 내에 한정승인·포기를 하지 않은 때)에 의하여 단순승인으로 의제된 경우에는, 그 사실을 안 날부터 3개월 내에 한정승인을 할 수 있다(제1019조 제3항).

한정승인을 하려면 상속인이 일정한 기간 내에 상속재산의 목록을 첨부하여 가정법원에 한정승인의 신고를 하여야 한다(제1030조 제1항). 그리고 제1019조 제3항의 규정에 의하여 한정승인을 한 경우, 상속재산 중 이미 처분한 재산이 있는 때에는, 그 목록과 가액을 함께 제출하여야 한다(제1030조 제2항). 한정승인신고를 함에 있어서 상속재산을 고의로 재산목록에 기입하지 않으면 단순승인으로 의제된다(제1026조 제3호).

다. 한정승인의 효과

(1) 채무와 책임의 분리　한정승인을 한 상속인(공동상속인 포함)은 상속으로 인하여 얻은 적극재산(공동상속인의 경우에는 상속분에 의하여 취득할 적극재산)의 한도에서 피상속인의 채무와 유증을 변제하면 된다(제1028조, 제1029조). 이는 상속채무는 전부 승계하지만 책임의 범위가 상속재산에 한정된다는 의미가 된다(물적 유한책임). 따라서 상속채권자는 한정승인자에 대하여도 채무 전부에 관하여 이행을 청구할 수 있으며, 한정치산자가 초과 부분에 대하여 임의로 변제하면 비채변제가 아니고 유효한 변제로 된다. 그리고 피상속인의 채무와 유증을 변제하고 남은 재산은 한정승인을 한 상속인에게 귀속한다.

(2) 상속재산과 고유재산의 분리　상속인이 한정승인을 한 때에는 피상속인에 대한 상속인의 재산상 권리의무는 소멸하지 아니한다(제1031조).

(3) 상속재산의 관리　고유재산에 대한 것과 동일한 주의로 상속재산을 관리하여야 한다(제1022조, 제1040조 제3항).

(4) 상속재산의 청산　한정승인자는 한정승인을 한 날부터 5일 내에 한정승인을 한 사실과 2개월 이상을 넘는 일정한 기간 내에 채권을 신고할 것을 공고하는 등(제1032조 제1항)으로 상속재산의 청산절차를 밟아야 한다(제1032조 이하 참조).

4. 상속의 포기

가. 의　의

상속으로 인하여 생기는 모든 권리·의무의 승계를 부인하고, 처음부터 상속인이 아니었던 효력을 생기게 하는 일방적 의사표시이다. 포기는 단독상속인은 물론 공동상속인도 할 수 있다.

나. 방 법

상속인이 상속을 포기할 때에는, 3개월의 고려기간 내에 가정법원에 포기의 신고를 하여야 한다(제1014조).

다. 효 과

(1) 포기의 소급효　　상속의 포기는 상속이 개시된 때에 소급하여 그 효력이 있다(제1042조). 따라서 포기자는 처음부터 상속인이 아니었던 것으로 된다. 공동상속인 중 일부가 상속을 포기한 경우에, 그 포기자의 직계비속은 포기자를 대습상속하지 않는다고 본다. 민법이 대습상속의 원인으로 피대습자의 사망과 결격만을 규정하고 있기 때문이다(제1001조 참조).

(2) 포기자의 상속분의 귀속　　상속인이 수인인 경우에 어느 상속인이 상속을 포기한 때에는 그 상속분은 다른 상속인의 상속분의 비율로 그 상속인에게 귀속된다(제1043조). 상속인 전원이 상속을 포기하면, 그 전원이 상속개시부터 상속인이 아니었던 것과 같은 지위에 놓이게 되므로, 다음 순위에 있는 자가 본위 상속인으로서 상속하게 된다(통설, 판례).

(3) 상속재산의 관리계속의무　　상속을 포기한 자는 그 포기로 인하여 상속인이 된 자가 상속재산을 관리할 수 있을 때까지 그 재산의 관리를 계속하여야 한다(제1044조).

V. 재산의 분리

상속채권자나 유증받은 자 또는 상속인의 채권자는 상속개시된 날로부터 3월 내에 상속재산과 상속인의 고유재산의 분리를 법원에 청구할 수 있다. 상속인이 상속의 승인이나 포기를 하지 아니한 동안은 전항의 기간경과 후에도 재산의 분리를 법원에 청구할 수 있다(제1045조). 이를 재산의 분리라고 한다. 상속에 의하여 상속재산과 상속인의 고유재산이 혼합되는 경우에,

상속인이 채무초과이면 상속인의 채권자가 불이익을 입게 되므로, 상속재산과 상속인의 고유재산을 분리하여 상속채권자, 유증을 받은 자 또는 상속인의 채권자가 보호하려는 것이다.

법원이 재산의 분리를 명한 때에는 그 청구자는 5일 내에 일반상속채권자와 유증받은 자에 대하여 재산분리의 명령이 있은 사실과 일정한 기간 내에 그 채권 또는 수증을 신고할 것을 공고하여야 한다. 그 기간은 2월 이상이어야 한다(제1046조 제1항). 그리고 법원은 상속재산의 관리에 관하여 필요한 처분을 명할 수 있다(제1047조). 상속인이 단순승인을 한 후에도 재산분리의 명령이 있는 때에는 상속재산에 대하여 자기의 고유재산과 동일한 주의로 관리하여야 한다(제1048조). 재산분리의 명령이 있는 때에는 피상속인에 대한 상속인의 재산상 권리의무는 소멸하지 아니한다(제1050조).

VI. 상속인의 부존재

1. 의 의

상속인의 부존재(不存在)란 상속인이 존재하는지의 여부가 분명하지 않은 것이다(제1053조 제1항 참조).

2. 상속재산의 관리와 청산

가. 상속재산의 관리

상속인의 존부가 분명하지 아니한 때에는 법원은 제777조의 규정에 의한 피상속인의 친족 기타 이해관계인 또는 검사의 청구에 의하여 상속재산관리인을 선임하고 지체없이 이를 공고하여야 한다. 선임된 재산관리인은 부재자의 재산관리인처럼 상속재산을 관리한다(제1053조). 관리인은 상속채권자나 유증받은 자의 청구가 있는 때에는 언제든지 상속재산의 목록을 제시하고 그 상황을 보고하여야 한다(제1054조). 관리인의 임무는 그 상속인이 상속의 승인을 한 때에 종료한다(제1055조).

나. 상속재산의 청산

상속재산관리인의 선임공고가 있은 날부터 3개월 내에 상속인의 존재 여부를 알 수 없는 때에는, 관리인은 지체없이 일반 상속채권자와 유증받은 자에 대하여 2개월 이상의 기간을 정하여 그 기간 내에 그 채권 또는 수증을 신고할 것을 공고하고(제1056조 제1항) 이어서 상속재산을 청산하여야 한다(제1056조 제2항).

3. 상속인의 수색

관리인이 상속채권자와 유증받은 자에 대하여 채권 또는 수증을 신고하도록 2개월 이상으로 정한 기간이 지나도 상속인의 존재 여부를 알 수 없는 때에는, 법원은 관리인의 청구에 의하여 상속인이 있으면 1년 이상의 기간을 정하여 그 기간 내에 그 권리를 주장할 것을 공고하여야 한다(제1057조).

이 공고에서 정한 기간이 지나고 상속인이 나타나지 않으면 상속인의 부존재가 확정된다.

4. 특별연고자에 대한 분여

상속인이 존재하지 않는 경우에, 가정법원은 피상속인과 생계를 같이하고 있던 자, 피상속인의 요양간호를 한 자, 기타 피상속인과 특별한 연고가 있던 자의 청구에 의하여 상속재산의 전부 또는 일부를 분여(分與)할 수 있다(제1057조의2).

1990년 민법개정 전에는 상속인 수색공고로 정한 기간 내에 상속권을 주장하는 사람이 없으면 상속재산을 국가에 귀속시켰다. 그 결과 피상속인의 사실상의 배우자와 같이 피상속인과 매우 가까우면서도 상속권이 없는 자는 상속인이 전혀 없는데도 상속에서 제외되는 불합리한 면이 있었다. 민법은 이러한 점을 고려하여 1990년 민법개정시에 특별연고자에 대하여 재산을 분여하는 제도를 신설하였다.

위 규정에 의하여 재산분여를 받을 수 있는 자는 '피상속인과 생계를 같이하고 있던 자, 피상속인의 요양 간호를 한 자, 기타 피상속인과 특별한 연고가 있던 자'로 한정된다. 이 재산분여는 상속이 아니므로 요양원, 양로원 등과 같은 법인이나 권리능력 없는 사단도 받을 수 있다고 해석된다.

피상속인과 특별한 연고가 있다고 생각하여 피상속인이 남긴 재산으로부터 분여받기를 원하는 자는 상속인의 수색공고로 정해진 기간이 만료된 후 2개월 이내에 가정법원에 재산분여청구를 하여야 한다(제1057조의2 제1항·제2항).

5. 상속재산의 국가귀속

특별연고자에 대한 분여가 되지 않은 상속재산은 국가에 귀속된다(제1058조 제1항). 상속재산이 국가에 귀속된 때에는, 상속재산으로 변제를 받지 못한 상속채권자나 유증을 받은 자가 있는 때에도 국가에 대하여 그 변제를 청구하지 못한다(제1059조).

제3절 유 언

I. 유언의 의의 및 법적 성질

1. 의 의

유언(遺言)은 유언자의 사망과 동시에 일정한 법률효과를 발생시킬 목적으로 일정한 방식에 따라서 하는 상대방없는 단독행위이다.

2. 유언사항

유언을 할 수 있는 사항은 법으로 정해져 있는데, i) 재단법인의 설립을 위한 재산출연행위(제47조 제2항), ii) 친생부인(제850조), iii) 인지(제859조), iv) 후견인 지정(제931조), v) 친족회원의 지정(제962조), vi) 상속재산의 분할방법의 지정 또는 위탁(제1012조 전단), vii) 상속재산의 분할금지(제1012조 후단), viii) 유증(제1074조 이하), ix) 유언집행자의 지정 또는 위탁(제1093조), x)

신탁의 설정(신탁법 제2조) 등이 유언사항이다. 유언사항이 아닌 것에 대한 유언자의 의사표시는 민법상의 유언은 아니다. 예를 들면, 사망하기 전에 화장을 하라든가 고향에 묻어달라는 등의 말이 그러하다.

3. 유언의 성질

유언은 상대방 없는 단독행위이다. 또한 일정한 방식에 따라서 해야 하는 요식행위이며(제1055조 이하 참조), 그 방식에 따르지 않은 유언은 무효이다(제1060조). 이와 같이 유언을 요식행위로 규정한 이유는 유언이 유언자의 사망 후에 효력이 생기기 때문에 미리 본인의 진의를 확보해 두기 위해서이다. 유언에는 대리가 허용되지 않는다. 유언자 본인의 독립된 의사에 의하여 이루어져야 하기 때문이다. 유언자가 사망하기 전까지는 유언에 따른 법률상의 권리취득이 불가능하며, 유언자는 언제든지 유언을 철회할 수 있다.

4. 유언능력

만 17세에 달한 자는 유언을 할 수 있다(제1061조). 그리고 무능력자에 대한 규정은 유언에 대해서는 이를 적용하지 아니한다(제1062조). 금치산자도 그 의사능력이 회복된 때에는 유언을 할 수 있으나, 이 경우 의사가 심신회복의 상태를 유언서에 부기하고 서명날인하여야 한다(제1063조).

Ⅱ. 유언의 방식

1. 서 설

가. 유언의 요식성(要式性)

민법은 유언은 본법의 정한 방식에 의하지 아니하면 효력이 생기지 아니한다(제1060조)고 규정하여 유언의 요식성을 엄격하게 지키고 있다. 유언은 유언자의 사망으로 인하여 효력이 발생하기 때문에 유언의 존재 및 내용에 관하여 다툼이 생기면 이를 본인에게 확인하는 것이 불가능하다. 이에 민법은 유언자의 진의를 명확하게 하고 분쟁과 혼란을 예방하기 위하여 유언은 일정한 방식에 따라서 하고 이를 따르지 않은 유언은 효력이 생기지 않도록 규정하고 있는 것이다. 유언의 방식에 따르지 않은 유언은 유언자의 진정한 의사에 합치하더라도 유언으로서의 효력을 가질 수 없다.

나. 유언방식의 종류

민법이 정하는 유언의 방식은 자필증서, 녹음, 공정증서, 비밀증서와 구수증서의 5종이 있다(제1065조). 앞의 4가지 방식은 통상의 경우에 사용되나, 구수증서는 질병 기타 급박한 사유로 보통의 방식에 의할 수 없는 경우에 사용된다.

다. 증인의 결격(缺格)

자필증서 유언을 제외한 나머지 유언의 경우에는 모두 증인의 참여가 필요하다. 이러한 증인의 서명·기명날인·구술은 유언의 유효·무효를 판단하는 직접적인 자료가 되므로, 민법은 유언의 정확성을 보장하기에 부적절한 일정한 사람을 증인결격자로 규정하고 있다(제1072조).

우선, i) 미성년자, ii) 금치산자와 한정치산자, iii) 유언에 의하여 이익을 받을 자, 그 배우자와 직계혈족은 유언에 참여하는 증인이 되지 못한다(제1072조 제1항). 그리고 공정증서에 의한 유언에는 공증인법에 의한 결격자는 증인이 되지 못한다(제1072조 제2항; 공증인법 제33조 제3항). 결격자가 참여한 유언은 그 전체가 무효로 된다.

2. 유언방식의 종류

앞서 보았듯이 민법이 정하는 유언의 방식은 자필증서, 녹음, 공정증서, 비밀증서와 구수증서의 5종이 있다(제1065조).

가. 자필증서(自筆證書)에 의한 유언

자필증서에 의한 유언은 유언자가 그 전문과 연월일, 주소, 성명을 자서하고 날인하여야 한다. 그리고 유언증서에 문자의 삽입, 삭제 또는 변경을 함에는 유언자가 이를 자서하고 날인하여야 한다(제1066조).

성명의 기재는 그 유언이 누구의 것인가를 알 수 있으면 족하다. 호(號)

나 예명 등을 사용해도 무방하다. 날인은 반드시 실인일 필요는 없고, 무인도 무방하다.

나. 녹음에 의한 유언

녹음에 의한 유언은 유언자가 유언의 취지, 그 성명과 연월일을 구술하고 이에 참여한 증인이 유언의 정확함과 그 성명을 구술하여야 한다(제1067조). 예를 들어 금치산자가 의사능력이 회복되어 녹음에 의한 유언을 할 때에는 의사가 심신회복의 상태를 녹음기에 구술하는 방법으로 확인해야 한다.

다. 공정증서(公正證書)에 의한 유언

공정증서에 의한 유언은 유언자가 증인 2인이 참여한 공증인의 면전에서 유언의 취지를 구수(口授)하고 공증인이 이를 필기낭독하여 유언자와 증인이 그 정확함을 승인한 후 각자 서명 또는 기명날인하여야 한다(제1068조). 이 유언은 유언의 내용을 명확하게 하기 위한 가장 확실한 방법이나, 복잡하고 비용이 들며 유언 내용이 누설되기 쉬운 단점이 있다.

라. 비밀증서(秘密證書)에 의한 유언

비밀증서에 의한 유언은 유언자가 필자의 성명을 기입한 증서를 엄봉날인하고 이를 2인 이상의 증인의 면전에 제출하여 자기의 유언서임을 표시한 후 그 봉서표면에 제출 연월일을 기재하고 유언자와 증인이 각자 서명 또는 기명날인하여야 한다. 위 유언봉서는 그 표면에 기재된 날로부터 5일 내에 공증인 또는 법원서기에게 제출하여 그 봉인상에 확정일자인을 받아야 한다(제1069조). 비밀증서에 의한 유언이 그 방식에 흠결이 있는 경우에, 그 증서가 자필증서의 방식에 적합한 때에는, 자필증서에 의한 유언으로 본다(제1071조).

마. 구수증서(口授證書)에 의한 유언

구수증서에 의한 유언은 질병 기타 급박한 사유로 인하여 전 4조의 방식에 의할 수 없는 경우에 유언자가 2인 이상의 증인의 참여로 그 1인에게 유언의 취지를 구수하고 그 구수를 받은 자가 이를 필기낭독하여 유언자의 증인이 그 정확함을 승인한 후 각자 서명 또는 기명날인하여야 한다. 위 방식에 의한 유언은 그 증인 또는 이해관계인이 급박한 사유가 종료한 날로부터 7일 내에 법원에 그 검인을 신청하여야 한다(제1070조). 검인신청기간 내에 검인신청을 하지 않은 구수증서 유언은 무효이다. 이 유언은 보통의 방식에 의한 유언이 불가능한 경우에만 인정되므로, 통상의 방식에 의한 유언(자필증서, 녹음, 공정증서, 비밀증서의 방식에 의한 유언)이 객관적으로 가능한 경우에는 허용되지 않는다.

3. 유언의 효력

유언은 유언자가 사망한 때로부터 그 효력이 생긴다. 다만 유언에 정지조건이 있는 경우에 그 조건이 유언자의 사망 후에 성취한 때에는 그 조건성취한 때로부터 유언의 효력이 생긴다(제1073조).

제4절 유 류 분

I. 서 설

법정상속제도는 피상속인의 사후에도 유족들의 부양을 보장하기 위한 제도이다. 민법은 사적자치의 원칙을 근간으로 하고 있으므로, 개인이 자신의 재산을 자신의 책임하에서 처분하는 것은 개인의 자유에 속한다. 그러나 이를 무제한 허용한다면, 극단적인 경우 피상속인의 재산 전부가 상속인이 아닌 타인에게 넘어가는 경우도 발생할 수 있다. 이 경우 상속인의 생활기반은 붕괴되고, 특히 상속인이 고령의 생존 배우자이거나, 경제적 능력이 없는 미성년의 자녀일 경우 부양의 가능성도 박탈된다. 이런 경우 유족에 대한 부양기능을 근간으로 하는 법정상속제도의 취지는 상실된다. 사적자치의 원칙(유언자유의 원칙)과 법정상속제도 사이에 존재하는 이러한 모순을 해결하기 위하여 도입된 제도가 유류분제도이다. 민법은 한편으로 피상속인의 유언의 자유를 빼앗지 않으면서, 일정 범위의 상속인에게는 최소한의 생활보장 내지 부양을 위하여 유류분제도를 인정하고 있는 것이다.

유류분(遺留分)은 법률상 상속인에게 귀속되는 것이 보장되는 상속재산에 대한 일정비율을 가리키며, 민법은 일정한 범위의 상속인에게 이러한 유류분을 인정하고 있다.

Ⅱ. 유류분의 범위

1. 유류분권자와 유류분

민법상 유류분을 가지는 자와 그 유류분의 범위는 다음과 같다(제1112조).

1) 피상속인의 직계비속은 그 법정상속분의 2분의 1.

2) 피상속인의 배우자는 그 법정상속분의 2분의 1.

3) 피상속인의 직계존속은 그 법정상속분의 3분의 1.

4) 피상속인의 형제자매는 그 법정상속분의 3분의 1.

유류분권을 행사할 수 있으려면 최우선 순위의 상속인이어서 상속권이 있어야 한다. 따라서 피상속인의 자녀와 부모가 있는 경우 부모는 유류분권을 행사할 수 없다. 대습상속에 관한 규정은 유류분에도 준용된다. 태아는 상속에 관하여 이미 출생한 것으로 보므로 유류분권을 가진다(통설). 상속결격자와 상속포기자는 상속인이 아니므로 당연히 유류분권이 없다.

2. 유류분의 산정

유류분은 피상속인의 상속개시시에 있어서 가진 재산의 가액에 증여재산의 가액을 가산하고 채무의 전액을 공제하여 이를 산정한다.

조건부의 권리 또는 존속기간이 불확정한 권리는 가정법원이 선임한 감정인의 평가에 의하여 그 가격을 정한다(제1113조).

증여는 상속개시전의 1년간에 행한 것에 한하여 제1113조의 규정에 의하여 그 가액을 산정한다. 당사자 쌍방이 유류분권리자에 손해를 가할 것을 알고 증여를 한 때에는 1년 전에 한 것도 같다(제1114조).

이와 같이 산정된 유류분산정의 기초가 되는 재산에 유류분자의 유류분을 곱한 것이 유류분권자의 유류분액이 된다.

Ⅲ. 유류분의 보전

1. 유류분 반환청구권

유류분권리자는 유류분에 부족한 한도에서 유증 또는 증여된 재산의 반환을 청구할 수 있다. 즉 유류분권리자가 피상속인의 제1114조에 규정된 증여 및 유증으로 인하여 그 유류분에 부족이 생긴 때에는 부족한 한도에서 그 재산의 반환을 청구할 수 있다. 증여 및 유증을 받은 자가 수인인 때에는 각자가 얻은 유증가액의 비례로 반환하여야 한다(제1115조). 증여에 대하여는 유증을 반환받은 후가 아니면 이것을 청구할 수 없다(제1116조).

2. 반환청구권의 행사와 효력

유류분권은 일신전속권이 아니므로 유류분권자는 물론 유류분권의 승계인도 행사할 수 있고, 채권자대위권의 객체도 된다. 상대방은 반환청구의 대상이 되는 증여 또는 유증의 수증자와 그의 포괄승계인이다.

반환청구는 재판상·재판외에서 모두 행사할 수 있다.

반환의 경우에는 원물반환이 원칙이나, 이미 제3자에게 양도된 때에는 제3자보호를 위해 가액청구를 함에 그친다고 본다.

3. 소멸시효

반환의 청구권은 유류분권리자가 상속의 개시와 반환하여야 할 증여 또는 유증을 한 사실을 안 때로부터 1년 내에 하지 아니하면 시효에 의하여 소멸한다. 상속이 개시한 때로부터 10년을 경과한 때도 같다(제1117조).

찾아보기

저자약력

서울대학교 법과대학 및 대학원 법학과 졸업
부산지방법원·인천지방법원·서울동부지방법원·서울중앙지방법원 판사 역임
현 변호사
중앙대학교 법학전문대학원 교수

개정판 민법입문

초판발행 2011. 7. 25
개정판발행 2013. 6. 20

저 자 변환철
발행인 황인욱
발행처 도서출판 오래
서울특별시용산구한강로2가 156-13
전화: 02-797-8786, 8787; 070-4109-9966
Fax: 02-797-9911
신고: 제302-2010-000029호 (2010. 3. 17)

ISBN 978-89-94707-83-9 93360

http://www.orebook.com
email ore@orebook.com

정가 23,000원